项目编号：201410049

项目名称：食源性病原微生物检测技术与风险预警研究及其应用示范

中国产业与流通系列研究报告·2016

中国出口贸易壁垒监测与分析报告

中国人民大学商学院贸易经济系

王亚星 ◆ 主编

REPORT ON CHINA EXPORT TRADE BARRIERS MONITORING AND ANALYSIS

2016

中国经济出版社
CHINA ECONOMIC PUBLISHING HOUSE

北京

图书在版编目（CIP）数据

中国出口贸易壁垒监测与分析报告.2016／王亚星主编.
北京：中国经济出版社，2017.12
ISBN 978-7-5136-5031-1

Ⅰ.①中… Ⅱ.①王… Ⅲ.①出口贸易—贸易壁垒—研究报告—中国—2016 Ⅳ.①F752.62

中国版本图书馆CIP数据核字（2017）第310501号

责任编辑	杨元丽
责任印制	马小宾
封面设计	华子图文

出版发行	中国经济出版社
印 刷 者	北京科信印刷有限公司
经 销 者	各地新华书店
开 本	889mm×1194mm 1/16
印 张	19.75
字 数	496千字
版 次	2017年12月第1版
印 次	2017年12月第1次
定 价	88.00元

广告经营许可证　　京西工商广字第8179号

中国经济出版社 网址：www.economyph.com　社址：北京市西城区百万庄北街3号　邮编100037
本版图书如存在印装质量问题，请与本社发行中心联系调换（联系电话：010-68330607）

版权所有　盗版必究（举报电话：010-68355416　010-68319282）
国家版权局反盗版举报中心（举报电话：12390）　　服务热线：010-88386794

目　录

第一章　中国对外贸易壁垒 ·· 1
 一、本报告的分析框架 ··· 2
  （一）中国对外贸易壁垒的界定 ·· 2
  （二）出口产品贸易壁垒分析 ·· 3
  （三）出口产品贸易壁垒预警 ·· 4
 二、本报告的使用方法 ··· 5
  （一）分析方法 ··· 5
  （二）使用方法 ··· 5
 三、本报告的意义 ·· 6

第二章　动植物类产品出口贸易壁垒 ·· 9
 一、动植物类产品出口贸易救济措施 ·· 9
  （一）反倾销 ·· 9
  （二）反补贴 ·· 11
  （三）保障措施与特保措施 ·· 11
  （四）动植物类产品出口贸易救济措施分析 ··· 11
 二、动植物类产品出口技术性贸易壁垒与绿色壁垒 ··· 13
  （一）事件 ·· 13
  （二）分析 ·· 16
 三、动植物类产品其他贸易壁垒 ·· 18
  （一）事件 ·· 18
  （二）分析 ·· 22
 四、动植物类产品出口贸易壁垒综合分析 ··· 24
 五、动植物类产品出口贸易壁垒预警 ·· 29
  （一）法律法规 ·· 29
  （二）法律法规综合分析 ·· 41

第三章	食品出口贸易壁垒	45
	一、食品出口贸易救济措施	45
	（一）反倾销	45
	（二）反补贴	47
	（三）保障措施与特保措施	47
	（四）食品出口贸易救济措施分析	47
	二、食品出口技术性贸易壁垒与绿色贸易壁垒	48
	（一）事件	48
	（二）分析	50
	三、其他贸易壁垒	52
	四、食品出口贸易壁垒综合分析	52
	五、食品出口贸易壁垒预警	56
	（一）法律法规	56
	（二）法律法规综合分析	72
第四章	矿产、化工产品出口贸易壁垒	77
	一、矿产、化工产品出口贸易救济措施	77
	（一）反倾销	77
	（二）反补贴	84
	（三）保障措施与特保措施	86
	（四）矿产、化工产品出口贸易救济措施分析	88
	二、矿产、化工产品出口技术性贸易壁垒与绿色贸易壁垒	90
	（一）事件	90
	（二）分析	92
	三、其他贸易壁垒	94
	（一）事件	94
	（二）分析	94
	四、矿产、化工产品出口贸易壁垒综合分析	95
	五、矿产、化工产品出口贸易壁垒预警	100
	（一）法律法规	100
	（二）法律法规综合分析	119
第五章	皮革、木材及其制品出口贸易壁垒	125
	一、皮革、木材及其制品出口贸易救济措施	125
	（一）反倾销	125

（二）反补贴 ··· 128
　　（三）保障措施与特保措施 ··· 129
　　（四）皮革、木材及其制品出口贸易救济措施分析 ························· 131
二、皮革、木材及其制品出口技术性贸易壁垒与绿色贸易壁垒 ············· 132
　　（一）事件 ··· 132
　　（二）分析 ··· 133
三、其他贸易壁垒 ··· 135
　　（一）事件 ··· 135
　　（二）分析 ··· 135
四、皮革、木材及其制品出口贸易壁垒综合分析 ······························· 135
五、皮革、木材及其制品出口贸易壁垒预警 ······································ 140
　　（一）法律法规 ··· 140
　　（二）法律法规综合分析 ··· 143

第六章　纺织品、服装产品出口贸易壁垒··· 147
一、纺织品、服装产品出口贸易救济措施 ·· 147
　　（一）反倾销 ·· 147
　　（二）反补贴 ·· 150
　　（三）保障措施与特保措施 ··· 150
　　（四）纺织品、服装产品出口贸易救济措施分析 ·························· 150
二、纺织品、服装产品出口技术性贸易壁垒与绿色贸易壁垒 ················· 152
　　（一）事件 ··· 152
　　（二）分析 ··· 155
三、其他贸易壁垒 ··· 157
　　（一）事件 ··· 157
　　（二）分析 ··· 157
四、纺织品、服装产品出口贸易壁垒综合分析 ···································· 158
五、纺织品、服装产品出口贸易壁垒预警 ·· 163
　　（一）法律法规 ··· 163
　　（二）法律法规综合分析 ··· 167

第七章　金属、陶瓷、玻璃类产品出口贸易壁垒 ··································· 171
一、金属、陶瓷、玻璃类产品出口贸易救济措施 ································· 171
　　（一）反倾销 ·· 171
　　（二）反补贴 ·· 180

　　　　（三）保障措施与特保措施……………………………………………… 184
　　　　（四）金属、陶瓷、玻璃制品出口贸易救济措施分析…………………… 186
　　二、金属、陶瓷、玻璃制品出口技术性贸易壁垒与绿色贸易壁垒……………… 189
　　　　（一）事件……………………………………………………………… 189
　　　　（二）分析……………………………………………………………… 191
　　三、其他贸易壁垒…………………………………………………………… 193
　　　　（一）事件……………………………………………………………… 193
　　　　（二）分析……………………………………………………………… 193
　　四、金属、陶瓷、玻璃制品出口贸易壁垒综合分析……………………………… 193
　　五、金属、陶瓷、玻璃制品出口贸易壁垒预警………………………………… 199
　　　　（一）法律法规………………………………………………………… 199
　　　　（二）法律法规综合分析………………………………………………… 203

第八章　机电产品出口贸易壁垒……………………………………………… 209
　　一、机电产品出口贸易救济措施…………………………………………… 209
　　　　（一）反倾销…………………………………………………………… 209
　　　　（二）反补贴…………………………………………………………… 213
　　　　（三）保障措施与特保措施……………………………………………… 215
　　　　（四）机电产品出口贸易救济措施分析………………………………… 215
　　二、机电产品出口技术性贸易壁垒与绿色贸易壁垒…………………………… 217
　　　　（一）事件……………………………………………………………… 218
　　　　（二）分析……………………………………………………………… 222
　　三、其他贸易壁垒…………………………………………………………… 224
　　　　（一）事件……………………………………………………………… 224
　　　　（二）分析……………………………………………………………… 225
　　四、机电产品出口贸易壁垒综合分析……………………………………… 226
　　五、机电产品出口贸易壁垒预警…………………………………………… 232
　　　　（一）法律法规………………………………………………………… 232
　　　　（二）法律法规综合分析………………………………………………… 244

第九章　其他产品出口贸易壁垒……………………………………………… 249
　　一、其他产品出口贸易救济措施…………………………………………… 249
　　　　（一）反倾销…………………………………………………………… 249
　　　　（二）反补贴…………………………………………………………… 251
　　　　（三）保障措施与特保措施……………………………………………… 252

（四）其他产品出口贸易救济措施分析 …… 252
 二、其他产品出口技术性贸易壁垒与绿色贸易壁垒 …… 253
  （一）事件 …… 254
  （二）分析 …… 261
 三、其他贸易壁垒 …… 264
  （一）事件 …… 264
  （二）分析 …… 264
 四、其他产品出口贸易壁垒综合分析 …… 266
 五、其他产品出口贸易壁垒预警 …… 271
  （一）法律法规 …… 271
  （二）法律法规综合分析 …… 277

第十章 中国出口贸易壁垒综合分析与预警 …… 283
 一、中国出口贸易壁垒综合分析 …… 283
  （一）月份分析 …… 283
  （二）国别分析 …… 283
  （三）区域分析 …… 284
  （四）行业分析 …… 285
  （五）贸易壁垒形式分析 …… 286
 二、贸易救济措施综合分析 …… 287
  （一）月份分析 …… 287
  （二）国别分析 …… 288
  （三）区域分析 …… 288
  （四）行业分析 …… 289
  （五）形式分析 …… 290
 三、技术性贸易壁垒与绿色贸易壁垒综合分析 …… 291
  （一）月份分析 …… 291
  （二）国别分析 …… 292
  （三）行业分析 …… 293
 四、主要国家对华贸易壁垒分析 …… 294
  （一）欧盟 …… 294
  （二）美国 …… 296
  （三）加拿大 …… 298
  （四）印度 …… 300

五、中国出口贸易壁垒预警 …………………………………………………… 302
　　（一）状态分析 ………………………………………………………… 302
　　（二）国别分析 ………………………………………………………… 303
　　（三）区域分析 ………………………………………………………… 303
　　（四）行业分析 ………………………………………………………… 304
　　（五）贸易壁垒形式分析 ……………………………………………… 305
六、需要关注的问题 ……………………………………………………… 305
　　（一）美国、欧盟等国对我国的贸易壁垒仍然集中在技术性贸易壁垒 … 306
　　（二）全球贸易壁垒呈现出均匀发展的趋势 ………………………… 306
　　（三）法律法规成为关注重点 ………………………………………… 306

第一章　中国对外贸易壁垒

在刚刚过去的 2015 年，全球经济低迷，增速为 6 年来最低，大宗商品价格出现了大幅下跌，国际金融市场震动加剧，整体经济复苏仍然缓慢。受国际大环境影响，我国的经济发展面临着巨大挑战，整体 GDP 增速下行至 6.9%，进入经济发展的"新常态"时期，我国的外贸进出口数据也于 2009 年后首次出现下降。

据海关统计，2015 年，我国进出口总值为 24.57 万亿元人民币（折合 3.96 万亿美元），扣除汇率因素后同比下降 7%。其中出口 14.12 万亿元人民币（折合 2.28 万亿美元），下降 1.8%；进口 10.45 万亿元人民币（折合 1.68 万亿美元），下降 13.2%；贸易顺差 3.68 万亿元人民币，扩大 56.36%。

2015 年，我国货物进出口规模逐季环比增加，但 4 季度进出口值均呈现同比下降，其中前三季度下降幅度持续扩大，第四季度略有好转。1~4 季度，我国进出口值分别为 5.54 万亿、5.99 万亿、6.34 万亿和 6.72 万亿美元，同比增速分别为 -6%、-7.7%、-9.8% 和 -4.1%。

2015 年我国主要出口市场情况表现不一。美、欧、日是金融危机之前我国的主要传统进出口市场，危机后由于世界主要经济体经济增长呈现分化，我国对美、欧、日等传统市场进出口比重下滑，在几大出口国中，2015 年我国对美国双边贸易继续增长，对日本及中国香港地区的贸易额继续下降，对欧盟地区的进出口贸易额也由增长转为下降，对东盟地区贸易额略有下降。

从主要进出口市场情况看，受国际经济大环境不景气影响，2015 年我国与主要贸易伙伴的贸易额大都呈现下降态势，但同时我国与泰国、越南、印度等新兴经济体贸易额增长显著，与最大贸易伙伴美国的贸易额也有所增长，双边贸易发展的质量与效益得以提升。2015 年以来，在国家进出口政策调结构、促改革、加快外贸结构转型升级的推进下，我国进出口情况尽管下滑明显，但仍有一定的亮点，具有未来扭转趋势的潜能。

尽管 2015 年以来我国在稳定对外贸易、提高贸易便利化水平、改善出口结构等方面取得了一定成绩，但受到世界经济深度调整、复苏乏力，国际贸易增长低迷，地缘政治风险上升等影响，年度贸易量出现了大幅下滑。因此，多措并举，遏制出口下滑势头，并促进结构调整，成为下一步工作的重点。

贸易壁垒是影响我国出口增长的重要因素。但是我们在认识和分析贸易壁垒时，不能再片面地将注意力集中在单一的贸易壁垒上，只有总体把握贸易壁垒，从国别、区域、产品等各个角度来综合分析，才能知道孰轻孰重，有针对性地提出意见和建议。所以，本报告的目的是针对中国所有大类出口产品遇到的所有贸易壁垒进行统计分析，以便我们从全局出发解决问题。

一、本报告的分析框架

出口产品贸易壁垒的范围,报告中只包括产品的壁垒或与产品有较直接关系的壁垒,如知识产权壁垒等,但不包括国际投资壁垒和服务贸易壁垒。

(一)中国对外贸易壁垒的界定

首先,出口产品贸易壁垒界定的依据:

1. 根据商务部 2005 年 2 月发布的《对外贸易壁垒调查规则》第三条之规定,外国地区政府采取或者支持的措施或者做法存在下列情形之一的视为贸易壁垒:

违反该国地区与中国共同缔结或者共同参加的经济贸易条约或者协定或者未履行与中国共同缔结或者共同参加的经济贸易条约或者协定规定的义务;

造成下列负面贸易影响之一:

对中国产品或者服务进入该国地区市场或者第三国地区市场造成或者可能造成阻碍或者限制;

对中国产品或者服务在该国地区市场或者第三国地区市场的竞争力造成或者可能造成损害;

对该国地区或者第三国地区的产品或者服务向中国出口造成或者可能造成阻碍或者限制。

2. 2006 年商务部进一步完善了对贸易与投资壁垒的表述,我们汲取了其中的贸易壁垒部分,拿掉了投资壁垒部分。

《国别贸易投资环境报告 2006》中指出:"鉴于中国的主要贸易伙伴多为 WTO 成员,本报告参照 WTO 规则界定贸易壁垒。在贸易伙伴为非 WTO 成员或所涉问题 WTO 没有相应规则的情况下,本报告依据有关的双边或多边协定,并参考国际通行的贸易规则界定贸易壁垒。"对贸易壁垒的归类如下:

关税及关税管理措施,如关税高峰,关税配额管理中的不合理做法;

进口限制,如不合理的进口禁令、进口许可;

通关环节壁垒,如通关方面的各种程序性障碍、不合理的进口税费;

对进口产品征收歧视性的国内税费;

技术性贸易壁垒,如对进口产品适用不合理的技术法规、标准,设置复杂的认证认可程序;

卫生与植物卫生措施,如对进口产品设置苛刻且不合理的检疫标准和检疫程序;

贸易救济措施,如对进口产品不公正地实施反倾销措施,贸易救济调查程序不透明,特别是针对中国出口产品滥用所谓"非市场经济方法";

政府采购,如政府采购缺乏透明度、违反最惠国待遇;

出口限制措施,如通过本国国内立法上的治外法权条款限制或阻碍其他国家与第三国的贸易,或以所谓安全为由实施不合理的出口管制;

补贴,如违反 WTO 规则实施具有刺激出口作用的补贴;

服务贸易壁垒,如在服务贸易准入方面设置不合理的限制;

知识产权保护不力,即对进口产品的知识产权缺乏有效保护;

不合理的知识产权保护措施,即以知识产权保护为名,对国外产品的进口设置障碍;

其他壁垒，即难以归入以上各类的具有贸易扭曲效果的措施或做法。

据此，方便于我们对贸易壁垒进行归类。

其次，本报告把中国贸易壁垒分为三大部分：

(1) 贸易救济

①反倾销；

②反补贴；

③保障措施，包括特保措施。

(2) 技术性贸易壁垒与绿色贸易壁垒

①技术性贸易壁垒；

②绿色贸易壁垒。

(3) 其他贸易壁垒

包括进口限制，如进口禁令和进口许可等。其中进口禁令指超出WTO规则中相关例外条款（如GATT第20条规定的一般例外、第21条规定的安全例外等）规定而实施的限制或禁止进口的措施。进口许可指当一个成员政府出于本国利益的需要必须限制进口或监控进口情况时，采用的制度；通关环节壁垒，如海关估价、滞港货物退运或转运规定等；对进口产品征收歧视性的国内税费；政府采购中对进口产品的歧视；由知识产权措施引起的壁垒等。

（二）出口产品贸易壁垒分析

1. 产品归类

国际贸易中产品的分类标准主要有两种，国际贸易标准分类（SITC）和《商品名称及编码协调制度》（HS）。具体的分类目录如下所示：

(1) 参照国际贸易标准分类目录（10大类）；

(2) 参照海关出口产品分类标准，即《商品名称及编码协调制度》（22大类）。

由于本报告的数据主要来自于商务部和国家质量监督检验检疫总局，它们在公布贸易壁垒事件时，均给出了涉案产品的海关编码，因此在参照国际贸易标准分类的基础上，以《商品名称及编码协调制度》为主，把涉案产品分成八大类：

第一类动植物类产品；

第二类食品；

第三类矿产、化工产品；

第四类皮革、木材及其制品；

第五类纺织品、服装；

第六类金属、陶瓷、玻璃制品；

第七类机电产品；

第八类其他产品。

本报告在产品归类的基础上，对出口产品贸易壁垒事件进行归类，组成八章内容。

2. 分析思路

在八大类产品类别和三大部分贸易壁垒类别的基础上，本报告对出口产品贸易壁垒事件进行了分析。具体地，在每一大类产品中，首先按贸易救济措施、技术性贸易壁垒与绿色贸易壁垒、其他贸易壁垒进行归类分析，然后对大类产品进行综合分析。

分析的维度主要有月份分析、国别分析、区域分析、产品分析和贸易壁垒形式分析。月份分析是为了反映出口贸易壁垒事件的月份分布特征，以寻求相应对策。国别分析、区域分析是为了确定出口贸易壁垒事件的主要发起国家和区域，以便于政府和企业在研究这些国家和区域对外贸易特点的基础上，提出针对性的对策。产品分析是为了确定出口贸易壁垒事件涉及的具体产品品种，找出这些具体产品品种涉及的国家，以便于企业在制定出口策略时有更加精确的参考信息、更好地避免出口波动，也便于政府对中国出口的贸易壁垒事件有更深刻细致的了解。贸易壁垒形式分析是为了确定出口贸易壁垒事件涉及的主要壁垒形式，弄清楚中国对外贸易所面对的主要限制形式，以便于政府制定针对性措施，从而稳定对外贸易发展，也为企业针对自己产品序列的特点制定相应的出口策略，扩大出口。

在贸易救济措施事件的分析中，首先把事件按反倾销、反补贴、保障措施三个贸易壁垒形式进行归类分析，然后再对贸易救济措施事件进行总的分析。分析的维度有月份分析、国别分析和产品分析。

在技术性贸易壁垒与绿色贸易壁垒事件的分析中，由于技术性贸易壁垒与绿色贸易壁垒主要涉及技术标准、安全标准等，存在一定的交叉，因此把这两类壁垒事件放到一起进行分析。分析的维度有月份分析、国别分析和产品分析。

在其他贸易壁垒事件的分析中，主要对由知识产权引起的贸易壁垒、进口限制等壁垒进行归类分析。由于这些事件数量较少，因此在分析时只针对发起国家、具体产品进行简要性的说明。

在每一大类产品综合分析中，本报告从各种维度对壁垒事件进行了分析，借以从不同的方面反映壁垒事件的特点，为政府和企业提供更加全面的信息，以便于从整体上把握出口贸易所面临的困难，从而寻求更加有效的对策。

（三）出口产品贸易壁垒预警

本报告提出的预警主要是反映国外的法律法规对中国对外贸易形成和可能形成的贸易壁垒，以便中国政府和企业提前做好调整、应对的准备。包括：

世界各国颁布实施的法律法规；

世界各国颁布但尚未实施的法律法规；

世界各国存在颁布意向的法律法规。

在对法律法规进行分类的基础上，按照大类产品对国外的法律法规进行归类分析，为政府和企业积极地进行调整、应对提供科学的依据。法律法规的状态有颁布实施、颁布未实施和存在颁布意向三种，政府主管部门和相关出口企业应针对颁布实施的法律法规及时制定相应的对策，针对颁布未实施的法律法规提前调整贸易政策和经营策略，关注存在颁布意向的法律法规，以避免被动，出现较大的出口波动。

分析的维度有状态分析、国别分析、区域分析、产品分析和贸易壁垒形式分析。状态分析是为了确定法律法规所处的主要状态，以便于企业制定相应策略。国别分析、区域分析是为了找出颁布法律法规的主要国家和区域，以便于政府和企业及时调整国别贸易政策和经营策略。产品分析是为了确定法律法规涉及较多的具体产品品种，以便于企业针对自己的产品序列特点制定相应的出口策略。贸易壁垒形式分析是为了确定法律法规所涉及的主要贸易壁垒形式，以便于政府和企业结合以前的管理经验，更好地应对新出现的贸易壁垒。

二、本报告的使用方法

本报告的使用对象主要是政府综合管理部门、行业协会、外贸企业、高校和研究机构。因此，为了更好地便于大家使用该报告，我们在介绍报告分析方法的基础上，对报告的使用方法进行较为系统的介绍。

（一）分析方法

本报告在出口贸易壁垒事件和法律法规数据分类统计的基础上，利用 Excel 软件作图，以直观地表达壁垒事件和法律法规的状态、月份、国别、区域、具体产品、贸易壁垒形式分布特征和变化趋势，然后对图表进行较为详尽的说明和原因分析。涉及的图表类型主要有饼状图和柱状图两种。

饼状图主要是为了反映壁垒事件和法律法规在状态、国别、区域、贸易壁垒形式这些维度的分布比例，以确定壁垒事件和法律法规涉及的主要状态、国家、区域和贸易壁垒形式。饼状图分析是相对数量的分析。

柱状图分析是为了反映壁垒事件和法律法规在状态、月份、国别、区域、具体产品、贸易壁垒形式这些维度的数量分布，以直观地表达各个维度壁垒事件和法律法规的绝对数值及其变化趋势。柱状图有三种：第一种，某个维度 2015 年绝对数量的分析，以直观表达这个维度的数量特点；第二种，某个维度 2014 年和 2015 年绝对数量的对比分析，以直观表达这个维度这两年的分布特点和变化趋势；第三种，两个维度 2015 年绝对数量的分析，以直观表达两个维度下的某些分布特点。柱状图分析是绝对数量的分析。

（二）使用方法

政府综合管理部门应着重关注报告的第十章，即出口贸易壁垒和国外法律法规的综合分析，用于寻找出壁垒事件和国外法律法规涉及的主要的国家和区域、主要行业、主要产品、主要贸易壁垒形式，并对这些国家和区域、行业、产品、贸易壁垒形式进行重点监控，制定针对性的政策和措施，为中国的出口企业提供咨询。通过对贸易救济措施、技术性贸易壁垒与绿色贸易壁垒这两个专题的分析，可以寻找出这两大类贸易壁垒事件涉及的主要国家和区域、行业、产品，结合贸易救济措施、技术性贸易壁垒与绿色贸易壁垒的特点，制定相应的政策和措施，以使出口企业更好地应对国外贸易救济措施、技术性贸易壁垒与绿色贸易壁垒，避免大幅度的出口波动。通过对美国、欧盟、日本等主要国家的贸易壁垒事件的行业分析和贸易壁垒形式分析，可以确定这些国家主要采取哪些壁垒形式、对中国的哪些行业影响较大。通过对国外法律法规的综合分析，可以确定法律法规所处的状态，所涉及的主要国家和区域、行业、产品和壁垒形式，以此为根据，加强前期的监控和对企业的引导。在充分了解贸易壁垒事件和国外法律法规特点的基础上，政府综合管理部门可以更好地进行出口贸易管理，和主要贸易伙伴进行更加有效的谈判，为中国企业提供更好、更稳定的国际经济环境。

行业管理部门和行业协会应着重关注本行业的对应章节。通过相关章节的综合分析，用于确定本行业出口产品贸易壁垒事件涉及的主要国家和区域、具体产品、贸易壁垒形式，并针对这些国家和区域、具体产品和壁垒形式进行仔细的研究，提出有效的对策。通过对贸易救济措施、技术性贸易壁垒与绿色贸易壁垒、其他贸易壁垒的分析，确定反倾销、反补贴、保障措施与特保措施、由知识产权引起的贸易壁垒事件所涉及的主要国家、具体产品，以针对这些特定的贸易壁垒形式进行研究，并对涉及的主要国家和具体产品进行分析，在此基础上确定更加有效的应对策略。通过对本行业国外法律法规的分析，找出这些将来可能造成贸易壁垒的法律法规的主要颁布国家、所涉及的主要产品，以提前进行研究，制定预防性措施，避免出口遭受过多的负面影响。在充分了解本行业贸易壁垒事件和国外法律法规特点的基础上，行业管理部门和行业协会可以进行较为系统的研究，以提出更具有针对性的对策，指导企业进行有效的应对。

各出口企业应先确定本企业涉及的行业，再确定相关的章节。各出口企业应着重关注相关章节的国别分析、具体产品分析和贸易壁垒形式分析。通过国别分析，可以确定影响企业出口较大的国家和地区。通过具体产品分析，可以确定哪些具体产品品种受到哪些国家的何种贸易壁垒形式的影响。通过贸易壁垒形式分析，可以确定影响企业出口较多的贸易壁垒形式。各出口企业也应当对国外法律法规的国别分析、具体产品分析和贸易壁垒分析进行认真研究，以结合企业出口产品序列特点，对可能对出口产品造成影响的法律法规进行对策研究，稳定出口，避免因出口减少造成的经济损失。在这些分析中，企业尤其需要关注的是贸易壁垒事件和国外法律法规的具体产品分析。

高校和研究机构的学者可以利用本报告的统计数据进行实证研究，以找出贸易壁垒事件月份分布、国别和区域分布、行业分布、产品分布和贸易壁垒形式分析特征，并分析出现这些分布特征的深层次的经济和政治原因；可以对贸易壁垒事件的变化趋势进行分析，并分析这些变化产生的原因；也可以对国外法律法规颁布的特点和所涉及的国家和区域、行业、贸易壁垒形式进行深入的分析。在这些原因分析的基础上，进行规范性研究，找出适合国家贸易政策和企业利益的针对性策略，为政府和企业提供更具针对性的参考。

三、本报告的意义

报告对2015年我国商品出口所遭遇的贸易壁垒情况从宏观到微观都进行了极其详尽地描述和分析，间接反映了我国对外贸易的情况，有利于政府相关部门和企业了解出口形势，制定正确的政策和战略，同时也为相关学者和研究人员的进一步研究提供了参考和启示。

出口一直以来都是拉动我国经济增长的重要动力之一，同时也是许多企业的主要盈利方式。因此，出口的不顺将直接影响我国经济的健康发展。政府有必要及时了解我国商品出口过程中所遭遇的各种形式的壁垒发生情况，在此基础上制定相关政策来保障出口对经济发展的牵引力。《中国出口贸易壁垒监测与分析报告2016》（以下简称《报告》）对各个行业的出口贸易壁垒情况进行了分析，为政府制定相关产业政策特别是贸易政策提供了重要的参考；《报告》中对出口贸易壁垒的区域和国别分析，一方面为我国政府引导企业开拓海外市场提供了重要参考，另一方面也为我国与其他国家进行贸易协商和谈判提供了必要的数据支持。《报告》中对国外法律法规的预警分析，有利于我国政府制定相应对策，引导我国企业提前做好应对的准备。

随着劳动力成本的提升和人民币的不断升值，我国企业的出口竞争力出现了明显的下降，而出口贸易壁垒又在很大程度上限制了企业竞争力的发挥。如何扬长避短、绕开壁垒并提前做好防范是当前出口企业应该积极关注的主要方向之一。《报告》分析了具体行业和不同产品的壁垒情况以及国外法律法规的预警，可以帮助出口企业认清自身所面临的出口环境以及未来的出口风险，并在此基础上及时调整产品结构和企业发展战略。可见，《报告》对我国出口企业具有重要的指导意义。

《报告》对不同形式的壁垒事件、涉及国家、行业和产品等多方面进行了大量的统计和分析，既是对2015年中国出口贸易壁垒进行研究后的最终成果体现，同样也是相关学者进行更加深入研究的重要参考材料。同时，报告内容丰富，简明通俗，是普通读者快速了解我国出口贸易壁垒情况的最优选择。

第二章　动植物类产品出口贸易壁垒

本章分析国外对中国的动物、动物产品、植物产品、植物油脂等方面的贸易壁垒。按照海关商品分类目录，这些产品包括分类中的三大类产品。

第一类：活动物、动物产品，包括活动物、肉及食用杂碎、鱼、甲壳动物、软体动物及其他水生无脊椎动物、乳品、蛋品、天然蜂蜜、其他食用动物产品和其他动物产品。

第二类：植物产品，主要包括活树及其他活植物、鳞茎、根及类似品、插花及装饰用簇叶、食用蔬菜、根及块茎、食用水果及坚果、甜瓜或柑橘属水果的果皮、咖啡、茶、马黛茶及调味香料、谷物、制粉工业产品、麦芽、淀粉、菊粉、面筋、含油子仁及果实、工业用或药用植物、稻草、秸秆及饲料、虫胶、树胶、树脂及其他植物液、汁、编结用植物材料、其他植物产品。

第三类：动、植物油、脂及其分解产品、精制的食用油脂、动、植物蜡。

一、动植物类产品出口贸易救济措施

2015年动植物类产品出口所遇贸易救济措施共14起，与2014年5起相比增加9起。

（一）反倾销

2015年动植物类产品出口所遇反倾销事件共11起，与2014年的5起相比增加6起，涉及国家主要是美国、南非。

1. 事件

1月
美国对华蜂蜜作出反倾销行政复审初裁

3月
美国对华新鲜大蒜作出反倾销行政复审初裁

4月
美国对中国等国冷冻暖水虾反补贴产业损害案作出判决
美国对华蜂蜜产品反倾销案作出判决

5月
美国对华蜂蜜作出反倾销行政复审终裁
美国对华黄原胶作出反倾销新出口商复审终裁

6月

美国对华新鲜大蒜作出反倾销行政复审终裁

7月

美国对华淡水小龙虾尾肉作出反倾销新出口商复审初裁

美国对华新鲜大蒜作出反倾销情势变迁复审终裁

11月

南非对华大蒜作出反倾销日落复审终裁

12月

美国对华新鲜大蒜作出反倾销行政复审初裁

2. 分析

2015年动植物类产品出口所遇反倾销事件共11起，与2014年的5起相比增加6起，分别发生在1月、3月、4月、5月、6月、7月、11月和12月。

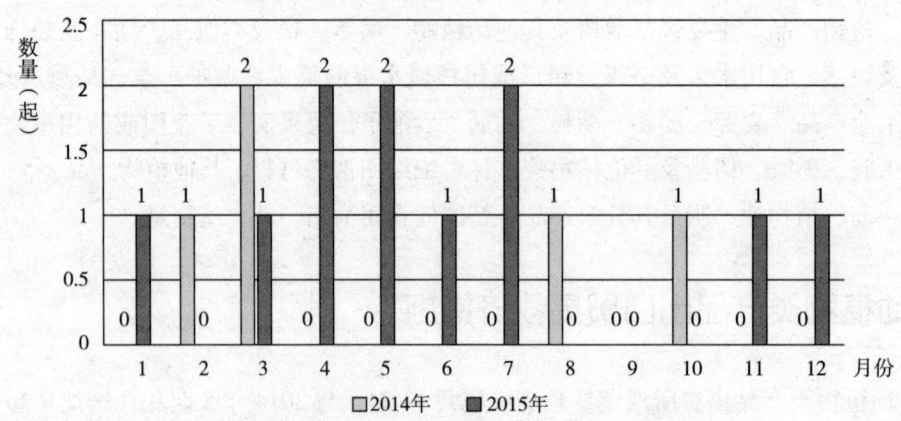

图2-1 2015年动植物类产品出口反倾销月份分析

涉及的国家有美国、南非。其中美国发起事件数量最多，有10起，占比91%。南非发生1起，占比9%。

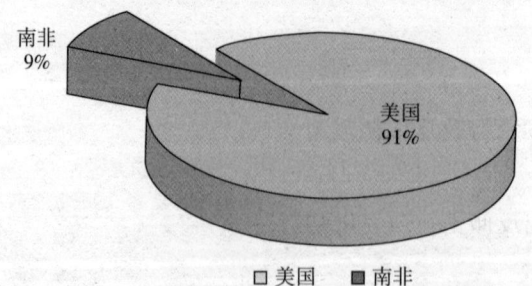

图2-2 2015年动植物类产品出口反倾销国别分析

涉案产品主要是蜂蜜、新鲜大蒜、蜂蜜产品、冷冻暖水虾、黄原胶、淡水小龙虾。其中针对新鲜大蒜发起的案件数量最多，有5起，蜂蜜和蜂蜜产品总共有3起，其他产品各占1起。

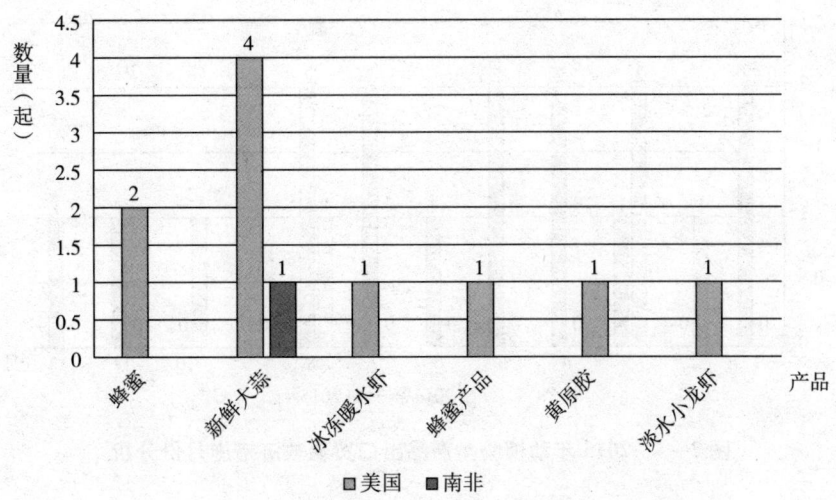

图 2-3 2015 年动植物类产品出口反倾销产品分析

（二）反补贴

分析

2015 年动植物类产品出口现所遇反补贴事件 0 起，与 2014 年数量一样，没有变化。

（三）保障措施与特保措施

2015 年动植物类产品出口所遇保障与特保事件共 3 起，与 2014 年的 0 起相比增加 3 起，涉及国家主要是哥斯达黎加、越南。

1. 事件

1 月
哥斯达黎加对进口碾碎大米作出保障措施终裁
8 月
越南对精制豆油作出保障措施期中复审终裁
越南对精制棕榈油作出保障措施期中复审终裁

2. 分析

2015 年动植物类产品出口所遇保障与特保事件共 3 起，与 2014 年的 0 起相比增加 3 起，涉及国家是哥斯达黎加、越南，发生在 1 月和 8 月。涉案产品是进口碾碎大米、精制豆油和精制棕榈油。

（四）动植物类产品出口贸易救济措施分析

动植物类产品出口贸易救济措施分析包括月份分析、国别分析和产品分析。

1. 月份分析

2015 年动植物类产品出口贸易救济事件 14 起。其中 3 月、5 月、11 月和 12 月各 1 起，1 月、4 月、7 月和 8 月各 2 起，和 2014 年相比月份分布更加分散平均。

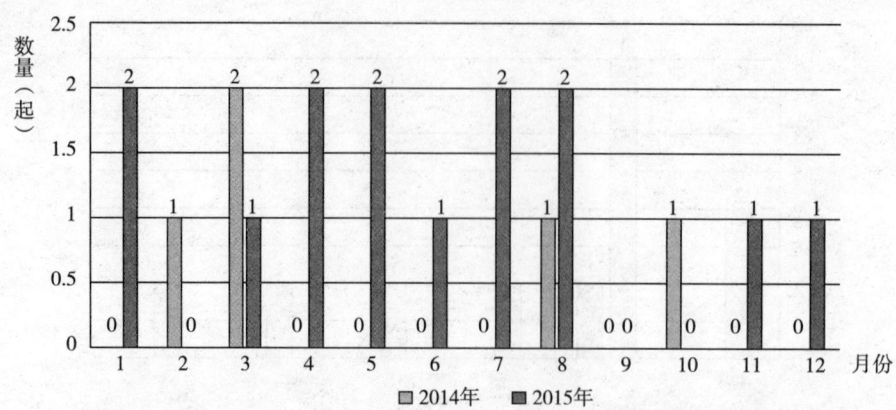

图2-4　2015年动植物类产品出口贸易救济措施月份分析

2. 国别分析

2015年动植物类产品贸易救济事件涉及的国家共有4个，比2014年增加9起。美国是发起对我国贸易救济事件最多的国家，占事件总数的80%。位于第2位的是越南，占事件总数的14%。哥斯达黎加和南非并列第3位，分别占事件总数的7%。

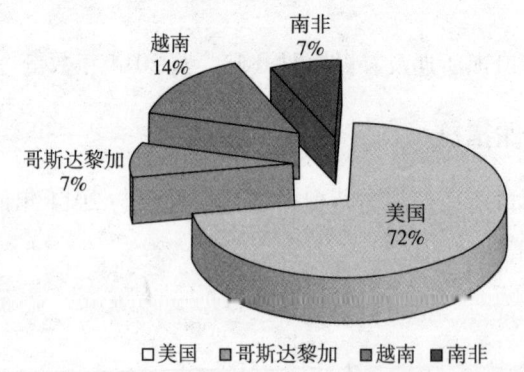

图2-5　2015年动植物类产品出口贸易救济措施国别分析（一）

与2014年相比，新增南非对我国进行反倾销。2014年发生过的哥伦比亚2015年没再对我国发起发倾销调查。在2015年11起反倾销事件当中，发起最多的仍然是美国。此外，2015年新增保障措施事件，发起国家是哥斯达黎加、越南和南非。

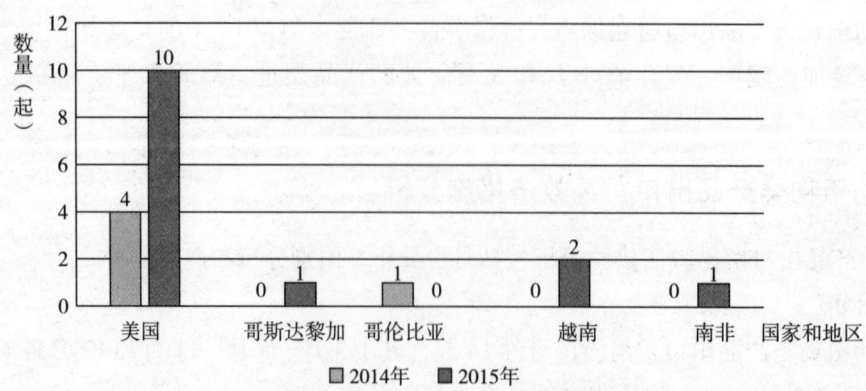

图2-6　2015年动植物类产品出口贸易救济措施国别分析（二）

3. 产品分析

2015年动植物类产品出口贸易救济事件共涉及具体产品9种，分别为蜂蜜、新鲜大蒜、冷冻暖水虾、蜂蜜产品、黄原胶、淡水小龙虾、碾碎大米、精制豆油、精制棕榈油。其中反倾销事件涉及产品为蜂蜜、新鲜大蒜、冷冻暖水虾、蜂蜜产品、黄原胶、淡水小龙虾，这些产品出口遭遇反倾销事件的主要原因：首先，我国贸易规模大，这几种产品价格相对低廉，因此导致遭受反倾销的次数增加。其次，考虑贸易保护主义的因素，我国和美国等国家近几年的贸易摩擦不断加剧。保障措施事件涉及产品为碾碎大米、精制豆油、精制棕榈油，这些产品出口遭遇保障措施的主要原因主要是贸易保护主义的因素。

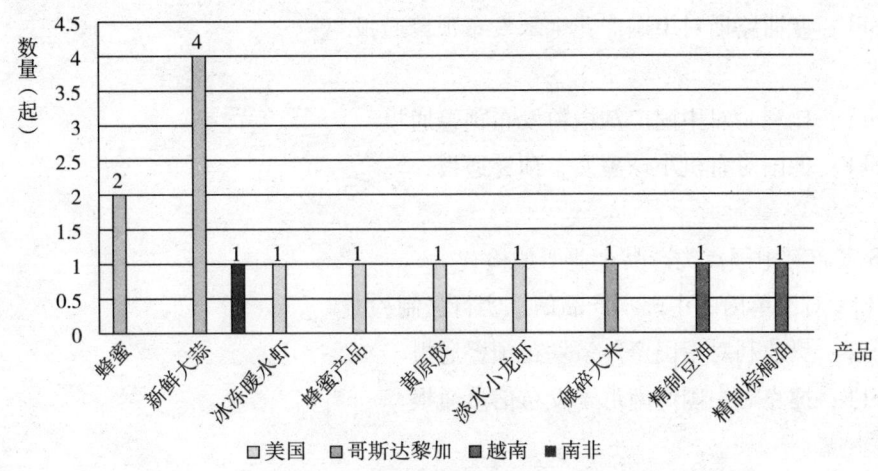

图2-7 2015年动植物类产品出口贸易救济措施产品分析

二、动植物类产品出口技术性贸易壁垒与绿色壁垒

2015年，动植物类产品出口遭遇技术性贸易壁垒与绿色壁垒事件共69起，涉及的国家（地区）有美国、加拿大、欧盟、日本、韩国、埃及、新西兰、挪威，其中欧盟31起，占47%；美国15起，日本15起，加拿大3起，新西兰2起，韩国、埃及、挪威各1起。欧盟采取的主要形式是信息通报、预警通报、官方扣留；美国主要采取自动扣留、严加检查等形式；日本采取的主要形式是监视检查、命令检查。

（一）事件

1月

美国FDA对中国产草莓实施自动扣留

美国FDA对中国产辣椒实施自动扣留

美国FDA对中国出口的淡水养殖鲶鱼通报

美国FDA对中国出口的淡水养殖小龙虾通报

2月

欧盟RASFF：荷兰对中国产花生做出信息通报

欧盟 RASFF：塞浦路斯对中国产花生米做出预警通报

欧盟 RASFF：奥地利对中国产有机绿茶发出信息通报

欧盟 RASFF：比利时对中国产蜂蜜发出信息通报

欧盟 RASFF：意大利对中国产冻兔肉发出预警通报

欧盟 RASFF：塞浦路斯对中国产花生仁发出预警通报

3月

日本解除对进口自中国章鱼中呋喃唑酮残留含量的强化监视检查

欧盟 RASFF：意大利对桦提取物发布信息通报

欧盟 RASFF：塞浦路斯对中国产花生米发布预警通报

4月

欧盟 RASFF：比利时对中国产辣椒粉发布预警通报

欧盟 RASFF：德国对有机小球藻发布预警通报

5月

美国 FSIS 宣布对中国禽类产品企业严加检查

加拿大 CFIA 对清单内的中国水产品信息实行强制检查

欧盟 RASFF：奥地利对中国产芦笋发布预警通报

欧盟 RASFF：捷克对中国产南瓜子发布信息通报

6月

日本解除对进口自中国芋头中毒死蜱残留含量的强化监视检查

欧盟 RASFF：西班牙对中国产带壳花生发布信息通报

欧盟 RASFF：立陶宛对中国产未精制大麻籽油发布信息通报

日本对中国产双壳贝类产品中腹泻性贝类毒素实行命令检查

欧盟 RASFF：西班牙对中国产冷冻剑鱼发布预警通报

加拿大 CFIA 对中国水产品信息实行强制

7月

欧盟 RASFF：希腊对中国产红辣椒和辣椒粉发布预警通报

欧盟 RASFF：德国对中国产茉莉花茶发布信息通报

欧盟 RASFF：西班牙对中国产冰冻红虾发布信息通报

日本对中国产乌龙茶中茚虫威含量实施监视检查

8月

美国对中国产干香菇实施自动扣留

美国对中国产冷冻凤尾鱼实施自动扣留

欧盟 RASFF：西班牙对中国产猪肠衣实施官方扣押

欧盟 RASFF：芬兰对中国产南瓜子预警通报

美国对中国产冷冻三文鱼实施自动扣留

欧盟 RASFF：英国对中国产麦苗粉预警通报

美国对中国产冷冻菠菜实施自动扣留

日本对中国产虾中金霉素由命令检查转为强化监控检查

欧盟 RASFF：西班牙对中国产花生实施官方扣押

美国对中国产蘑菇、干蘑菇实施自动扣留

欧盟 RASFF：荷兰对中国产辣椒粉发布预警通报

美国对中国产辣椒实施自动扣留

9 月

欧盟 RASFF：丹麦对中国产去皮花生仁发布信息通报

欧盟强化对中国出口甘蓝的农残检查

欧盟强化对中国出口茶叶的农残检查

10 月

日本解除对进口自中国花椒中黄曲霉素的强化监视检查

日本对中国生产的大葱中哒螨灵含量实施监视检查

韩国召回农残超标的中国产蒜薹

11 月

欧盟 RASFF：爱尔兰对中国产茶发出信息通报

欧盟 RASFF：意大利对中国产冷冻红虾发布信息通报

日本取消对中国产乌龙茶茚虫威强化监控检查

日本取消对中国产虾中金霉素的强化监控检查

日本取消对中国产慈菇中多效唑的强化监控检查

日本解除对进口自中国云耳中毒死蜱的强化监视检查

12 月

美国对中国产葡萄干实施自动扣留

新西兰对进口速冻浆果加强大肠杆菌监管

美国对中国产蛙腿实施自动扣留

新西兰召回山东冷冻浆果

日本解除对进口自中国大葱中哒螨灵的强化监视检查

埃及发布关于强制实施食用植物油标准的通报

欧盟 RASFF：爱沙尼亚对中国产面包竹菜板发布信息通报

日本对中国生产的生姜中噻虫嗪含量实施监视检查

美国对中国产新鲜龙眼实施自动扣留

加拿大通报台湾地区水产品兽残问题

美国对中国产梨实施自动扣留

欧盟 RASFF：德国对中国普洱茶发布预警通报

欧盟 RASFF：爱沙尼亚对中国产冷冻鲈鱼片发布信息通报

欧盟 RASFF：挪威对中国产南瓜子发布信息通报

日本对中国生产的韭菜中三唑磷含量实施监视检查

日本解除对进口自中国的荔枝中 4 - 氯 - 苯氧基乙酸的强化监视检查

（二）分析

2015年动植物类产品所遇技术性贸易壁垒与绿色贸易壁垒事件分析包括月份分析、国别分析和产品分析。

1. 月份分析

2015年动植物类产品出口贸易技术性贸易壁垒与绿色贸易壁垒事件共69起，主要集中在下半年，12月有16起，8月有12起，2月、6月和11月各6起，1月、5月和7月各4起，3月、9月、10月各3起，4月有2起。

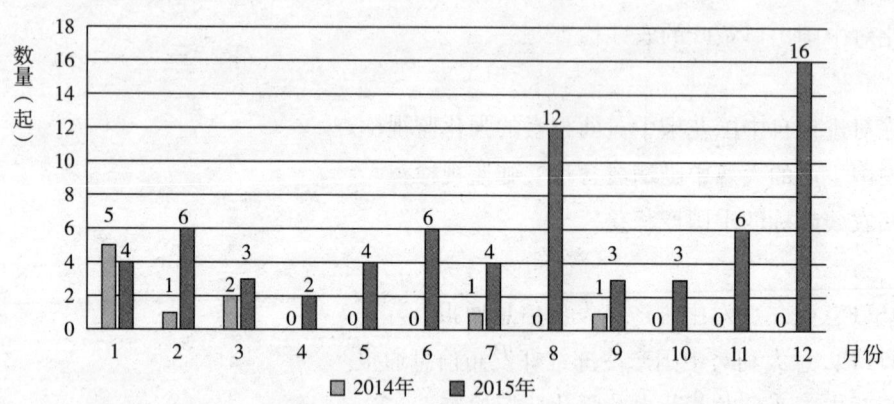

图2-8　2015年动植物类产品出口技术性贸易壁垒与绿色壁垒月份分析

与2014年的10起相比，2015年所遇到的技术性贸易壁垒和绿色壁垒有了大幅上升。这说明，随着我国动植物类产品的出口不断增加，我国在参与国际分工的过程中地位不断提升，针对我国发起的技术性贸易壁垒有了大幅提升的趋势，不能放松警惕，西方发达国家的贸易保护主义仍然存在。

2. 国别分析

2015年动植物类产品出口遭遇技术性贸易壁垒与绿色壁垒事件涉及的国家（地区）有美国、加拿大、欧盟、日本、韩国、埃及、新西兰、挪威，其中欧盟31起，占45%；美国15起，占22%；日本15起，占22%；加拿大3起，新西兰2起，韩国、埃及、挪威各1起。

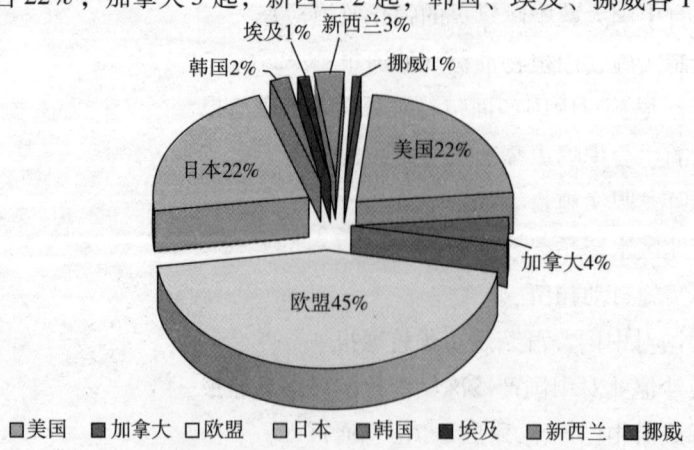

图2-9　2015年动植物类产品出口技术性贸易壁垒与绿色壁垒国别分析（一）

与2014年相比,由于2015年总体技术性贸易壁垒和绿色贸易壁垒案件数量有所上升,新增案件发起国为美国、加拿大、埃及、新西兰、挪威,而乌克兰在2015年并没有对我国发起相应的行为。2015年,欧盟发起的技术性贸易壁垒和绿色贸易壁垒数量为31起,相比2014年的6起有了很大幅度的增加;美国也在时隔一年之后再次针对我国发起技术性贸易壁垒和绿色贸易壁垒,数量为15起,占比22%。

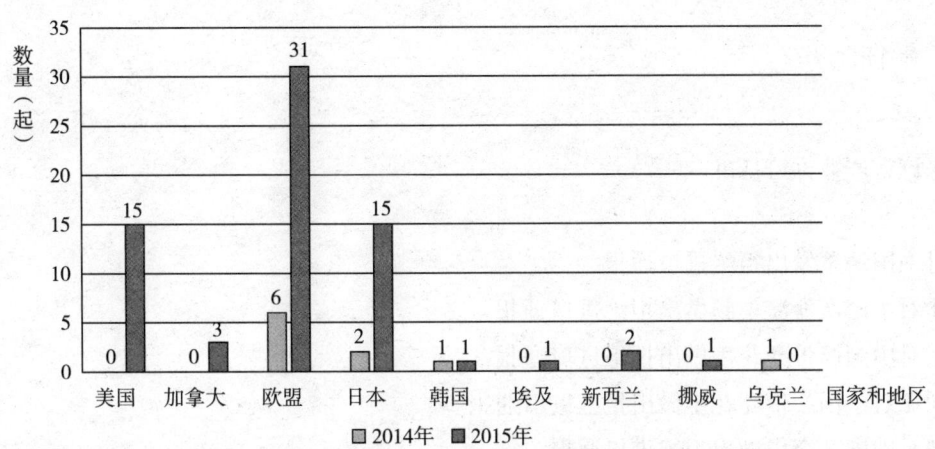

图2-10　2015年动植物类产品出口技术性贸易壁垒与绿色壁垒国别分析(二)

总体来说,欧盟、美国和日本是中国动植物类产品出口技术性贸易壁垒和绿色贸易壁垒最多的国家,这主要是因为它们相对于中国来说有较高的食品卫生标准和安全要求。

3. 产品分析

2015年动植物类产品出口贸易技术性贸易壁垒与绿色贸易壁垒事件涉及的产品类型有14种,每类产品至少1起。涉及的产品种类有水果及产品、蔬菜及产品、水产品、坚果类产品、茶、蜂蜜、肉类、非食用植物、禽类产品、菌类、植物油、谷物类、动物、其他。主要原因是因为这些产品不符合相关安全和食品卫生标准,容易造成人身危害。

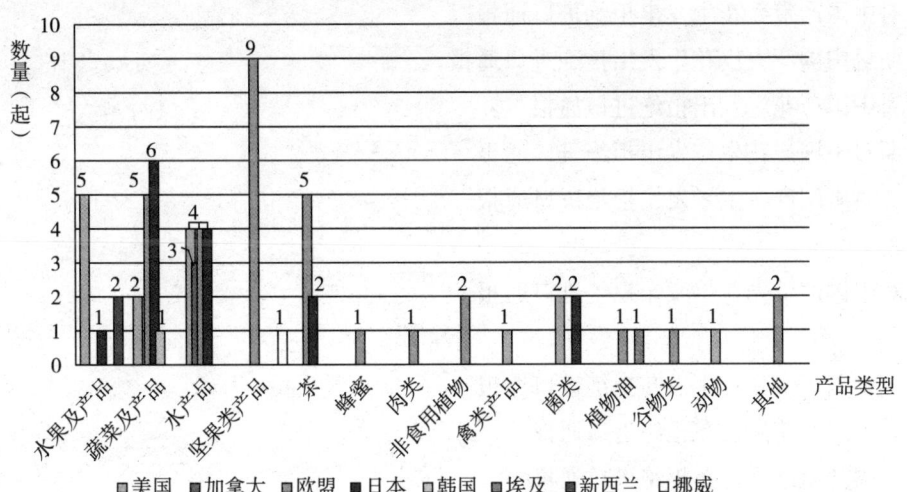

图2-11　2015年动植物类产品出口技术性贸易壁垒与绿色壁垒产品分析

总的来说,2015年技术性贸易壁垒与绿色贸易壁垒事件涉及的产品较为分散,植物与动物均有涉及,涉及国家较为集中,主要发起国(地区)是欧盟、美国和日本。

三、动植物类产品其他贸易壁垒

动植物类产品的其他贸易壁垒包括进口限制、进口动物的检疫要求和动植物卫生认证要求。

(一)事件

1月
韩国修订畜产业许可标准
2月
法国对中国产茶发出拒绝进口通报
西班牙对中国产盐渍羊肠做出拒绝进口通报
西班牙对中国产带壳花生做出拒绝进口通报
保加利亚对中国产带壳花生做出拒绝进口通报
意大利对中国产杏仁做出拒绝进口通报
荷兰对中国产西兰花发出拒绝进口通报
波兰对中国产去皮花生发出拒绝进口通报
希腊对中国产带壳花生发出拒绝进口通报
意大利对中国产带壳花生发出拒绝进口通报
西班牙对中国产去皮花生发出拒绝进口通报
荷兰对中国产带壳花生发出拒绝进口通报
法国对中国产茶发出拒绝进口通报
法国对中国产花生粉发出拒绝进口通报
意大利对中国产带壳花生发出拒绝进口通报
塞浦路斯对中国产去皮花生发出拒绝进口通报
比利时对中国产花生发出拒绝进口通报
塞浦路斯对中国产花生仁发出拒绝进口通报
罗马尼亚对中国产花生米发出拒绝进口通报
3月
西班牙对中国产带壳花生发布拒绝进口通报
4月
西班牙对中国产带壳花生发布拒绝进口通报
西班牙对中国产花生发布拒绝进口通报
波兰对中国产南瓜子发布拒绝进口通报
希腊对中国产花生仁发布拒绝进口通报
希腊对中国产花生仁发布拒绝进口通报
希腊对中国产花生仁发布拒绝进口通报

法国对中国产去皮花生仁发布拒绝进口通报

荷兰对中国产花生仁发布拒绝进口通报

西班牙对中国产去皮花生发布拒绝进口通报

西班牙对中国产花生米发布拒绝进口通报

芬兰对中国产水果提取物发布拒绝进口通报

英国对中国产花生仁发布拒绝进口通报

英国对中国产去皮花生仁发布拒绝进口通报

西班牙中国产对冷冻鱿鱼发布拒绝进口通报

克罗地亚对中国产绿茶发布拒绝进口通报

西班牙对中国产带壳花生发布拒绝进口通报

荷兰对中国产花生发布拒绝进口通报

西班牙对中国产带壳花生发布拒绝进口通报

韩国制定人参中农药限量标准成为国际标准

法国对中国产花生米发布拒绝进口通报

5月

巴林发布小麦粉等12类产品技术法规草案

英国对中国产带壳花生拒绝进口

葡萄牙对中国产带壳花生拒绝进口

意大利对中国产杨梅拒绝进口

日本规定生猪肝的统一加热标准

6月

韩国扩大认证为农水畜产品FTA原产地证明的文件范围

菲律宾颁布有关木薯国家标准

菲律宾发布《山羊屠宰操作守则》等国家标准

菲律宾颁布芒果中农药最大残留量的国家标准草案

菲律宾颁布秋葵中农药最大残留量的国家标准草案

菲律宾颁布菠萝中农药最大残留量的国家标准草案

菲律宾颁布水稻中农药最大残留量的国家标准草案

英国对中国产去皮花生仁发布拒绝进口通报

英国对中国产去皮花生仁发布拒绝进口通报

马耳他对中国产干菜发布拒绝进口通报

西班牙对中国产带壳花生发布拒绝进口通报

韩国发布《畜产品卫生管理法》实施令及实施规则改正草案

英国对中国产花生发布拒绝进口通报

土耳其发布进口动物及其产品卫生证书模式标准草案

卢森堡对中国产茶发布拒绝进口通报

卢森堡对中国产黑茶发布拒绝进口通报

荷兰对中国产花生发布拒绝进口通报
意大利对中国产红米提取物发布拒绝进口通报
英国对中国产带壳花生发布拒绝进口通报
德国对中国产花生发布拒绝进口通报

7月

意大利对中国产带壳花生发布拒绝进口通报
英国对中国产花生仁发布拒绝进口通报
荷兰对中国产花生发布拒绝进口通报
斯洛伐克对中国产带壳花生发布拒绝进口通报
西班牙对中国产发酵茶发布拒绝进口通报
西班牙对中国产去壳花生发布拒绝进口通报
西班牙对中国产花生发布拒绝进口通报
意大利对中国产带壳花生发布拒绝进口通报
法国对中国产花生粉发布拒绝进口通报
葡萄牙对中国产带壳花生发布拒绝进口通报
英国对中国产花椰菜发布拒绝进口通报
英国对中国产冰冻鳕鱼片发布拒绝进口通报
英国对中国产冰冻鳕鱼发布拒绝进口通报
斯洛伐克对中国产南瓜子发布信息通报

8月

加拿大制定氟吡草酮的最大残留限量
西班牙对中国产带壳花生发布拒绝进口通报
德国对中国产带壳花生发布拒绝进口通报
意大利对中国产带壳花生发布拒绝进口通报
西班牙对中国产花生仁发布拒绝进口通报
美国对中国产冷冻罗非鱼实施自动扣留
西班牙对中国产盐渍羊肠衣发布拒绝进口通报
英国对中国产花生米拒绝进口通报
法国对中国产生花生发布拒绝进口通报
西班牙对中国产去壳花生发布拒绝进口通报
巴西设植物检疫产品登记评审新规
英国对中国产带壳花生发布拒绝进口通报
比利时对中国产绿茶发布拒绝进口通报
西班牙对中国产去皮花生仁发布拒绝进口通报（2015.BIT）
西班牙对中国产花生仁发布拒绝进口通报（2015.BIX）
西班牙对中国产花生仁发布拒绝进口通报（2015.BIY）
西班牙对中国产花生米发布拒绝进口通报（2015.BIV）

西班牙对中国产花生米发布拒绝进口通报（2015. BIV）
西班牙对中国产花生米发布拒绝进口通报（2015. BIW）
新西兰颁布动物纤维进口卫生标准
西班牙对中国产花生发布拒绝进口通报
葡萄牙对中国产带壳花生发布拒绝进口通报
西班牙对中国产带壳花生发布拒绝进口通报
西班牙对中国产带壳花生发布拒绝进口通报
西班牙对中国产花生仁发布拒绝进口通报
西班牙对中国产去皮花生仁发布拒绝进口通报
欧盟批准使用再生热水清洁动物胴体表面
美国颁布烯酰吗啉在草莓中的残留限量法规

9月

意大利对中国产干肠衣发布拒绝进口通报
荷兰对中国产花生发布拒绝进口通报
美国颁布调环酸钙及氟唑环菌胺的残留限量要求
韩国发布肉食加工品分类及标识要求
比利时对中国产绿茶发布拒绝进口通报
西班牙对中国产坚果发布拒绝进口通报
美国修订嘧菌环胺残留限量要求，豁免丙二醇单甲醚的残留限量要求
西班牙对中国产花生发布拒绝进口通报
西班牙对中国产花生仁发布拒绝进口通报
美国制定杀菌剂苯醚甲环唑的残留限量要求
西班牙对中国产花生发布拒绝进口通报
英国对中国带壳花生发布拒绝进口通报
美国FSIS发布新鲜肉类、禽类替换证书通报
韩国修改《畜产品标识基准》，火腿类要求强制标识营养成分
西班牙对中国产冷冻辣椒发布拒绝进口通报
西班牙对中国产干辣椒和辣椒梗发布拒绝进口通报
意大利对中国产木芙蓉发布拒绝进口通报
波兰对中国产花生发布拒绝进口通报

10月

意大利对中国产冷冻阿拉斯加鳕鱼发布拒绝进口通报
法国对中国产花生仁发布拒绝进口通报
科威特发布六项动物进口禁令
葡萄牙对中国产带壳花生发布拒绝进口通报

11月

斯洛伐克对中国产带壳花生发布拒绝进口通报

保加利亚对中国产绿茶发布拒绝进口通报

意大利对中国产乌龙茶发布拒绝进口通报

意大利对中国产新鲜大蒜发布拒绝进口通报

英国对中国产花生仁发布拒绝进口通报

荷兰对中国产干辣椒发布拒绝进口通报

法国对中国产鲭鱼、鳅鱼等冷冻鱼片发布拒绝进口通报

比利时对中国产冷冻尖吻鲈鱼片发布拒绝进口通报

12月

日本制定豆芽类的《有机JAS规格》

菲律宾全面禁止转基因作物试验、使用及进口

荷兰对中国冷冻鲈鱼片发布拒绝进口通报

英国对中国去皮花生发布拒绝进口通报

菲律宾重新制定转基因管理条例

美国公布关于农产品安全标准等最终规则

韩国食品及畜产品安全管理认证标准合并

西班牙对中国产花生发布拒绝进口通报

韩国发布《食用肉按照部位、等级、种类区分方法》全部改正告示

（二）分析

2015年动植物类产品出口所遇的其他贸易壁垒共146起，所涉及的国家和产品较为分散。

1. 月份分析

2015年动植物类产品出口其他贸易壁垒事件共发生146起，相比2014年的23起有了较大幅度的提高，主要集中在下半年，8月最多，为28起，其次是4月和6月，发生20起。

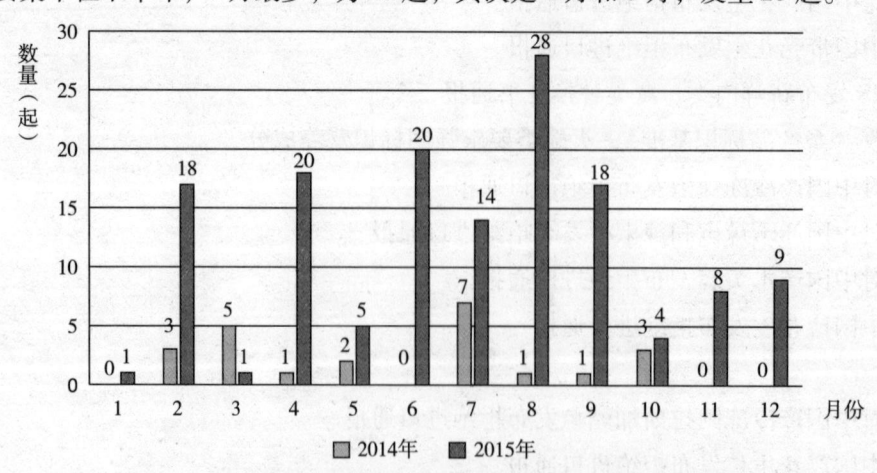

图2-12 2015年动植物类产品出口其他贸易壁垒月份分析

2. 国别分析

从国家（地区）来看，欧盟对我国发起其他贸易壁垒次数最多，共有117起，占比80%。韩国和菲律宾分别有8起，占比6%。美国有7起，日本2起，加拿大、巴西、巴林、土耳其和科威特各有1起。

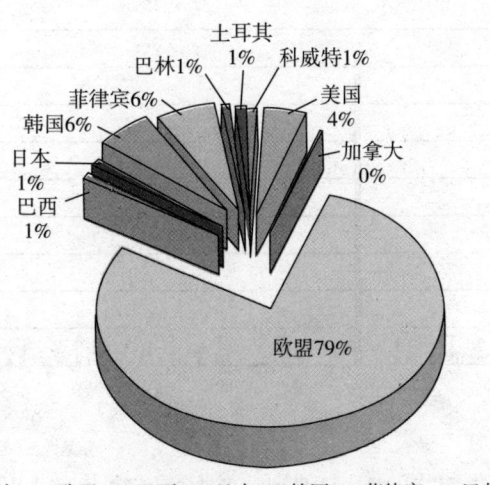

图 2-13　2015 年动植物类产品出口其他贸易壁垒国别分析（一）

与 2014 年相比，由于 2015 年其他贸易壁垒事件数量有大幅提升，增加了新的发起国：巴西、日本、菲律宾、土耳其和科威特，而尼泊尔在 2015 年没有对我国发起其他贸易壁垒事件。欧盟在 2015 年对我国发起其他贸易壁垒事件有了显著的提升，比 2014 年的 3 起增加了 114 起，占比 80%。

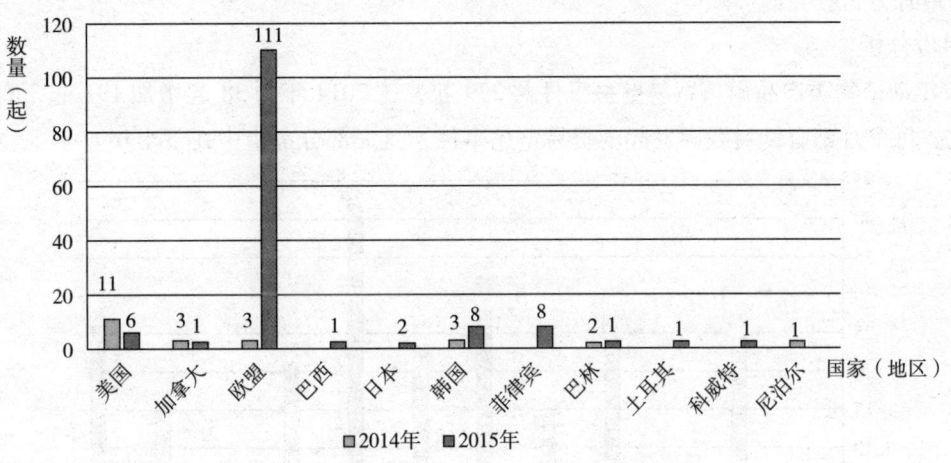

图 2-14　2015 年动植物类产品出口其他贸易壁垒国别分析（二）

总体来说，欧盟是我国其他贸易壁垒发起的主要地区，原因主要是因为欧盟对我国出口的相应产品有了更为严格的要求与标准。

3. 产品分析

2015 年动植物类产品出口其他贸易壁垒涉及的产品种类较为分散，有 11 种。其中坚果类产品，尤其是针对花生发起的事件居多，涉及坚果类产品的事件共为 78 起，且全部来自欧盟地区，占比 53%。其他涉及的产品种类为：茶、畜产品、动物、动植物类、农产品、蔬菜及产品、水产品、水果及产品、植物和其他类。

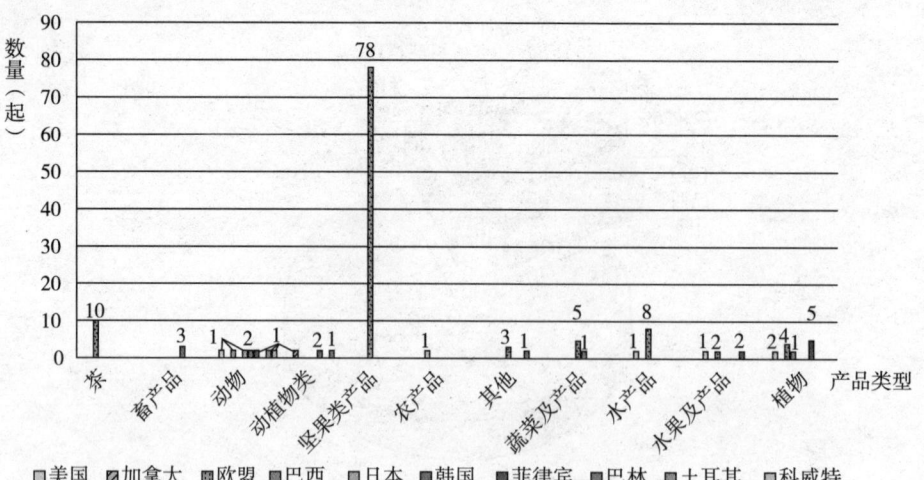

图 2-15　2015 年动植物类产品出口其他贸易壁垒产品分析

四、动植物类产品出口贸易壁垒综合分析

动植物类产品出口所遇贸易壁垒的综合分析包括月份分析、国别分析、区域分析、产品分析和贸易壁垒形式分析。

1. 月份分析

2015 年动植物类产品出口贸易壁垒事件共 229 起，比 2014 年的 38 起增加 191 起，有了较大幅度的变化。每个月都有针对我国发起的贸易壁垒事件，且大部分都集中在下半年。

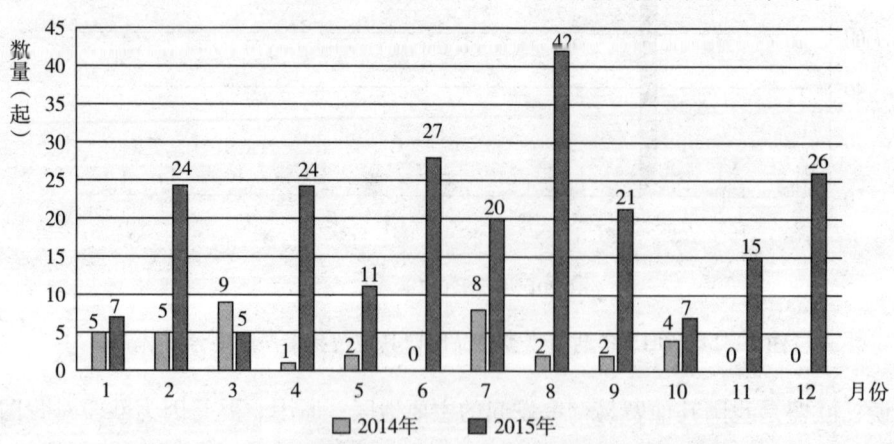

图 2-16　2015 年动植物类产品出口贸易壁垒综合月份分析（一）

与 2014 年相比，2015 年针对我国发起的动植物类出口贸易壁垒事件在各个月份都有不同程度地增加，8 月有了较大幅度的变化，共发生 42 起。其次是 6 月共发生 27 起，紧接着是 12 月发生了 26 起，2 月发生 24 起，4 月发生 24 起，7 月发生 20 起。

第二章 动植物类产品出口贸易壁垒

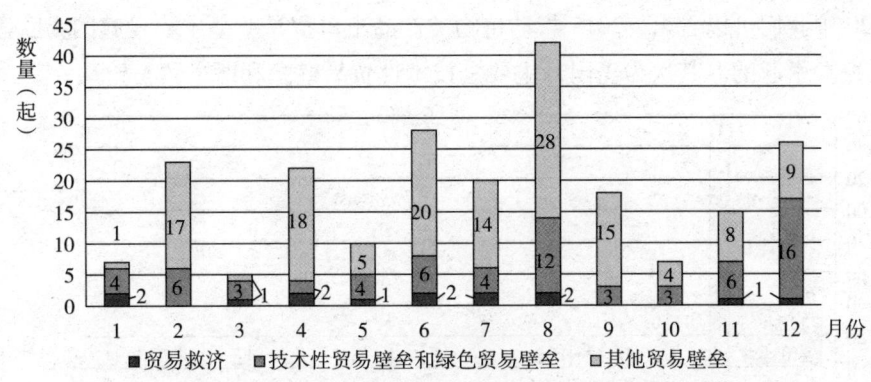

图 2-17 2015 年动植物类产品出口贸易壁垒综合月份分析（二）

从图 2-17 中可以看出，2015 年针对我国发起的动植物类产品出口贸易壁垒主要是其他贸易壁垒。总的来说，2015 年动植物类产品出口贸易壁垒事件较为集中的发生在下半年，波动幅度较大。

2. 国别分析

2015 年动植物类产品出口贸易壁垒事件涉及 16 个国家，与 2014 年的 9 个相比增加了 7 个。其中，欧盟最多，为 142 起；美国次之，为 31 起；日本发生 17 起，韩国 9 起，菲律宾 8 起。其他国家均未超过 5 起。

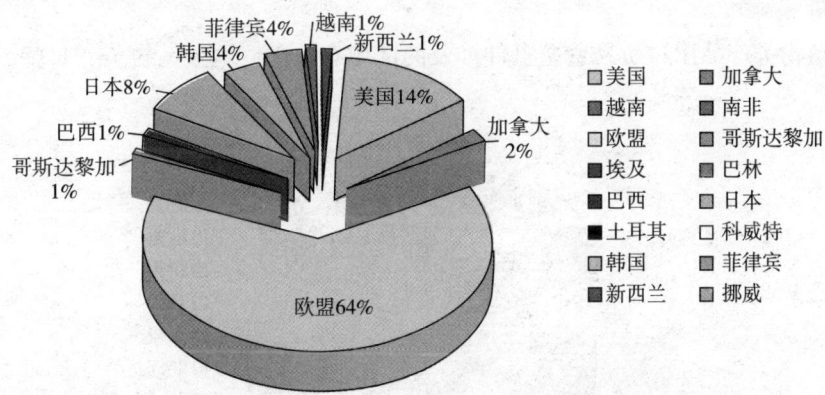

图 2-18 2015 年动植物类产品出口贸易壁垒综合国别分析（一）

与 2014 年类似，美国和欧盟仍是中国动植物类产品出口遭遇各类壁垒的主要国家（地区），本次报告不包括中国台湾地区。新增国家分别为哥斯达黎加、菲律宾、越南、南非、埃及、土耳其、科威特、新西兰、挪威。

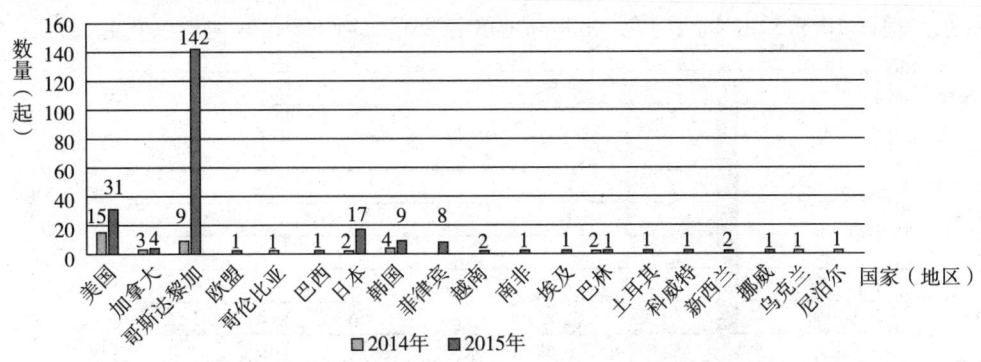

图 2-19 2015 年动植物类产品出口贸易壁垒综合国别分析（二）

从图 2-20 中我们可以看出，2015 年动植物类产品出口贸易壁垒主要发起国为欧盟，这主要是由于其他贸易壁垒引起的。其次为美国，主要是技术性贸易壁垒和绿色贸易壁垒。

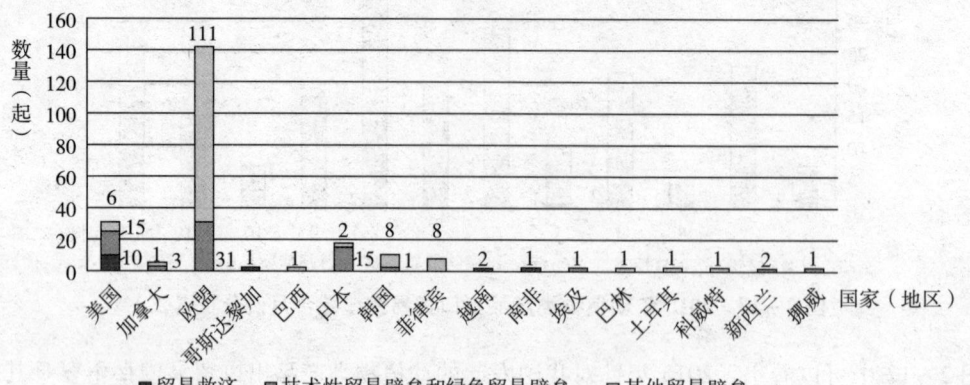

图 2-20　2015 年动植物类产品出口贸易壁垒综合国别分析（三）

总体来看，2015 年动植物类产品出口贸易遭遇壁垒较多的国家为欧盟、美国和日本，其中欧盟主要贸易壁垒形式为其他贸易壁垒，美国主要贸易壁垒形式为技术性贸易壁垒和绿色贸易壁垒，日本主要的贸易壁垒形式为技术性贸易壁垒和绿色贸易壁垒，其余国家的壁垒形式较为分散。

3. 区域分析

2015 年动植物类产品出口贸易壁垒事件涉及的区域有北美、欧盟、拉美、日韩、东盟、非洲和其他地区。

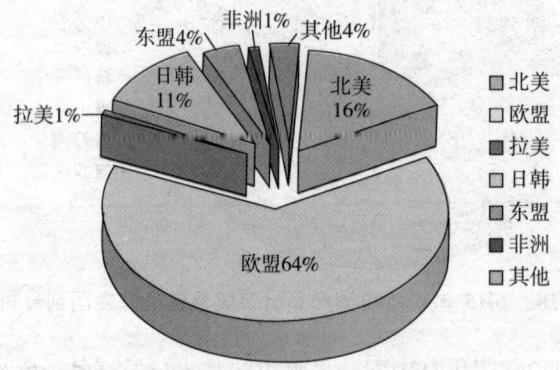

图 2-21　2015 年动植物类贸易壁垒综合区域分析（一）

其中欧盟地区最多，为 142 起，占 64%；北美地区次之，35 起，占比 16%；日韩地区 26 起，占 11%；东盟地区 10 起，占 4%；拉美和非洲地区各 2 起，占 1%；其他地区 6 起，占比 4%。

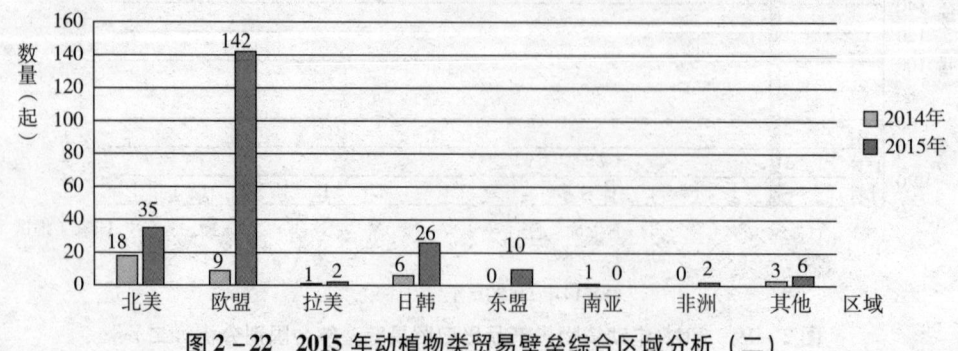

图 2-22　2015 年动植物类贸易壁垒综合区域分析（二）

与 2014 年相比，欧盟地区增幅最大，北美地区和日韩地区也有较大幅度的上升，拉美和其他地区增幅较小。新增东盟地区和非洲地区，分别为 10 起和 2 起案件。

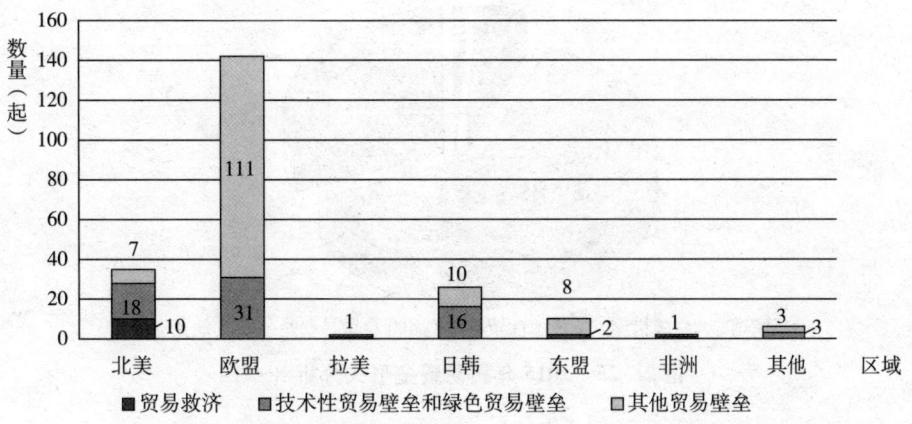

图 2-23　2015 年动植物类贸易壁垒综合区域分析（三）

从图 2-23 中我们可以看出，欧盟地区贸易壁垒事件最多，主要由其他贸易壁垒导致；北美地区主要为技术性贸易壁垒和绿色贸易壁垒、贸易救济；日韩地区主要为技术性贸易壁垒和绿色贸易壁垒、其他贸易壁垒，其余地区的壁垒种类比较分散。

4. 产品分析

2015 年动植物类产品出口贸易壁垒事件涉及的产品种类共 17 种。最多的是坚果类产品，为 88 起，发起国家（地区）有欧盟和挪威，主要由于其他贸易壁垒、技术性贸易壁垒与绿色贸易壁垒引起；其次为水产品、蔬菜及产品和茶，分别为 26 起、25 起、17 起，主要发起地区为欧盟、美国和日本。

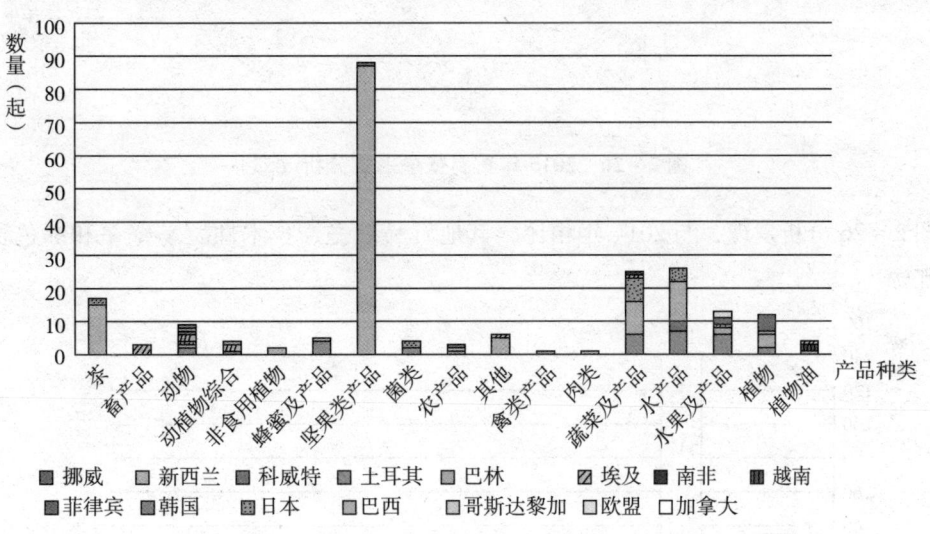

图 2-24　2015 年动植物类贸易壁垒综合产品分析

图 2-24 给出了部分产品的国别分布。在此提醒相关出口企业注意各自产品可能面临的困难，及时调整出口策略，减少经济损失。

5. 贸易壁垒形式分析

2015 年动植物类产品出口贸易壁垒事件涉及的贸易壁垒形式有贸易救济、技术性贸易壁垒与绿色贸易壁垒、其他贸易壁垒。

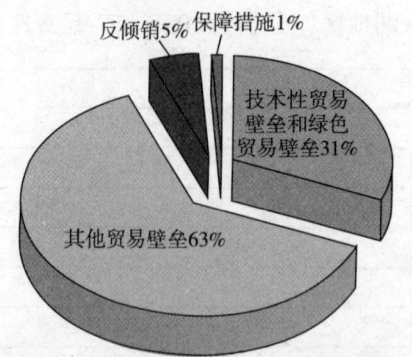

图 2-25　2015 年贸易壁垒形式分析（一）

其中，其他贸易壁垒最多，为 146 起，占 65%；技术性贸易壁垒和绿色贸易壁垒是 69 起，占 31%；反倾销 11 起，占 5%。

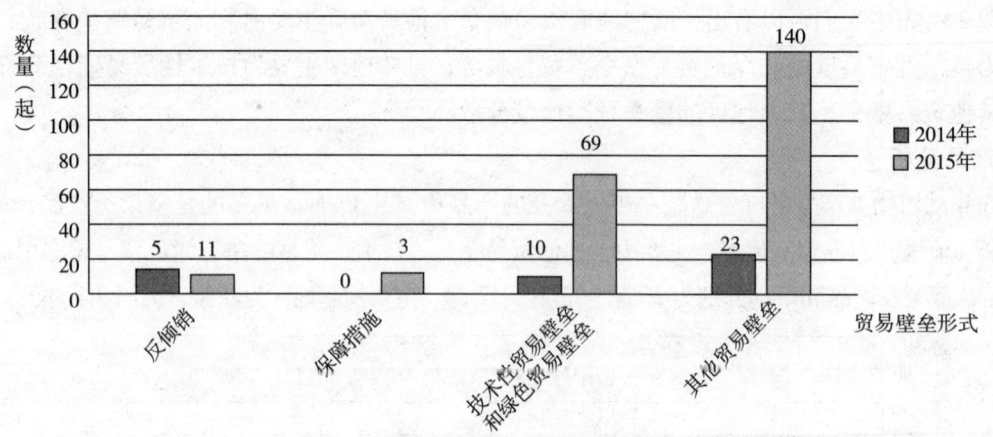

图 2-26　2015 年贸易壁垒形式分析（二）

通过图 2-26 分析发现，与 2014 年相比，其他贸易壁垒、技术性贸易壁垒和绿色贸易壁垒均有较大的涨幅。

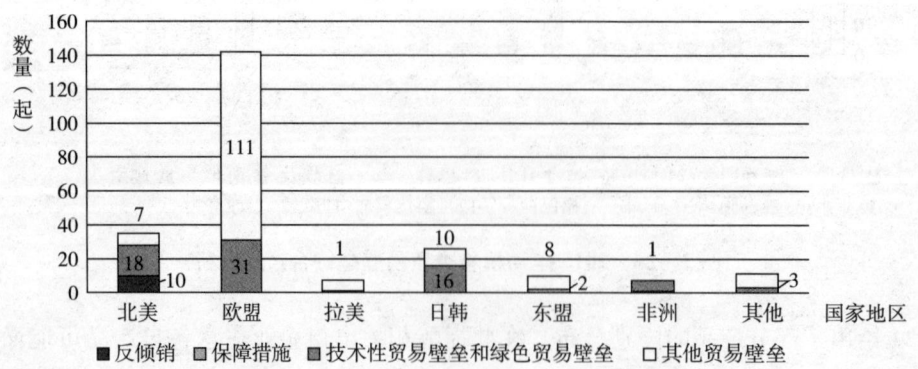

图 2-27　2015 年贸易壁垒形式分析（三）

从图 2-27 中我们可以看出，贸易救济事件（反倾销、保障措施）涉及的地区为北美和东盟；

技术性贸易壁垒与绿色贸易壁垒事件涉及的地区为北美、欧盟、日韩、非洲和其他，其他贸易壁垒涉及的地区主要为北美、欧盟、拉美、日韩、东盟和其他地区。

总的来说，2015年其他贸易壁垒仍然为动植物类产品贸易所遇到的主要贸易壁垒形式，技术性贸易壁垒和绿色贸易壁垒增长也较快，需要有关部门和企业多加防范。

五、动植物类产品出口贸易壁垒预警

对动植物类产品所遇贸易壁垒法律法规进行分析，提醒国内注意。

（一）法律法规

动植物类产品出口所遇贸易壁垒的法规包括2015年颁布实施的、颁布尚未实施的和存在颁布意向的法律法规。其中颁布实施的法律法规共103条、颁布未实施的法律法规共36条、存在颁布意向的法律法规共135条。

1. 颁布实施的法律法规

2015年颁布实施的法律法规共103条。与2014年的236条相比有了大幅度的减少。

（1）法律法规

1月

菲律宾发布关于口蹄疫易感动物的通报

新西兰发布关于生杏仁的通报

土耳其发布关于植物的通报

哥斯达黎加发布关于有害生物名单的通报

吉尔吉斯斯坦共和国发布关于兽医法的通报

吉尔吉斯斯坦共和国发布关于植物检疫法的通报

巴西发布关于蝴蝶兰植物的通报

印度尼西亚发布关于活家禽及家禽产品的通报

阿根廷发布关于进口家猪的通报

卡塔尔发布关于鳄梨的通报

沙特阿拉伯发布关于冷冻胡萝卜的通报

沙特阿拉伯发布关于食用黑种草籽油的通报

智利发布关于观赏类植物的通报

智利发布关于有害生物的通报

智利发布进口大麦谷的通报

沙特阿拉伯发布关于果汁和油桃的通报

2月

新西兰发布关于动物纤维的通报

印度尼西亚发布关于畜体、肉及加工肉产品的通报

印度尼西亚发布关于胴体、肉及/或其加工产品的的通报

印度尼西亚发布关于胴体、肉及/或其加工产品的通报

科威特发布关于新鲜牛肉、水牛肉、羊肉、山羊肉和骆驼肉的通报
卡塔尔发布有关新鲜牛肉、水牛肉、羊肉、山羊肉和骆驼肉的通报
厄瓜多尔发布绿咖啡豆的通报

3月

印度尼西亚发布关于渔业产品的通报
阿尔巴尼亚发布关于马铃薯的通报
新加坡发布关于马匹进口兽医条件的通报
牙买加发布关于西非荔枝果的通报
格鲁吉亚发布关于改性活生物体的通报
沙特阿拉伯发布关于家禽肉、蛋及其制品的通报
阿尔巴尼亚发布关于甜菜种子的通报
菲律宾发布关于家养野生禽的通报
巴拉圭发布关于凤梨的通报
科威特发布关于冷冻胡萝卜的通报
秘鲁发布关于苗圃果树的通报
沙特阿拉伯发布关于干秋葵的通报
沙特阿拉伯发布关于蜂蜜的通报
沙特阿拉伯发布关于鲜牛肉、水牛肉、羊肉、山羊肉、骆驼肉的通报

4月

阿根廷发布关于活动物的通报
越南发布关于陆生动物及动物产品的通报
菲律宾发布关于浆果的通报
法国发布关于种植植物的通报
印度发布关于植物检疫的通报
菲律宾发布关于香味料及干香草的通报
韩国发布关于马铃薯的通报
巴西发布关于马匹的通报

5月

土耳其发布关于有机农产品的通报
土耳其发布关于有蹄类活动物的通报
欧盟发布关于马铃薯的通报
佛得角发布关于动物及动物源性产品的通报
佛得角发布关于植物保护标准的通报
智利发布关于观赏类物种种子植物的通报
巴西发布关于腌棕榈心的通报
日本发布关于叶缘焦枯病菌寄主种植植物的通报
哥伦比亚发布关于新鲜蔬菜生产和出口企业的通报

6月

菲律宾发布木薯的通报

菲律宾发布关于山羊肉块的通报

菲律宾发布关于山羊屠宰的通报

菲律宾发布关于芦笋内杀虫剂残留的通报

菲律宾发布关于香蕉内杀虫剂残留的通报

菲律宾发布关于芒果内杀虫剂残留的通报

巴西发布有关鱼产品的通报

菲律宾发布关于菠萝内杀虫剂残留的通报

菲律宾发布关于稻米内杀虫剂残留的通报

菲律宾发布关于黄秋葵内杀虫剂残留的通报

智利发布关于猪血产品的通报

厄瓜多尔发布关于口蹄疫病毒的通报

巴拉圭发布关于瓜类的通报

巴拉圭发布关于草莓的通报

欧盟发布关于光肩星天牛的通报

新西兰发布关于马精液和胚胎的通报

欧盟发布关于油、脂肪和其派生产品的法规

7月

多哥发布关于动物健康措施的通报

中非发布关于牲畜饲养管理法的通报

德国发布关于某些杀虫剂的通报

欧盟发布关于外来入侵物种的通报

8月

南非发布关于玉米种和粒的通报

美国发布关于杀虫剂的通报

越南发布关于植物检疫监管商品的通报

9月

马来西亚发布关于新鲜山竹果的通报

尼日利亚发布关于脂肪和油的通报

印度发布关于植物和植物材料的通报

印度发布关于肉及肉制品的通报

尼日利亚发布关于1964年植物通报

尼日利亚发布关于动物疫病控制法案的通报

10月

美国发布关于杀虫剂许可限量的通报

埃及发布关于马铃薯种的通报

秘鲁发布关于有害生物名单的通报

秘鲁发布关于木材的通报

俄罗斯发布关于植物检疫的通报

俄罗斯发布关于植物、植物产品及其他植物卫生控制商品的通报

11月

埃及发布关于观赏植物及果树树苗的通报

澳大利亚发布关于苗木的通报

尼加拉瓜发布关于牛生产单独系统的通报

12月

新西兰发布关于播种种子的通报

泰国发布关于水生动物的通报

新西兰发布关于冷冻浆果（不包括猕猴桃）的通报

土耳其发布关于动物源食品的通报

几内亚发布关于植物及植物产品的通报

几内亚发布关于活动物、肉及食用内脏、乳及乳制品及其他动物源产品的通报

几内亚发布关于进出口植物及植物产品的通报

几内亚发布关于进出口植物及植物产品的通报

新西兰发布关于苗木进口的通报

印度尼西亚发布关于胴体、肉及/或其加工产品的通报

（2）分析

2015年动植物产品颁布实施的法律法规分析包括国别分析和产品分析。

①国别分析

2015年动植物产品颁布实施的法律法规共103条，涉及的国家或地区共31个。最多的地区是菲律宾，为13条。印度尼西亚和新西兰居第2位，为6条。其他国家均在4条及以下。

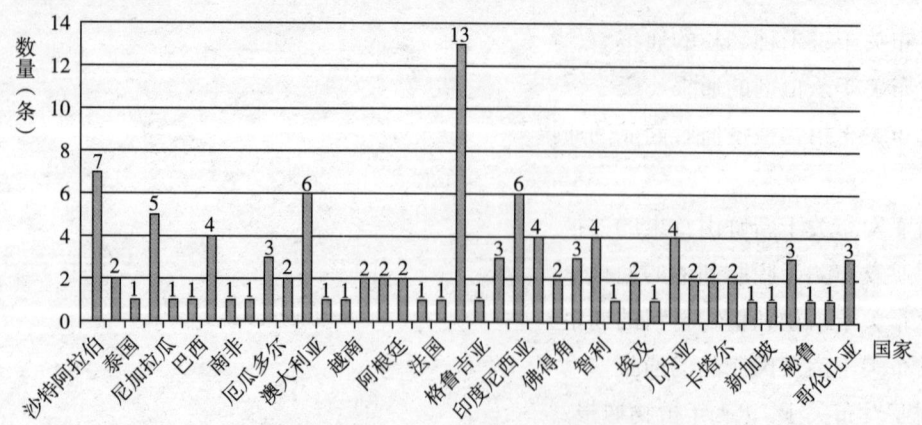

图2-28　2015年动植物产品颁布实施的法律法规国别分析

总的来说，颁布实施法律法规的总数较多，涉及的国家也较多。

②产品分析

2015年动植物产品颁布实施的法律法规涉及的具体产品共6大类。其中最多的是活动物和植物类，均为31条；食用果蔬次之，为22条；此外类产品均少于20起。

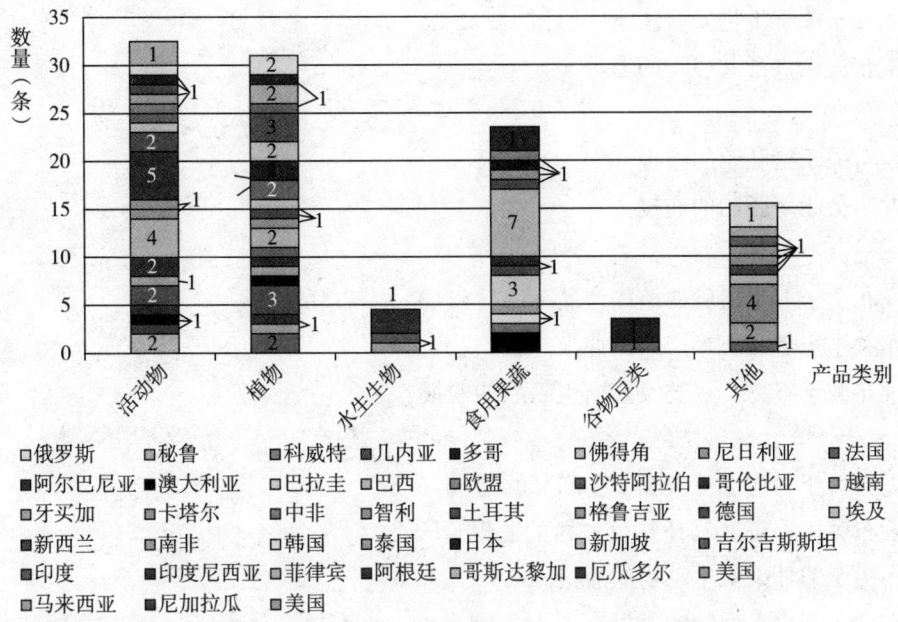

图2-29 2015年动植物产品颁布实施的法律法规产品分析

总的来说，颁布实施的法律法规涉及的产品分布相对集中，前两种产品占总数的60.2%。

2. 颁布尚未实施的法律法规

2015年颁布尚未实施的法律法规有36条，与2014年的208条相比有大幅下降。

(1) 法律法规

1月

乌干达发布关于大豆蛋白质的通报

乌干达发布关于谷物、豆类及其制品的通报

3月

土耳其发布关于动物产品货物的通报

乌干达发布关于玉米种子的通报

乌干达发布关于高粱种子的通报

乌干达发布关于葵花种子的通报

乌干达发布关于大豆种子的通报

乌干达发布关于花生种子的通报

4月

加拿大发布关于鲜辣椒和番茄的通报

墨西哥发布关于播种用种子的通报

5月

捷克共和国发布关于乳和乳制品的通报

6月

土耳其发布关于动物及动物产品的通报

7月

澳大利亚发布关于生物安全法案的通报

俄罗斯发布关于人畜共患病的通报

8月

俄罗斯发布关于猪胚胎的通报

俄罗斯发布关于猪胚胎的通报

9月

俄罗斯发布关于卫生检验的植物产品/商品（产品）名单的通报

南非发布关于玉米和玉米产品的通报

乌干达发布关于谷物、豆类及其衍生制品的通报

10月

乌干达发布关于谷物、豆类及衍生制品的通报

乌干达发布关于香蕉（马托基蕉）粉的通报

欧盟发布关于非外来水生动物的通报

智利发布关于观赏类植物的通报

乌干达发布关于冷冻章鱼的通报

乌干达发布关于速冻河虾和对虾的通报

11月

肯尼亚发布关于茶业的通报

菲律宾发布关于肉类的通报

菲律宾发布关于活红树林蟹的通报

菲律宾发布关于蟹肉的通报

菲律宾发布关于咖啡的通报

秘鲁发布关于植物卫生证书的通报

12月

泰国发布关于病原体及动物霉素法案的通报

乌干达发布关于鱼产品的通报

乌干达发布关于芝麻的通报

新加坡发布关于活马（返回）的通报

阿拉伯联合酋长国发布关于种子和块茎的通报

（2）分析

2015年动植物产品颁布而未实施的法律法规分析包括国别分析和产品分析。

①国别分析

2015年动植物产品颁布未实施的法律法规共36条，涉及的国家或地区共16个。其中，最多的国家是乌干达，为14条；其次为俄罗斯和菲律宾，均为4条；其余国家或地区均在3条以内。

第二章 动植物类产品出口贸易壁垒

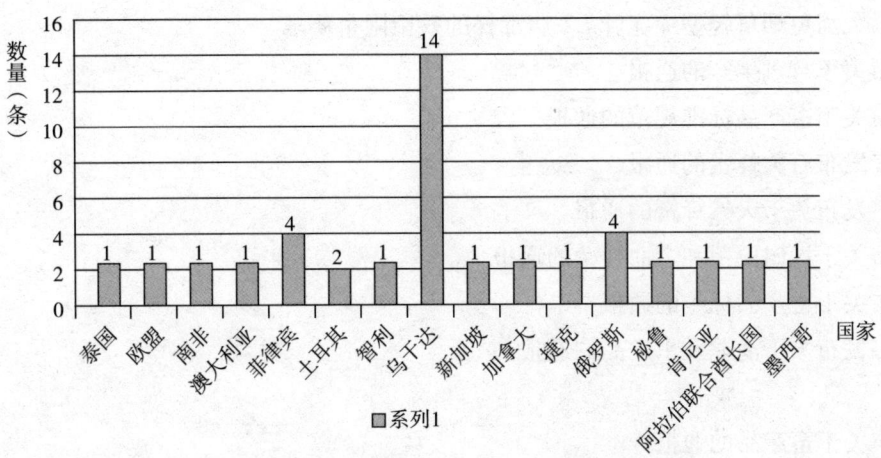

图 2-30　2015 年动植物产品颁布未实施的法律法规国别分析

总的来说，颁布未实施的法律法规虽以乌干达为主，但由于涉及国家或地区众多，"长尾效应"也不可忽视。

②产品分析

2015 年动植物产品颁布未实施的法律法规涉及的产品共 7 大类。其中，最多的产品是植物，为 10 条，涉及 6 个国家。其次是动物，为 7 条。

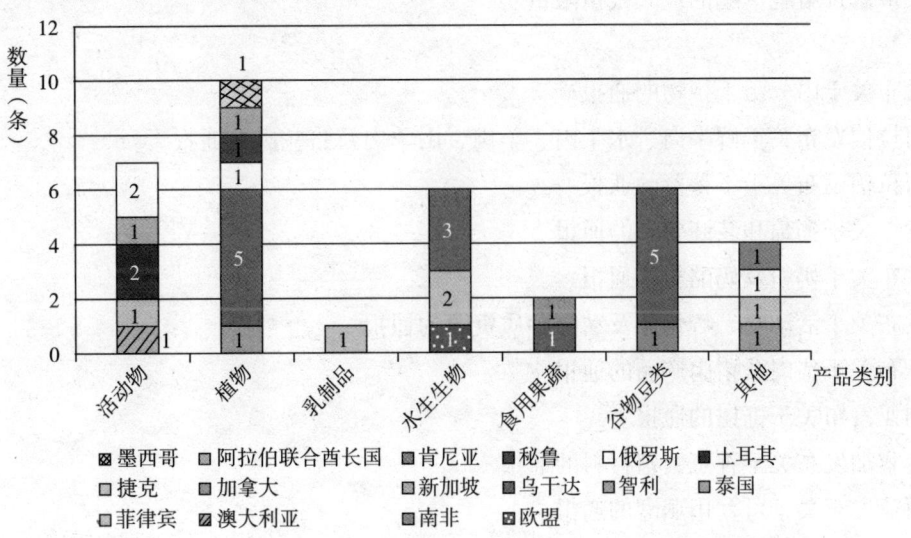

图 2-31　2015 年动植物产品颁布未实施的法律法规产品分析

总的来说，颁布未实施的法律法规也比较集中，前两种产品共 29 条，占总体的 80.6%。

3. 存在颁布意向的法律法规

2015 年存在颁布意向的法律法规有 135 条，与 2014 年的 287 条相比明显减少。

（1）法律法规

1 月

美国拟允许输入中国柑橘属水果

日本发布关于食品及食品添加剂的通报

美国拟永久豁免烟草轻型绿花叶 U2 病毒株的残留限量要求
美国发布关于有机生产的通报
韩国发布关于畜产品标准规范的通报
萨尔瓦多发布有关蜂蜜的通报
萨尔瓦多发布关于天然蜂蜜的通报
美国发布关于沙门氏菌和弯曲杆菌的通报
韩国发布关于畜产品标签的通报
萨尔瓦多发布关于渔业及水产品的通报

2 月

韩国发布关于畜产品的通报
美国发布关于农业化合物残留的杀虫剂的通报
美国发布关于农业化合物残留的杀虫剂的通报
乌克兰发布关于植物检疫法的通报
泰国发布关于无疫病南美白对虾的通报
俄罗斯发布关于家禽肉及家禽加工产品的通报
印度发布了印度猪肉及猪肉产品的通报
加拿大拟修订氟吡草酮的最大残留限量

3 月

美国发布关于内分泌干扰物的通报
沙特阿拉伯发布关于鲜牛肉、水牛肉、羊肉、山羊肉及骆驼肉的通报
沙特阿拉伯发布关于干秋葵的通报
美国发布关于葡萄和装卸要求的通报
埃及发布关于奶粉及奶酪粉的通报
美国发布关于活动物、孵化卵及动物种质资源的通报
印度发布关于猪肉及猪肉产品的通报
澳大利亚发布关于栎树的通报
哥斯达黎加发布关于香蕉繁殖材料的通报
马来西亚发布关于可食用燕窝的通报
秘鲁发布关于开心果植物的通报
韩国发布关于人体组织的通报

4 月

乌克兰发布关于植物检疫的通报
韩国发布关于活马的通告
秘鲁发布关于大蒜的通报
尼加拉瓜发布关于木薯、芋类及芋头的通报
尼加拉瓜发布关于芭蕉科植物的通报
韩国将修订《畜产品加工基准及成分规格》

墨西哥发布关于种子认证机构的通报

美国发布关于芒果的通报

5月

巴林发布关于蜂蜜的通报

巴林发布关于干秋葵的通报

阿拉伯联合酋长国发布关于谷物、豆类及其衍生产品的通报

巴林发布关于冷藏牛、羊肉的通报

巴林发布关于牛肉、羊肉、骆驼肉的通报

巴林发布关于小麦粉的通报

阿拉伯联合酋长国发布关于冷藏和冷冻牛羊肉的通报

美国发布关于乳畜有机生产的通报

卡塔尔发布关于冷藏和冷冻牛羊肉的通报

卡塔尔发布关于小麦粉的通报

南非发布关于西番莲和荔枝的通报

美国环保署取消三种蛋白的残留限量规定

澳大利亚、新西兰拟修订杀鼠醚与杀鼠灵在猪肉产品中的残留限量

6月

日本发布关于有机植物的通报

日本发布关于食品添加剂的通报

日本发布关于食品添加剂的通报

智利发布关于水生观赏植物的通报

美国发布关于蝴蝶兰属植物的通报

日本发布关于毒蛛的通报

7月

智利发布关于工业作物种子的通报

阿根廷发布关于猪流行性腹泻病的通报

澳大利亚发布关于马蹄莲属休眠块茎的通报

8月

南非发布关于鲜食橄榄的通报

巴西发布关于新鲜蔬菜产品的通报

多米尼加发布关于天然蜂蜜的通报

韩国发布关于人体组织的通报

韩国发布关于人体组织的通报

印度发布关于食用植物油、食用植物脂肪的通报

埃及发布关于食用植物油标准的通报

埃及发布关于食用脂肪和油的通报

日本取消对进口鲸鱼肉中部分药残的检查

秘鲁发布关于芝麻籽的通报

埃及发布关于奶制品的通报

埃及发布关于奶制品的通报

埃及发布关于食用油脂的通报

埃及发布关于食用油脂的通报

新西兰发布关于动物纤维进口卫生标准的通报

美国发布关于葡萄干的通报

美国发布关于禽、肉、肉制品及其他动物产品的通报

布基纳法索发布关于植物保护法的通报

布基纳法索发布关于植物保护法执行令的通报

9月

哥斯达黎加发布关于观赏咖啡植物的通报

哥斯达黎加发布关于笼养野生禽及家禽的通报

智利发布关于改性活体植物有机体的通报

欧盟拟放宽菜花等多种产品中氯虫苯酰胺的最大残留限量

欧盟拟修订多种作物中噻草酮的最大残留限量

欧盟拟放宽韭菜等多种产品中亚胺菌中嘧菌胺的最大残留限量

韩国发布关于生物产品的通报

印度发布关于鱼制品的通报

加拿大拟修订调环酸钙、稀禾定和喹禾灵的最大残留限量

加拿大拟修订精喹禾灵在大麻籽中的最大残留限量

加拿大拟修订烯禾啶在蔓越莓中的最大残留限量

加拿大拟批准登记磷酸钾盐和磷酸二钾盐

墨西哥发布关于胡萝卜籽的通报

加拿大拟修订阿维菌素、咪草酸和砜嘧磺隆的最大残留限量

加拿大拟修订玉嘧磺隆在蔓越莓中的最大残留限量

加拿大拟制定调环酸钙等的最大残留限量

美国发布关于绵羊和山羊的通报

科威特发布关于牛羊肉的通报

台澎金马单独关税区发布关于阿拉伯胶的通报

加拿大拟修订胡萝卜中解草嗪的最大残留限量

加拿大拟修订解草酮、硝草胺、百克敏、喹禾灵和精异丙甲草胺的最大残留限量

加拿大拟修订御谷中二甲戊乐灵的最大残留限量

欧盟拟修订丙环唑和螺环菌胺的最大残留限量值

阿拉伯联合酋长国发布关于活家禽及家禽产品的通报

10月

美国发布关于葡萄的通报

日本发布关于水生动物及产品的通报
美国发布关于禽流感病毒杆菌疫苗的通报
沙特阿拉伯发布关于玉米的通报
阿根廷发布关于桑粉介壳虫寄主的通报

11月
美国将禁止未达其海洋哺乳动物保护标准所产生的水产品进口
日本取消对中国产乌龙茶茚虫威、虾中金霉素、慈菇中多效唑的强化监控检查
智利发布关于进口动物与鸟的通报
卡塔尔发布关于肉桂的通报
智利发布关于有害生物的通报
瑞士拟修订关于湿润鼻烟和嚼用烟草的法规
韩国发布关于畜产品的通报
阿拉伯联合酋长国发布关于活动物及其产品的通报

12月
泰国发布关于牛肉及牛肉制品的通报
印度拟新增茶中铁的最大残留限量
多米尼亚共和国发布关于植物的通报
多米尼加共和国发布关于动物和动物副产品的通报
多米尼加共和国发布关于动植物及其副产品的通报
台澎金马单独关税区发布关于有机农产品的通报
台澎金马单独关税区发布关于植物、植物产品及其他监管商品的通报
智利发布关于亚麻荠及无患子种的通报
日本发布关于粮谷的通报
日本发布关于肉及食用内脏添加剂的通报
日本发布关于肉及食用内脏添加剂的通报
日本发布关于种牛精的通报
澳大利亚发布关于伞状花科作物相关的茄科作物新病原菌的通报
欧盟拟放宽黑莓和芹菜中三乙磷酸铝的最大残留限量
美国发布取消肉类和禽类出口证书更改公告
墨西哥发布关于农渔产品的通报
美国发布关于反刍动物及反刍动物产品的通报
阿拉伯联合酋长国发布关于活猫狗的通报
泰国拟修订过境商品管理办法

（2）分析

2015年动植物产品存在着颁布意向的法律法规分析包括国别分析和产品分析。

①国别分析

2015年动植物产品存在颁布意向的法律法规共135条，涉及的国家共32个。其中，美国最多，

为21条。其次为日本、加拿大和韩国,分别为12条、10条和10条。在此提醒各相关出口企业注意。其他国家相对较少,均为10条以内。

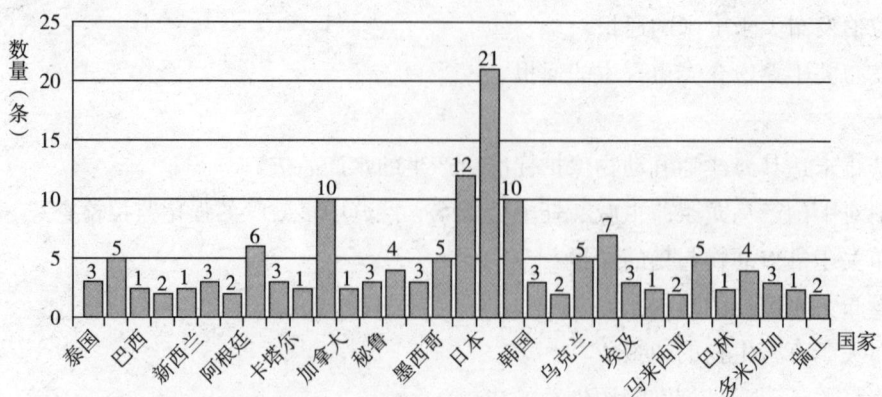

图2-32 2015年动植物产品存在颁布意向的法律法规国别分析

总的来说,存在颁布意向法律法规的国家比较分散。

②产品分析

2015年动植物产品存在颁布意向的法律法规涉及的产品共8大类。其中,最多的是其他类,为37条,占总体的27.4%;其次为动物,为30条。植物和食用果蔬也较多,均为21条。这4类产品占总数的80.7%,其余类均不超过10条。

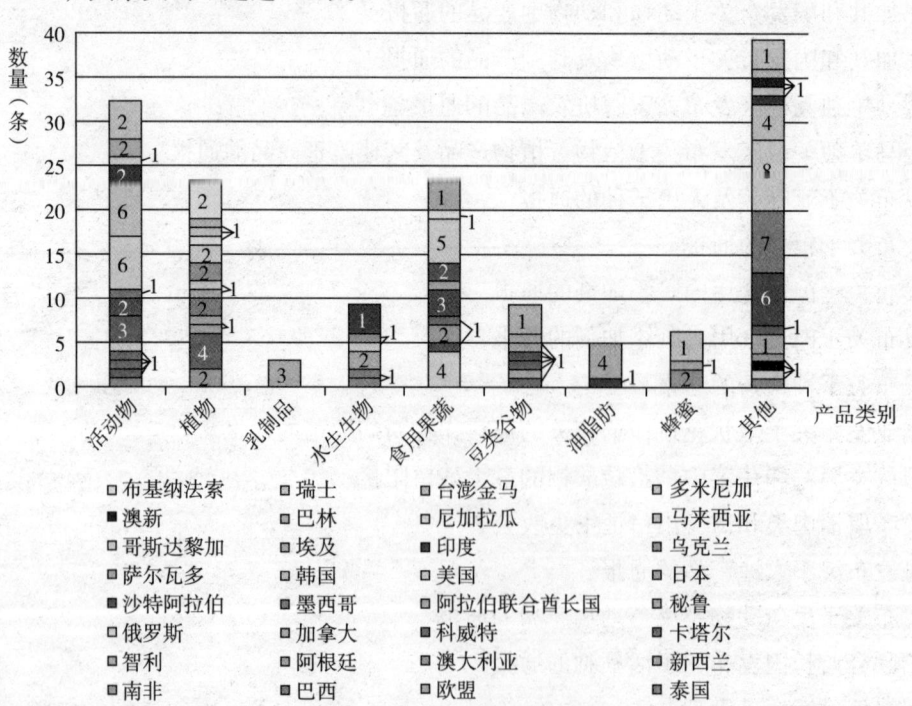

图2-33 2015年动植物产品存在颁布意向的法律法规产品分析

总的来说,存在颁布意向的法律法规涉及的各类产品相对比较集中。

(二) 法律法规综合分析

对动植物类产品出口所遇贸易壁垒法律法规进行综合分析,提出预警。该分析包括状态分析、国别分析、区域分析、产品分析和贸易壁垒形式分析。

1. 状态分析

2015年动植物类产品国外法律法规共274条。其中,颁布已实施的103条,占38%;颁布未实施的36条,占20%;存在颁布意向的135条,占54%。

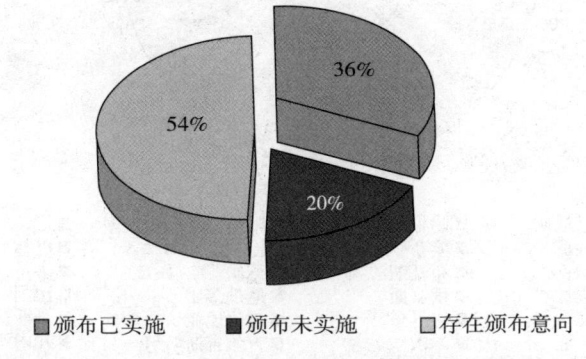

图 2-34 2015年动植物产品法律法规状态分析(一)

与2014年的538条相比,2015年减少了264条。其中,颁布已实施的法律法规减少133条;颁布未实施的法律法规增加了21条,存在颁布意向的法律法规减少152条。

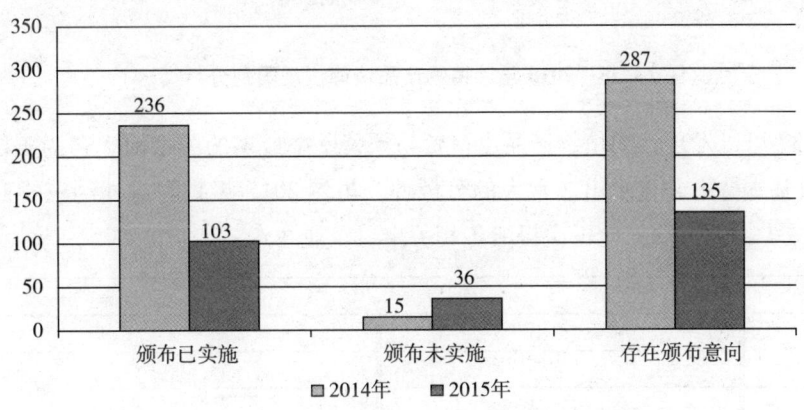

图 2-35 2015年动植物产品法律法规状态分析(二)

总的来看,2015年动植物类产品国外法律法规较2014年有大幅减少。但是也要提醒动植物类各出口企业关注这些法律法规,不要掉以轻心,以免造成不必要的经济损失。

2. 国别分析

2015年动植物类产品国外法律法规涉及的国家共54个。其中美国最多,为23条,占8.39%;菲律宾次之,为17条,占6.2%;乌干达14条,占5.11%;其余各国均在13条以内。

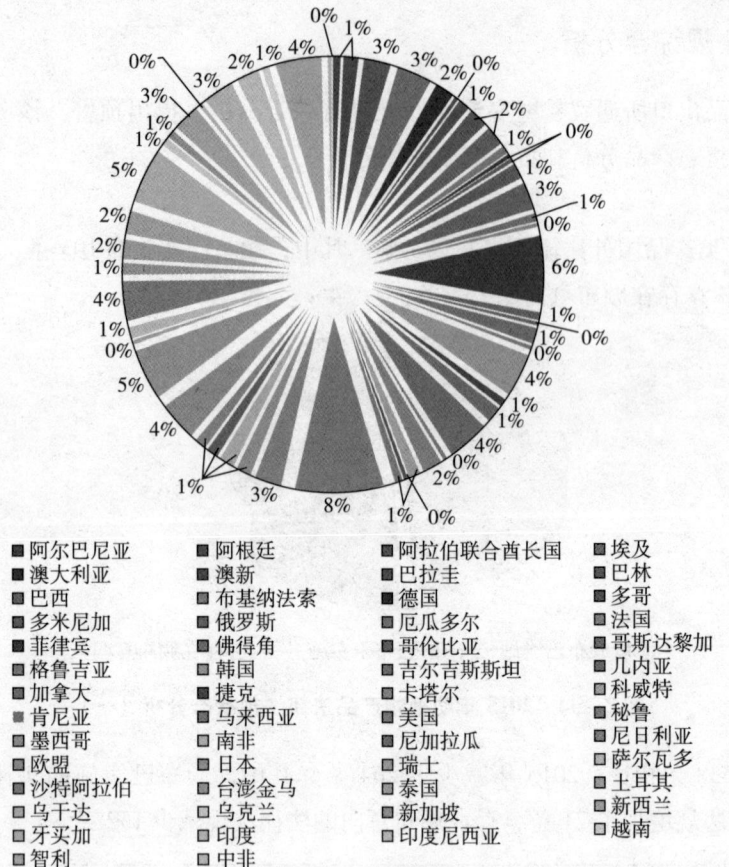

图 2-36 2015 年动植物产品法律法规国别分析（一）

通过图 2-37 可以发现，动植物产品出口贸易预警壁垒最多的国家前 3 名为美国、菲律宾和乌干达，国家总数基本持平并显示出非常大的分散性。虽然 2015 年我国对外动植物商品贸易出口量比 2014 年有所减少，但也要在此再次提醒各相关出口企业注意。

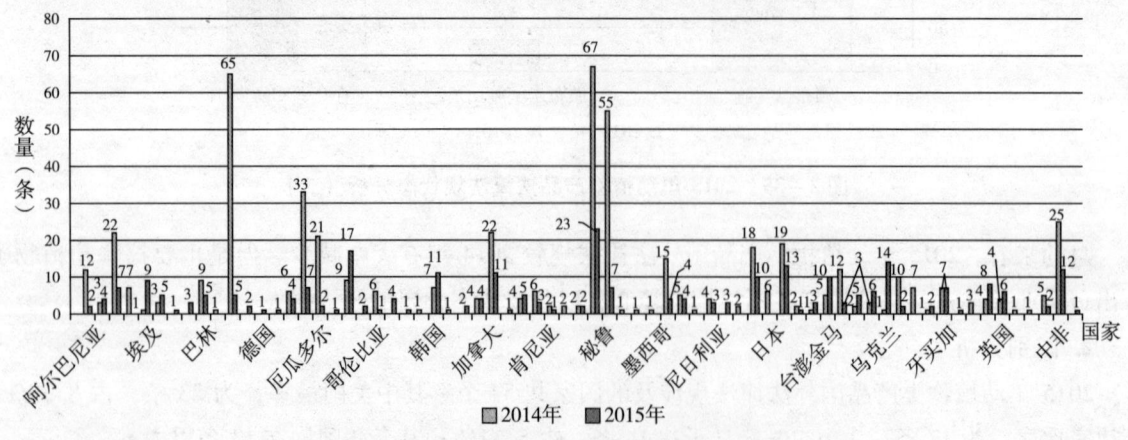

图 2-37 2015 年动植物产品法律法规国别分析（二）

与 2014 年涉及的 55 个国家相比，2015 年减少了 1 个。其中巴西、美国、秘鲁、俄罗斯、加拿大、阿拉伯联合酋长国、厄瓜多尔等国家较 2014 年减少较多，并且 2015 年新增了许多国家。

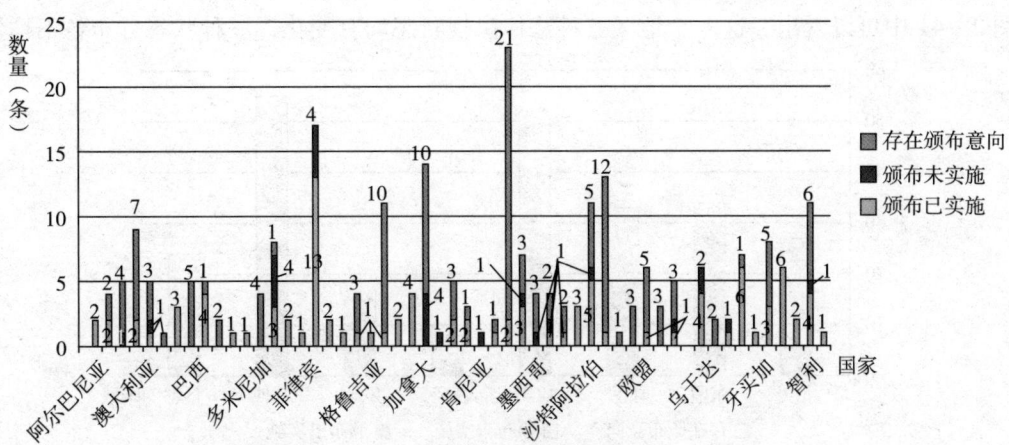

图 2-38 2015 年动植物产品法律法规国别分析（三）

从图 2-38 中可以看出，美国、日韩等国家多以存在颁布意向为主，乌干达、俄罗斯、新加坡等国以颁布未实施为主，菲律宾、几内亚、印度尼西亚、土耳其、新西兰和尼日利亚等国以颁布已实施为主。

总的来说，2015 年的法律法规与 2014 年相比，数量从 538 条减少到了 274 条，涉及的国家和地区也发生了变化，需要各出口企业重点关注。

3. 区域分析

2015 年动植物类产品法律法规最多的地区是其他地区和拉美地区，占总数的 24% 和 19%；非洲地区以 15% 次之；然后是北美和东盟地区，分别占 12%。

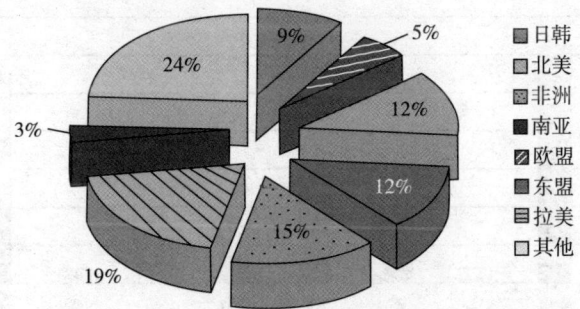

图 2-39 2015 年动植物产品法律法规区域分析（一）

与 2014 年相比，日韩、欧盟、北美、拉美和其他地区呈减少趋势，其余区域呈现出不同程度的减少趋势。

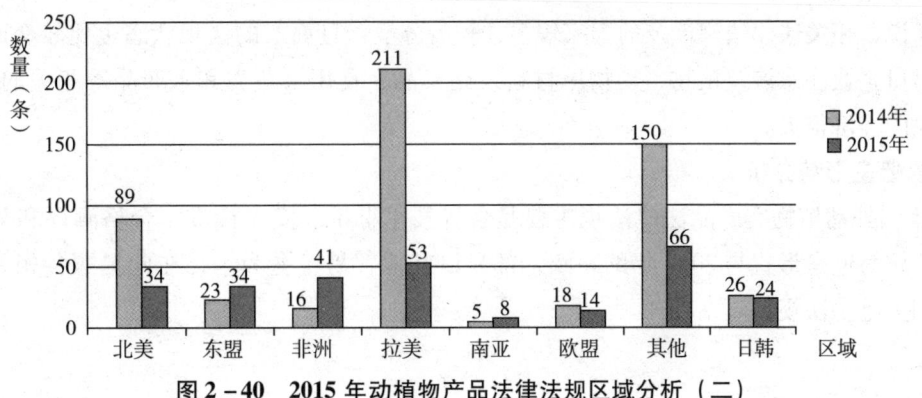

图 2-40 2015 年动植物产品法律法规区域分析（二）

从图 2-41 中可以看出，这 8 个地区三种法律法规状态均有变化，三种状态分布各不均匀。

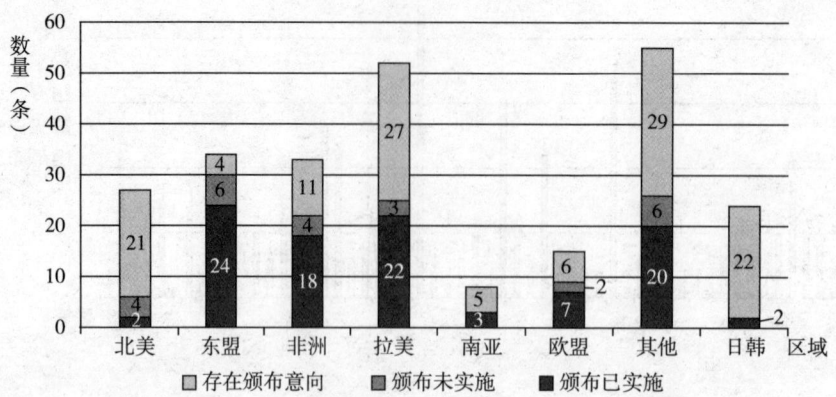

图 2-41　2015 年动植物产品法律法规区域分析（三）

总的来说，2015 年的动植物类产品法律法规主要分布在其他、拉美和非洲地区，三种状态分布在不同地区间各不相同。

4. 产品分析

2015 年动植物类产品法律法规涉及的产品共 9 大类。其中，最多的产品是活动物产品，为 68 条；其次是植物类产品，为 62 条；然后为其他、食用果蔬和水生生物产品，依次为 55 条、45 条、16 条；其余种类均在 15 条以内。

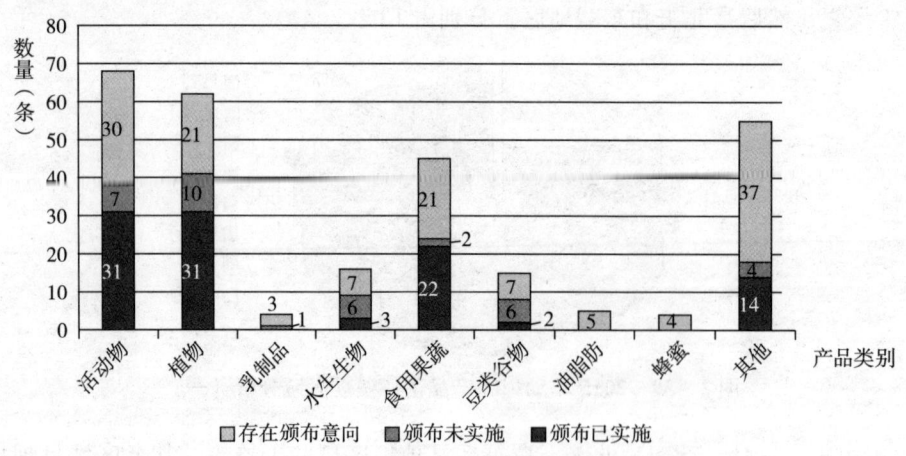

图 2-42　2015 年动植物产品法律法规产品分析

总的来说，相关法律法规涉及的国家较多，较为分散，且面对的法规状态也比较全面。在此提醒各相关出口企业注意涉及植物、动物原材料及副产品、食用果蔬类和水产品等相关的法律法规，避免不必要的经济损失。

5. 贸易壁垒形势分析

2015 年国外动植物类产品法律法规主要是各种技术标准、安全标准、合格测评和某些特殊要求，涉及的贸易壁垒形式与 2014 年的一致，都是以其他贸易壁垒为主，在此提醒各相关出口企业注意应对相关壁垒法规。

第三章 食品出口贸易壁垒

本章主要分析国外对中国的食品方面的贸易壁垒。

按照海关商品分类目录，这些产品包括分类中的 5 大类产品。

第一类：主要以动物产品为原料的食品，包括肉、鱼、甲壳动物、软体动物及其他水生无脊椎动物的制品。

第二类：主要以植物产品为原料的食品，包括糖及糖食。本章包括糖、糖浆、人造蜜、焦糖、提取或精炼糖后所剩下的糖蜜以及糖食；可可及可可制品（本章包括各种形态的可可、可可脂、可可油以及任何含量的可可食品）；谷物、粮食粉、淀粉或乳的制品；糕饼点心；蔬菜、水果、坚果或植物其他部分的制品；杂项食品。

第三类：饮料、酒及醋。

第四类：食品工业的残渣及废料；配制的动物饲料。

第五类：烟草、烟草制品及烟草代用品的制品。

一、食品出口贸易救济措施

2015 年食品出口贸易救济措施事件共 10 起，涉及美国、澳大利亚、欧盟、埃及、印度尼西亚和越南等国家和地区。

（一）反倾销

1. 事件

1 月

美国对华蘑菇罐头作出反倾销新出口商复审初裁

欧盟对华味精作出反倾销日落复审终裁

4 月

埃及对进口白糖进行保障措施调查

5 月

澳大利亚对华蘑菇罐头发布反倾销即将到期公告

7 月

澳大利亚对华蘑菇罐头进行反倾销日落复审调查

美国对华蘑菇罐头作出反倾销日落复审产业损害裁决

11月

美国对华蘑菇罐头作出反倾销行政复审初裁

澳大利亚对华蘑菇罐头作出反倾销期中复审终裁

2. 分析

食品出口所遇反倾销事件分析包括月份分析、国别分析和产品分析。

（1）月份分析

2015年食品出口贸易反倾销事件共8起，与2014的9起相比持平。全年反倾销事件比较分散，与前一年比较相似。

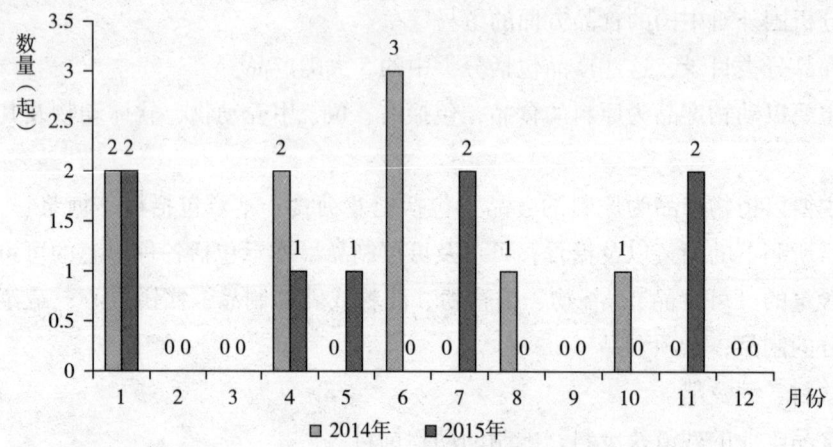

图3-1　2015年食品出口贸易反倾销月份分析

（2）国别分析

2015年食品出口贸易反倾销事件涉及的国家共4个。主要来自于美国和澳大利亚，分别都有3起，其余国家都只有1起。

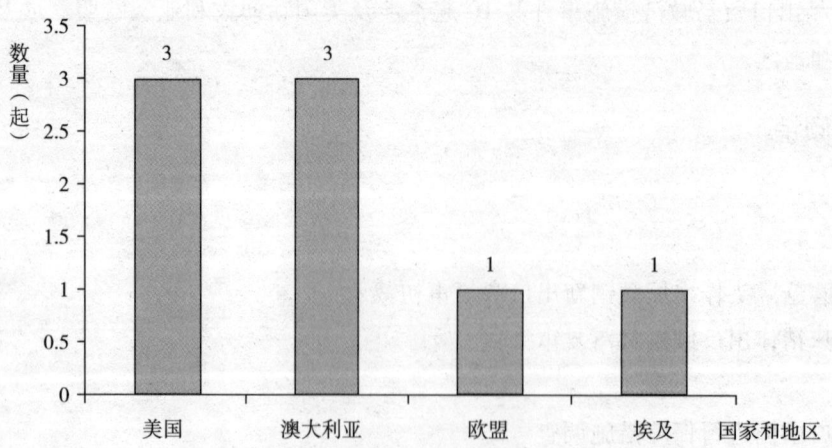

图3-2　2015年食品产品反倾销的国别分析

（3）产品分析

2015年食品出口贸易反倾销事件共涉及3类产品。主要集中在果蔬制品，达到6起。其余的杂项食品和糖及糖食分别都只有1起。

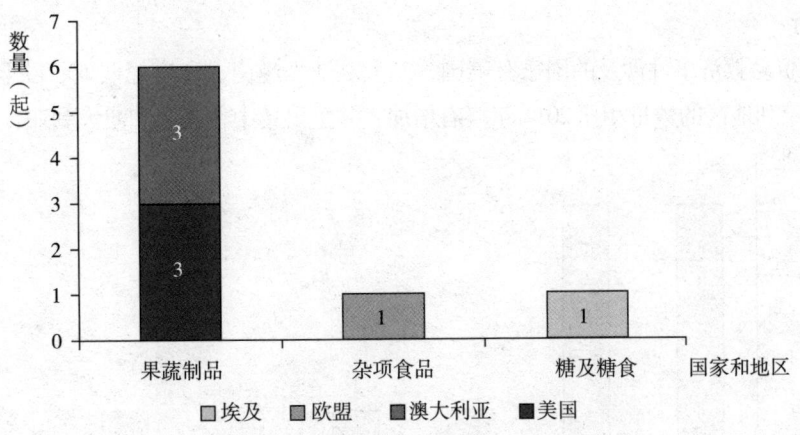

图 3-3 2015 年食品产品反倾销的产品分析

（二）反补贴

2015 年食品出口没有遭遇反补贴调查。

（三）保障措施与特保措施

2015 年食品出口所遇保障措施仅有 2 起，分别来自印度尼西亚和越南。

事件

7 月

印度尼西亚对进口葡萄糖进行保障措施调查

9 月

越南对进口味精进行保障措施调查

（四）食品出口贸易救济措施分析

1. 月份分析

2015 年食品出口贸易救济措施事件共 10 起，总量较 2015 年的 13 起有所降低。从月份来看，年初、年中和年末多个月份都有分布，其中 7 月最多，有 3 起。

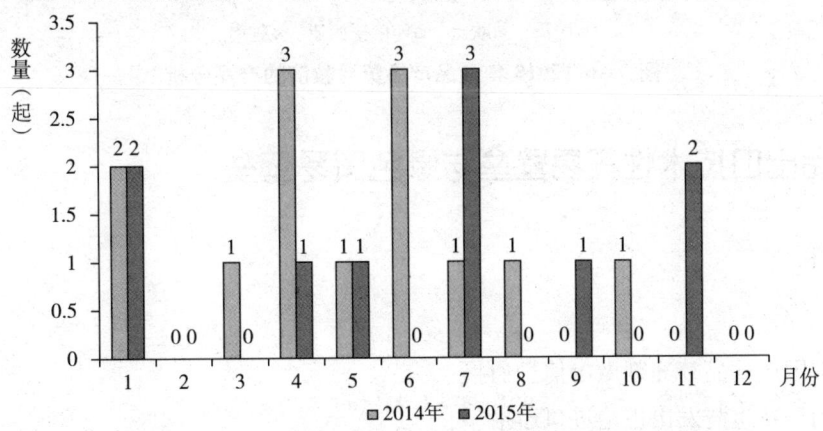

图 3-4 2015 年食品产品出口贸易救济措施月份分析

2. 国别分析

2015年食品贸易救济事件涉及的国家有美国、澳大利亚、越南、印度尼西亚、欧盟和埃及6个国家和地区，涉案国家和地区的数量相比2014年略有增加，并主要集中在美国和澳大利亚，占60%。

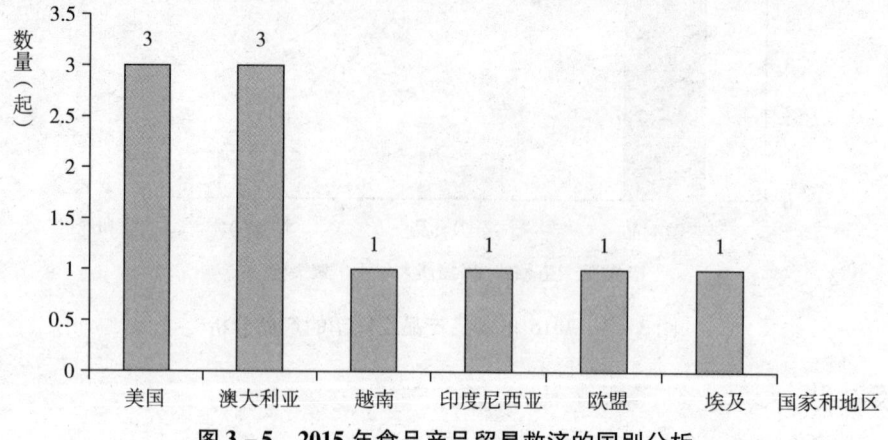

图3-5　2015年食品产品贸易救济的国别分析

3. 产品分析

2015年食品出口贸易救济措施事件共涉及3种产品：杂项食品、糖和糖食、果蔬制品，总体而言，果蔬制品占比高。从产品分类来看，包括罐头产品在内的果蔬制品是我国食品类出口的优势产品，市场份额不断攀升，极易成为外国反低价倾销的对象。而这也提醒我国政府应对相关产业和企业制定合理的发展路线，尤其是生产罐头产品的果熟制品企业，避免同类事件的长期发生。

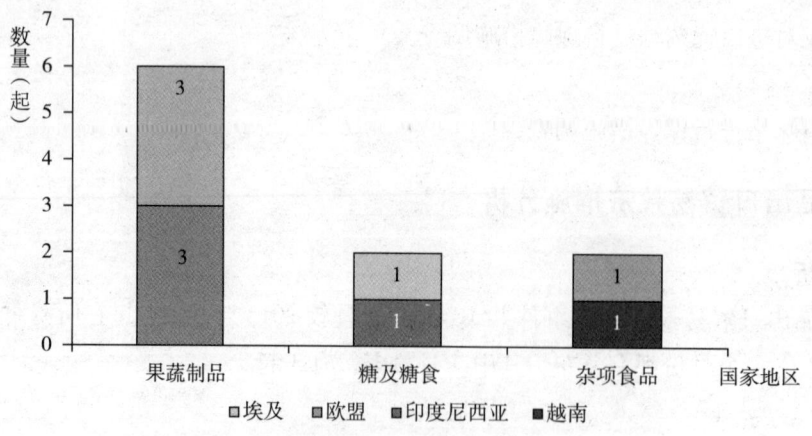

图3-6　2015年食品产品贸易救济的产品分析

二、食品出口技术性贸易壁垒与绿色贸易壁垒

（一）事件

2月
比利时对中国产食品补充剂做出信息通报
荷兰对中国产花生酱发出拒绝进口通报
罗马尼亚对中国产干蒜片发出信息通报

挪威对中国产食品补充剂发出预警通报
匈牙利对中国产干蜜饯发出信息通报
意大利对中国产红米提取物发出拒绝进口通报
西班牙对中国产烤紫菜发出拒绝进口通报
挪威对中国产鸡油菌粉发出信息通报
德国对中国产红曲提取物发出拒绝进口通报

4月
克罗地亚对中国产花生酱发出拒绝进口通报
捷克对中国产竹笋罐头发出拒绝进口通报
比利时对中国产辣椒粉发出预警通报
英国召回一款未标注二氧化硫的杏梅酱

5月
英国乐购召回六款含金属碎片的沙拉产品
澳大利亚召回疑含麸质过敏源的辣椒酱
欧盟食品安全局就咖啡因的摄取发布意见
韩国要求代购进口食品进口时强制报关
欧盟食品安全局将评估食品与饲料当中的二噁英污染风险

6月
澳大利亚召回疑含玻璃碎片的鸡肉蔬菜馅饼
阿拉伯联合酋长国拟执行更严格的食品进口管理系统
美国三年后将禁止在食品中添加人造反式脂肪
意大利对中国产红米提取物发出拒绝进口通报
斯洛伐克对中国产糖水草莓发出信息通报
意大利对中国产猪饲料发出信息通报
荷兰对中国产红腐乳发出预警通报

7月
希腊对中国产红辣椒和辣椒粉发出预警通报
英国对中国产芝麻糊发出拒绝进口通报
斯洛伐克对中国产糖水草莓发出信息通报

8月
罗马尼亚对中国产辣椒粉发出信息通报
丹麦对中国产辣花生发出拒绝进口通报
英国对中国产豆腐芝麻酱发出拒绝进口通报
西班牙对中国产羊肉沙拉发出信息通报
意大利对中国产腌制萝卜发出信息通报
德国对中国产松花粉发布信息通报
韩国KFDA将对食品中有害物质进行全面再评价

美国 FDA 自动扣留我国食品（甘薯丸子）
美国 FDA 自动扣留我国食品（绿茶味月饼）
荷兰对中国产辣椒粉发出信息通报
芬兰对中国产糖果发出拒绝进口通报

9月
捷克对中国产食品补充剂发出拒绝进口通报
西班牙对中国产榛子奶油和杏仁霜发出预警通报
芬兰对中国产糖果发出预警通报
英国对中国产辣豆腐乳发出拒绝进口通报
澳大利亚召回我国未标注牛奶过敏原的椰子饮料
澳大利亚对中国产 orthodox 牌椰子汁发出消费者警告

10月
意大利对中国产大米棒发出拒绝进口通报
瑞典对中国产果冻糖果发出信息通报
波兰对中国产食品补充剂发出信息通报
日本对我国生产的两种产品中相关农药残留含量实施监视检查

11月
意大利对中国产料酒（黄酒）发出拒绝进口通报
英国对中国产芝麻酱发出拒绝进口通报
韩国召回中国产镉超标"干蕨菜"

12月
韩国以白首乌为原料的食品将强制进行自我质量检查
爱尔兰对中国产椰子汁发出预警通报
丹麦对中国产有机葵花籽发出信息通报
西班牙对中国产甜点发出拒绝进口通报
日本对我国生产荔枝中的 4-氯苯氧基乙酸含量实施监视检查
英国对中国产加味水发出拒绝进口通报
加拿大对中国产大豆饮品实施召回
加拿大对中国产墨鱼饺实施召回
加拿大对中国产未标注过敏源食品实施多批次召回
加拿大对中国产海产品加工制品实施召回

（二）分析

2015 年食品所遇技术性贸易壁垒与绿色贸易壁垒事件分析包括月份分析、国别分析和产品分析。

1. 月份分析

2015 年食品出口贸易技术性贸易壁垒与绿色贸易壁垒事件共 62 起，在全年各月均有发生，总体上呈波动起伏趋势。其中 8 月最多，为 11 起；12 月发生 10 起，2 月发生 9 起，6 月发生 7 起，9

月发生6起,其他月份所发生数量均不到5起。

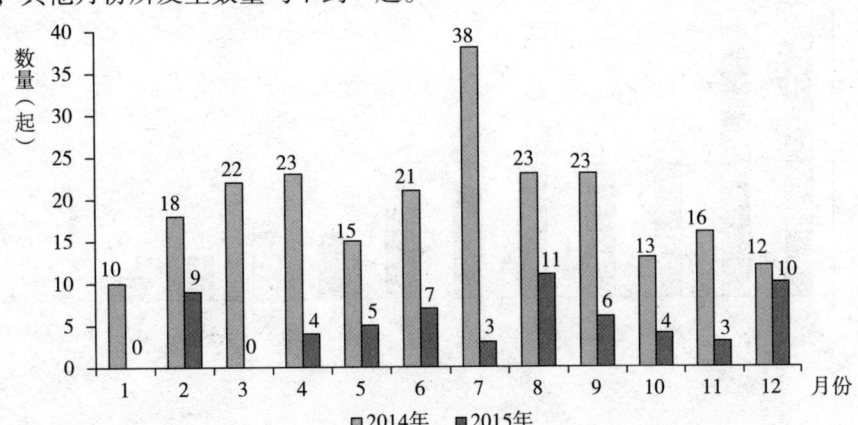

图3-7 2015年食品产品技术性贸易壁垒与绿色壁垒的月份分析

从月份分布来看,2015年食品出口贸易TBT与绿色贸易壁垒主要集中在6—9月,呈现出一个高峰期,冬半年相对较少,但12月异军突起,出现一个短暂的峰值。

2. 国别分析

2015年食品出口贸易技术性贸易壁垒与绿色贸易壁垒事件涉及的国家(地区)主要有英国和意大利。其中英国7起,意大利6起,西班牙、加拿大、韩国和澳大利亚分别为4起,美国和荷兰分别为3起,其余国家分别为2起和1起。

2015年食品出口贸易技术性贸易壁垒与绿色壁垒事件的国别分布相对均衡,除英国和意大利较多、需要格外注意外,其他国家呈现出面广、频次少的特点。涉事国家数量多这一特点需要相关主管部门和出口企业特别注意。

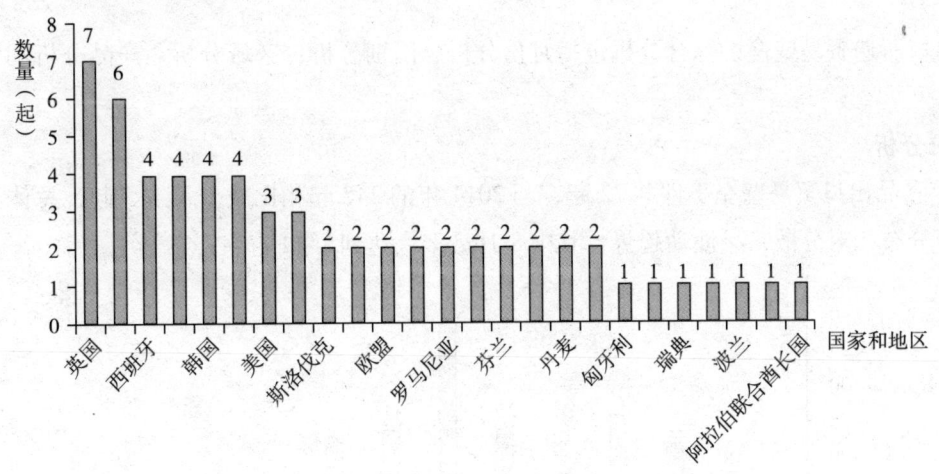

图3-8 2015年食品产品技术性贸易壁垒与绿色壁垒的国别分析(一)

3. 产品分析

2015年食品出口技术性贸易壁垒与绿色贸易壁垒中发生频率较高的是果蔬制品和杂项食品,分别有13起和12起。其中粮食及乳制品7起,针对所有食品和饮料、酒和醋的分别都有6起,植物其他部分制品共计5起,剩余类别的食品都不超过5起。

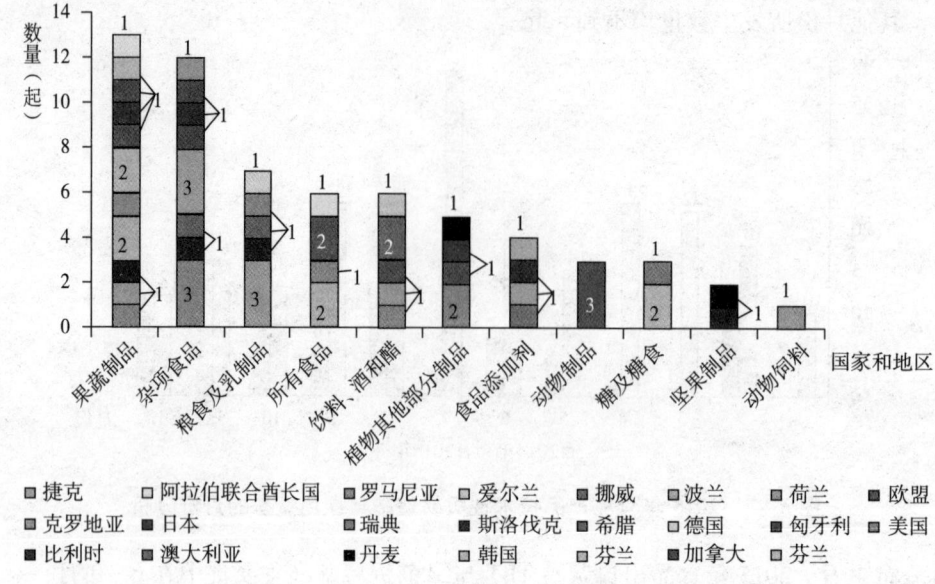

图3-9 2015年食品产品技术性贸易壁垒与绿色壁垒的国别分析（二）

三、其他贸易壁垒

无。

四、食品出口贸易壁垒综合分析

食品出口所遇贸易壁垒的综合分析包括月份分析、国别分析、区域分析、产品分析和贸易壁垒形式分析。

1. 月份分析

2015年食品出口贸易壁垒事件共72起，与2014年的247起相比减少了175起，总体下降幅度较大。月份分布相对分散，呈波动趋势，其中8月最多，达到了11起。

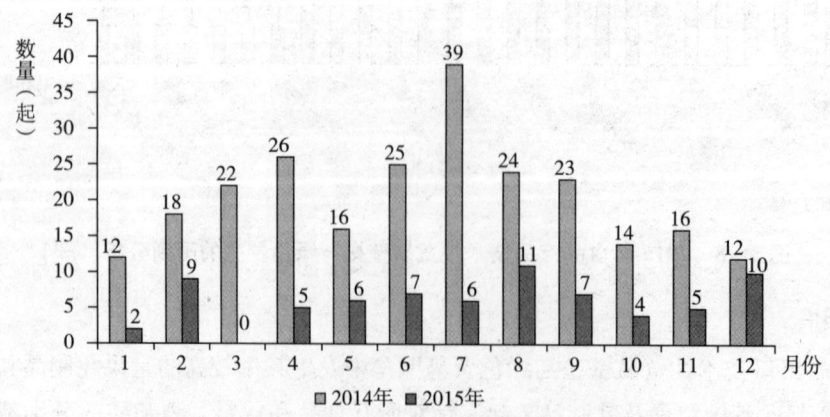

图3-10 2015年食品产品出口贸易壁垒月份分析（一）

与2014年相比，所有月份的壁垒事件数量都有所减少，其中7月减幅最大。

从图3-11中我们可以看出，2015年各月份的事件分布主要遵循技术性贸易壁垒与绿色贸易壁垒事件的分布，因为贸易救济措施事件总数只有10起，并且月度分布较为分散，数量也较为平均。因此，2015年出口贸易壁垒事件分布也呈现出波状起伏的态势，且在少数月份比较集中。

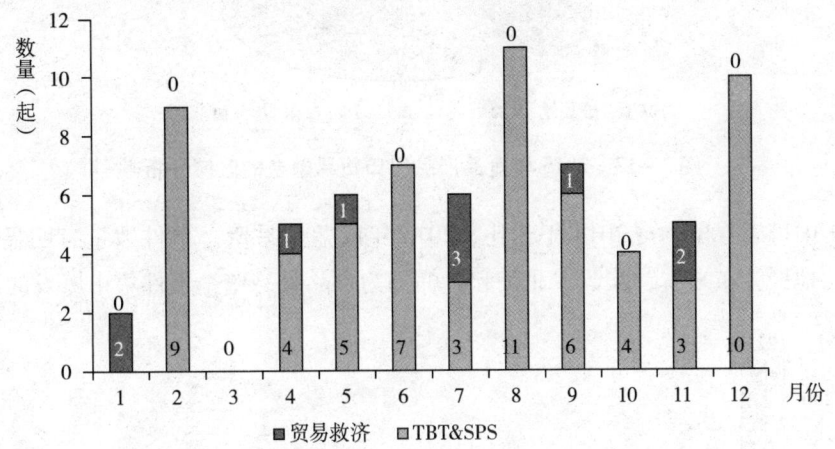

图3-11　2015年食品产品出口贸易壁垒月份分析（二）

2. 国别分析

2015年食品出口贸易壁垒事件涉及的国家和地区共28个。从图3-12中我们可以看出，2015年澳大利亚、英国、美国和意大利的贸易壁垒事件较多，最高的是澳大利亚和英国，分别都有7起；其次是美国和意大利，分别都有6起，其余国家都没有超过5起。

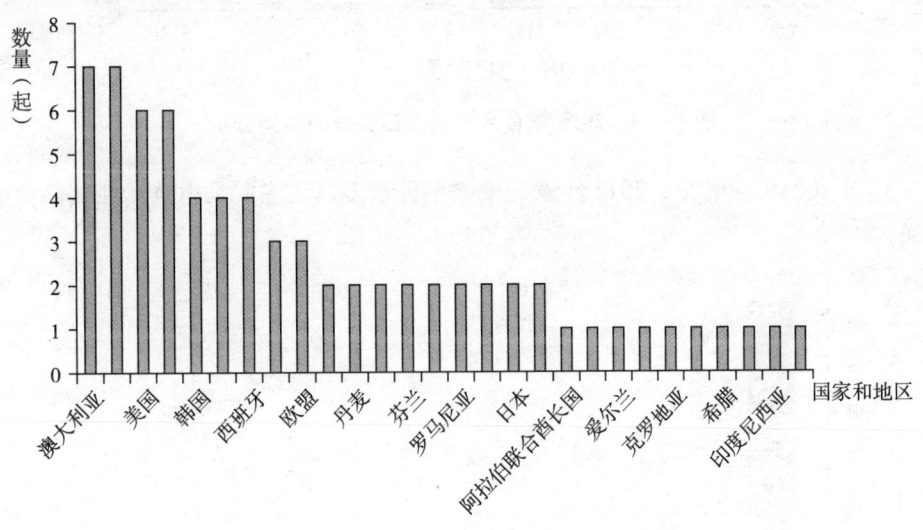

图3-12　2015年食品产品出口贸易壁垒的国别分析

3. 区域分析

2015年食品出口贸易壁垒事件涉及的区域有欧盟、北美、日韩、东盟、非洲以及其他地区。从图3-13中可以看出，其中欧盟占比最高，达58%，其次为其他地区，达到15%，北美占比也到了14%，这需要引起相关企业和部门的注意。

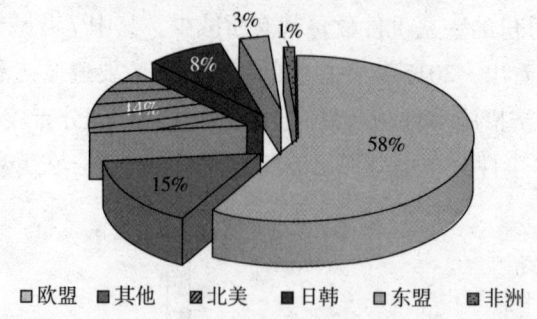

图 3-13　2015 年食品产品出口贸易壁垒的区域分析

从图 3-14 中可以看出，与 2014 年相比，2015 年欧盟贸易壁垒事件数量有明显下降，其他地区基本持平。从地区分布来看，欧盟、北美和日韩仍为食品贸易壁垒事件集中爆发的区域。

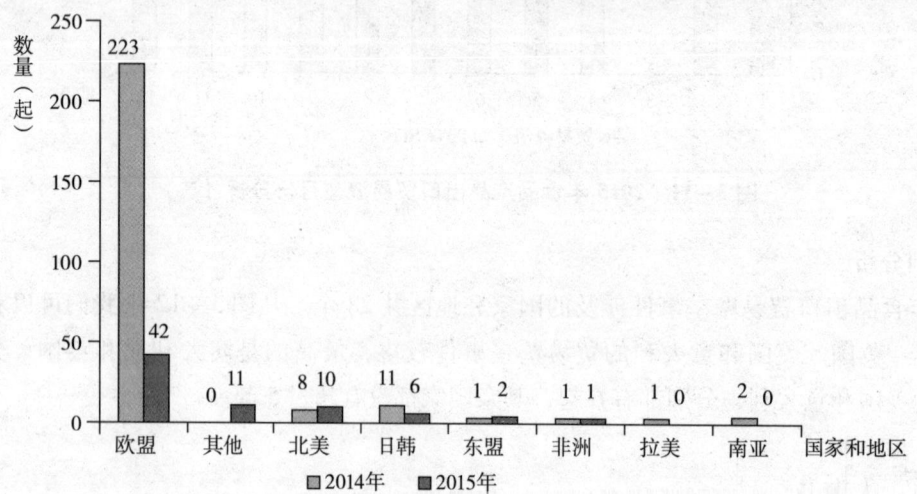

图 3-14　2015 年食品产品出口壁垒的国别分析

从图 3-15 中我们可以看出，2015 年欧盟壁垒事件最多，且主要是由技术性贸易壁垒与绿色贸易壁垒引起的。

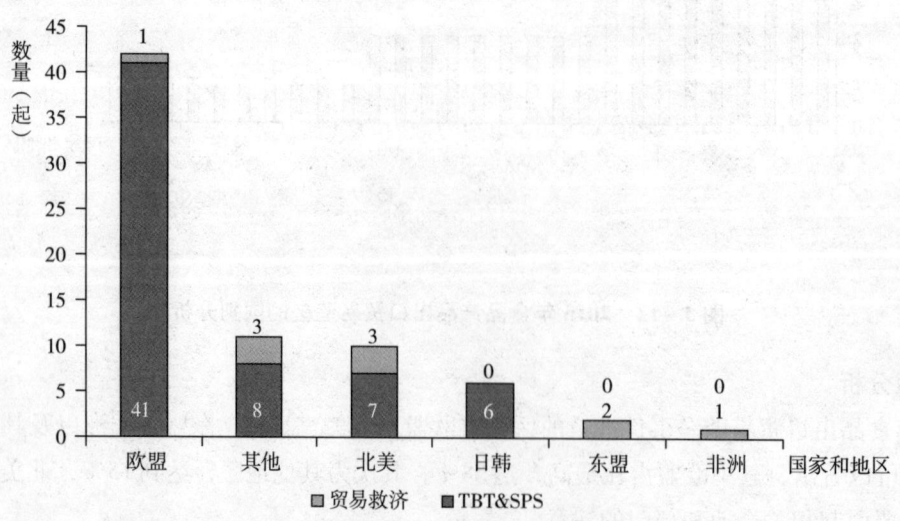

图 3-15　2015 年食品产品出口贸易壁垒的区域分析（一）

4. 产品分析

2015年食品出口贸易壁垒事件涉及的产品共11小类。从图3-16中可以看到，果蔬制品和杂项食品占绝对多数，分别有19起和14起。被通报的主要原因是这些产品被检出卫生不合格、含有对人体有害的化学物质、成分规格不合格、

不符合相关国家严格的食品安全标准以及容易对人类健康造成危害等。处理措施主要有：拒绝进口、销毁、废弃、原货运回、海关封存、通知当局和官方扣押等。

总体上，2015年食品出口贸易壁垒事件的产品分布主要集中在果蔬制品和杂项食品上，杂项食品中尤以各种调味品为主，其余的包括粮食及乳制品、针对所有食品以及饮料、酒和醋的贸易壁垒事件也较为频繁，这些都需要引起相关行业的高度重视，要加强自身产品质量、努力符合出口地产品要求，尽量回避贸易壁垒事件，减少不必要的损失。

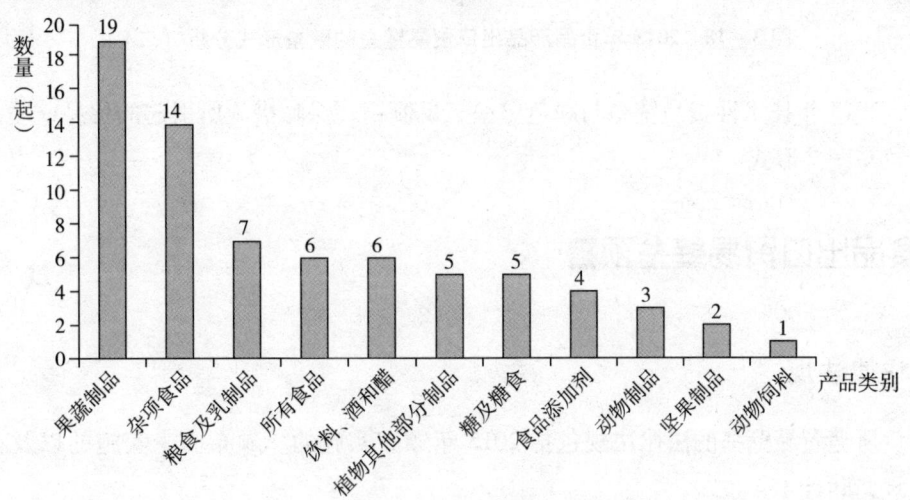

图3-16　2015年食品产品出口贸易壁垒的区域分析（二）

5. 贸易壁垒形式分析

2015年食品出口贸易壁垒事件72起，涉及的贸易壁垒形式包括反倾销、保障措施、技术性贸易壁垒与绿色贸易壁垒引起的贸易壁垒。从图3-17中可以看出，其中TBT&SPS事件最多，占86%；反倾销次之，占11%。

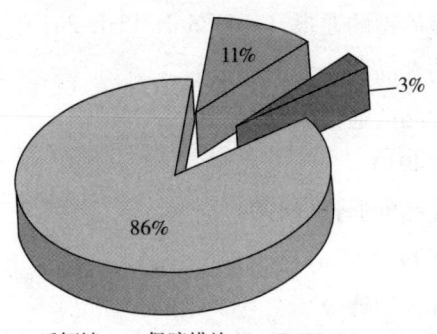

图3-17　2015年食品产品出口贸易壁垒的壁垒形式分析（一）

从图3-18中可以看出，与2014年相比，TBT & SPS事件仍是最主要的两种贸易壁垒形式，且显著上升。反倾销、保障措施事件与2014年基本持平。未发生反补贴和知识产权壁垒事件。

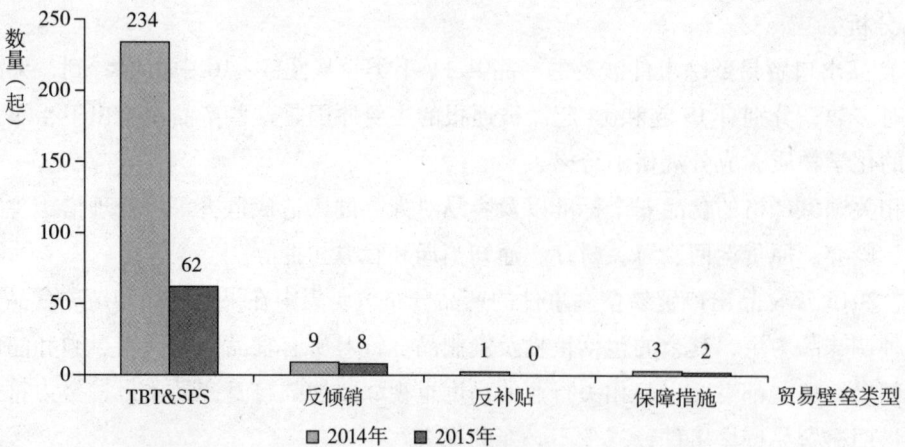

图 3-18 2015 年食品产品出口贸易壁垒的壁垒形式分析（二）

总体上，2015 年技术性贸易壁垒与绿色壁垒、反倾销、保障措施所引起的贸易壁垒是食品贸易遇到的主要贸易壁垒形式。

五、食品出口贸易壁垒预警

（一）法律法规

食品出口所遇贸易壁垒的法律法规包括 2015 年颁布实施的、颁布尚未实施的以及存在颁布意向的法律法规，共计 452 条。

1. 颁布实施的法律法规

2015 年颁布实施的法律法规共计 141 条。

（1）法律法规

1 月

菲律宾发布关于国家标准黑砂糖的通报（G/SPS/N/PHL/262）

菲律宾发布关于国家标准黑砂糖的通报（G/SPS/N/PHL/263）

印度尼西亚发布关于加工的食品甜味剂的通报

韩国发布关于功能性保健食品的通报（489）

韩国发布关于食品的通报（491）

韩国发布关于功能性保健食品的通报（490）

韩国发布关于食品的通报（492）

阿曼发布关于食品微生物标准的通报

印度尼西亚发布关于加工食品的通报

法国发布关于食品助剂的通报

加拿大发布关于食品添加剂的通报

加拿大发布关于食品添加剂的通报

美国发布关于食品标准的通报
印度发布关于食品添加剂的标准
萨尔瓦多发布关于食品中物理、化学及微生物标准的通报
2月
新西兰发布关于所有食品的通报
加拿大发布关于食品添加剂的通报
巴林发布关于食品中微生物标准的通报
新西兰发布关于进口食品的通报
韩国发布关于进口食品的通报
科威特发布关于进口食品的通报
美国发布关于色彩添加剂的通报
多哥发布关于精炼食用油和小麦粉的通报
日本发布关于食品添加剂的通报
印度发布关于食品添加剂的通报（96）
印度发布关于食品添加剂的通报（95）
澳大利亚发布关于一般食品的通报
巴林发布关于进口食品的通报
土耳其发布关于食品添加剂的通报
土耳其发布关于速冻食品的通报
阿尔巴尼亚发布关于小麦粉的通报
韩国发布关于有机加工食品的通报
加拿大发布关于食品添加剂的通报
卡塔尔发布关于果汁与花蜜的通报
加拿大发布关于防腐剂的通报
土耳其发布关于芝麻酱糕点的通报
4月
菲律宾发布食品内兽药的通报
韩国发布关于食品添加剂的通报
日本发布关于猪肉的通报
日本发布关于饮料的通报
欧盟发布关于食品添加剂的通报
阿曼发布关于进口食品的通报
法国发布关于烟草产品的通报
加拿大发布关于饮料浓缩液的通报
韩国发布关于食品的通报
韩国发布关于食品产品的通报
沙特阿拉伯发布关于食品添加剂的通报

印度发布关于饼干的通报
印度发布关于食品安全标准的通报
越南发布关于食品内微量营养物的通报
美国发布关于多种食品的通报
美国发布关于饮料、酒精及醋的通报
土耳其发布关于植物油的通报
印度发布关于肉与家禽产品的要求的通报
澳大利亚发布关于一般食品的通报
土耳其发布关于食物油的通报
欧盟发布关于食品接触材料和商品的通报
卡塔尔发布关于食品及食品生产中的提取溶液及其残留限量的通报

5月
韩国发布关于畜产品的通报
斯洛文尼亚发布关于啤酒花的通报
卡塔尔发布关于奶粉及稀奶油的通报
卡塔尔发布关于奶粉和奶油粉的通报
阿曼发布关于食品及食品生产中的提取溶液及其残留限量的通报
沙特阿拉伯发布关于奶粉及稀奶油的通报
巴西发布关于食品包装的通报
沙特阿拉伯发布关于奶粉和奶油粉的通报

6月
加拿大发布关于消费食品的通报
圣卢西亚发布关于面包和筵席的通报
美国发布关于食品的通报
韩国发布关于食品的通报
土耳其发布关于运动食品的通报
法国发布关于卷烟和自卷烟包装的通报
英国发布关于酒精饮料的通报
欧盟发布关于烟草产品的通报
加拿大发布关于预包装产品的通报
土耳其发布关于运动食品的通报
美国发布关于食用油的通报
菲律宾发布关于食品的通报
土耳其发布关于巧克力的通报
印度尼西亚发布关于食品的通报
沙特阿拉伯发布关于枣泥的通报
沙特阿拉伯发布关于婴儿配方食品的通报

沙特阿拉伯布关于粮谷、干豆及派生产品的通报
沙特阿拉伯发布关于食品用的维生素及矿物质的通报
欧盟发布关于烟草的通报

7月

多哥发布关于渔业产品加工和包装企业的通报
多哥发布关于食品添加剂的通报
越南发布关于预包装食品的通报
美国发布关于即食肉与禽产品的通报
土耳其发布关于饲料添加剂的通报
土耳其发布关于膳食补充剂的通报
欧盟发布关于非动物源性食品和饲料的通报
哥斯达黎加发布关于耕地白糖维生素A的通报
越南发布关于食品的通报
法国发布关于食品助剂的通报
菲律宾发布关于丝瓜的通报
菲律宾发布关于鲜甜罗望子的通报
菲律宾发布关于新鲜空心菜的通报
澳大利亚发布关于一般食品的通报
加拿大发布关于食品添加剂的通报
越南发布关于强化食品的通报
菲律宾发布关于椰子花糖的通报
中非发布关于食品的通报
以色列发布关于非酒精饮料的通报
加拿大发布关于烟草产品的通报

8月

欧盟发布关于电子香烟和填充容器的通报
印度发布关于食品添加剂的通报
印度发布关于营养保健品、功能食品、新资源食品及健康增补品的通报
欧盟发布关于烟草产品的通报（303）
欧盟发布关于烟草产品的通报（304）
乌克兰发布关于烟草及其相关产品的通报
澳大利亚发布关于一般食品的通报
加拿大发布关于食品酶的通报
加拿大发布关于葡萄糖淀粉酶的通报

9月

尼日利亚发布关于食品中维生素的通报
韩国发布关于环境友好农渔产品、加工有机食品和有机农业材料的通报

尼日利亚发布关于食品级盐的通报

尼日利亚发布关于酒精饮料的通报

印度发布关于乳制品的通报

阿拉伯联合酋长国发布关于活家禽与家禽产品的通报

澳大利亚发布关于一般食品的通报

尼日利亚发布关于可可产品的通报

尼日利亚发布关于婴幼儿产品的通报

尼日利亚发布关于饮料的通报

尼日利亚发布关于加工食品的通报

海地发布关于面粉的通报

尼日利亚发布关于预包装食品的通报

尼日利亚发布关于葡萄酒的通报

尼日利亚发布关于乳和乳制品的通报

10月

澳大利亚发布关于食品的通报

埃及发布关于食品级盐的通报（71）

埃及发布关于食品级盐的通报（72）

埃及发布关于食盐的通报（108）

埃及发布关于食盐的通报（109）

阿根廷发布关于食品与饮料的通报

巴西发布关于婴幼儿过渡期食品的通报

欧盟发布关于香料与食品的通报

新加坡发布关于食品的通报（56）

新加坡发布关于食品的通报（25）

12月

美国发布关于加甜果冻、果脯和果酱的通报

土耳其发布关于食品调味料的通报

（2）分析

2015年国外对食品颁布实施的法律法规分析包括国别分析和产品分析。

①国别分析

2015年食品类颁布已实施的法律法规共141条，涉及国家共36个，相比于2014年涉及国家数量从11个上升到36个。韩国颁布已实施的法律法规最多，达12条；加拿大和土耳其均为11条。

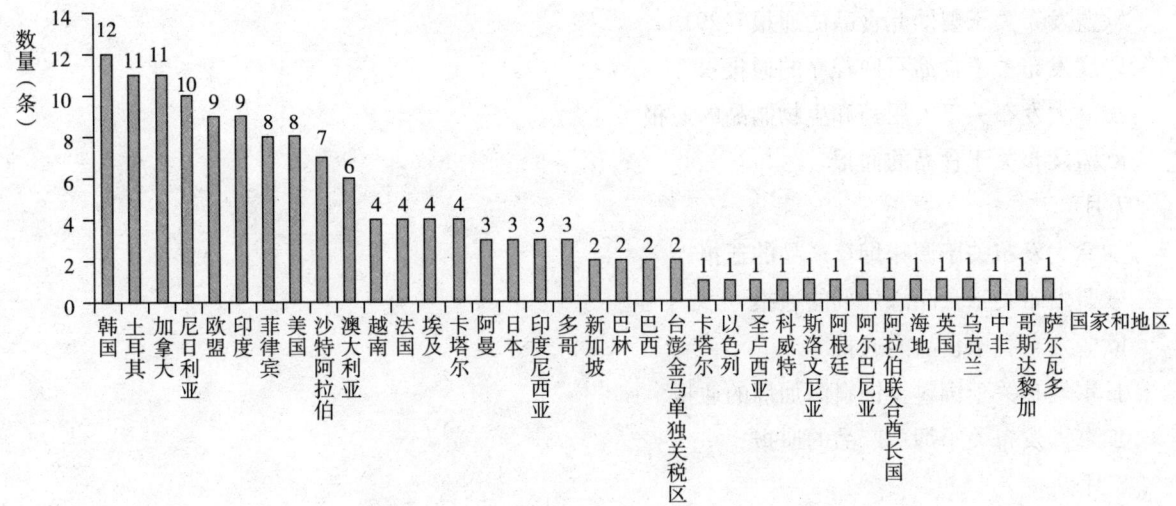

图 3-19 食品颁布实施的法律法规国别分析

②产品分析

从图 3-30 中可以看出，2015 年颁布已实施的食品类法律法规中，最多的是食品、杂项食品、食品添加剂，其中食品 49 条，杂项食品 25 条，食品添加剂 24 条；其他相对较少。由于不针对某种具体产品的法律法规涉及产品面更加广泛，相关企业应予以重视并尽快调整产品生产标准，以符合相应的法律规定。

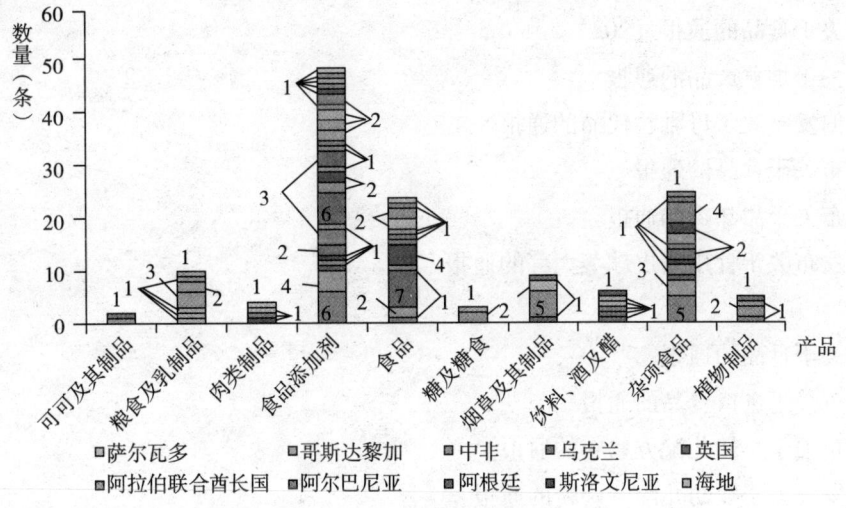

图 3-20 食品颁布实施的法律法规产品分析

2. 颁布尚未实施的法律法规

2015 年颁布尚未实施的法律法规共计 61 条。

（1）法律法规

6 月

欧盟发布关于医疗食品的通报

欧盟发布关于婴幼儿食品的通报（292）

欧盟发布关于婴幼儿食品的通报（291）
印度发布关于食品召回程序的通报
加拿大发布关于人用药和生物制品的通报
欧盟发布关于食品的通报
7月
加拿大发布关于调味烟草产品的通报
欧盟发布关于食品添加剂的通报
欧盟发布关于食品的通报
日本发布关于饲料及饲料添加剂的通报
加拿大发布关于烟草产品的通报
8月
印度发布关于乳和乳产品的通报
土耳其发布关于食品内芥酸含量的通报
9月
瑞士发布关于食品的通报（205）
瑞士发布关于食品的通报（203）
瑞士发布关于食品的通报（204）
瑞士发布关于食品的通报（206）
瑞士发布关于食品的通报（202）
芬兰发布关于烟草产品的通报
沙特阿拉伯发布关于母乳替代品的通报
土耳其发布关于食品的通报
加拿大发布关于甜味剂的通报
厄瓜多尔发布关于食用紫皮球茎大蒜的通报
10月
欧盟发布关于食品的通报
新西兰发布关于进口食品的通报
新西兰发布关于婴幼儿配方奶粉的通报
澳大利亚发布关于婴幼儿配方奶粉的通报
拉脱维亚发布关于食品工业生产工艺的通报
沙特阿拉伯发布关于香肠罐头的通报
沙特阿拉伯发布关于蔬菜罐头的通报
沙特阿拉伯发布关于可可制品的通报
沙特阿拉伯发布关于百里香碾磨混合的通报
沙特阿拉伯发布关于乳糖的通报
沙特阿拉伯发布关于运动饮料的通报
沙特阿拉伯发布关于麦片的通报（180）

沙特阿拉伯发布关于麦片的通报（181）
沙特阿拉伯发布关于酸奶的通报
沙特阿拉伯发布关于天然石榴糖浆的通报（183）
沙特阿拉伯发布关于天然石榴糖浆的通报（179）
沙特阿拉伯发布关于阿拉伯咖啡预包装混合改良剂的通报

11月
土耳其发布关于动物源食品的通报
澳大利亚发布关于食品的通报
越南发布关于乳制品的通报
尼加拉瓜发布关于食用蛋的通报
越南发布关于乳及加工乳制品的通报
菲律宾发布关于凤尾鱼干的通报
菲律宾发布关于木瓜的通报

12月
沙特阿拉伯发布关于碳酸饮料的通报
沙特阿拉伯发布关于肉桂的通报
沙特阿拉伯发布关于金枪鱼罐头的通报
斯里兰卡发布关于食品的通报
埃及发布关于食用油脂的通报
南非发布关于食品添加剂的通报
俄罗斯发布关于食品的通报
澳大利亚发布关于食品的通报
哥斯达黎加发布关于松软奶酪的通报
乌克兰发布关于食品的通报
哥斯达黎加发布关于普罗卧干酪的通报
吉尔吉斯斯坦发布关于植物卫生检验的通报
韩国发布关于食品与食品添加剂的通报
匈牙利发布关于烟草和烟草代用品的通报

（2）分析

2015年对食品颁布尚未实施的法律法规分析包括国别分析和产品分析。

① 国别分析

2015年食品类国外颁布尚未实施的法律法规共61条，涉及国家和地区共26个。其中沙特阿拉伯达到了16条，远远超过其他国家和地区；欧盟7条；瑞士5条；其他国家和地区均不到5条。

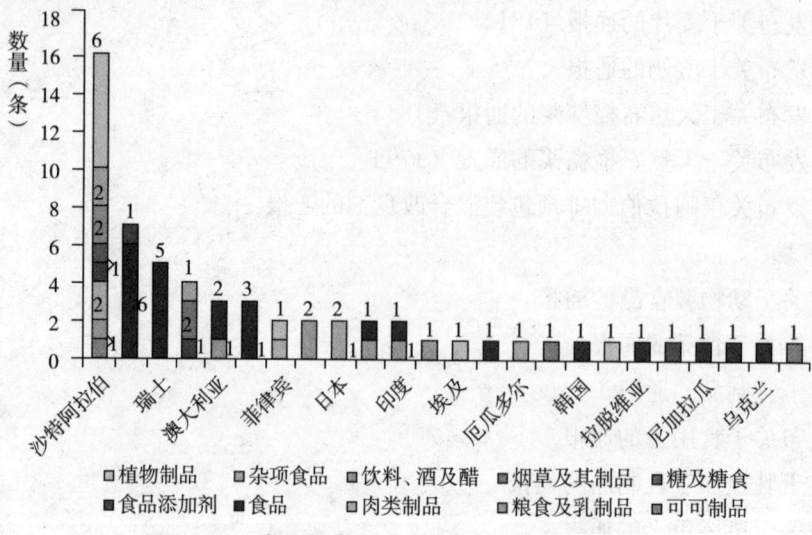

图 3-21　食品颁布尚未实施的法律法规国别分析

② 产品分析

2015年食品类颁布未实施的法律法规共涉及10种产品法规。面向各个种类的法律法规并不平均，其中食品为24条，植物制品为9条。这些尚未实施的法律法规需要企业引起重视。

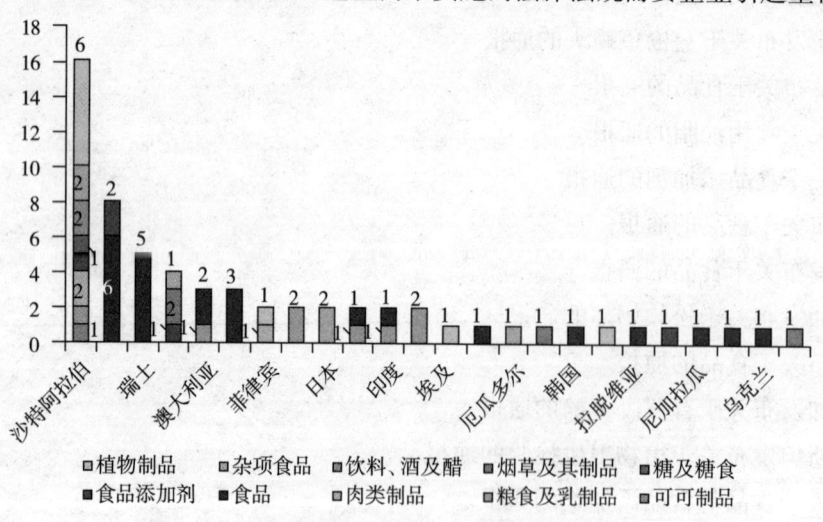

图 3-22　食品颁布尚未实施的法律法规产品分析

3. 存在颁布意向的法律法规

2015年存在颁布意向的法律法规共计250条。

(1) 法律法规

1月

沙特阿拉伯发布关于卡凯蒂饮料的通报

沙特阿拉伯关于茶和草药包的通报

沙特阿拉伯发布关于罐装熟鹰嘴豆的通报

阿拉伯联合酋长国发布关于食品添加剂的通报

阿拉伯联合酋长国发布关于食物中兽药最大残余量的通报

印度尼西亚发布关于加工食品的通报
阿拉伯联合酋长国标准计量局（ESMA）发布关于食品微生物标准的通报
印度尼西亚发布关于加工食品电子注册的通报
乌干达发布关于豆奶的通报
乌干达发布关于威士忌酒的通报
乌干达发布关于白兰地酒的通报（441）
乌干达发布关于白兰地酒的通报（436）
乌干达发布关于啤酒的通报
乌干达发布关于高浓度啤酒的通报
乌干达发布关于伏特加酒的通报
乌干达发布关于杜松子酒的通报
乌干达发布关于中性烈酒的通报
乌干达发布关于加烈葡萄酒的通报
乌干达发布关于起泡葡萄酒的通报
美国发布关于肉、禽及蛋类产品标志、标签和包装的通报
阿曼拟制定有关食品及食品工业用食品添加剂的微生物限量的技术法规草案
乌干达发布关于食用全脂大豆粉的通报
乌干达发布关于朗姆酒的通报
乌干达发布关于预包装食品和精制食品标签和使用声明的通报（450）
乌干达发布关于预包装食品和精制食品标签和使用声明的通报（451）
乌干达发布关于预包装食品和精制食品标签和使用声明的通报（452）
日本修订进口食品监控计划中强化监控产品
卡塔尔发布关于清真食品一般要求的通报
卡塔尔发布关于可可粉及可可和糖干燥混合物的通报
卡塔尔发布关于发酵豆浆的通报
巴林发布关于食品微生物标准的通报
巴基斯坦发布关于威化饼干的通报
阿拉伯联合酋长国发布关于牛奶及奶制品的通报
厄瓜多尔发布关于食品的通报
肯尼亚发布关于烟草的通报
巴林拟制定关于食品微生物标准法规草案

2月

科威特发布关于果汁和果茶的通报
沙特阿拉伯发布关于果汁和果茶的通报
科威特发布关于小麦粉的通报
巴西发布关于饮料的通报
乌干达发布关于利口酒的通报

卡塔尔发布关于蜂蜜的通报
卡塔尔发布关于花生酱的通报（380）
卡塔尔发布关于花生酱的通报（379）
卡塔尔发布关于干秋葵的通报
美国发布关于葡萄酒的通报
科威特发布关于干秋葵的通报
科威特发布关于蜂蜜的通报
科威特发布关于花生酱的通报
科威特发布关于芒果罐头的通报
卡塔尔发布关于果汁与果茶的通报
卡塔尔发布关于东方甜点的通报
阿曼发布关于婴幼儿产品的通报

4月

阿曼发布关于干秋葵的通报
阿曼发布关于果汁和果茶通用标准的通报
阿曼发布关于蜂蜜的通报
阿曼发布关于花生酱的通报
巴林发布关于食品添加剂的通报
巴林发布关于白胡椒的通报
巴林发布关于可可粉的通报
巴林发布《食品中允许使用的添加剂》技术法规草案
阿曼发布关于芒果罐头的通报
沙特阿拉伯发布关于萃取溶剂及其残留的通报
日本发布修改食品添加剂规格基准相关行政预告
卡塔尔发布关于萃取溶剂及其残留的通报
乌干达发布关于鲜木瓜的通报
乌干达发布关于鲜蘑菇的通报
乌干达发布关于鲜芒果的通报
乌干达发布关于鲜西番莲的通报
乌干达发布关于鲜包心菜的通报
乌干达发布关于鲜西瓜的通报
乌干达发布关于鲜柑橘的通报
乌干达发布关于鲜柠檬的通报
乌干达发布关于鲜葡萄的通报
乌干达发布关于鲜胡萝卜的通报
乌干达发布关于鲜鳄梨的通报
乌干达发布关于鲜凤梨的通报

乌干达发布关于果蔬及其衍生品的通报
乌干达发布关于鲜菠萝蜜的通报
科威特发布关于食物的萃取溶剂及其残留限制的通报
科威特发布关于食品上声明的通报
阿根廷发布关于膳食补充剂的通报
阿根廷发布关于婴儿配方奶粉的通报

5月

美国发布强制食品回收草案指导文件
巴林发布关于奶粉和奶油粉的通报
巴林发布关于东方糖果的通报
科威特发布关于奶粉和奶油粉的通报
巴林发布关于芒果罐头的通报
巴林发布关于丹博奶酪的通报
巴林发布食品和食品成分生产中使用的萃取溶剂及其残留限制的通报
巴林发布果汁和果茶通用标准的通报
巴林发布花生酱的通报
阿拉伯联合酋长国发布关于奶粉和奶油粉的通报
乌干达发布关于糖和糖制品的通报（487）
乌干达发布关于糖和糖制品的通报（486）
乌干达发布关于口香糖的通报
乌干达发布关于糖和糖制品的通报（484）
乌干达发布关于葡萄糖和葡萄糖浆的通报
挪威发布关于烟草产品和烟草包装的通报
阿曼发布关于食品和食品成分生产中使用的萃取溶剂及其残留限制的通报
乌干达发布关于糖和糖制品的通报（488）
日本发布关于食品添加剂的通报（414）
日本发布关于食品添加剂的通报（413）
日本发布关于食品添加剂的通报（412）
韩国制定进口食品安全管理特别法草案

6月

印度或出台酒精饮料生产法规
韩国发布关于进口食品的通报（504）
韩国发布关于进口食品的通报（503）
加拿大发布关于食品的通报
日本拟修订食品中霜脲氰的最大残留限量
印度拟修订食品安全与标准法规中霉菌毒素的含量
韩国将允许点心、面包类中使用糖精钠

韩国国会议员提议免除 HACCP 认证企业的自我质量检查义务

韩国发布关于食品和药物的通报

韩国发布关于食品的通报

日本发布关于食品添加剂的通报

阿拉伯联合酋长国发布关于饼干的通报

阿拉伯联合酋长国发布关于肉与肉制品的通报

美国 FDA 发布食品过敏原标识豁免指南文件

阿拉伯联合酋长国发布关于咖啡因饮料的通报

印度拟修订食品安全与标准法规

智利发布关于冷冻食品的通报

科威特发布关于肉与肉制品的通报

科威特发布关于谷物、豆类及其衍生产品的通报

沙特阿拉伯发布关于婴儿配方食品的通报（851）

沙特阿拉伯发布关于枣泥的通报

沙特阿拉伯发布关于婴儿配方食品的通报（852）

欧盟发布关于食品的通报

7月

日本发布关于肉和可食用内脏的通报

土耳其发布关于食品补充剂的通报

美国发布关于烟草产品和液体尼古丁的通报

韩国发布关于食品的通报

阿拉伯联合酋长国发布关于婴儿食品的通报

欧盟发布关于肉和肉制品的通报

南非发布关于禽蛋的通报

卡塔尔发布关于谷物、豆类及其衍生产品的通报

沙特阿拉伯发布关于肉及肉制品的通报

沙特阿拉伯发布关于维生素和矿物质的通报

卡塔尔发布关于儿童特定医用配方食品的通报（57）

卡塔尔发布关于儿童特定医用配方食品的通报（58）

卡塔尔发布关于枣泥的通报（56）

卡塔尔发布关于谷物、豆类及其衍生产品的通报

卡塔尔发布关于咖啡因配方饮料的通报

科威特发布关于食品的通报

卡塔尔发布关于婴儿配方食品的通报

新西兰发布关于天然肠衣的通报

巴西发布关于天然蜂蜜的通报

日本发布关于酒精饮料的通报

卡塔尔发布关于枣泥的通报（394）

卡塔尔发布关于婴儿配方食品的通报（393）

以色列发布关于食用油的通报

巴西发布关于马铃薯，新鲜或冷冻马铃薯的通报

加拿大发布关于食品安全的通报（946）

韩国发布关于食品规范的通报

加拿大发布关于食品安全的通报（947）

日本发布关于饲料添加剂的通报

日本发布关于酒精饮料的通报

8月

美国发布关于乳和乳制品的通报

韩国发布关于功能性保健食品的通报（515）

韩国发布关于功能性保健食品的通报（516）

埃及发布关于食品污染物的通报

埃及发布关于乳制品的通报（66）

埃及发布关于饮料的通报（62）

美国发布关于烟草与酒的通报

埃及发布关于乳制品的通报（67）

埃及发布关于非酒精饮料的通报（68）

埃及发布关于饮料的通报（84）

埃及发布关于非酒精饮料的通报（93）

阿根廷发布关于食品的通报

埃及发布关于食品中的污染物的通报

韩国拟对未报告自我质量检查不合格的食品制造、加工商加重处罚

9月

韩国拟修订健康功能食品相关法律

韩国拟修订食品卫生法执行法规

欧盟拟制定特色调味烟草产品确定程序统一规则

巴西发布关于盐水的通报

印度发布关于食品与食品产品的通报

芬兰拟修订烟草法案及某些相关法案

加拿大制定两种食品中三氯蔗糖的限量

韩国食药部发布《指定食品和畜产品认证机构的相关规定》

美国修订联氟砜在番茄酱中的最大残留限量

欧盟发布关于食品的通报

印度尼西亚发布关于食品的通报

美国发布关于家禽与家禽产品的通报

沙特阿拉伯发布关于母乳代用品的通报
科威特发布关于清真食品的通报
韩国发布关于功能性保健食品的通报
科威特发布关于预包装食品标签的通报
韩国发布关于畜产品的通报
南非发布关于食品的通报
乌干达发布关于食品的通报

10 月

俄罗斯发布关于饲料用豆类蔬菜，饲料用西特伦西瓜，饲料添加剂的通报（109）
俄罗斯发布关于饲料用豆类蔬菜，饲料用西特伦西瓜，饲料添加剂的通报（110）
美国发布关于食品标准和标签政策的通报
巴西发布关于葡萄酒的通报
韩国发布关于食品的通报
新加坡发布2015年食品法规修正草案
肯尼亚发布关于茶的通报
肯尼亚发布关于速溶茶的通报
韩国发布食品法典部分修改告示

11 月

印度修订乳及乳制品标准并征求意见
欧盟拟放宽无核葡萄干与醋栗中丙氧喹啉的最大残留限量
韩国议员提议对《食品卫生法》及《畜产品卫生管理法》部分修改
哈萨克斯坦议会通过有机食品生产法
韩国米肠、蛋类加工品、炒年糕将强制进行 HACCP 认证
哥斯达黎加发布关于白干酪的通报
哥斯达黎加发布关于普罗卧干酪的通报
欧盟拟扩大甜味剂索马甜的使用范围与使用量
韩国拟修改部分食品的参考摄入量
智利发布关于繁殖及食用蘑菇的通报
美国发布部分食品无麸质标识要求拟议条例
土耳其发布关于食品调味品的通报
美国发布关于食品标签的通报
韩国拟实施食品原材料肯定列表制度
印度修订食品中真菌毒素限量标准
韩国将修改食品标示相关内容
欧盟食品安全局审查苯草醚的残留限量
海湾阿拉伯国家发布硬糖等3项技术法规
韩国拟修改食品添加剂分类体系

12月

泰国发布关于食品添加剂的通报

印度发布关于酒精饮料的通报

韩国发布关于生物产品的通报

泰国拟修订食品添加剂和毒素相关规定

沙特阿拉伯发布锡兰肉桂及其浓缩物的技术法规草案

沙特阿拉伯发布金枪鱼罐头技术标准修订草案

马来西亚发布关于酒精饮料等4项食品法规

马来西亚发布关于烈酒的通报

马来西亚发布关于酒精饮料的通报

马来西亚发布关于食品的通报

马来西亚发布关于低酸罐装食品的通报

韩国发布关于食品添加剂的通报

韩国拟修订食品添加剂标准和规范

印度修订食品添加剂标准法规

土耳其修订食品调味料及调味性食品配料标准

印度修订食品添加剂标准法规

印度发布关于乳及乳制品的通报

俄罗斯发布关于食品的通报

俄罗斯发布关于食品的通报

韩国发布关于食品的通报

南非发布关于食品添加剂的通报

泰国发布关于婴幼儿产品的通报

泰国发布关于婴幼儿产品的通报

印度发布关于酒精饮料的通报

欧盟发布关于食品的通报

欧盟发布关于食品的通报

韩国修改对蛋、畜产物、冰淇淋等的相关规定

澳大利亚拟使用嗜热菌蛋白酶作为加工助剂

美国发布关于食品的通报

美国拟修订有机食品法规

澳大利亚拟批准低聚异麦芽糖用于饮料、糖果等食品

日本补充完善食品标示相关内容

(2) 分析

2015年对食品存在颁布意向的法律法规分析包括国别分析和产品分析。

① 国别分析

2015年食品类国外存在颁布意向的法律法规共250条，涉及国家和地区共35个。其中乌干达

最多,共37条;其次是韩国和卡塔尔,分别发布29条、19条,其他国家和地区均较少。

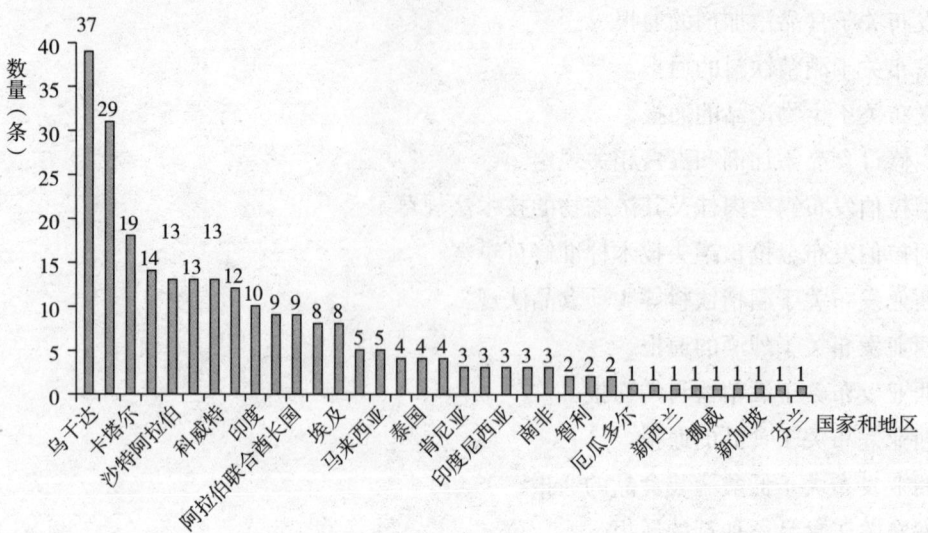

图3-23 食品存在颁布意向的法律法规国别分析

② 产品分析

2015年食品类国外存在颁布意向的法律法规共250条,涉及10大类产品。其中涉及具体产品最多的为"食品"标准法律法规,共74条;其次是"杂项"法律法规,共计58条,希望我国相关企业密切注意这些法律法规的颁布日期,并预先做好产品生产标准的必要调整。

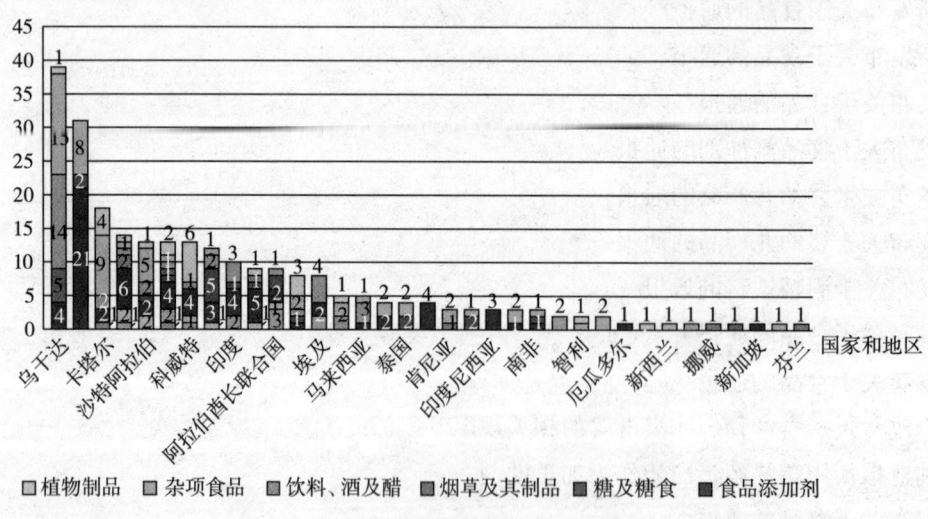

图3-24 食品存在颁布意向的法律法规产品分析

(二)法律法规综合分析

对食品产品出口所遇贸易壁垒法律法规进行综合分析,提出预警。该分析包括状态分析、国别分析、区域分析、产品分析和贸易壁垒形式分析。

1. 状态分析

2015年食品国外法律法规共452条。其中,存在颁布意向的为250条,占61%;颁布实施的法律法规的为141条,占26%;颁布尚未实施的61条,占13%。

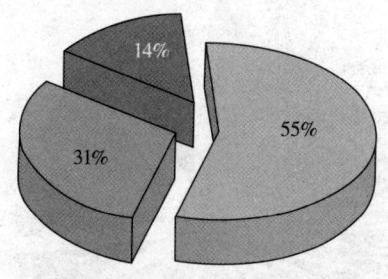

图3-25 2015年食品法律法规状态分析(一)

与2014的126条相比,2015年法律法规增加了一半以上,且颁布未实施和颁布意向的法律法规变化较大。

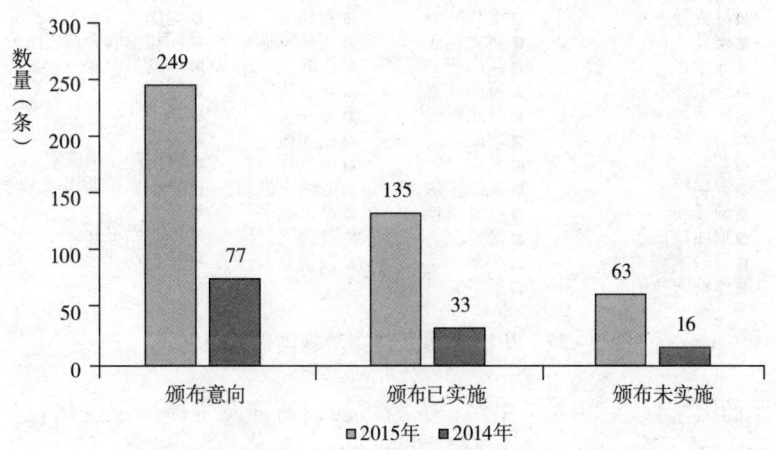

图3-26 2015年食品产品法律法规状态分析(二)

2. 国别分析

2015年食品国外法律法规涉及的国家共56个,比2013年的30个增加了26个。其中韩国为44条,位列第1,约占全部法规的10%;其次为乌干达的39条,约占全部法规的9%;随后分别为沙特阿拉伯、欧盟、美国等;其他国家相对较少。

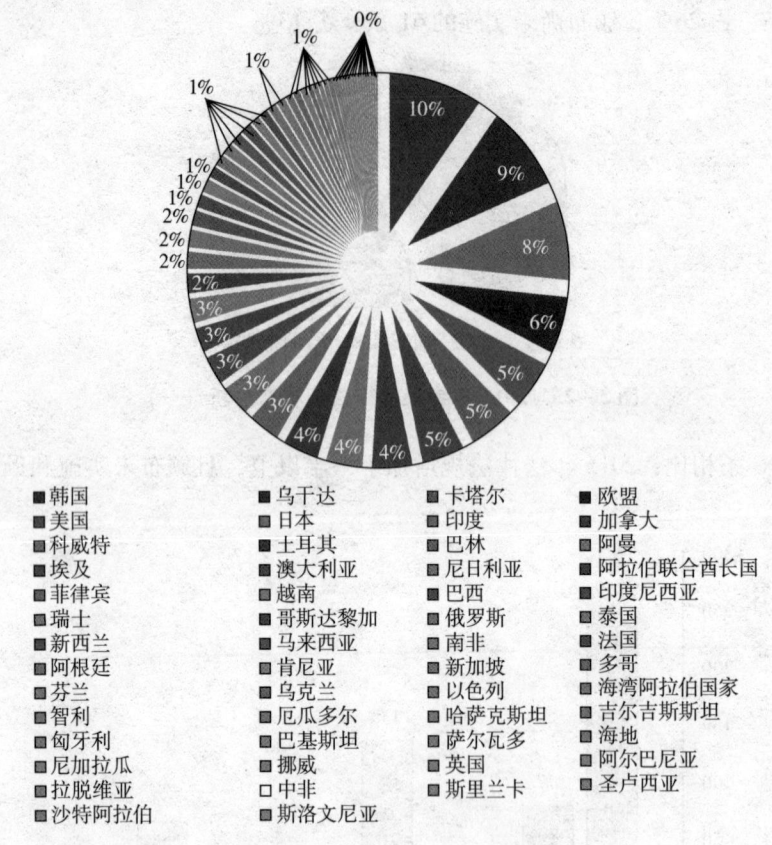

图 3-27　2015 年食品法律法规国别分析（一）

2015年所涉及的国家数与2014年相比，大为增加，所涉及主体国家变化较为明显。值得注意的是，主体国家中韩国、乌干达、沙特阿拉伯的变化情况较大。

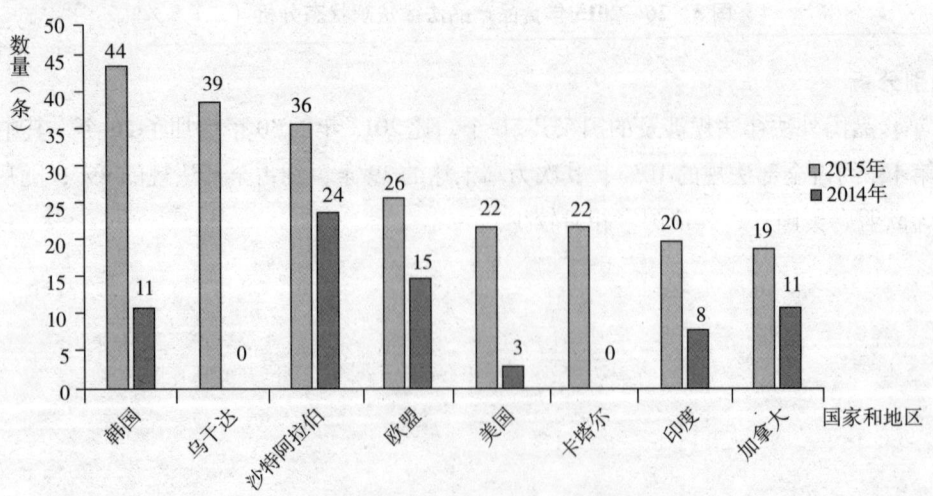

图 3-28　2015 年食品法律法规国别分析（二）

3. 区域分析

2015年食品法律法规最多的地区是其他地区，为159条，占36%；非洲为71条，仅次于其他地区，占16%；日韩和北美地区的法规数量也比较多，分别为62条和41条，分别占14%9%。

"非洲"这一类属中法律法规数量较多的原因在于乌干达这些新增法律较多的国家都属于其他地区。

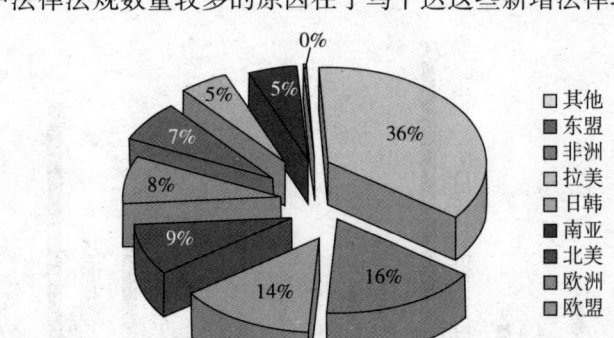

图 3-29 2015 年食品法律法规区域分析（一）

与 2014 年相比，2015 年各个地区地区法律法规数量增加较为明显。

从图 3-31 中可以看出，各个地区均颁布了 3 项法律。

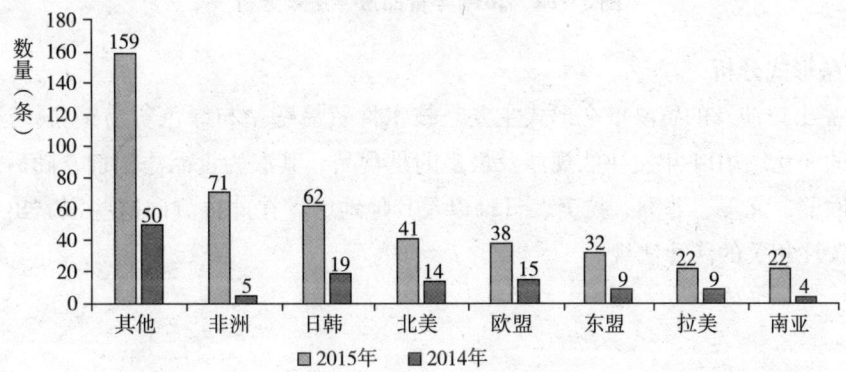

图 3-30 2015 年食品产品法律法规区域分析（二）

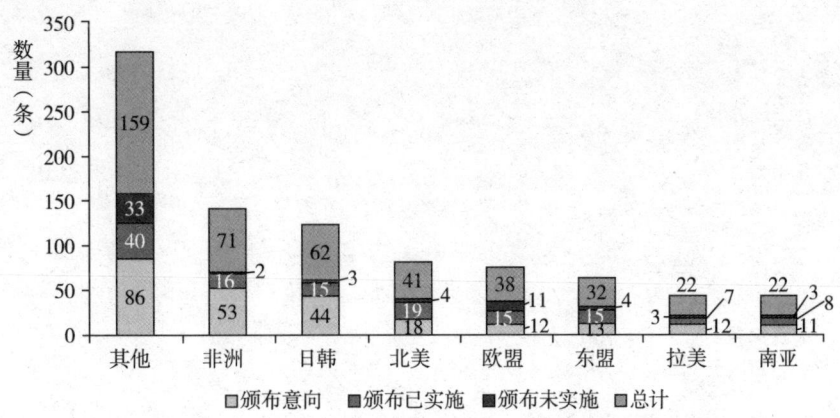

图 3-31 2015 年食品产品法律法规区域分析（三）

总的来说，2015 年的食品法律法规主要分布在其他、非洲、日韩、北美等地区。

4. 产品分析

2015 年世界各国在食品方面制定了种类繁多的法律法规。这些法律法规涉及最多的是食品，达到 145 条。其次为杂项食品，90 条；食品添加剂和饮料、酒及醋也分别达到了 48 条和 45 条，其他种类相对较少。

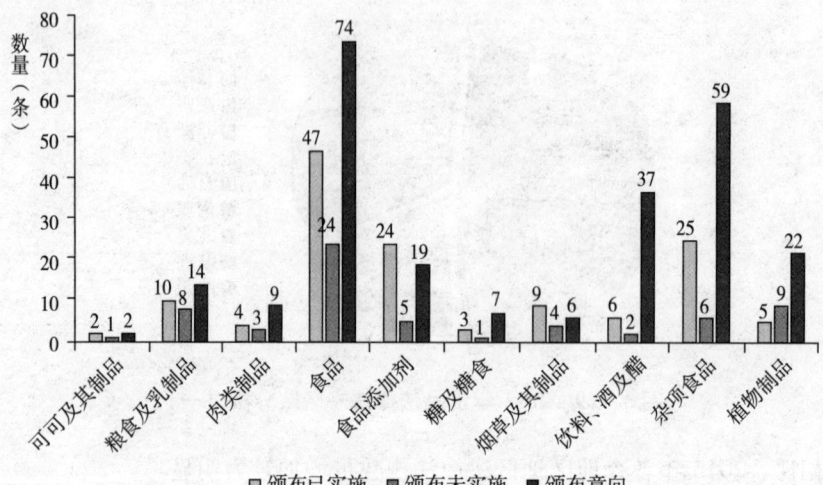

图 3-32　2015 年食品法律法规分析

5. 贸易壁垒形式分析

2015 年食品出口涉及的贸易壁垒形式主要是技术性贸易壁垒与绿色贸易壁垒。这与 2014 年相比并无实质上的变化。2014 年法律法规涉及最多的是食品，其次为食品添加剂，随后为饮料、酒及醋，且集中在欧盟、北美、非洲、拉美、日韩以及其他地区。在此提醒向这些国家出口食品的企业注意，应密切关注相关的法律法规。

第四章 矿产、化工产品出口贸易壁垒

本章主要介绍国外对中国的矿产品、化学工业及相关工业产品、塑料及其制品，橡胶及其制品等方面的贸易壁垒。

按照海关商品分类目录，这些产品包括分类中的三大类产品。

第一类：矿产品，包括盐、硫黄、泥土及石料、石膏料、石灰及水泥、矿砂、矿渣及矿灰、矿物燃料、矿物油及其蒸馏产品、沥青物质、矿物蜡。

第二类：化学工业及其相关工业的产品，包括无机化学品、贵金属、稀土金属、放射性元素及其同位素的有机及无机化合物、有机化学品、药品、肥料、鞣料浸膏及染料浸膏、鞣酸及其衍生物、染料、颜料及其他着色料、油漆及清漆、油灰及其他胶粘剂、墨水、油墨、精油及香膏、芳香料制品及化妆盥洗品、肥皂、有机表面活性剂、洗涤剂、润滑剂、人造蜡、调制蜡、光洁剂、蜡烛及类似品、塑料用膏、"牙科用蜡"及牙科用熟石膏制剂、蛋白类物质、改性淀粉、胶、酶、炸药、烟火制品、火柴、引火合金、易燃材料制品、照相及电影用品、杂项化学产品。

第三类：塑料、橡胶及其制品，包括塑料及其制品、橡胶及其制品。

一、矿产、化工产品出口贸易救济措施

矿产、化工产品出口所遇的贸易救济措施以反倾销为主，也有少量反补贴和保障措施。

（一）反倾销

2015年矿产、化工产品出口所遇的反倾销事件共158起。

1. 事件

1月

阿根廷通告对华自行车橡胶轮胎反倾销复审调查取证阶段结束

美国对华谷氨酸钠再次修改反倾销终裁结果

印度对华乙酰乙酸甲酯进行反倾销调查

印度对华三聚氰胺延期征收反倾销税1年

印度将就对华维生素E反倾销调查举行听证会

美国对华乘用车和轻型货车轮胎作出反倾销初裁

欧盟对华柠檬酸作出反倾销日落复审和期中复审终裁

美国对华三氯异氰尿酸作出反倾销行政复审终裁

印度将就涉华炭黑反倾销日落复审举行听证会

2月

美国对华高锰酸钾作出反倾销行政复审初裁

印度正式对华硝酸钠征收5年反倾销税

日本延期对华甲苯二异氰酸酯反倾销调查4个月

墨西哥对塑料喷雾器反倾销复审调查作出终裁

印度对华吗啉作出反倾销期中复审终裁

墨西哥对硫酸铵反倾销调查作出初裁

美国对华盒装铅笔作出反倾销情势变迁复审立案及初裁

印度延期对华氢氧化钠反倾销日落复审终裁

3月

美国对华无涂层纸作出双反产业损害裁决

马来西亚对华PET作出反倾销终裁

印度对华碳酸钡进行反倾销日落复审调查

巴西对华PVC涂料布进行反倾销调查

美国对华乘用车和轻型货车轮胎修改反倾销初裁

美国对华聚对苯二甲酸乙二醇酯树脂进行双反调查

4月

巴西对华己二酸作出反倾销终裁

日本将对中国产甲苯二异氰酸酯征收5年反倾销税

印度对华二氯甲烷进行反倾销调查

印度对华精对苯二甲酸作出反倾销终裁

印度对华香豆素反倾销措施延长1年

美国对华糖胶（甘氨酸）作出反倾销行政复审初裁

美国对华盒装铅笔作出反倾销情势变迁复审终裁

印度对华四氟乙烷进行反倾销日落复审调查

印度延期对华四氯六甲圜反倾销终裁

印度对华尼龙帘子布作出反倾销日落复审终裁

美国对华53英尺内陆干货集装箱作出双反终裁

美国对华新充气工程机械轮胎作出反倾销行政复审终裁

巴西延长对华大客车和卡车用子午线轮胎反倾销日落复审调查期

印度对华碳酸钡反倾销措施延长1年

美国对华聚对苯二甲酸乙二醇酯树脂作出双反产业损害初裁

印度对华聚氯乙烯糊树脂进行反倾销日落复审调查

美国对华聚乙烯醇作出反倾销日落复审产业损害裁决

印度将就涉华二酮吡咯并吡咯颜料红254反倾销调查举行听证会

阿根廷对华塑料游泳池启动反倾销调查

5月

美国对华活性炭作出反倾销行政复审初裁

欧盟对华柠檬酸进行反规避调查

巴西对华塑料采血管征收反倾销税

欧盟对华晶体硅光伏组件及关键零部件进行反倾销和反补贴期中复审调查

巴西决定对华PET薄膜反倾销调查延期

美国对华新充气工程机械轮胎修改反倾销行政复审终裁

巴西对华柠檬酸及柠檬酸盐临时提高价格承诺最低限价

巴西对中国产货车轮胎征收反倾销税

美国对华盒装铅笔作出反倾销行政复审终裁

印度对华吗啉发布反倾销期中复审征税公告

澳大利亚延期发布对华晶体硅光伏模块或面板反倾销终裁报告

美国对华柠檬酸及柠檬酸盐作出"双反"日落复审产业损害裁决

欧盟对华乙酰磺胺酸钾作出反倾销初裁

巴西对华PET薄膜反倾销调查作出终裁裁决

澳大利亚对华聚氯乙烯扁平电缆发布反倾销重要事实公告

欧盟对华金属硅进行反倾销日落复审调查

印度对华柠檬酸钠发布反倾销征税公告

日本对中韩氢氧化钾进行反倾销调查

欧盟对华阿斯巴甜进行反倾销调查

6月

印度尼西亚对华硝酸铵发起反倾销调查

印度延长对华聚氯乙烯糊树脂反倾销措施1年

印度对华瓷砖作出反倾销新出口商复审终裁

欧盟对华甜蜜素进行反倾销日落复审调查

美国对华柠檬酸及柠檬酸盐作出反倾销行政复审初裁

印度对华维生素C作出反倾销日落复审终裁

印度对华维生素E继续征收5年反倾销税

美国对华聚酯薄膜作出反倾销行政复审终裁

美国发布对华三聚氰胺反倾销普遍税率企业名单

印度延期对华聚氯乙烯糊树脂反倾销日落复审终裁

印度对华氢氧化钠作出反倾销日落复审终裁

印度对华精对苯二甲酸进行反倾销调查

印度对华吡咯并吡咯二酮红254作出反倾销终裁

巴西对华一次性注射器作出反倾销日落复审终裁

巴西对华PET树脂启动反倾销调查

美国对华无涂层纸作出反补贴初裁

美国商务部对华镀锌板产品进行双反调查
阿根廷发布对华自行车轮胎反倾销调查基本事实信息
印度对华阿苯达唑反倾销期调查举行听证会
印度对华粘胶短纤维发起反倾销日落复审调查
巴西对华农机轮胎启动反倾销调查
美国对华氯化钡作出反倾销日落复审终裁

7月

印度对华PVC胶膜发起反倾销日落复审调查
墨西哥对华六磷酸钠第二次反倾销日落复审调查作出终裁
美国对华三氯异氰尿酸作出反倾销行政复审初裁
哥伦比亚公布塑料板反倾销复审技术报告
美国对中国、印度尼西亚、马来西亚、越南、泰国、中国台湾产聚乙烯零售包装袋作出反倾销日落复审终裁
美国对华乘用车和轻型货车轮胎作出双反肯定性产业损害裁决
美国对华输美氢氟烃制冷剂启动反倾销调查
印度对华甲硝唑进行反倾销期中复审调查
印度对华碳酸钠进行反倾销期中复审调查
印度对华粘胶短纤维（除竹纤维外）进行反倾销日落复审调查
美国对华聚酯短纤作出反倾销行政复审初裁
澳大利亚对华金属硅双反案进行行政复议
印度对华PVC胶膜进行反倾销日落复审调查

8月

巴基斯坦对华聚丙烯薄膜发起反倾销日落复审调查
印度对华维生素C继续征收5年反倾销税
美国对华咔唑紫颜料作出反倾销日落复审终裁
美国对华黄原胶作出反倾销行政复审初裁
美国对华氢氟烃制冷剂作出反倾销产业损害裁决
美国对华三氯硝基甲烷作出反倾销日落复审终裁
美国对华乘用车和轻型货车轮胎修改双反终裁结果
美国对华聚酯薄膜作出反倾销行政复审初裁
欧盟对华甜蜜素进行反倾销立案调查
印度对中国和瑞士吡咯并吡咯二酮红254征收5年反倾销税
印度对中国和韩国氢氧化钠继续征收5年反倾销税
美国对华高锰酸钾作出反倾销行政复审终裁
美国国际贸易委员会对华三氯硝基甲烷作出反倾销日落复审裁决

9月

巴基斯坦对华过氧化氢进行反倾销日落复审调查

第四章 矿产、化工产品出口贸易壁垒

阿根廷对华自行车轮胎采取最终反倾销措施

印度对六亚甲基四胺反倾销案作出终裁

印度对华四氮六甲圜作出反倾销终裁

美国对华三氯硝基甲烷发布反倾销继续征税令

印度对聚酯纱线反倾销日落复审案做出终裁

巴基斯坦对华邻苯二甲酸酐进行反倾销日落复审调查

巴基斯坦对苯酐发起反倾销日落复审调查

马来西亚对中国和越南彩涂板征临时反倾销税

10月

印度对华4,4'-二氨基二苯乙烯-2,2'-二磺酸进行反倾销期中复审调查

美国对华钾磷酸盐和钠磷酸盐作出反倾销日落复审终裁

美国对中国等国聚对苯二甲酸乙二醇酯树脂作出反倾销初裁

美国对华活性炭作出反倾销行政复审终裁

美国对华新充气工程机械轮胎作出反倾销行政复审初裁

墨西哥对硫酸铵反倾销调查作出终裁

阿根廷决定对华接线端子采取最终反倾销措施

美国对华氯化钡作出反倾销日落复审产业损害裁决

美国对华咔唑紫颜料作出反倾销日落复审产业损害裁决

美国对华糖胶（甘氨酸）作出反倾销行政复审终裁

印度对华密胺餐具和厨具作出反倾销终裁

美国对华晶体硅光伏电池作出反倾销情势变迁复审初裁

印度对华四氮六甲圜征收5年反倾销税

欧盟对华葡萄糖酸钠进行反倾销日落复审调查

哥伦比亚对华PVC薄膜复审终裁征税

印度对华二氯甲烷作出反倾销初裁

欧盟对华乙酰磺胺酸钾作出反倾销终裁

11月

美国对华三聚氰胺作出"双反"终裁

美国对华氯化钡发布反倾销继续征税令

印度对华阿苯达唑作出反倾销终裁

美国对华聚对苯二甲酸乙二醇酯树脂修改反倾销行政复审初裁

印度对华精对苯二甲酸作出反倾销初裁

欧盟对华聚对苯二甲酸乙二醇酯进行反倾销日落复审调查

美国对华聚酯薄膜作出反倾销行政复审终裁

美国国际贸易委员会对华钾磷酸盐和钠磷酸盐作出双反日落复审产业损害裁决

印度对华炭黑继续征收5年反倾销税

阿根廷延长对华塑料游泳池反倾销调查期

12月

美国对华电解二氧化锰作出反倾销日落复审产业损害裁决

美国国际贸易委员会对华高锰酸钾、三氯异氰尿酸进行反倾销全面日落复审产业损害调查

巴基斯坦对华胶印油墨进行反倾销调查

印度对华直链烷基苯进行反倾销调查

印度对华格列齐特征收5年反倾销税

美国对华次氯酸钙作出反倾销和反补贴终裁

美国对华柠檬酸及柠檬酸盐作出反倾销行政复审终裁

美国修改对华糖胶（甘氨酸）反倾销行政复审终裁（矿产、化工产品）

巴西对华农业轮胎启动反倾销调查

欧盟对华对氨基苯磺酸作出反倾销日落复审终裁

美国对华钾磷酸盐和钠磷酸盐发布反倾销和反补贴继续征税令

巴西对华农机轮胎发起反倾销调查

美国ITC对华三聚氰胺作出反倾销和反补贴产业损害初裁

2. 分析

矿产、化工产品出口所遇反倾销事件分析包括月份分析、国别分析和产品分析。

（1）月份分析

2015年矿产、化工出口贸易反倾销事件共158起，与2014年的187起相比有所减少。一、三季度事件数量有所下降，二、四季度事件数量与上年基本持平。

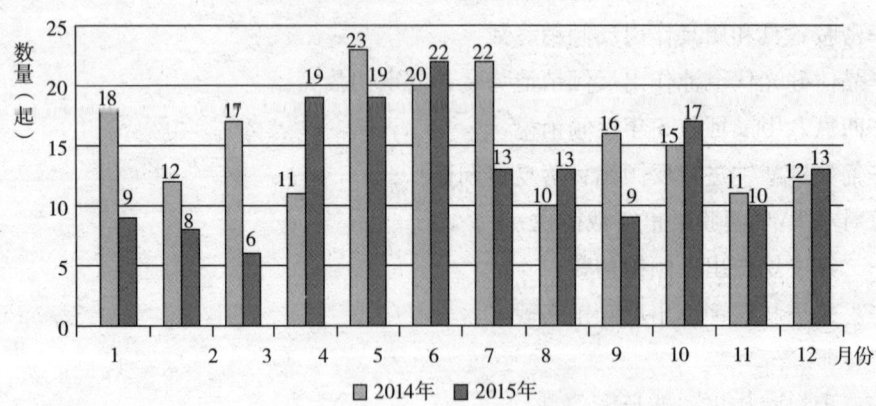

图4-1 2015年矿产、化工产品口贸易反倾销月份分析

全年反倾销事件每月平均约13起，其中6月为峰值，达到22起。3月事件最少，仅有6起。

（2）国别分析

2015年矿产、化工产品出口贸易反倾销事件涉及的国家共11个，相比上年数量有较大幅度下降。印度和美国是发起对我国反倾销事件最多的国家，分别占事件总数的32%和37%。位于第3位的是巴西和欧盟，皆占事件总数的8%。其余国家反倾销事件均少于6件。从总体上看，这些国家都是与我国发生贸易额较大的国家。

第四章 矿产、化工产品出口贸易壁垒

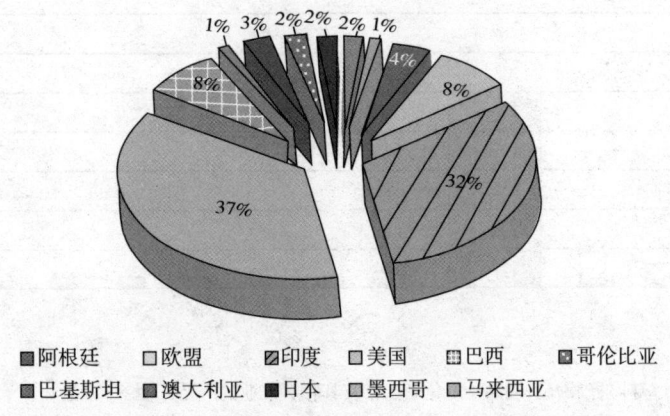

图 4-2　2015 年矿产、化工产品出口贸易反倾销国别分析（一）

与 2015 年相比，对我国施行反倾销措施的国家和地区数量有较大减少。2014 年发生过的加拿大、埃及和印度尼西亚等国家 2015 年没再对我国发起反倾销调查。其中反倾销事件发起最多的美国和印度，其 2015 年数量均比 2014 年少。

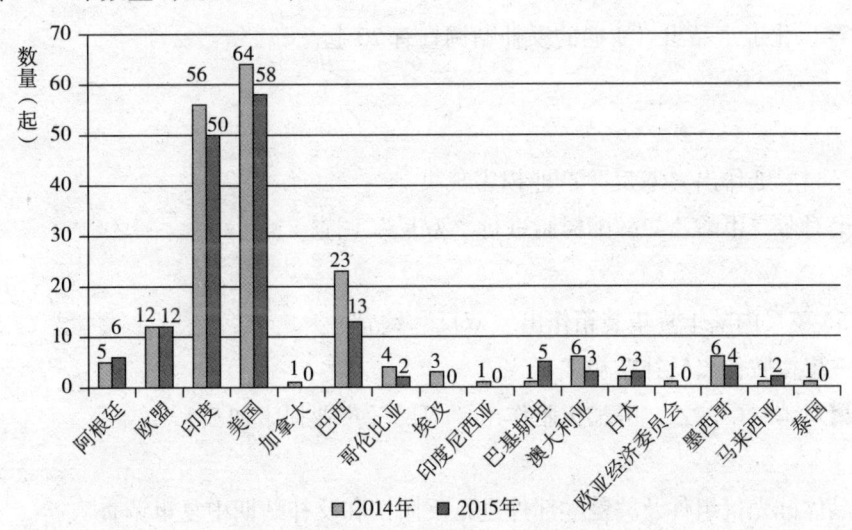

图 4-3　2015 年矿产、化工产品出口贸易反倾销国别分析（二）

总的来看，印度、美国为发起贸易救济的最主要国家。这需要我国政府和企业继续进行监控和关注。另外，对巴西和欧盟仍需保持一定的关注，注意其在未来几年中的变化。

（3）产品分析

2015 年矿产、化工产品出口贸易反倾销事件共涉及 3 类产品。其中最多的是化学工业及其相关工业的产品，为 131 起，发起国家以美国和印度为主；其次为塑料、橡胶及其制品，为 22 起，主要由美国和巴西发起；位于第 3 位的是矿产品，为 5 起，由欧盟、印度和美国发起。

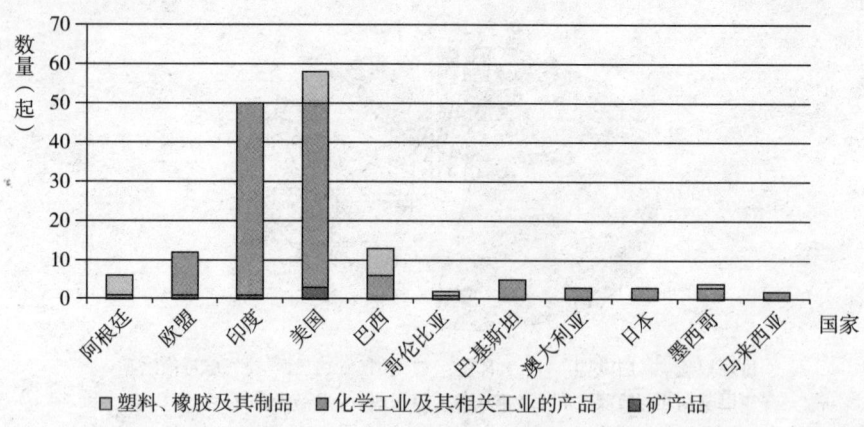

图 4-4　2015 年矿产、化工产品出口贸易反倾销产品分析

总的来说，2015 年矿产、化工产品反倾销事件主要集中在化学工业及其相关工业的产品。

（二）反补贴

2015 年矿产、化工产品出口所遇的反补贴调查有 20 起。

1. 事件

3 月

美国对华无涂层纸作出"双反"产业损害裁决

美国对华聚对苯二甲酸乙二醇酯树脂进行"双反"调查

4 月

美国对华 53 英尺内陆干货集装箱作出"双反"终裁

美国对华二聚氰胺作出反补贴初裁

美国对华聚对苯二甲酸乙二醇酯树脂作出"双反"产业损害初裁

5 月

欧盟对华晶体硅光伏组件及关键零部件进行反倾销和反补贴期中复审调查

美国对华柠檬酸及柠檬酸盐作出双反日落复审产业损害裁决

6 月

美国商务部对华镀锌板产品进行双反调查

7 月

美国对华乘用车和轻型货车轮胎作出双反肯定性产业损害裁决

澳大利亚对华金属硅双反案进行行政复议

8 月

美国对从中国、印度和阿曼进口的聚对苯二甲酸乙二醇酯树脂作出反补贴初裁

美国对华乘用车和轻型货车轮胎修改双反终裁结果

10 月

美国对华钾磷酸盐和钠磷酸盐作出反补贴日落复审终裁

11 月

美国对华三聚氰胺作出双反终裁

美国国际贸易委员会对华钾磷酸盐和钠磷酸盐作出双反日落复审产业损害裁决

12 月

美国对华柠檬酸及柠檬酸盐作出反补贴行政复审终裁

美国对华镁碳砖作出反补贴日落复审终裁

美国对华次氯酸钙作出反倾销和反补贴终裁

美国对华钾磷酸盐和钠磷酸盐发布反倾销和反补贴继续征税令

美国 ITC 对华三聚氰胺作出反倾销和反补贴产业损害初裁

2. 分析

矿产、化工产品出口所遇反补贴事件分析包括月份分析、国别分析和产品分析。

(1) 月份分析

2015 年矿产、化工出口贸易反补贴事件共 20 起,与 2014 年的 27 起相比略有下降。

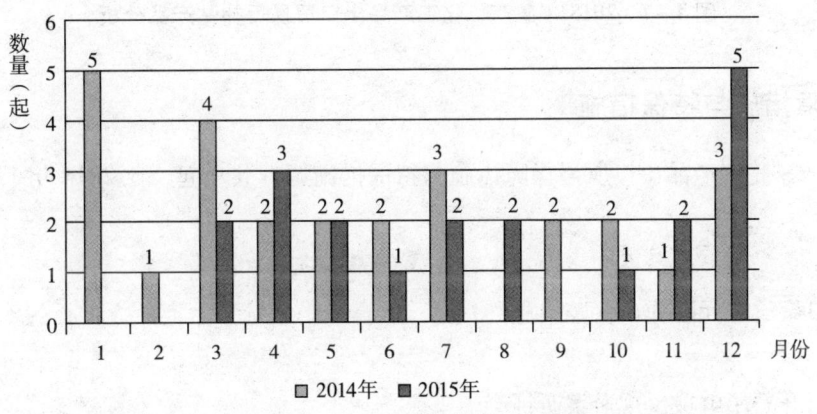

图 4-5　2015 年矿产、化工产品出口贸易反补贴月份分析

全年反补贴事件每月平均约 2 起,其中 12 月为峰值,达到 5 起,主要由美国发起。

(2) 国别分析

2015 年矿产、化工产品出口贸易反补贴事件涉及的国家有 3 个。美国是对我国发起反补贴事件最多的国家,占事件总数的 90%。澳大利亚和加拿大则各有 1 起事件。

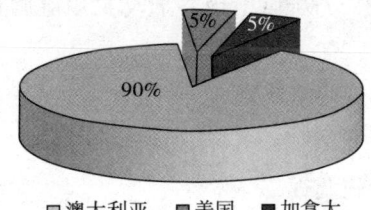

图 4-6　2015 年矿产、化工产品出口贸易反补贴国别分析

总的来看,美国仍然是发起贸易救济的最主要国家。这需要我国政府和企业继续进行监控和关注。

(3) 产品分析

2015 年矿产、化工产品出口贸易反补贴事件共涉及 3 类产品。其中最多的是化学工业及其相关工业的产品，为16起，发起国家以美国为主。矿产品以及塑料、橡胶及其制品分别有2起。

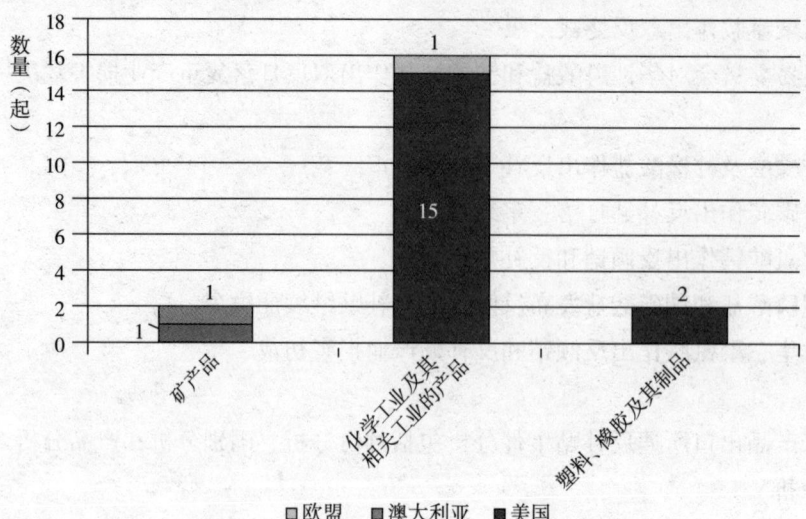

图4-7 2015年矿产、化工产品出口贸易反补贴产品分析

（三）保障措施与特保措施

2015年矿产、化工产品出口所遇保障措施与特保措施调查共9起，比2014年12起有所下降。

1. 事件

1月

印度对进口聚醚多元醇作出保障措施终裁

4月

墨西哥将召开石墨电极反规避案听证会

7月

乌克兰对柔性多孔板、块、片进行保障措施调查

9月

印度尼西亚对进口成品油管和套管作出保障措施期中复审终裁

巴基斯坦对进口香皂进行保障措施调查

巴西对原产于中国的炉用碳棒（石墨碳电极）启动反规避调查

11月

印度尼西亚对进口传送带发起保障措施调查

12月

印度对华炭黑进行特别保障措施调查

埃及对进口聚对苯二甲酸乙二醇酯进行保障措施调查

2. 分析

（1）月份分析

2015年矿产、化工产品出口贸易壁垒事件涉及保障措施与特保措施的共有9起，与2014年相比数量有所下降，并且集中发生在下半年。

第四章 矿产、化工产品出口贸易壁垒

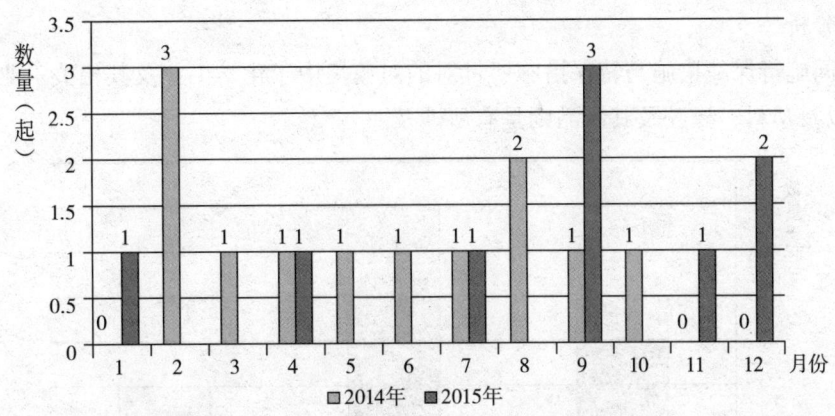

图4-8 2015年矿产、化工产品出口贸易遭遇保障与特保措施月份分析

(2) 国别分析

保障措施和特保措施事件来自埃及、巴基斯坦、巴西、墨西哥、乌克兰、印度以及印度尼西亚等国,其中来自印度尼西亚的有3起,其余国家各1起。

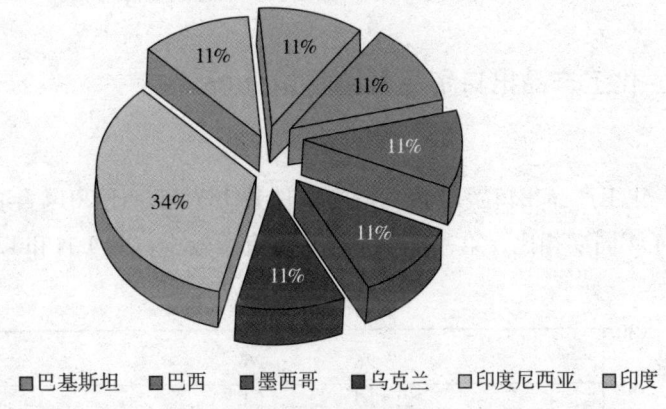

图4-9 2015年矿产、化工产品出口贸易遭遇保障与特保措施国别分析(一)

与上年度相比,来自印度的保障措施和特保措施事件大幅度减少,新增埃及、巴基斯坦、巴西、墨西哥、乌克兰和印度尼西亚等国。土耳其则不再在发起国之列。

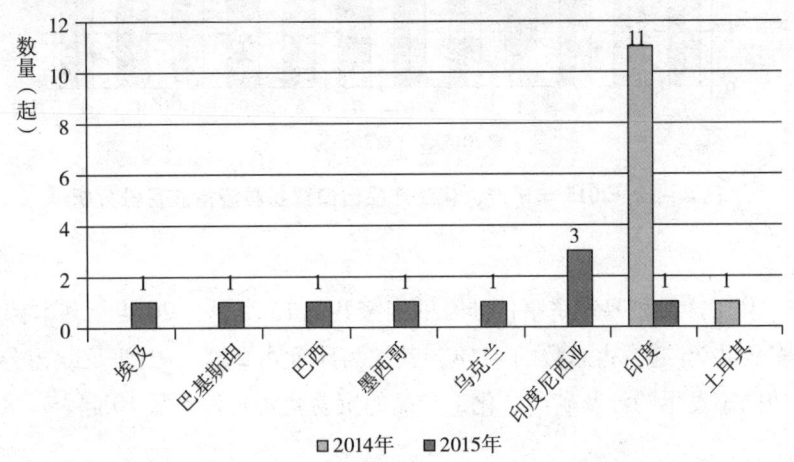

图4-10 2015年矿产、化工产品出口贸易遭遇保障和特保措施国别分析(二)

(3) 产品分析

2015年各国施行保障措施与特保措施所针对的对象集中于化学工业及其相关工业的产品,共计5起;矿产品以及塑料、橡胶及其制品则是有所涉及。

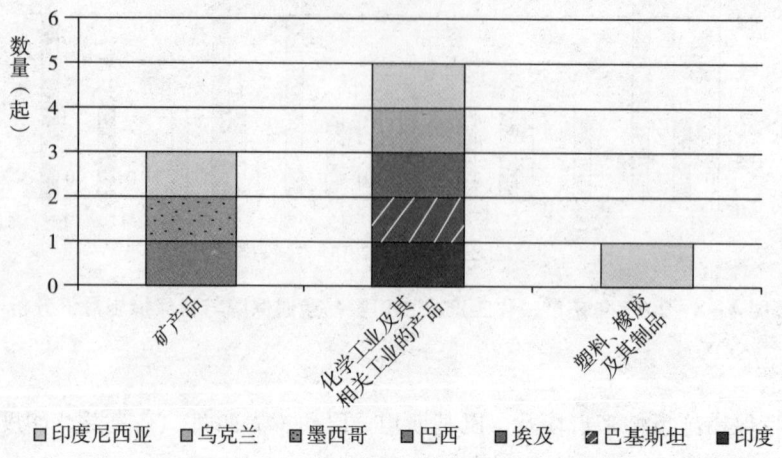

图4-11 2015年矿产、化工产品出口贸易遭遇保障与特保措施产品分析

(四) 矿产、化工产品出口贸易救济措施分析

1. 月份分析

2015年矿产、化工产品出口贸易救济措施事件共187起,比2014年的226起有较大减少。从月份上看,与2014年同期相比,第一季度整体数量有所较少;除4月和12月有较大幅度的增加外,其他月份波动不大。

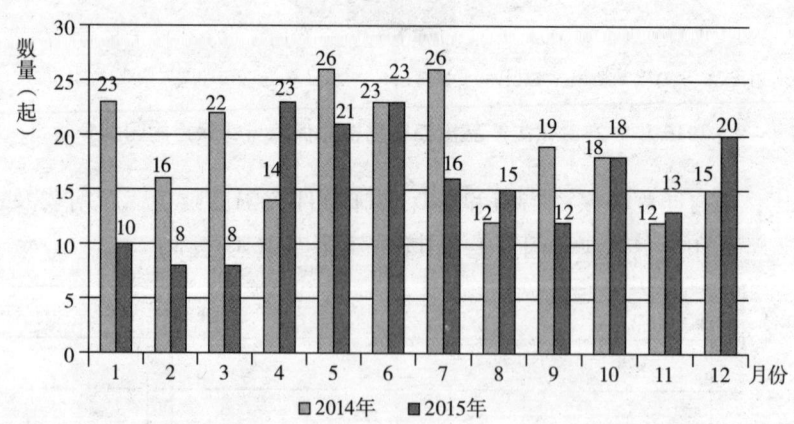

图4-12 2015年矿产、化工产品出口贸易救济措施月份分析

2. 国别分析

2015年矿产、化工产品贸易救济事件涉及的国家共有15个,与2014年基本持平。美国发生的贸易救济事件最多,共76起,占总数的41%,其次为印度占27%。巴西及欧盟分别以14起和12起位列其后,其他国家发生的涉及矿产、化工产品的贸易救济事件不足10起。

第四章 矿产、化工产品出口贸易壁垒

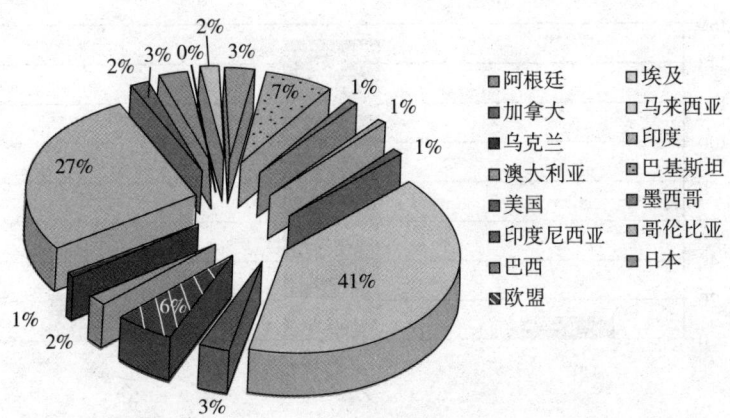

图 4-13　2015 年矿产、化工产品出口贸易救济措施国别分析（一）

与 2014 年相比，新增的国家为乌克兰。泰国和土耳其没有再发生贸易救济事件。在主要涉及的国家中，美国、印度和巴西较 2014 年发生的贸易救济事件略有减少。

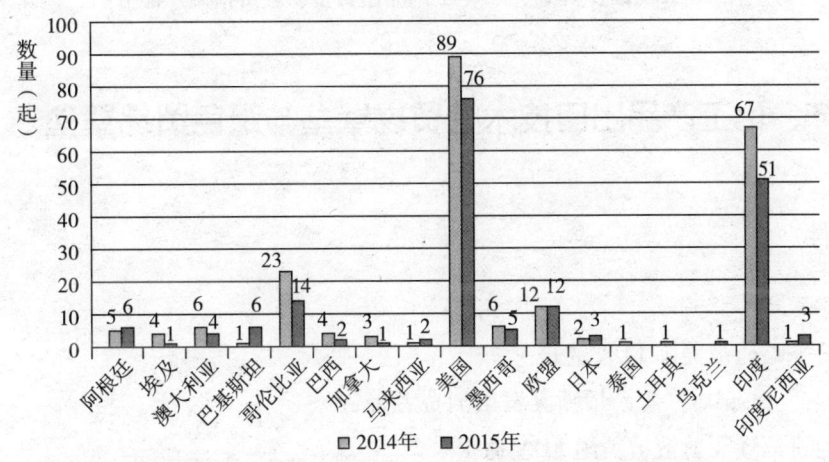

图 4-14　2015 年矿产、化工产品出口贸易救济措施国别分析（二）

总体看来，2015 年我国矿产、化工产品出口贸易救济措施从国别分析的角度来看，与 2014 年相比略有波动。

3. 产品分析

2015 年矿产、化工产品出口贸易救济措施事件涉及的产品共 3 大类，主要都是反倾销事件涉及的产品，其中主要集中在化学工业及其相关工业的产品。

总的来说，矿产、化工产品出口贸易救济措施事件涉及的具体产品众多，而且分布国家较广。一方面表明我国矿产、化工类产品在世界上具有一定的比较优势，为大多数国家所接受；另一方面表明了我国矿产、化工类产品受到来自多方的影响，出口形势仍然较为严峻。

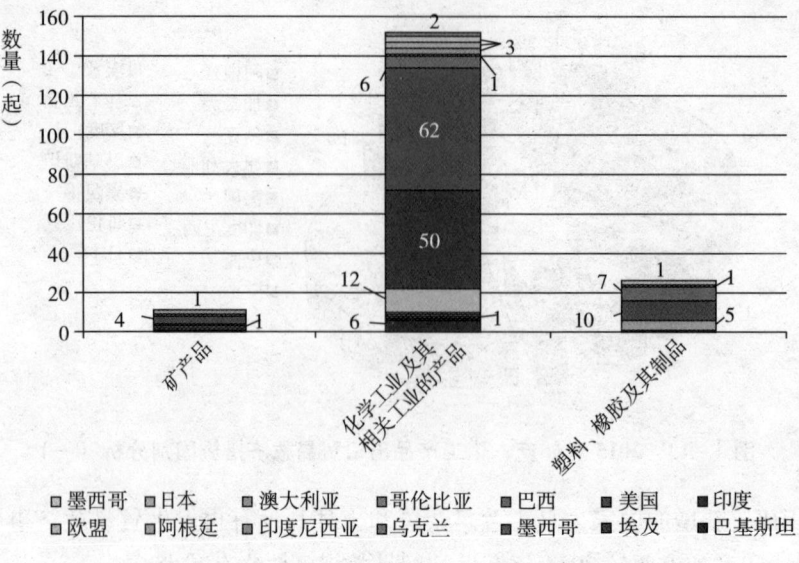

图4-15 2015年矿产、化工产品出口贸易救济措施产品分析

二、矿产、化工产品出口技术性贸易壁垒与绿色贸易壁垒

(一)事件

1月

中国出口的平喘药被美国FDA通报

欧盟对中国产"Carlas"牌乙烯喷雾发出消费者警告

中国出口的凯福隆注射液被美国FDA通报

中国出口的头孢曲松钠（头孢菌素类）被美国FDA通报

中国出口的氨苄青霉素溶液被美国FDA通报

中国出口的酒精消毒片被美国FDA通报

欧盟对中国化妆玩具套装发出消费者警告

中国出口的苯唑卡因（麻醉剂）被美国FDA通报

中国出口的注射器活塞被美国FDA通报

2月

美国对中国产Vanish Evo自行车头盔实施自愿性召回

日本就甜蜜素对我国某企业追加命令检查

日本解除对我国产养殖虾及其加工品中磺胺甲恶唑含量实施的命令检查

日本对我国产养殖虾中磺胺甲恶唑含量实施监视检查

3月

欧盟对中国产"Hygge"牌装饰蜡烛发出消费者警告

欧盟对中国产"BBEST"牌儿童汽车座椅发出消费者警告

4月

韩国食品药品管理部发布化妆品安全标准法规修订案

欧盟对中国产"Next"牌蜡烛发出消费者警告

欧盟对中国产"Yazimj"牌假指甲发出消费者警告

欧盟对中国产"Dunnes Stores"牌旅行充电器发出消费者警告

美国和加拿大对中国产联想笔记本锂离子电池实施召回

5月

欧盟拟批准美托咪啶等作为生物杀灭剂活动物质

日本修订氟苯等多种农药的残留限量

欧盟对中国产气球发出消费者警告

6月

欧盟对中国产"Kuro Sumi"牌纹身墨水发出消费者警告

欧洲化学品管理局征求4种邻苯二甲酸酯的资料

美国ITC欲对润唇膏产品启动337调查中企涉案

欧盟对中国产塑料贴纸发出消费者警告

欧盟对中国产名为"Sticker"的塑料贴纸发出消费者警告

日本就甜蜜素对中国某企业追加命令检查

日本解除对进口自我国青豆中烯唑醇残留含量的强化监视检查

美国CPSC对中国产潜水面罩实施召回

7月

欧盟对中国产"Cur Aqua"牌花洒软管发出消费者警告

加拿大对中国产儿童游泳圈实施召回

欧盟对中国产"Dragonhawk Tattoo"牌纹身墨水发出消费者警告

日本对中国产乌龙茶中茚虫威含量实施监视检查

欧盟对中国产"TREND Accessories"牌指甲胶发出消费者警告

8月

欧盟对中国产"FEG"牌眉笔发出消费者警告

加拿大对中国产Omersub潜水面罩实施召回

欧盟对中国产"FEIZUANTOYS/RAPPA"牌化装面具发出消费者警告

9月

美国环保局拟议限制进口三氯乙烯

罗马尼亚对假指甲发出消费者警告

欧盟对中国产多个品牌的假指甲发出消费者警告

美国将柑橘脱落剂pyrazachlor列入《加州65号法案》的"致癌物质清单"

欧盟要求慎用抗生素兽药

日本就甜蜜素对我国某企业追加命令检查

保加利亚对充气臂环发出消费者警告

美国对中国产塑料水杯实施召回

欧盟对中国产"Zac"牌包装胶粘剂发出消费者警告

10月

加拿大对中国产儿童自行车头盔实施召回

欧盟对中国产"CIGIOKI"牌塑料娃娃发出消费者警告

保加利亚对充气臂环发出消费者警告

欧盟对中国产"PAMAX"牌充气塑料扶手椅发出消费者警告

斯洛文尼亚对充气塑料扶手椅发出消费者警告

美国对中国产爬树用脚蹬实施召回

欧盟对中国产名为"Social Shower Curtain"的浴帘发出消费者警告

欧盟对中国产"SAINTEVE"牌充气游泳圈发出消费者警告

加拿大对中国产回收塑料自行车实施召回

美国和加拿大对中国产水壶实施召回

11月

美国对中国产烟花实施召回

欧盟对中国产"Deltasun"牌新奇打火机发出消费者警告

欧盟对中国产"FISH Series"牌新奇打火机发出消费者警告

日本对中国生产的3种产品中相关农药残留含量实施监视检查

美国对中国产CocoaVia起泡剂实施召回

欧盟对中国产"ORANGE ELEPHANT"牌黏土发出消费者警告

欧盟对中国产"Core"牌浴垫发出消费者警告

12月

美国对中国产烟花用蜡烛实施召回

韩国将对359种农药实施安全性评估

美国对中国产烧伤啫喱膏实施召回

欧盟对中国产"Tian xiang"牌空气清新剂发出消费者警告

美国和加拿大对中国产守门员头盔护具带面罩实施召回

美国和加拿大对中国产桌式烛台实施召回

(二)分析

2015年矿产、化工产品所遇技术性贸易壁垒与绿色贸易壁垒事件分析包括月份分析、国别分析和产品分析。

1. 月份分析

2015年矿产、化工产品出口贸易技术性贸易壁垒与绿色贸易壁垒事件共71起,与2014年102起相比,事件数减少了30%。

第四章 矿产、化工产品出口贸易壁垒

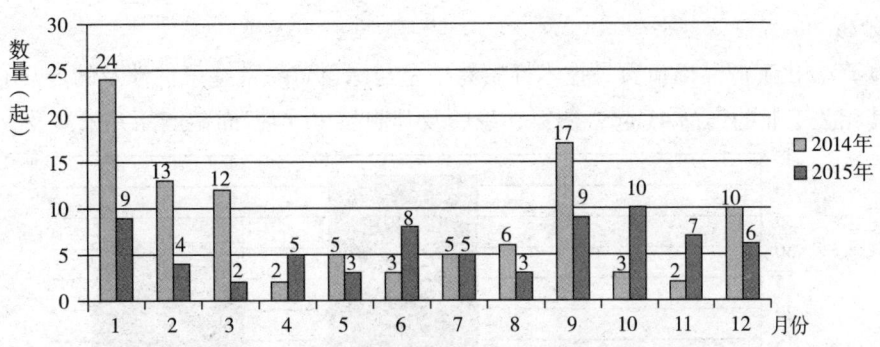

图 4-16　2015 年矿产、化工产品出口技术性贸易壁垒与绿色贸易壁垒月份分析

总的来说，矿产、化工产品出口所遇技术性贸易壁垒与绿色贸易壁垒事件随月份并无规律性分布。

2. 国别分析

2015 年矿产、化工产品出口贸易技术性贸易壁垒与绿色贸易壁垒事件涉及的国家（地区）有保加利亚、美国、罗马尼亚、加拿大、欧盟、韩国、斯洛文尼亚和日本。其中欧盟最多，占 42%；美国紧随其后，占 30%。

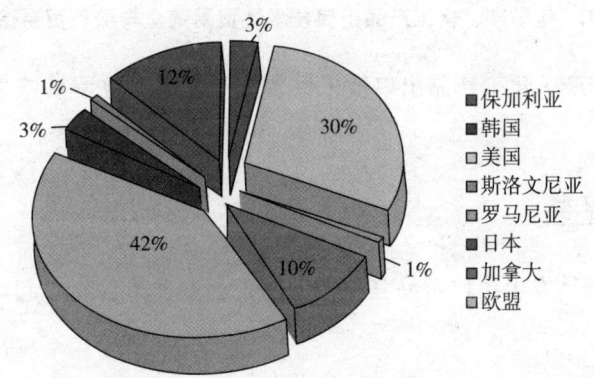

图 4-17　2015 年矿产、化工产品出口技术性贸易壁垒与绿色贸易壁垒国别分析（一）

与 2015 年相比，不仅增加了保加利亚、罗马尼亚和斯洛文尼亚，而且美国和日本的数量也略有增加，两国通过进一步修订技术法规和卫生条例，强化进口产品的成分监测和卫生标准管理，通过技术性贸易壁垒和绿色壁垒限制我国化工产品出口的意图十分明显，政府主管部门和矿产、化工类出口企业需要引起注意。

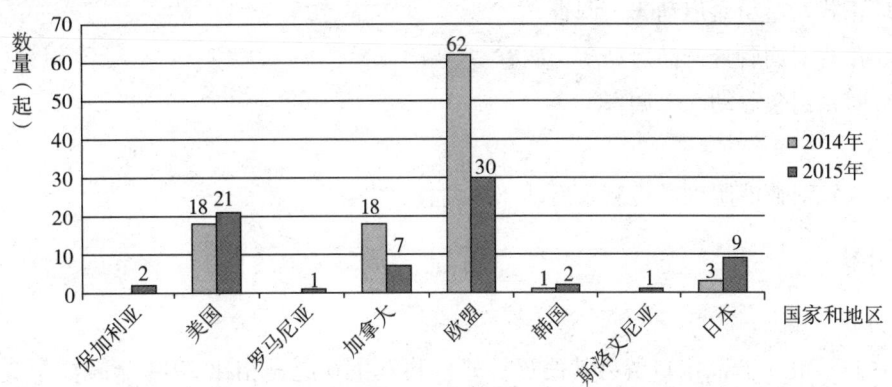

图 4-18　2015 年矿产、化工产品出口技术性贸易壁垒与绿色贸易壁垒国别分析（二）

3. 产品分析

2015年矿产、化工产品出口贸易技术性贸易壁垒与绿色贸易壁垒事件涉及的产品有2种，其中化学工业及其相关工业的产品41起，塑料、橡胶及其制品30起；而矿产品并未涉及。

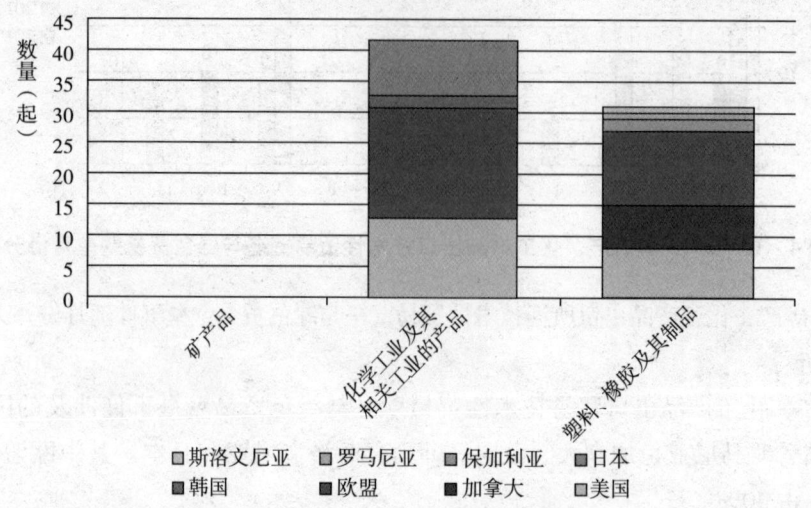

图4-19　2015年矿产、化工产品出口技术性贸易壁垒与绿色贸易壁垒产品分析

总的来说，2015年矿产、化工产品出口技术性贸易壁垒与绿色贸易壁垒涉及的国家不多，但涉及的产品较为集中。

三、其他贸易壁垒

2015年矿产、化工产品发生出口贸易其他类型的贸易壁垒事件有6起。

（一）事件

1月

美国ITC正式对墨盒产品启动337调查

5月

美国ITC对重组血凝因子Ⅷ启动337调查

7月

美国ITC正式对墨粉盒启动337调查

美国ITC正式对润唇膏产品启动337调查

美国ITC对密封包启动337调查

11月

美国ITC决定对血液胆固醇检测条启动337调查

（二）分析

1. 月份分析

2015年矿产、化工产品出口贸易其他贸易壁垒共发生6起，相比2014年减少了2起，总量仍然维持在较低的水平。

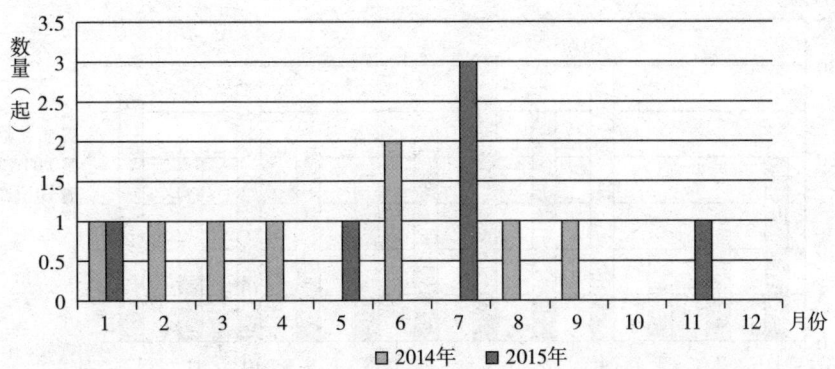

图 4-20　2015 年矿产、化工产品出口贸易其他贸易壁垒月份分析

2. 国别分析

按国家（地区）看，此类事件均产生自美国。

3. 产品分析

涉及的产品全部集中在化学工业及其相关工业的产品。

四、矿产、化工产品出口贸易壁垒综合分析

针对矿产、化工产品出口所遇各类贸易壁垒进行总体的综合分析。

矿产、化工产品出口所遇贸易壁垒的综合分析包括月份分析、国别分析、区域分析、产品分析和贸易壁垒形式分析。

1. 月份分析

2015 年矿产、化工产品出口贸易壁垒事件共 264 起，与 2014 年的 336 起相比减少 21.4%。其中 2 月和 3 月较少。其余月份发生数量均在 15 起以上，其中 6 月最多，为 31 起。

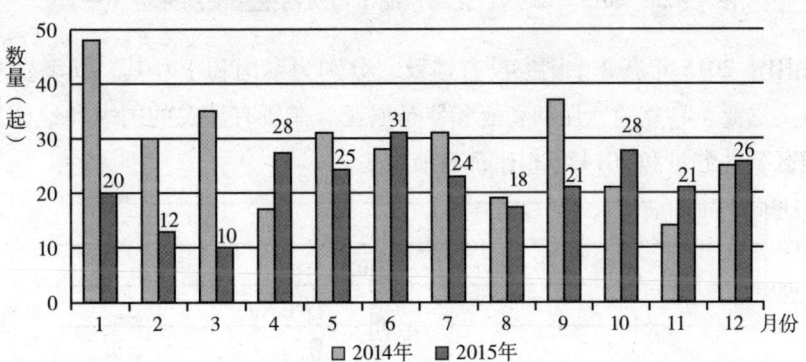

图 4-21　2015 年矿产、化工产品出口贸易壁垒月份分析（一）

与 2014 年相比，2015 年下半年壁垒事件数量小幅增加，上半年大幅减少。

从图 4-22 中我们可以看出，有 4 个月遭受了三种形式的贸易壁垒，其他月份都遭受了至少 2 种形式的贸易壁垒，可见国外对我国矿产、化工产品采用了多种形式结合的贸易壁垒手段。我国政府和相关企业应引起高度重视。

总体看来，2015 年矿产、化工产品出口贸易壁垒事件随月份呈现出先减少后逐步回升的趋势。

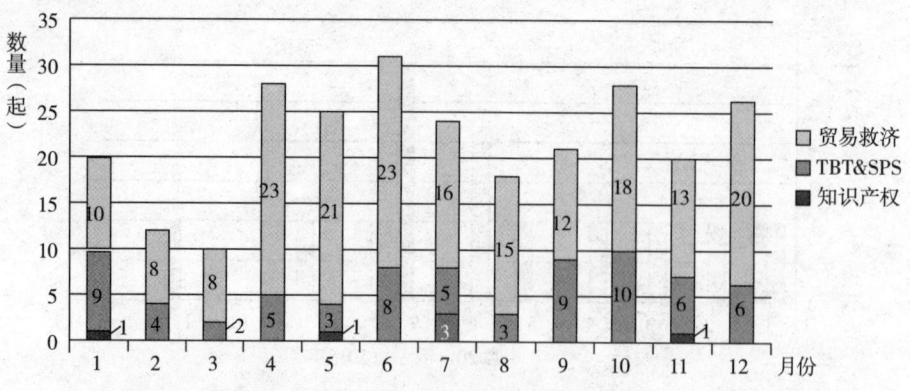

图4-22 2015年矿产、化工产品出口贸易壁垒月份分析（二）

2. 国别分析

2015年矿产、化工产品出口贸易壁垒事件涉及的国家共19个，虽然涉及的国家和地区较多，但集中度比较高。美国、印度和欧盟是发起壁垒事件最多的3个国家和地区，占到总事件的74%。

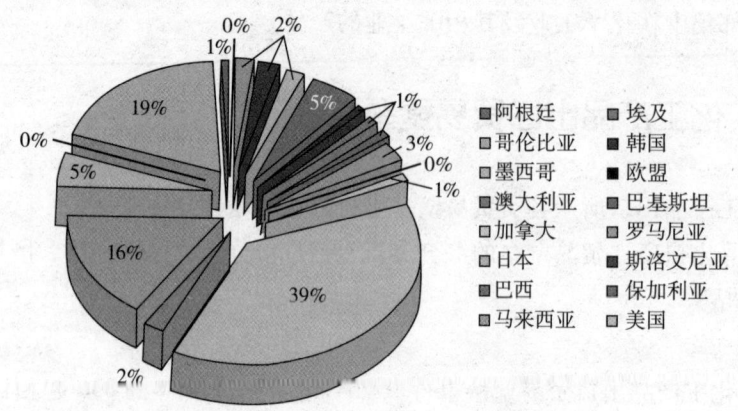

图4-23 2015年矿产、化工产品出口贸易壁垒国别分析（一）

与2014年相比，2015年有2个国家没有涉及，分别为泰国和土耳其，新增贸易壁垒发生国家为4个，为斯洛文尼亚、乌克兰、保加利亚和罗马尼亚。在所有涉及的国家和地区里，各主要贸易壁垒发生国和地区事件数量和2014年相比都有所减少。

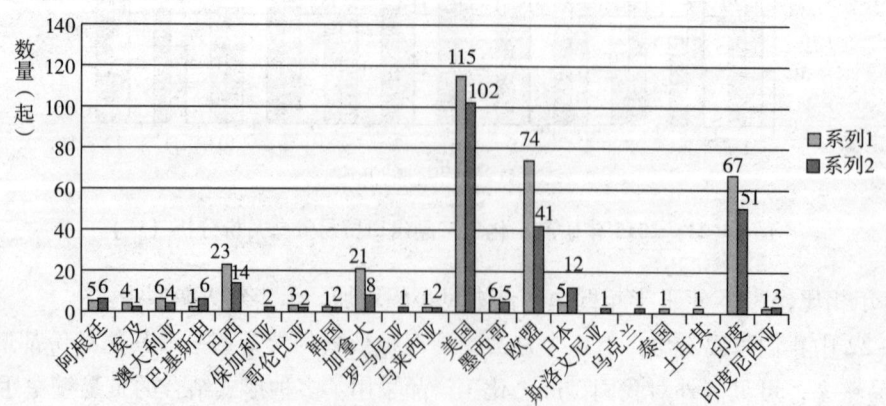

图4-24 2015年矿产、化工产品出口贸易壁垒国别分析（二）

从图4-25中我们可以看出，大部分国家对我国矿产、化工产品出口采取的贸易壁垒多为"两反一保"的贸易救济形式，以美国和印度较为突出。

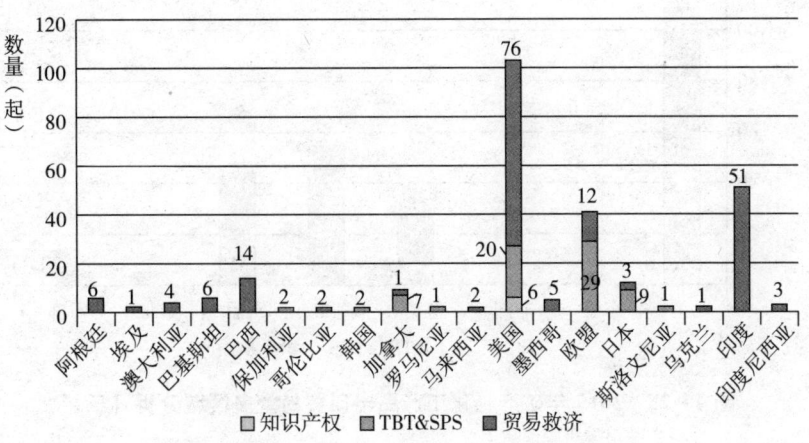

图4-25　2015年矿产、化工产品出口贸易壁垒国别分析（三）

3. 区域分析

2015年矿产、化工产品出口贸易壁垒事件涉及的区域有北美、拉美、欧盟、南亚、非洲、日韩和东盟7个地区。其中北美、东盟和欧盟的占比都超过了10%，分别为110起、56起和45起，3个地区事件占总数的80%。非洲地区最少，只有1起。

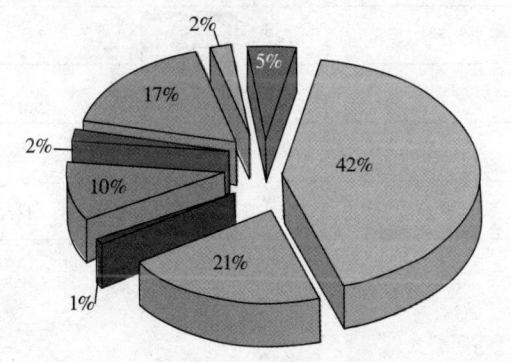

图4-26　2015年矿产、化工产品出口贸易壁垒区域分析（一）

与2014年相比，除东盟和日韩地区数量大幅增加外，其余地区均有所减少。

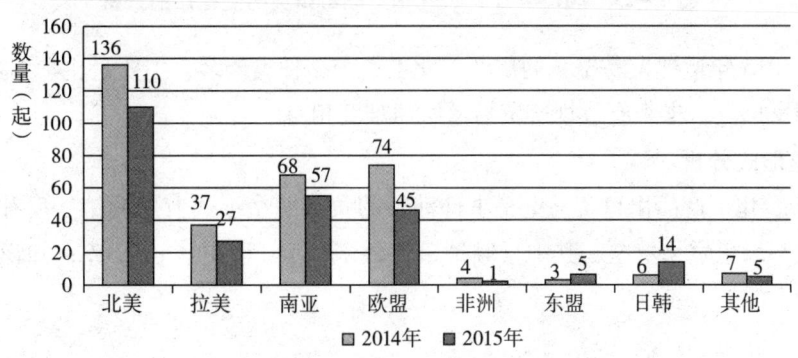

图4-27　2015年矿产、化工产品出口贸易壁垒区域分析（二）

除北美、欧盟和日韩等地区外，其余地区壁垒形式均为贸易救济形式。

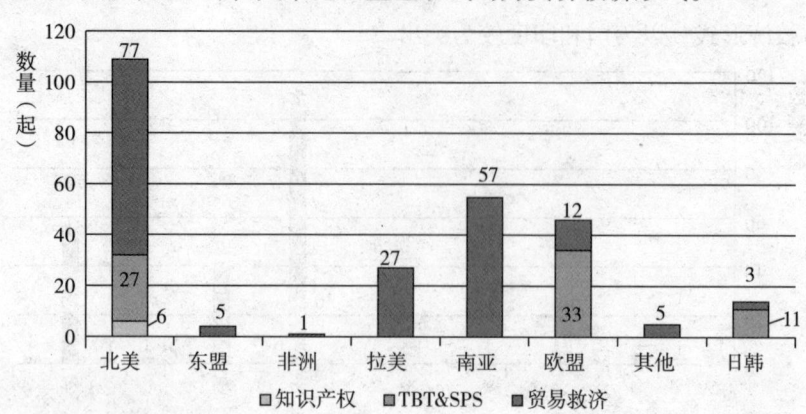

图4-28 2015年矿产、化工产品出口贸易壁垒区域分析（三）

4. 产品分析

2015年矿产、化工产品出口贸易壁垒事件涉及的产品共3类。最多的是化学工业及其相关工业的产品，为200起，主要发起国家和地区有欧盟、印度和美国。在此提醒相关出口企业注意各自产品可能面临的困难，及时调整出口策略，减少经济损失。

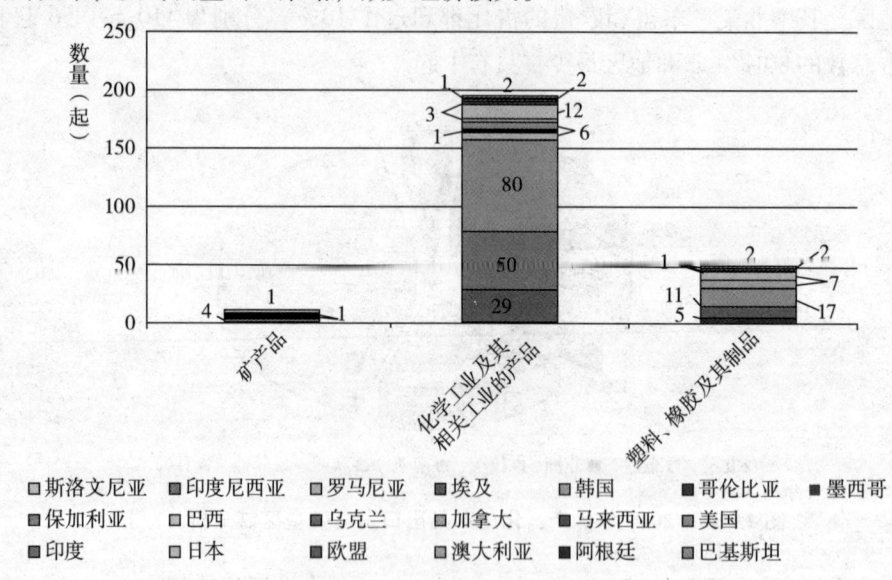

图4-29 2015年矿产、化工产品出口贸易壁垒产品分析

总的来说，2015年遭遇贸易壁垒的矿产、化工类产品种类繁多，主要是化学工业及其相关工业的产品，涉及国家广泛，未来有效规避贸易壁垒的难度相对较大。

5. 贸易壁垒形式分析

2015年矿产、化工产品出口贸易壁垒事件涉及的贸易壁垒形式有反倾销、反补贴、保障措施、技术性贸易壁垒与绿色贸易壁垒。其中反倾销事件最多，为158起，占60%；知识产权事件最少，只有6起，占2%。

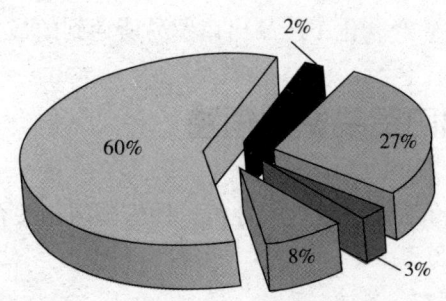

图 4-30　2015 年矿产、化工产品出口贸易壁垒形式分析（一）

与 2014 年相比，反倾销、技术性贸易壁垒与绿色贸易壁垒引起的贸易壁垒仍为最主要的 2 种贸易壁垒形式，但二者在数量上有显著减少。

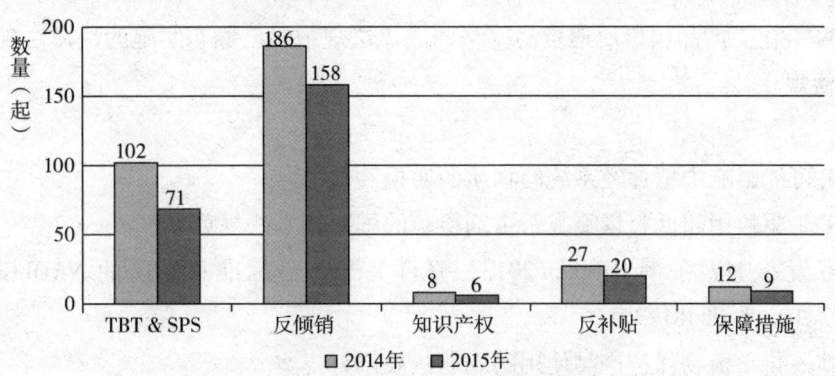

图 4-31　2015 年矿产、化工产品出口贸易壁垒形式分析（二）

从图 4-32 中我们可以看出，反倾销事件涉及的国家或地区较多，主要有印度、美国、欧盟和巴西；技术性贸易壁垒与绿色贸易壁垒事件涉及的国家主要是有美国和欧盟。保障措施事件在 2015 年呈现出分布地区广泛数量较少的特点。而知识产权和反补贴事件的发生地则较为集中。

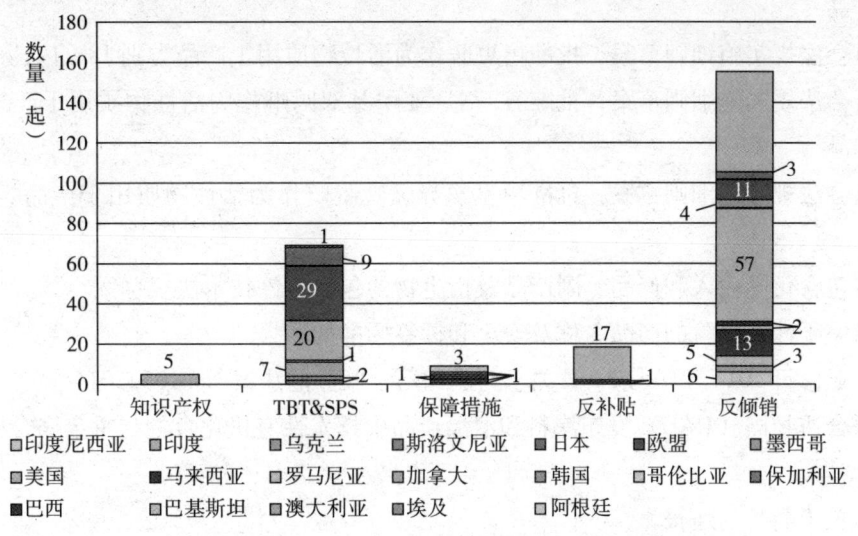

图 4-32　2015 年矿产、化工产品出口贸易壁垒形式分析（三）

总的来说，2015年反倾销还是矿产、化工产品出口贸易所遇到的最主要形式。

五、矿产、化工产品出口贸易壁垒预警

对矿产、化工产品所遇贸易壁垒法律法规进行分析，提醒国内相关企业注意。

（一）法律法规

矿产、化工产品出口所遇贸易壁垒的法规包括2015年颁布实施的、颁布尚未实施的和存在颁布意向的法律法规。其中颁布实施的法律法规共194条、颁布未实施的法律法规共287条、存在颁布意向的法律法规共30条。

1. 颁布实施的法律法规

2015年矿产、化工产品出口所遇贸易壁垒的法律法规中，已颁布实施的法律法规共194条。

(1) 法律法规

1月

日本发布关可能影响中枢神经系统的物质的通报

越南发布关于驱蚊用超低容量喷雾杀虫剂检验的国家技术法规草案

印度尼西亚发布主席条例 RINo. 3/2013，修订关于药品标准和注册的 NADFC 主席条例 RI-No. HK. 03. 1. 23. 10. 11. 08481/2011

瑞典发布涉及化学植物保护产品使用的农药法规修订提案

依照欧洲议会和理事会法规（EU）No528/2012 第3条第3款颁布欧盟委员会实施细则决议草案，关于市场上用于减少有机固体的细菌培养产品（260）

关于市场上用于减少有机固体的细菌培养产品（261）

欧盟委员会法规实施细则草案，批准戊二醛作为活性物质用于产品类别2、3、4、6、11和12的生物灭杀产品

欧盟委员会法规实施细则草案，批准噻虫胺作为活性物质用于产品类别18的生物灭杀产品

欧盟委员会法规实施细则草案，批准N，N′-亚甲基双吗啉作为活性物质用于产品类别6和13的生物灭杀产品

欧盟委员会法规实施细则草案，批准甲基氯异噻唑啉酮作为活性物质用于产品类别13的生物灭杀产品

秘鲁发布包含化学输入和产品、副产品及衍生物的包装标签技术法规草案

韩国发布关于涉及危险的产品名称及安全和标签标准的通报

阿尔巴尼亚修订2014年7月31日关于药品和药学服务的法案 No. 105/2014

阿拉伯联合酋长国（UAE）发布涂料和清漆产品中挥发性有机化合物与重金属合格评定计划

2月

日本发布关于药品的通报

马来西亚发布关于安全头盔的通报

美国发布了关于氟啶虫胺腈（Sulfoxaflor）；杀虫剂限量紧急免除的通报

越南发布雷管国家技术法规

越南发布开采地下甲烷气矿藏使用的安全乳胶炸药国家技术法规

欧盟委员会法规草案，修订欧洲议会和理事会关于化学品注册、评估、授权和限制的法规（EC）No1907/2006（REACH）关于苯的附录 XVII

欧盟委员会指令草案，修订欧洲议会和理事会关于持久性有机污染物的法规（EC）No.850/2004 附录 I

韩国发布关于兽药安全和功效评估法规修订提案的通报

泰国商务部关于进口到泰国的硝酸烷基酯物质需要进口许可的通报 B.E.2557（2014）

南非发布关于安全帽的通报

厄瓜多尔发布关于水上运动头盔的通报

日本发布了指定物质，基于关于药品、医疗器械、再生细胞治疗产品、基因治疗产品和化妆品质量保证、功效和安全的法案规定的通报

日本发布了部分修订生物制品最低要求的通报

日本发布了部分修订生物制品最低要求的通报

3月

埃及发布妇女卫生巾标准的通报

埃及发布水磨石砖法令

埃及发布水磨石砖法令

巴西发布个人卫生用品、化妆品和香水规范化技术要求的通报

阿尔巴尼亚发布关于生物灭杀剂产品的通报

乌干达发布泡沫材料、家具的相关规定（457）

乌干达发布泡沫材料、家具的相关规定（458）

乌干达发布泡沫材料、家具的相关规定（459）

乌干达发布泡沫材料、家具的相关规定（460）

泰国发布关于含铅涂料的草案

沙特阿拉伯发布关于汽车轮胎的通报

墨西哥发布官方标准草案 PROY-NOM-007-SECRE-2015：管道天然气、乙烷、沼气和煤气

美国发布关于苯醚甲环唑的通报

美国发布关于二甲戊乐的通报

美国发布关于氟磺胺草醚的通报

美国发布关于噻虫胺的通报

美国发布关于四聚乙醛的通报

瑞士发布关于杀虫剂关于爆炸物的法令修订草案

欧盟发布关于药物前体及理事会法规的通报（270）

欧盟发布关于药物前体及理事会法规的通报（271）

厄瓜多尔标准协会发布技术法规草案（PRTEINEN）No.281 "纤维水泥波纹板"

欧盟发布关于生物灭杀产品的通报（272）

欧盟发布关于生物灭杀产品的通报（273）
欧盟发布关于生物灭杀产品的通报（274）
欧盟发布关于生物灭杀产品的通报（275）
欧盟发布关于生物灭杀产品的通报（276）
欧盟发布关于生物灭杀产品的通报（277）
韩国发布关于须经注册的分阶段物质命名的通报
马其顿发布建筑产品法草案
哥斯达黎加发布关于含农业杀虫剂硫丹（endosulfan）的原料或制剂的通报
哥斯达黎加发布关于涕灭威的通报
哥斯达黎加发布关于工业级克百威的通报
哥斯达黎加发布关于工业级甲草胺的通报
美国发布关于啶酰菌胺的通报

4月

日本发布指定物质，基于关于药品、医疗器械、再生细胞治疗产品、基因治疗产品和化妆品质量保证、功效和安全的法案规定
美国发布关于杀虫剂的通报
日本发布修订有害物质指定法令
瑞士发布关于生物农药产品使用的活性物质说明的法令草案

5月

加拿大发布总重量4536kg以上的机动车轮胎和轮辋选择的通报
欧盟发布欧盟委员会法规实施细则草案，批准美托咪啶作为活性物质用于产品类别21的生物农药产品的通报
欧盟发布欧盟委员会法规实施细则草案，批准过氧化氢作为活性物质用于产品类别1、2、3、4、5和6的生物农药产品的通报
欧盟发布欧盟委员会法规实施细则草案，批准杀铃脲作为活性物质用于产品类别18的生物农药产品的通报
日本发布基于关于药品、医疗器械、再生细胞治疗产品、基因治疗产品和化妆品质量保证、功效和安全的法案规定的通报
美国发布某些化学物质重要新用途规则的通报
美国关于杀虫剂的通报
美国发布关于嘧啶肟草醚的通报

6月

巴基斯坦发布建筑和卫生用石棉水泥管的通报（73）
巴基斯坦发布建筑和卫生用石棉水泥管的通报（75）
巴基斯坦发布石棉水泥压力管的通报
巴基斯坦发布纤维增强水泥产品的通报
巴基斯坦发布高炉硅酸盐水泥的通报

第四章 矿产、化工产品出口贸易壁垒

越南发布关于建筑材料的通报

美国发布某些化学物质重要新用途规则

欧盟发布欧盟委员会法规草案，修订关于化妆品的欧洲议会和理事会法规（EC）No. 1223/2009 附录Ⅱ（285）

欧盟发布欧盟委员会法规草案，修订关于化妆品的欧洲议会和理事会法规（EC）No. 1223/2009 附录Ⅲ

欧盟发布欧盟委员会法规草案，修订关于化妆品的欧洲议会和理事会法规（EC）No. 1223/2009 附录Ⅱ（287）

欧盟发布欧盟委员会法规草案，修订关于化妆品的欧洲议会和理事会法规（EC）No. 1223/2009 附录Ⅴ

巴西发布关于氯氰菊酯 – C59（C59BETA – CYPERMETHRIN）的通报

巴西发布关于烯酰吗啉 – D39（D39 – Dimethomorph）的通报

巴西发布关于喹禾糠酯 Q05.2（Q05.2QUIZALOFOP – P – TEFURYL）的通报

美国发布关于硝草酮的通报

美国发布关于喹螨醚的通报

加蓬发布法令 No. 17/MMIT 制定合格评定适用条件的通报

欧盟发布修订欧洲议会和理事会关于化学品注册、评估、授权和限制的法规（EC）No. 1907/2006（REACH）附录ⅩⅤⅡ镉

欧盟发布关于批准盐酸硫胺（Thiaminehydrochloride）及硝酸硫胺（Thiaminemononitrate）为所有物种动物的饲料添加剂的通报

7月

多哥发布关于除染色物质和增甜剂以外的食品添加剂的通报

土耳其发布关于食品补充剂的通报

美国发布关于动物饲料和饮用水中允许使用的食品添加剂的通报

日本发布关于新用途添加汞产品的通报

日本发布关于药事法规定的指定物质（3种指定物质）及其"正确用途"提案的通报

欧盟发布关于食品添加剂的通报（138）

欧盟发布关于食品添加剂的通报（139）

巴基斯坦发布关于牙膏的通报

巴基斯坦发布关于香皂的通报

巴基斯坦发布关于洗发液的通报

巴基斯坦发布关于普通用途合成洗涤剂的通报

巴基斯坦发布关于粉末染发剂的通报

巴基斯坦发布关于氧化型染发剂液体的通报

巴基斯坦发布关于尿素肥料（小球和颗粒）的通报

巴基斯坦发布关于磷酸氢二铵的通报

巴基斯坦发布普通过磷酸钙的通报

巴基斯坦发布重过磷酸钙的通报

土耳其发布饲料添加剂的通报

土耳其发布膳食补充剂的通报

尼加拉瓜发布关于兽药的通报

欧盟发布关于啶酰菌胺（Boscalid）、克菌丹（Captan）、噻虫胺（Clothianidin）、噻虫嗪（Thiametoxam）、灭菌丹（Folpet）及甲基立枯磷（Tolclofos-methyl）的通报

法国发布关于加工助剂的通报

越南发布关于食品中的强化微量营养素的通报

欧盟发布关于生物农药产品的通报

肯尼亚发布人类使用的水处理化学制品—应急用化学品—无水二氯异氰尿酸钠的通报

肯尼亚发布消毒剂和杀菌剂的通报

肯尼亚发布塑料立柱—规范—第1部分：围栏立柱的通报

肯尼亚发布关于婴儿奶瓶-规范的通报

美国发布关于涕灭威（Aldicarb）、损毁链格孢（Alternariadestruens）、白粉寄生孢（Ampelomycesquisqualis）、谷硫磷（Azinphos-methyl）、土菌灵（Etridiazole）、氯苯嘧啶醇（Fenarimol）等；拟定限量及限量免除措施的通报

美国发布关于保护平流层臭氧：确定30项重要新替代品政策计划的通报

多米尼加发布关于乘用车轮胎和轮辋的通报

美国发布关于玩具：未完成和未处理木材的重金属元素限制决定的通报

美国发布关于有毒物质控制法（TSCA）第5条规定的生产前及重要新用途通报电子报告的通报

马达加斯加发布关于杀虫剂法草案的通报

马达加斯加发布关于制定杀虫剂及杀虫剂使用设备管理法规的指令草案的通报

马达加斯加发布关于杀虫剂营销的管理指令草案的通报

马达加斯加发布关于杀虫剂使用监管的指令草案的通报

马达加斯加发布关于杀虫剂废料处理及空包装管理指令草案的通报

马达加斯加发布关于杀虫剂运输监管指令草案的通报

马达加斯加发布关于杀虫剂储存和再包装的管理指令草案的通报

马达加斯加发布关于杀虫剂容器和包装的标签标准化部际令草案的通报

多米尼加关于混凝土骨料的通报

8月

韩国发布关于兽医药品生产及项目批准指南拟定修改案的通报

韩国发布关于化学物质的通报

阿尔巴尼亚发布关于"综合化学品管理"法案草案的通报

韩国发布关于兽药和准药品的通报

阿尔巴尼亚发布关于挥发性有机化合物控制的通报

美国发布关于精苯霜灵的通报

埃及发布关于建筑砌块的通报（85）

埃及发布关于建筑砌块的通报（86）
哥斯达黎加发布关于建筑材料的通报
埃及发布关于厨具和餐具液体合成清洁剂的通报
埃及发布关于家用含洗涤剂的肥皂的通报
越南关于建筑材料的通报
日本发布可能影响中枢神经系统的物质的通报（497）
日本发布可能影响中枢神经系统的物质的通报（498）
阿根廷发布关于γ-丁内酯（GBL）和氯乙烷的通报
哥伦比亚发布关于顺势疗法兽药的通报

9月

加拿大发布关于乳化剂、胶凝剂、稳定剂和增稠剂的通报
美国发布关于氟唑环菌胺的通报
美国发布关于杀虫剂的通报（2778）
美国发布关于杀虫剂的通报（2779）
美国发布关于嘧菌环胺的通报
美国发布关于 Oxathiapiprolin 的通报
美国发布关于调环酸钙盐的通报
美国发布关于氯吡嘧磺隆的通报
阿尔巴尼亚发布关于化学品的通报
阿尔巴尼亚发布关于危险物质进出口的通报
阿尔巴尼亚发布关于某些化学品和某些危险商品的通报
阿尔巴尼亚关于高度关注物质的通报
日本发布关于可能影响中枢神经系统的物质的通报
萨尔瓦多发布关于人用药的通报
尼日利亚发布关于昆虫生长调节剂或用于类似目的的化学物质的通报
埃及发布关于钢铁产品的通报（98）
埃及发布关于钢铁产品的通报（100）
美国发布关于联氟砜的通报
印度尼西亚发布关于防腐剂的通报

10月

韩国发布关于家用干燥剂的通报
欧盟发布关于饲料添加剂的通报
韩国发布关于气体打火机安全认证标准修订草案公告
美国发布关于苯并烯氟菌唑的通报
越南发布关于药品的通报

11月

美国发布关于甲氧虫酰肼的通报

美国发布关于杀虫剂的通报

美国发布关于啤酒花β酸中的钾盐的通报

美国发布关于氟苯脲的通报

美国发布关于砜嘧磺隆的通报

美国发布关于氰氟虫腙的通报

墨西哥发布关于原油的通报

巴西发布关于抗寄生虫兽医制品的通报

美国发布关于啶虫脒的通报

美国发布关于杀虫剂的通报

美国发布关于乙霉威的通报

美国发布关于烟嘧磺隆的通报

巴西发布关于保健产品的通报

瑞士发布关于化学物质的通报

越南发布关于抗生素的通报

日本发布关于可能影响中枢神经系统的物质的通报

12月

美国发布关于双甲脒（Amitraz）、唑草酮（Carfentrazoneethyl）、乙烯利（Ethephon）、马拉硫磷（Malathion）、代森锰锌（Mancozeb）等的通报

美国发布关于乙螨唑的通报

日本发布关于可能影响中枢神经系统的物质的通报

（2）分析

2015年矿产、化工产品颁布实施的法律法规分析包括国别分析和产品分析。

①国别分析

2015年矿产、化工产品颁布实施的法律法规共194条，涉及的国家或地区共36个。最多的地区是美国，为41条。欧盟居第2位，为30条。然而为巴基斯坦和日本，都为15条。其他国家均少于10条。

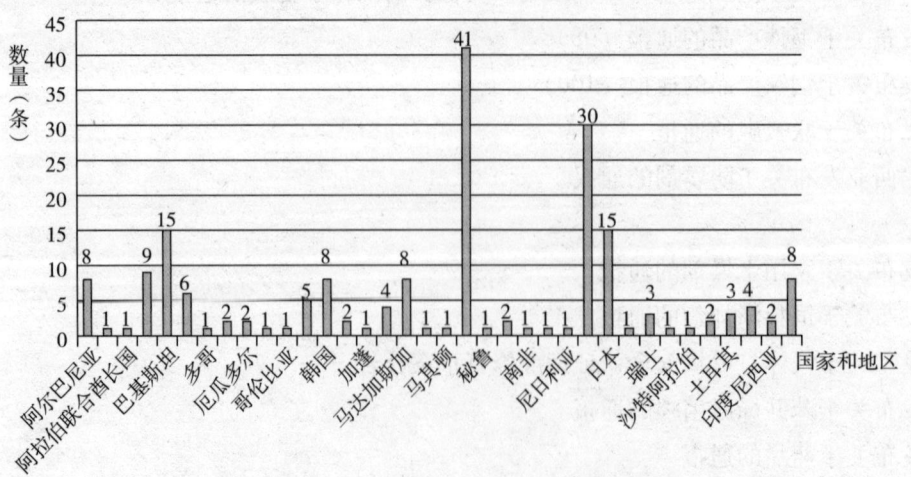

图4-33 2015年矿产、化工产品颁布实施的法律法规国别分析

总的来说，颁布实施的法律法规总数较多，涉及的国家也较多。

②产品分析

2015年矿产、化工产品颁布实施的法律法规涉及的具体产品共3大类，其中最多的是化学工业及其相关工业的产品，为171条；其次是矿产品，为14条。

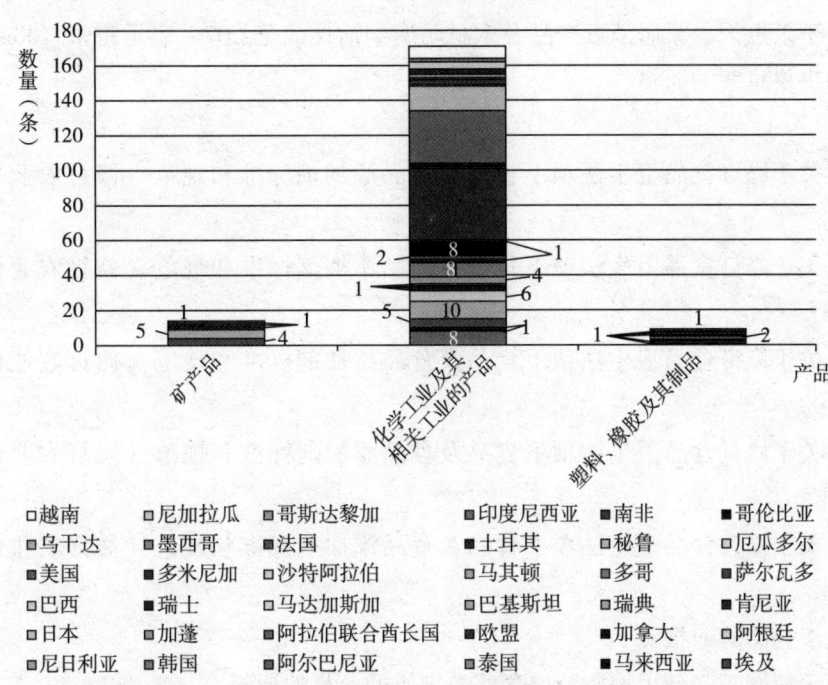

图4-34　2015年矿产、化工产品颁布实施的法律法规产品分析

总的来说，颁布实施的法律法规涉及的产品分布相对集中。

2. 颁布尚未实施的法律法规

2015年矿产化工产品出口所遇贸易壁垒的法律法规中，已颁布未实施的法律法规共287条。

(1) 法律法规

1月

阿拉伯联合酋长国关于化妆品的通报

韩国发布关于化妆品的通报

泰国发布关于危险品防护的通报

印度尼西亚发布关于化妆品的通报（91）

印度尼西亚发布关于化妆品的通报（94）

印度尼西亚发布关于化妆品的通报（96）

美国发布关于邻苯二甲酸盐的通报

美国发布某些化学物质重要新用途规则

科威特关于化妆品的通报

泰国发布关于危险品防护的通报

美国发布甲苯二异氰酸酯（TDI）和相关化合物；重要新用途规则

墨西哥发布关于化妆品生产的通报

韩国发布关于化妆品的通报（548）

韩国发布关于化妆品的通报（549）

巴西发布关于杀虫剂的通报

巴西发布C52－苯扎氯铵的通报

巴西发布关于杀虫剂、家居消毒产品及木材防腐剂活性成分C07－春雷霉素（Kasugamycin）专项表活性成分的决议草案的通报

2月

日本发布了关于修订食品卫生法项下食品及食品添加剂标准和规范（修订农业化合物残留标准）通报（392）

日本发布了关于修订食品卫生法项下食品及食品添加剂标准和规范（修订农业化合物残留标准）通报（393）

日本发布了关于修订食品卫生法项下食品及食品添加剂标准和规范（修订农业化合物残留标准）通报（394）

日本发布了关于修订食品卫生法项下食品及食品添加剂标准和规范（修订农业化合物残留标准）通报（395）

日本发布了关于修订食品卫生法项下食品及食品添加剂标准和规范（修订农业化合物残留标准）通报（396）

韩国发布关于药品的通报

巴西发布关于特别管制药用物质及包含此类物质的药品的通报

美国发布长链全氟羧酸化学物质；重要新用途规则

美国发布关于危险材料的通报

美国发布某些化学物质重要新用途规则

加拿大发布关于合成大麻素的通报

巴西发布关于杀虫剂、家居消毒产品及木材防腐剂活性成分专项表活性成分啶虫脒－A29的通报

巴西发布关于杀虫剂、家居消毒产品及木材防腐剂活性成分专项表活性成分啶虫脒－A29的通报

日本发布了关于修订食品卫生法项下食品及食品添加剂标准和规范（修订农业化合物残留标准）通报（398）

加拿大发布了关于拟定最大残留限量：灭线磷的通报

加拿大发布了拟定最大残留限量：氯虫酰胺（Chlorantraniliprole）（PMRL2015－02）的通报

日本发布了关于修订食品卫生法项下食品及食品添加剂标准和规范（修订农业化合物残留标准）通报（399）

日本发布了关于修订食品卫生法项下食品及食品添加剂标准和规范（修订农业化合物残留标准）通报（400）

日本发布了关于修订食品卫生法项下食品及食品添加剂标准和规范（修订农业化合物残留标准）通报（401）

沙特阿拉伯发布采用聚酯强化的无规聚丙烯（APP）改性沥青板材标准规范（831）
沙特阿拉伯发布采用聚酯强化的无规聚丙烯（APP）改性沥青板材标准规范（832）
沙特阿拉伯发布采用聚酯强化的无规聚丙烯（APP）改性沥青板材标准规范（833）

3月

加拿大发布关于砜嘧磺隆的通报
加拿大发布关于苯醚甲环唑的通报
加拿大发布关于砜嘧磺隆的通报
巴西发布关于药品注册后变更和注销药品注册的技术决议草案 No.18
牙买加发布标准规范—预拌混凝土的通报
巴西发布关于氰虫酰胺—C74 的通报
美国发布关于杀虫剂的通报
美国发布关于杀虫剂的通报
美国发布关于生物源工业过敏产品注册和核准后变更的技术决议草案 No.19 的通报
越南发布关于油气贸易中测量和质量的通知
加拿大发布关于 Bicyclopyrone（PMRL2015-09）的通报
加拿大发布关于苯并烯氟菌唑的通报
加拿大发布关于苯醚甲环唑的通报

4月

特立尼达和多巴哥发布 TTS/CRS54：2015 水泥规范的通报
欧盟发布关于兽药产品的法规提案
巴西发布关于杀虫剂的通报
巴西发布关于杀虫剂的通报
巴西发布关于杀虫剂的通报
巴西发布关于杀虫剂的通报
巴西发布关于杀虫剂的通报
巴西发布关于卫生服务残留物管理规范
美国发布复合无机酸金属盐重要新用途规则撤销提案
美国发布燃料和燃料添加剂法规：纤维豁免信用价格和少许修订再生燃料标准法规
韩国发布"药品煤焦油色素名称及规范和测试方法"修订草案
韩国发布"化妆品安全标准法规"修订提案
韩国发布"化妆品安全标准法规"修订提案
韩国发布"准药品核准、通报和审核法规"修订提案
韩国发布"准药品规范和测试方法法规"修订提案
韩国发布药事法修订提案
巴西发布关于制定非处方（OTC）药标准和程序
新西兰发布对危险物质进口商和生产商的通知
秘鲁发布生物产品注册和再注册所需文件说明和内容法规草案

秘鲁发布类似生物产品注册和再注册所需文件说明和内容法规草案

美国发布作为纳米材料生产或加工的化学物质；TSCA报告和记录保留要求

美国发布修订某些化学物质重要新用途规则

加拿大发布消耗臭氧层物质（ODSs）和卤化烃替代品法规提案

巴西发布南方共同市场关于洗漱用品、化妆品和香水中允许使用的紫外线（UV）过滤器清单的技术法规

加拿大发布禁止某些有毒物质法规修订提案2012

加拿大发布修订食品药品法规意向公告

加拿大发布关于杀虫剂的通报

韩国发布"准药品生产规范"修订提案

韩国发布"生物制品审核和核准法规"修订提案

韩国发布"化妆品法案实施令"修订提案

韩国发布"化妆品法案实施细则"修订提案

5月

泰国发布关于公共卫生部关于依照食品药品管理局职责规定有害物质标签的通报草案的通报

巴西发布烯草酮—C32的通报

巴西发布关于用于控制所有标靶物种种植中出现的迟眼蕈蚊的通报

巴西发布关于禁止在国内生产、进口和/或销售定制婴儿奶嘴的强制要求的通报

美国发布塑料管法规的通报

6月

阿曼发布API类内燃发动机润滑油的通报

日本发布关于修订食品卫生法案项下食品及食品添加剂标准和规范的通报

肯尼亚发布DKS2591放射性废物预处理管理的通报

美国发布可再生燃料标准计划：2014年、2015年和2016年标准及2017年生物柴油量的通报

美国发布某些化学物质重要新用途规则的通报

乌干达发布FDUS1625：2015酸性即时洗手液—规范的通报

乌干达发布FDUS16231：2015染发剂—液体氧化染发剂—第1部分：芳基胺类—规范的通报

乌干达发布FDUS16241：2015洗发液—第1部分：合成洗涤剂—规范的通报

欧盟发布2008关于物质和混合物分类、标签和包装的通报

韩国发布"药事法实施令"修订提案的通报

韩国发布"药品安全法规"修订提案的通报

韩国发布"药品生产商和进口商设施标准实施细则"修订提案的通报

肯尼亚发布DKS2587：2015人类饮用水处理用化学品—应急用化学品—二水二氯异氰脲酸钠的通报

巴西发布异恶唑草酮–I18（I18 ISOXAFLUTOLE）的决议草案的通报

巴西发布乙虫腈（Ethiprole）—E29（E29–ETHIPROLE）的决议草案的通报

巴西发布磷酸铁—F64（F64–Ferricphosphate）的决议草案的通报

巴西发布氯嘧磺隆—C29（C29–CHLORIMURON）的决议草案的通报

第四章 矿产、化工产品出口贸易壁垒

沙特阿拉伯发布化妆品—化妆品产品声明

欧盟发布关于聚乙烯醇—聚乙二醇接枝共聚物的通报

7 月

美国发布关于内分泌干扰物筛选的通报

科威特发布关于化妆品—化妆品产品声明的通报

日本发布关于修订劳动安全卫生法实施令及相关法令的通报

韩国发布关于"化妆品法案"修订提案的通报

巴西发布关于咪鲜胺的通报

加拿大发布关于处方药的通报

日本发布关于饲料产品的通报

巴西发布关于车轮总成和备用轮胎技术规范的通报

俄罗斯发布关于汽车用汽油、柴油的通报

加拿大发布关于氯虫酰胺的通报

加拿大发布关于咯菌腈的通报

加拿大发布关于嘧菌环胺的通报

加拿大发布关于氟磺胺草醚的通报

以色列发布关于柴油发动机使用的柴油的通报

加拿大发布关于苯醚甲环唑的通报

加拿大发布关于嘧菌酯的通报

美国发布关于附加化学数据报告中某些化学物质的部分豁免的通报

科威特发布修订关于化妆品的欧洲议会和理事会法规的通报

日本发布关于饲料添加剂的通报

加拿大发布关于双炔酰菌胺的通报

南非发布修订化学消毒剂强制规范—VC8054 的通报

美国发布关于获悉有关不同商品内/表杀虫剂化学物残留的若干杀虫剂申请的通报

8 月

加拿大发布巴比妥酸的通报

加拿大发布关于 14 种物质的盐类的通报

加拿大发布 2C—苯乙胺及其盐类、衍生物、同分异构体，衍生物与同分异构体及其盐类的通报

智利发布关于燃气打火机的通报

智利发布关于燃气打火机的通报

美国发布关于农业有机物质的通报

牙买加发布牙买加标准—矿物骨料、沙子和填料取样与试验方法—第 1 部分：骨料取样的通报

牙买加发布牙买加标准—矿物骨料、沙子和填料取样与试验方法—第 2 部分：将骨料试样减少到适于实验的规格通报

牙买加发布牙买加标准—矿物骨料、沙子和填料取样与试验方法—第 4 部分：粒度分布测定的通报

欧盟发布人用药的通报

瑞士发布关于化妆品的通报
美国发布三氯乙烯（TCE）的通报
马拉维发布关于杀虫剂的通报
乌干达发布关于油漆及清漆的通报
乌干达发布关于油漆及清漆的通报
乌干达发布关于油漆及清漆的通报
乌干达发布关于油漆及清漆的通报
乌干达发布关于油漆及清漆的通报
乌干达发布关于油漆及清漆的通报
乌干达发布关于油漆及清漆的通报
乌干达发布关于油漆及清漆的通报
乌干达发布关于油漆及清漆的通报
乌干达发布关于油漆及清漆的通报
加拿大发布给相关利益方的公告—将 AH–7921 和 MT–45 列入受管制药品及物质法案（CDSA）及其法规一览表的提案的通报
智利发布关于混凝土和砂浆的通报
哥伦比亚发布关于无水燃料乙醇和改性无水燃料乙醇的通报
越南发布关于危险化学品生产、贸易、使用、装卸和运输过程中的职业安全与健康的国家技术法规草案的通报
日本发布关于食品添加剂的通报
巴西发布关于用于在皮肤上永久性人工染色程序中的可植入产品的通报

9月

法国发布关于可能引起重大健康和环境危险的家用化学品的通报
俄罗斯发布关于兽药产品的通报
俄罗斯发布关于兽用消毒品、杀虫剂及杀鼠剂的通报
俄罗斯发布关于饲料添加剂的通报
欧盟发布关于生物农药产品的通报
欧盟发布关于生物农药产品的通报
欧盟发布关于生物农药产品的通报
欧盟发布关于生物农药产品的通报
欧盟发布关于生物农药产品的通报
欧盟发布关于生物农药产品的通报
欧盟发布关于生物农药产品的通报
印度尼西亚发布关于植物固醇的通报
立陶宛发布关于建筑产品的通报
立陶宛发布关于建筑产品的通报
新西兰发布评议禁止含石棉产品提案的通报

日本发布部分修订放射性药品最低要求的通报

加拿大发布关于调环酸钙的通报

加拿大发布关于乙酸乙酯和甲醇的通报

加拿大发布关于稀禾定的通报

加拿大发布关于精喹禾灵的通报

哥伦比亚发布关于洗涤剂及肥皂的通报

加拿大发布关于阿维菌素的通报

加拿大发布关于咪草酸的通报

加拿大发布关于砜嘧磺隆的通报

欧盟发布关于生物农药产品的通报

欧盟发布关于3—癸烯—2—酮的通报

哥伦比亚发布关于洗涤剂和肥皂的通报

墨西哥发布关于药品的通报

墨西哥发布关于药品的通报

韩国发布关于化妆品的通报

阿根廷发布人用药物制剂的通报

尼日利亚发布关于食品添加剂的通报

巴西发布有关杀虫剂、家用清洁产品及木材防腐剂活性成分专项表杀虫剂活性成分磷化氢—F20（F20PHOSPHINE）的决议草案的通报

巴西发布有关杀虫剂、家居消毒产品及木材防腐剂活性成分专项表杀虫剂活性成分苯噻菌胺—B42（B42BENTHIAVALICARB – ISOPROPYL）的决议草案的通报

巴西发布有关杀虫剂、家庭清洁产品及木材防腐剂活性成分专项表杀虫剂活性成分甲氧虫酰肼定—M32（M32METHOXYFENOZIDE）的决议草案的通报

巴西发布有关杀虫剂、家庭清洁产品及木材防腐剂活性成分专项表杀虫剂活性成分抑霉唑—I19（I19IMAZALIL）的决议草案的通报

巴西发布有关杀虫剂、家庭清洁产品及木材防腐剂活性成分专项表杀虫剂活性成分双苯氟脲—N09（N09 – NOVALURON）的决议草案的通报

巴西发布有关杀虫剂、家庭清洁产品及木材防腐剂活性成分专项表杀虫剂活性成分氯氨吡啶酸—A53（A53 – AMINOPYRALID）的决议草案的通报

巴西发布有关杀虫剂、家用清洁产品及木材防腐剂活性成分专项表杀虫剂活性成分氯氨吡啶酸—D53（D53 – DIMOXYSTROBIN）的决议草案的通报

巴西发布有关杀虫剂、家用清洁产品及木材防腐剂活性成分专项表杀虫剂活性成分绿草定—T28（T28 – TRICLOPYR）的决议草案的通报

10月

欧盟发布关于欧盟市场上市的化学物质的通报

秘鲁发布关于修订药品、医疗设备和卫生产品注册、管理和卫生监督法规某些条款的最高法令的通报

智利发布关于食品内兽药的通报
加拿大发布关于人用处方药药物成分的通报
加拿大发布关于人用处方药药物成分的通报
巴西发布关于醚菊酯 E-19 的通报
巴西发布关于苯并烯氟菌唑的通报
巴西发布关于唑螨酯 F37 的通报
巴西发布关于氟醚唑 T46 的通报
美国发布某些化学物质重要新用途规则的通报
美国发布修订气体排放源测试方法、性能规范和测试法规的通报
巴西发布关于杀虫剂毒性评估和分类、标签、说明书及注册后变更程序的通报
加拿大发布关于人用处方药药物成分的通报
欧盟发布关于三环唑（杀虫剂活性物质）的通报
欧盟发布关于石棉纤维的通报
沙特阿拉伯发布混凝土配筋用变形光面碳素钢棒材标准规范的通报
沙特阿拉伯发布混凝土配筋用变形光面碳素钢棒材标准规范的通报
加拿大发布关于解草嗪的通报
加拿大发布关于二甲戊乐灵的通报
加拿大发布关于唑菌胺酯的通报
加拿大发布关于硅酸铝钾基二氧化钛、硅酸铝钾基二氧化铁及硅酸铝钾基二氧化钛及二氧化铁的通报
加拿大发布关于木聚糖酶的通报
加拿大发布关于联苯菊酯的通报
加拿大发布关于苯菌酮的通报
美国发布关于危险液体管道的通报
美国发布关于铅含量许可限制的通报
加拿大发布关于溴虫腈的通报
加拿大发布关于噻虫胺的通报
欧盟发布关于生物农药产品的通报
哥伦比亚发布关于砷及砷化合物的通报
欧盟发布关于化妆品的通报
肯尼亚发布关于塑料管的通报
美国发布关于食品添加剂的通报
智利发布关于抗生素产品的通报

11月

加拿大发布嘧啶肟草醚的通报
加拿大发布虫酰肼的通报
加拿大发布阿维菌素的通报
澳大利亚发布关于农畜化学物的通报

日本发布关于修订混合污泥复合肥官方规范的通报

韩国发布关于韩国草药典修订提案的通报

加拿大发布甲拌磷的通报

加拿大发布 Oxathiapiprolin 的通报

加拿大发布乙基多杀菌素的通报

加拿大发布多杀菌素的通报

加拿大发布氟唑菌酰胺的通报

加拿大发布双苯氟脲的通报

加拿大发布氰霜唑的通报

加拿大发布丙炔氟草胺的通报

加拿大发布关于绿草定的通报

美国发布关于更新清洁空气法规定的制冷剂管理要求的通报

韩国发布关于"准药品再评估程序法规"提案的通报

韩国发布关于"准药品核准、通报和审议法规"修订提案的通报

巴西发布关于药品的通报

巴西发布有关杀虫剂、家庭清洁产品及木材防腐剂活性成份专项表活性成分氟苯脲 T33 的通报

巴西发布有关杀虫剂、家庭清洁产品及木材防腐剂活性成份专项表活性成分啶酰菌胺－B41 的通报

巴西发布有关杀虫剂、家庭清洁产品及木材防腐剂活性成分专项表活性成分硫磺的通报

巴西发布有关咪草烟—110 的通报

加拿大发布甲咪唑烟酸的通报

加拿大发布叶菌唑的通报

欧盟发布关于生物农药产品的通报

韩国发布关于"化妆品色素与标准法规"修订提案的通报

日本发布关于制定日本药典第 17 版的通报

加拿大发布烯虫酯的通报

日本发布关于化学物质的通报

12 月

欧盟发布关于生物农药产品的通报

加拿大发布关于人用处方药药物成分的通报

埃及发布洗涤剂和清洁产品标签的通报

欧盟发布关于化妆品的通报

欧盟发布关于邻苯二甲酸二（2—乙基己）酯（DEHP）、邻苯二甲酸二丁酯（DBP）、邻苯二甲酸丁苄酯（BBP）、邻苯二甲酸二异丁酯（DIBP）为极高关注物质的通报

欧盟发布关于 1—萘乙酰胺的通报

欧盟发布关于唑草酮等的通报

欧盟发布关于敌草快等的通报

加拿大发布关于氢氧碳化物的通报

美国发布关于杀虫剂化学物残留的通报
美国发布关于杀虫剂化学物残留的通报
美国发布关于杀虫剂化学物残留的通报
秘鲁发布关于修订药品、医疗设备和卫生产品注册、管理和卫生监督法规某些条款的最高法令的通报
加拿大发布关于精喹禾灵的通报
加拿大发布关于精异丙甲草胺的通报
加拿大发布关于调环酸钙的通报
日本发布关于修订关于27种物质的劳动安全卫生法实施令及相关法令的通报
赞比亚发布关于屋面和覆盖用石棉水泥波纹板的通报
赞比亚发布关于凡士林—规范的通报
巴西发布有关杀虫剂、家庭清洁产品及木材防腐剂活性成分专项表活性成分螺甲螨酯 E26 的通报
巴西发布有关杀虫剂、家庭清洁产品及木材防腐剂活性成分专项表活性成分丁苯吗啉 F24 的通报
巴西发布有关杀虫剂、家庭清洁产品及木材防腐剂活性成分专项表活性成分丁苯吗啉 T41 的通报
巴西发布有关杀虫剂、家庭清洁产品及木材防腐剂活性成分专项表活性成分丁苯吗啉 T41 的通报
巴西发布有关杀虫剂、家庭清洁产品及木材防腐剂活性成分专项表活性成分苯酰菌胺 Z04 的通报
巴西发布有关杀虫剂、家庭清洁产品及木材防腐剂活性成分专项表活性成分三嗪茚草胺 I27 的通报

(2) 分析

2015年矿产、化工产品颁布而未实施的法律法规分析包括国别分析和产品分析。

①国别分析

2015年矿产、化工产品颁布未实施的法律法规共287条，涉及的国家或地区共35个。其中，最多的国家是加拿大，为64条。其余除了巴西、美国和欧盟等我国进出口主要对象国，其他国家和地区的颁布未实施的法律法规较少。

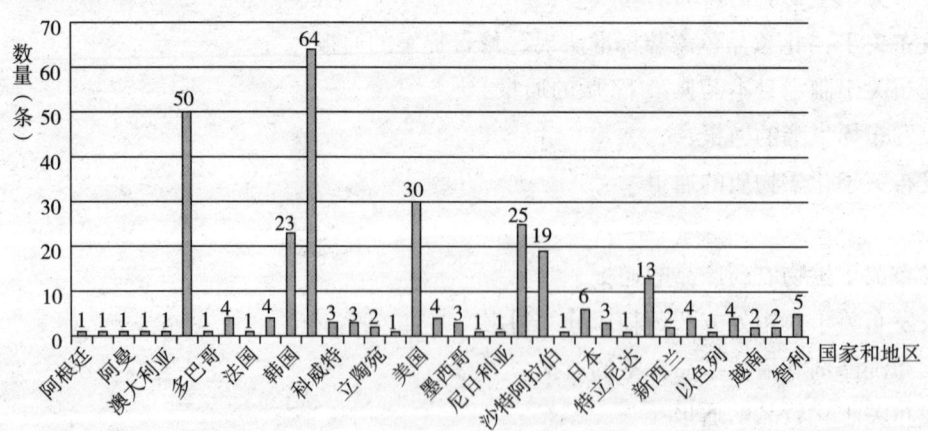

图4-35　2015年矿产、化工产品颁布未实施的法律法规国别分析

总的来说，颁布未实施的法律法规虽以加拿大、巴西、美国和欧盟为主，但由于涉及国家或地区众多，"长尾效应"也不可忽视。

②产品分析

2015年矿产、化工产品颁布未实施的法律法规涉及的产品共3大类，几乎覆盖了化工、矿产品的所

有类别。其中，绝大多数涉及的产品是化学工业及其相关工业的产品，为269条，涉及32个国家和地区。

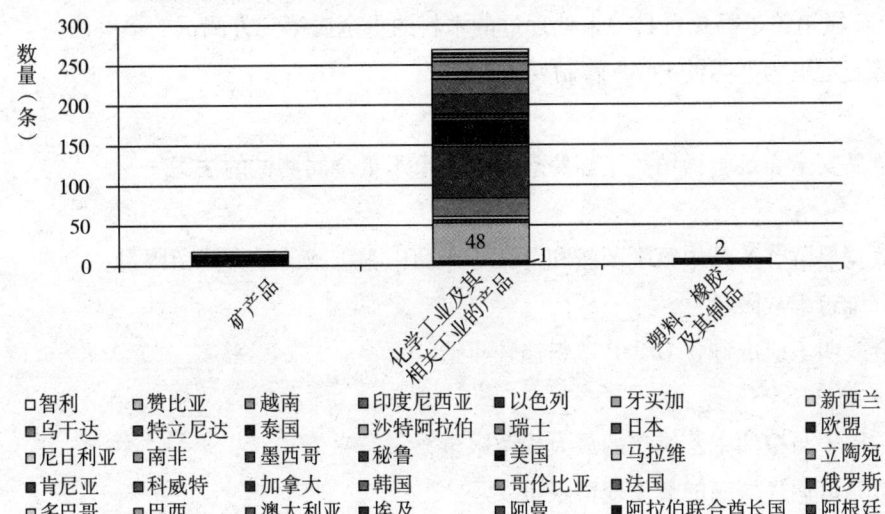

图4-36 2015年矿产、化工产品颁布未实施的法律法规产品分析

总的来说，颁布未实施的法律法规所涉及的产品种类相对较为集中。

3. 存在颁布意向的法律法规

2015年矿产、化工产品存在颁布意向的法律法规共30条。

(1) 法律法规

1月

韩国将对《进口化妆品质量测定豁免法规》进行修订

3月

欧盟发布最新玩具安全协调标准清单

4月

美国发布关于修订轮胎标识和记录储存的技术法规草案

欧盟委员会对REACH法规附件ⅩⅦ条款63进行修订

5月

加拿大拟修改化妆品中重金属的限制法规

6月

输欧产品需通报38种高度关注物质

7月

欧盟修订氟铃脲在鳍鱼中的最大残留限量

8月

美国正式将特立帕肽列入《加州65号法案》的"致癌物质清单"

9月

欧盟对REACH法规附件ⅩⅦ的苯条款进行修订

欧盟将限制玩具中防腐剂及溶剂的使用

美国将两种物质增列为致癌物质

美国缅因州指定甲醛和某些邻苯二甲酸酯为居先化学品

美国CPSC撤销关于豁免玩具中未处理过的木料的重金属第三方测试的最终法案

瑞典或将制定更为严格的PFAS管制要求

10月

美国消费品安全委员会撤销关于豁免玩具中树干木重金属测试的法案

11月

欧盟拟放宽黑莓等产品中氟吡菌胺和芹菜等产品中霜霉威的最大残留限量

欧盟修订维吉霉素限量

欧洲议会表明不应准许含DEHP塑料循环再造

12月

美国制定橙子与橙油中乙螨唑的最大残留限量

加拿大拟修订调环酸钙的最大残留限量

欧盟修订部分水生动物中大肠杆菌限量要求

欧盟拟批准在化妆品中使用二氧化钛（纳米）

美国修订嘧菌酯的残留限量要求

美国通过法案禁止化妆品添加塑料微珠

欧盟拟修订三乙磷酸铝在黑莓、芹菜中的最大残留限量

欧盟拟修订葵花籽中丙硫菌唑的最大残留限量

日本修订食品中农兽药残留检测方法

澳大利亚新修订部分商品的最大残留限量标准

美国修订丙环唑的最大残留限量

美国修订艾克故的最大残留限量

（2）分析

2015年矿产、化工产品存在着颁布意向的法律法规分析包括国别分析和产品分析。

①国别分析

2015年矿产、化工产品存在颁布意向的法律法规共30条，涉及的国家共7个。其中，欧盟最多，为13条，占全部的43%。其次为美国，11条，占37%。在此提醒各相关出口企业注意。其他国家相对较少。

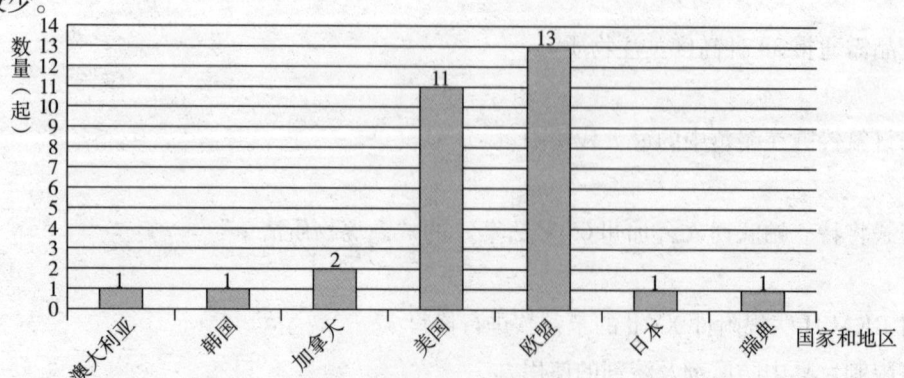

图4-37 2015年矿产、化工产品存在颁布意向的法律法规国别分析

总的来说，存在颁布意向法律法规的国家比较集中。

②产品分析

2015年矿产、化工产品存在颁布意向的法律法规涉及的产品共2类，集中于化学工业及其相关工业的产品，为28条。

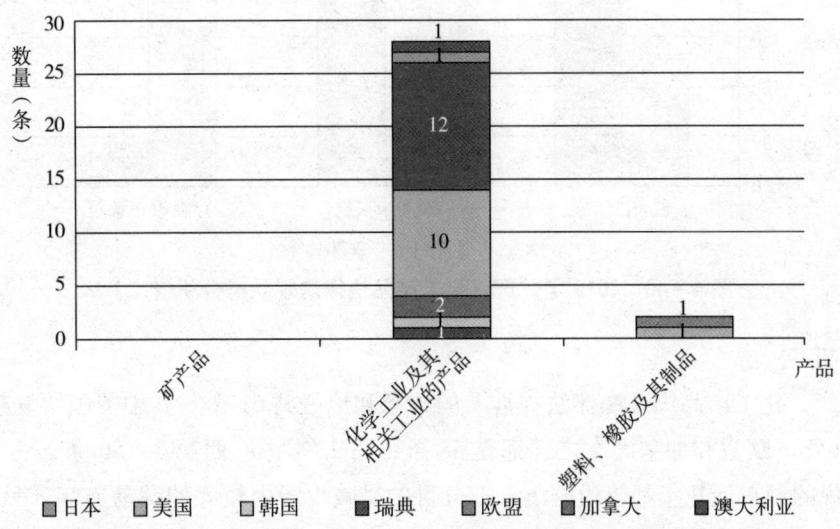

图 4 – 38　2015 年矿产、化工产品存在颁布意向的法律法规产品分析

总的来说，存在颁布意向的法律法规涉及的产品相对较为集中。

（二）法律法规综合分析

对矿产、化工产品出口所遇贸易壁垒法律法规进行综合分析，提出预警。该分析包括状态分析、国别分析、区域分析、产品分析和壁垒形式分析。

1. 状态分析

2015年矿产、化工产品国外法律法规共511条。其中，颁布已实施的194条，占38%；颁布未实施的287条，占56%；存在颁布意向的30条，占6%。

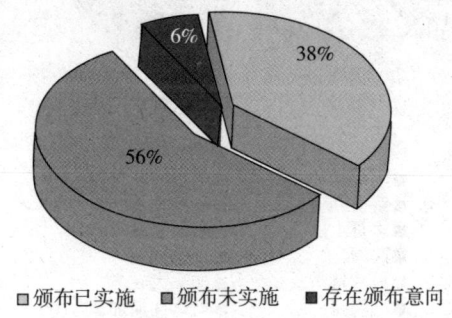

图 4 – 39　2015 年矿产、化工产品法律法规状态分析（一）

与2014年的442条相比，2015年总体增加了16%。其中，颁布未实施的法律法规大幅度增加，存在颁布意向的法律法规则大幅度减少。

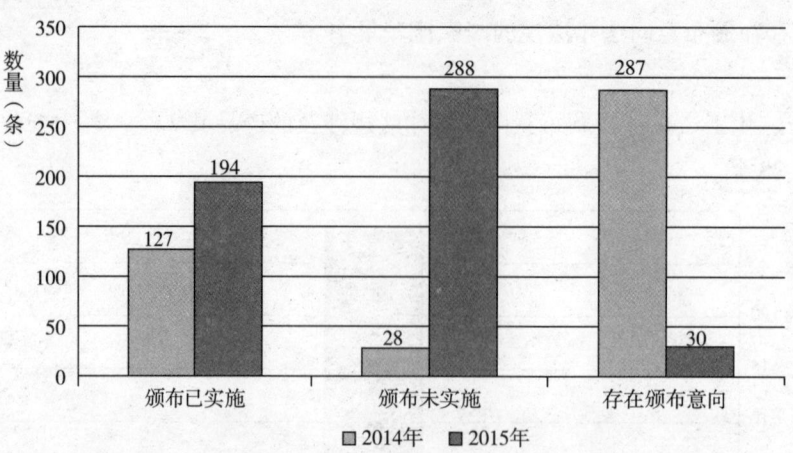

图4-40 2015年矿产、化工产品法律法规状态分析（二）

2. 国别分析

2015年矿产、化工产品国外法律法规涉及的国家和地区共61个。其中美国所发起的数量最多，为82条，占16%。欧盟和加拿大次之，都是68条，占13%；巴西第3，56条，占11%。巴西和加拿大法律法规的颁布近几年都较为密集，部分目的是减少国内较大的贸易赤字。另外还有多个国家针对我国发布的法律法规均不超过5条。

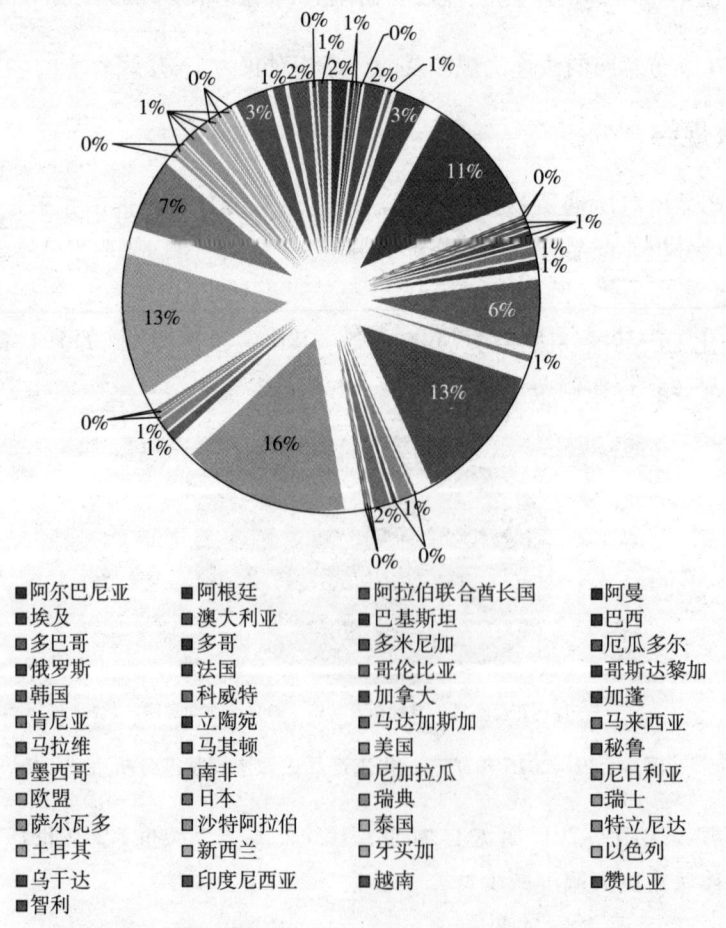

图4-41 2015年矿产、化工产品法律法规国别分析（一）

与2014年涉及的42个国家相比，2015年增加了19个。其中，加拿大发布法规数量大幅减少。

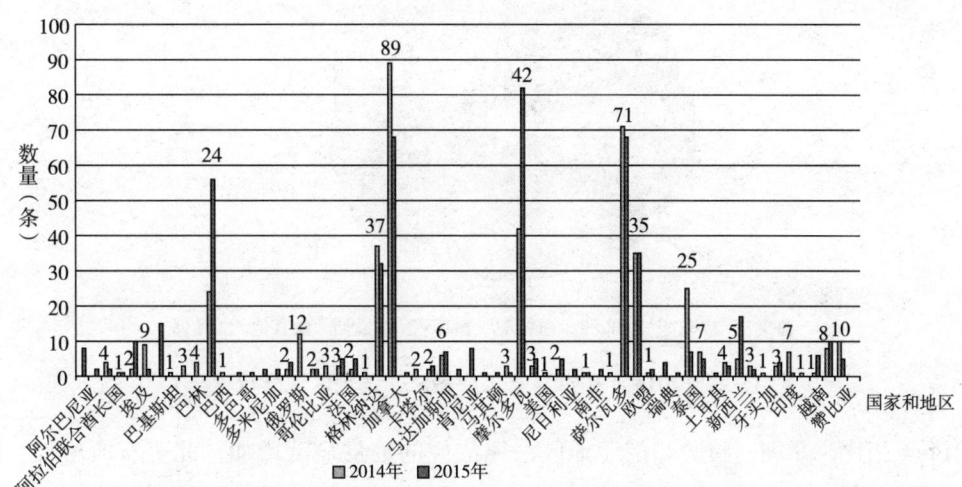

图4-42　2015年矿产、化工产品法律法规国别分析（二）

从图4-43中可以看出，美国、加拿大、欧盟和日本均有颁布未实施、颁布已实施和存在颁布意向的3种状态。其他国家多以颁布未实施的为主。

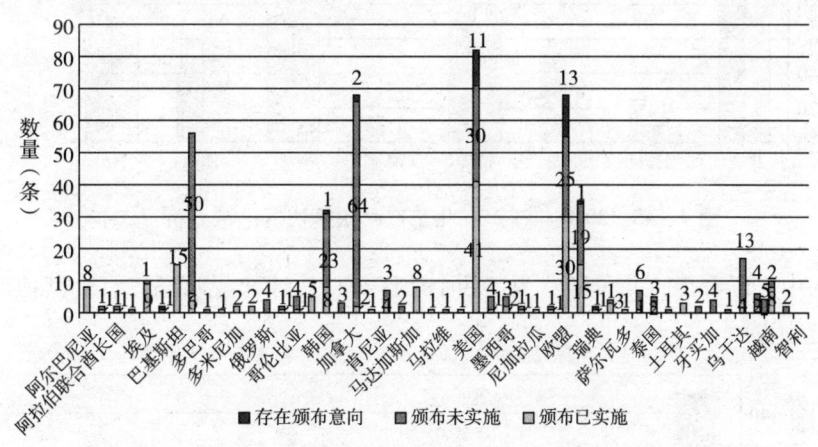

图4-43　2015年矿产、化工产品法律法规国别分析（三）

总的来说，2015年颁布的法律法规比2014年有所增加，并且涉及国家地区更为分散。从国家的角度看，其中巴西、美国、欧盟和加拿大占据绝大多数。

3. 区域分析

2015年矿产、化工产品法律法规最多的地区是北美，为150条，占29%；其次是拉美，为95条，占19%。

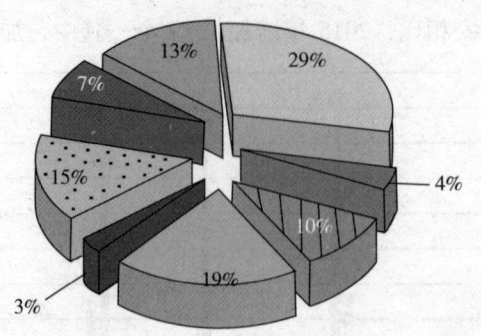

图 4-44　2015 年矿产、化工产品法律法规区域分析（一）

与 2014 年相比，非洲、拉美和南亚地区法律法规的数量显著增加，北美有所增加，欧盟、日韩和其他地区有所减少。

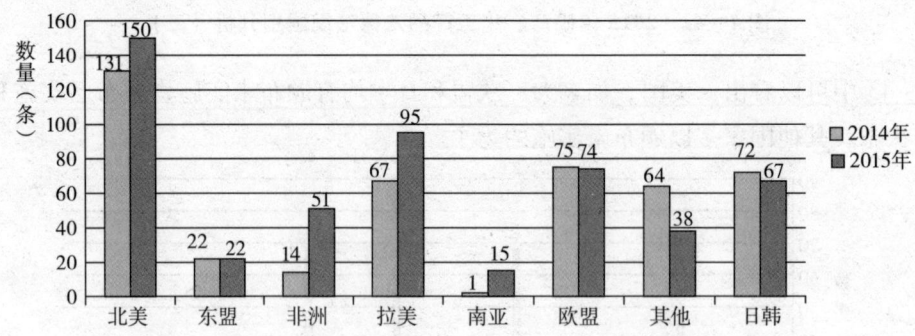

图 4-45　2015 年矿产、化工产品法律法规区域分析（二）

从图 4-46 中可以看出，北美和欧盟这两个地区 3 种法律法规状态均有，其他地区则以颁布未实施的法律法规为主。

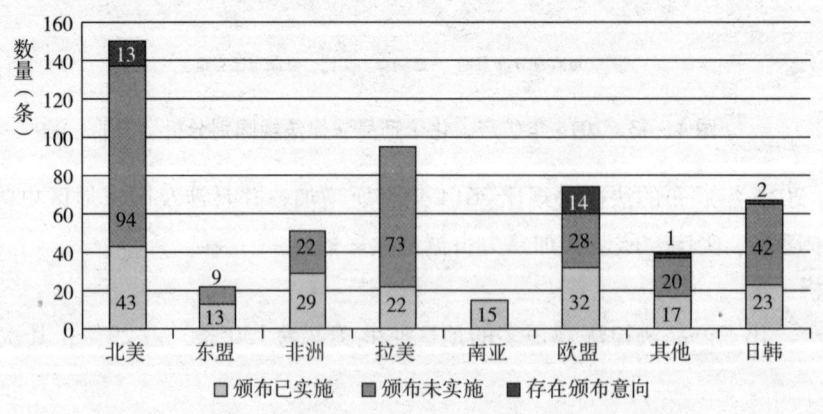

图 4-46　2015 年矿产、化工产品法律法规区域分析（三）

总的来说，2015 年的矿产、化工产品法律法规主要分布在北美、拉美、欧盟和日韩等地区，并且主要是颁布未实施的类型。此外，非洲和东盟国家为加速改善投资环境，正处于国际贸易法律法规系统的建设完善过程中，各类法律法规的颁布都增加迅猛。良好的法律环境对于创造积极稳定的

第四章 矿产、化工产品出口贸易壁垒

投资环境极其重要,我国企业与非洲和东盟国家的双边贸易发展迅速,企业和政府管理部门要给予足够的重视。

4. 产品分析

2015年矿产、化工产品法律法规涉及3个产品大类。其中,最多的产品是化学工业及其相关工业的产品,为468起;其次是矿产品,为29起;最后是塑料及其制品为15起。

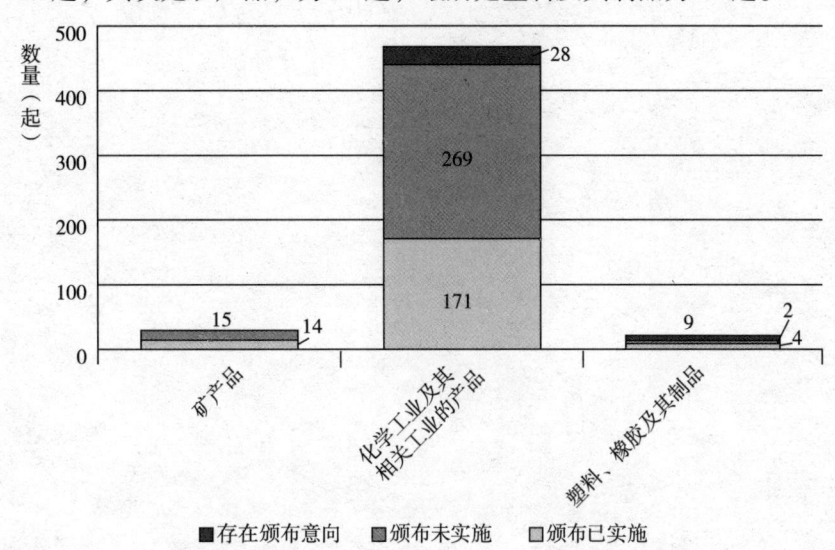

图5-47 2015年矿产、化工产品法律法规产品分析

5. 贸易壁垒形式分析

2015年国外矿产、化工产品法律法规主要是各种技术标准、安全标准、合格评定程序、计量方法和某些特殊要求,涉及的贸易壁垒形式主要是反倾销,与2014年相比,并无实质上的变化。

第五章　皮革、木材及其制品出口贸易壁垒

本章分析国外对中国皮革、木材及其制品等方面的贸易壁垒。

按照海关商品分类目录，这些产品包括分类中的三大类产品。

第一类：生皮（皮毛除外）及皮革、皮革制品，鞍具及挽具，旅行用品、手提包及类似容器，动物肠线（蚕胶丝除外）制品，毛皮、人造毛皮及其制品。

第二类：木及木制品，木炭，软木及软木制品，稻草、秸秆、针茅或其他编结材料制品，篮筐及柳条编结品。

第三类：木浆及其他纤维状纤维素浆，回收（废碎）纸或纸板，纸及纸板，纸浆、纸或纸板制品，书籍、报纸、印刷图画及其他印刷品，手稿、打字稿及设计图纸。

注：根据海关商品分类目录（HS），其中木制家具归属家具类，木制玩具归属玩具类；类似商品均不属于本章内容。

一、皮革、木材及其制品出口贸易救济措施

2015年我国皮革、木材及其制品出口所遇的贸易救济措施共计28起，以反倾销为主，共20起；反补贴4起；保障措施4起。

（一）反倾销

2015年我国皮革、木材及其制品出口所遇的反倾销贸易救济措施共计20起，较2012年的12起增加8起。

1. 事件

2月

美国对华木制卧室家具作出反倾销新出口商复审初裁

美国商务部对中国等国进口的无涂层纸进行"双反"调查

印度延期对华中密度纤维板反倾销日落复审终裁

3月

巴西对华铝制预涂感光平板作出反倾销终裁

5月

美国对华木制卧室家具修改反倾销终裁结果

6月

美国对华木制卧室家具作出反倾销行政复审终裁

7月

USCIT 就对华复合木地板反倾销案作出判决

美国对华复合木地板作出反倾销情势变迁复审终裁

美国对华复合木地板作出反倾销行政复审终裁

美国对华复合木地板修改反倾销终裁结果

8月

美国对华皱纹纸作出反倾销日落复审终裁

印度对华中密度纤维板作出反倾销日落复审终裁

美国发布对中国进口的无涂层纸反倾销初裁公告

9月

美国对华皱纹纸发布反倾销继续征税令

10月

美国对华薄棉纸作出反倾销日落复审终裁

美国对华复合木地板进行反倾销新出口商复审立案调查

美国部分取消对华木制卧室家具反倾销行政复审

11月

美国对华复合木地板作出反倾销情势变迁复审终裁

12月

美国对华木制卧室家具作出反倾销行政复审初裁

美国对华低克重热敏纸作出"双反"日落复审产业损害终裁

2. 分析

皮革、木材及其制品出口所遇反倾销事件分析包括月份分析、国别分析和产品分析。

（1）月份分析

2015年皮革、木材及其制品出口贸易反倾销事件共20起，与2014年的12起相比有所增加。

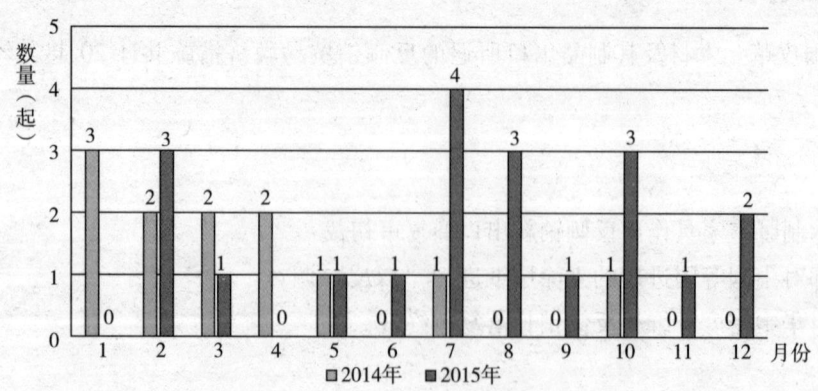

图 5-1　2015年皮革、木材及其制品出口贸易反倾销月份分析

全年反倾销事件共20起，较为分散。其中7月为峰值达到4起；2月、8月、10月分别有3起；12月有2起；3月、5月、6月、9月、11月各有1起。

(2) 国别分析

2015年皮革、木材及其制品出口贸易反倾销事件涉及的国家共73个,比上年少4个。美国是发起对我国反倾销事件最多的国家,共17起,占事件总数的85%。印度位居第2,有2起,占比10%。巴西只有1起。总体上看,这些国家都是与我国发生贸易额较大的国家。

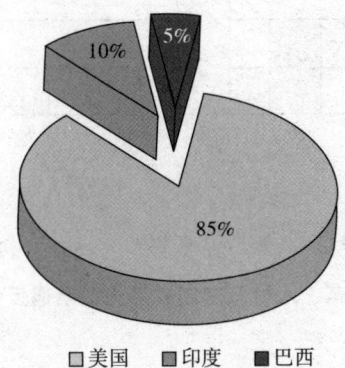

图5-2 2015年皮革、木材及其制品出口贸易反倾销国别分析(一)

与2014年相比,少了哥伦比亚、澳大利亚、墨西哥和南非对我国进行反倾销,多了巴西对我国进行反倾销。其中反倾销事件发起最多的美国比上年多了13起,有较大幅度增加。

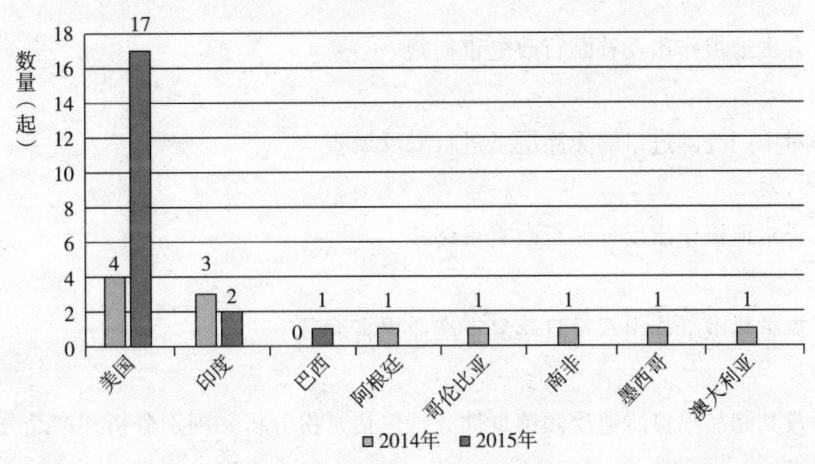

图5-3 2015年皮革、木材及其制品出口贸易反倾销国别分析(二)

总的来看,美国为发起反倾销的最主要国家。这需要我国政府和企业继续进行监控和关注。另外,对印度仍需保持一定的关注,注意它在未来几年中的变化。巴西等发展中国家也开始对我国采取反倾销调查,在全球贸易保护主义抬头的背景下,我国出口企业更应该加倍注意。

(3) 产品分析

2015年皮革、木材及其制品出口贸易反倾销事件共涉及产品8种。地板、纤维板和家具等所占比重较大,发起国家有美国、印度、巴西。无涂层纸、皱纹纸等往年容易发生的事件依然存在。其余产品均涉及1个国家,并只有1起。

美国较高的人力成本会造成较高的生产成本。这些产品出口遭遇反倾销调查的主要原因是这些产品在我国生产成本较低,会对主要出口国家的相应产业造成强烈的冲击,因此出于贸易保护的目的而对华采取反倾销措施。

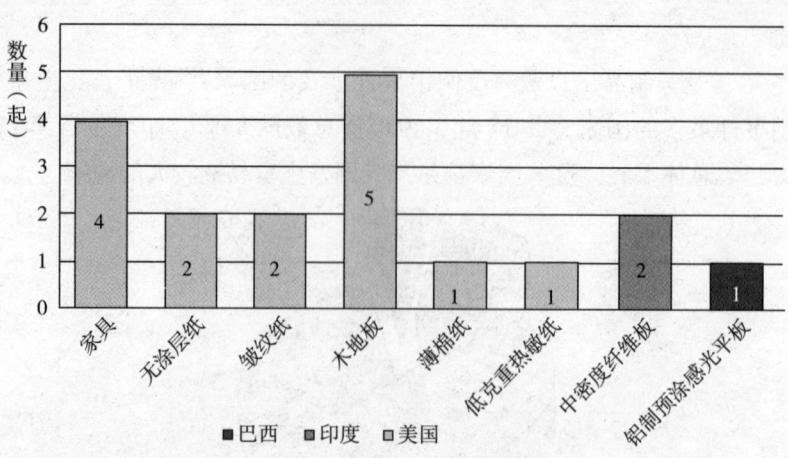

图5-4 2015年皮革、木材及其制成品出口所遇反倾销事件产品分析

(二) 反补贴

2015年皮革、木材及其制品出口所遇反补贴调查有4起，相比2014年的2起有所增加。

1. 事件

1月

美国对华复合木地板作出反补贴行政复审初裁

2月

美国商务部对中国等国进口的无涂层纸进行双反调查

7月

美国对华复合木地板作出反补贴行政复审终裁

12月

美国对华低克重热敏纸作出双反日落复审产业损害终裁

2. 分析

皮革、木材及其制品出口所遇反倾销事件分析包括月份分析、国别分析和产品分析。

（1）月份分析

2015年皮革、木材及其制品出口贸易反补贴事件共4起，与2014年的2起相比有所增加。其中1月、2月、7月和12月各有1起，其他月份没有反补贴事件发生。

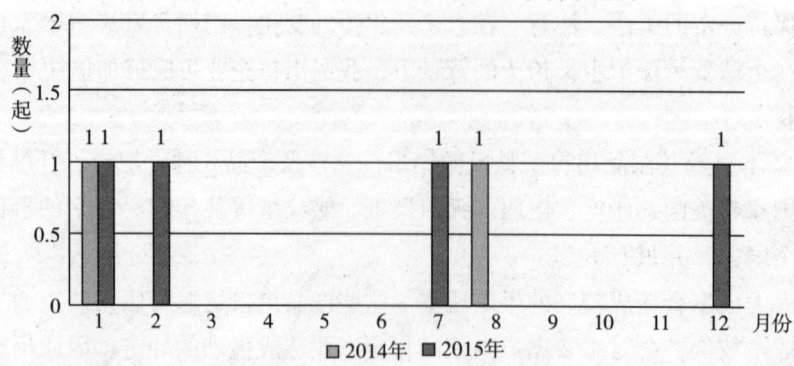

图5-5 2015年皮革、木材及其制品出口贸易反补贴月份分析

（2）国别分析

2015年皮革、木材及其制品出口贸易反补贴事件发起国均为美国。与2014年相比十分一致，可见美国一直是反补贴事件的主要国家。

（3）产品分析

2015年皮革、木材及其制品出口贸易遇反补贴事件共涉及产品3种。产品分别是复合木地板、无涂层纸和低克重热敏纸。发起国家是美国。

（三）保障措施与特保措施

2015年皮革、木材及其制品出口遇到4起保障措施与特保措施调查，相比来说，上年有5起。总的看来近年来这类贸易救济措施发生次数比较少。

1. 事件

4月

约旦对进口A4书写和印刷纸作出保障措施产业损害裁决

厄瓜多尔对进口木、竹地板及相关配件作出保障措施产业损害裁决

5月

菲律宾对进口新闻纸作出保障措施产业损害裁决

6月

摩洛哥对进口成卷纸进行保障措施调查

2. 分析

（1）月份分析

2015年皮革、木材及其制品出口所遇保障措施与特保措施调查共发生4起，其中4月发生2起，其他2起分别发生在5月和6月。

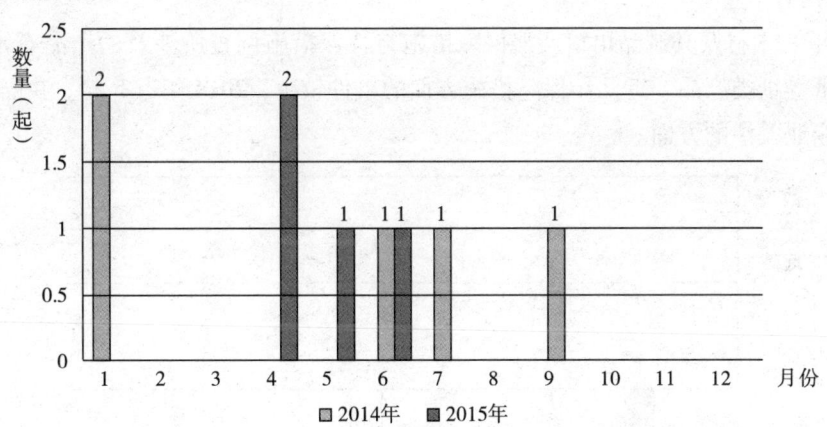

图5-6 2015年皮革、木材及其制品出口贸易保障措施月份分析

（2）国别分析

2015年皮革、木材及其制品出口所遇保障措施与特保措施调查发生在厄瓜多尔、菲律宾、摩洛哥和约旦4个国家。

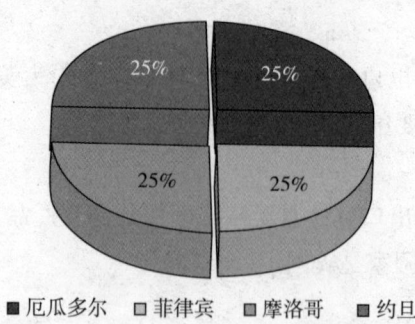

图 5-7 2015 年皮革、木材及其制品出口贸易保障措施国别分析（一）

与 2014 年相比，2015 年发生保障措施事件的数量更少，国家更加分散。

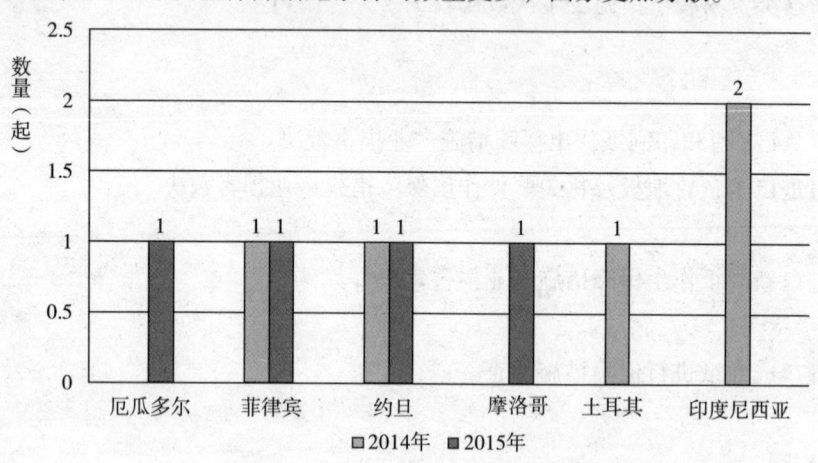

图 5-8 2015 年皮革、木材及其制品出口贸易保障措施国别分析（二）

（3）产品分析

2015 年皮革、木材及其制品出口所遇保障措施与特保措施调查所涉及的产品有木地板及卷纸、印刷纸、新闻纸等纸类产品。近几年保障措施方面的事件较少，2014 年有 5 起。我国对此经验并不充分，是值得企业关注的方面。

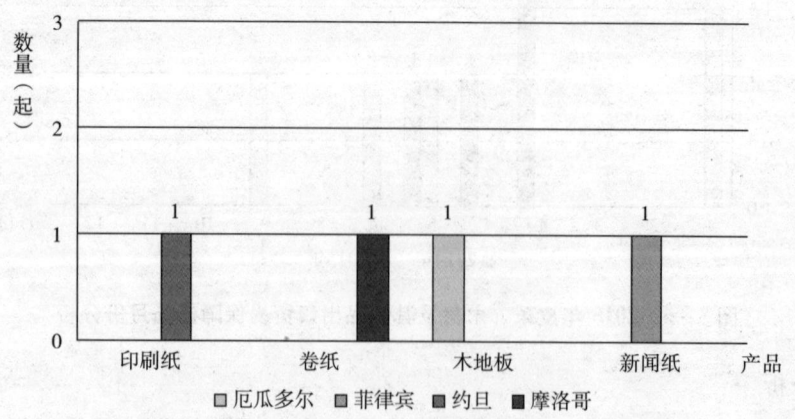

图 5-9 2015 年皮革、木材及其制品保障措施产品分析

（四）皮革、木材及其制品出口贸易救济措施分析

1. 月份分析

2015年皮革、木材及其制品出口贸易救济措施事件共28起，比2014年的19起有所增加。7月最多，发生5起；2月次之，发生4起；8月和10月、12月发生3起；4月、5月、6月各发生2起，剩余月份发生1起。

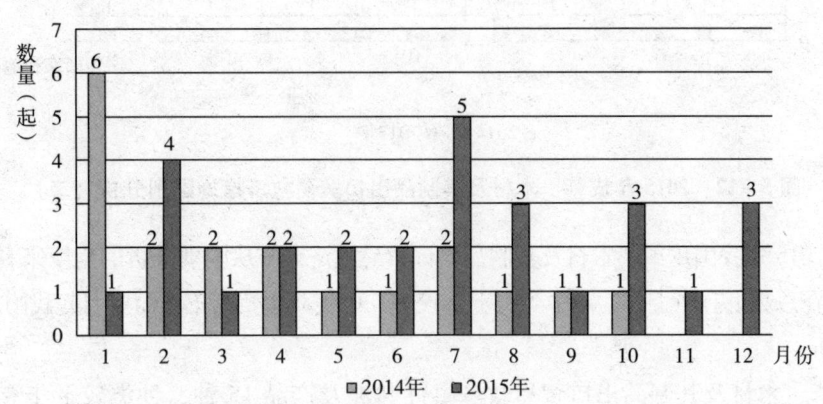

图 5 - 10　2015 年皮革、木材及其制品出口贸易救济措施月份分析

总体上，皮革、木材及其制品出口所遭遇到的贸易救济事件与上年相比在量上有所增加，事件发生的时间也有所变化，由上年的1月为事件高发转变为7月附近为时间的高发时期。

2. 国别分析

2015年皮革、木材及其制品贸易救济事件涉及的国家共有7个，比上年有所减少。美国占其中的75%，为21起，居第1位。

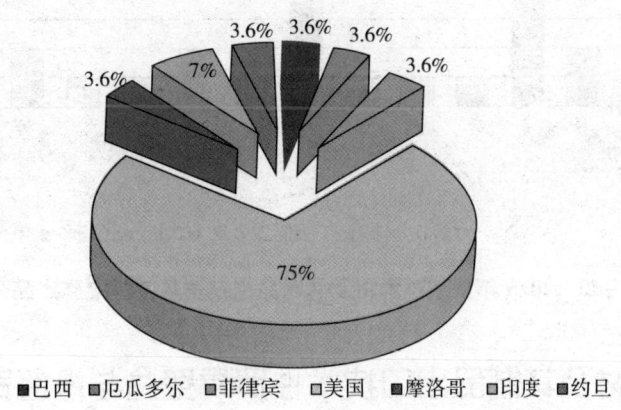

图 5 - 11　2015 年皮革、木材及其制品出口贸易救济措施国别分析（一）

与2014年相比，新增厄瓜多尔、摩洛哥对我国的贸易救济事件。上年发生过的澳大利亚、阿根廷、土耳其、哥伦比亚、南非、印度尼西亚今年没有发起对我国的贸易救济事件。其中发起最多的美国比上年增加了13件，大幅度增加。

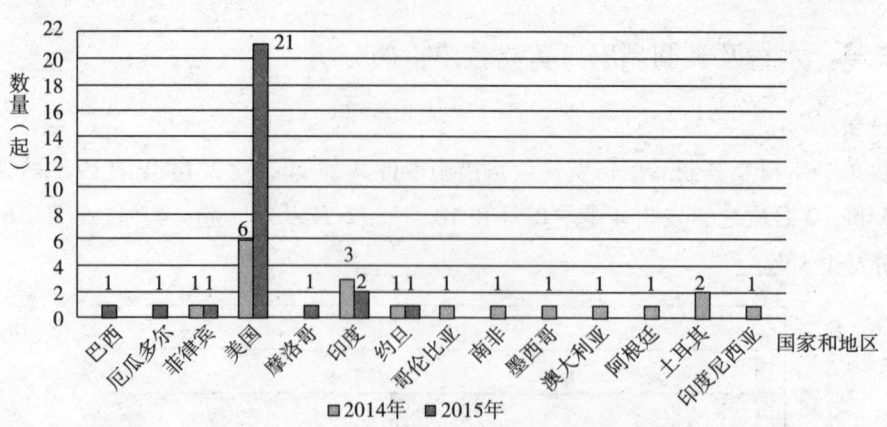

图 5-12 2015 年皮革、木材及其制品出口贸易救济措施国别分析（二）

总体看来，2015 年我国皮革、木材及其制品出口贸易救济措施从国别分析的角度来看，与 2014 年相比略有波动，并在总数上有所上升，其中美国上升较多，中美双边贸易工作需要引起我国的注意。

3. 产品分析

2015 年皮革、木材及其制品出口贸易救济事件共涉及产品 15 种，种类较上年有所增加，其中家居建材类，如地板、纤维板和胶合板等为主要壁垒产品。另外纸类产品，如铜版纸、复印纸和低克重热敏纸等所占比重较大，发起国家主要是美国。

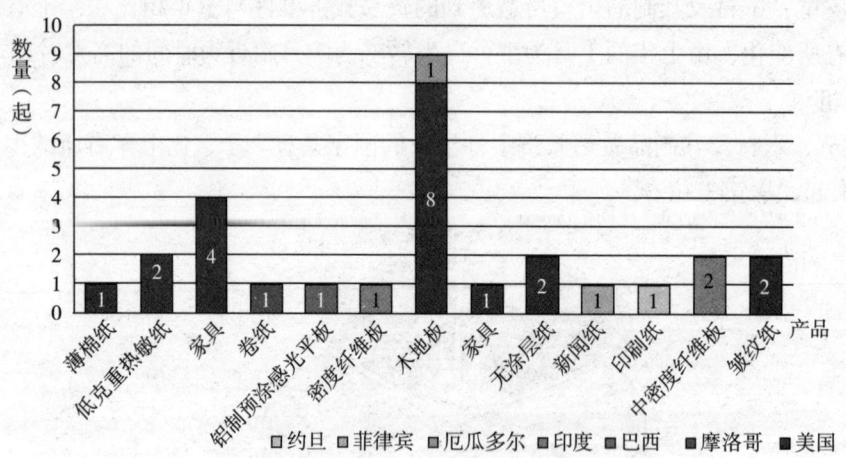

图 5-13 2015 年皮革、木材及其制品出口贸易救济措施产品分析

二、皮革、木材及其制品出口技术性贸易壁垒与绿色贸易壁垒

皮革、木材及其制品出口技术性贸易壁垒与绿色贸易壁垒的主要形式来自国外的技术标准和安全要求，我国皮革、木材及其制品出口所遇的技术性贸易壁垒与绿色贸易壁垒共 10 起，主要来自美国、芬兰、加拿大。

（一）事件

3 月

欧盟对中国产"Habitat"牌木制玩具发出消费者警告

加拿大对中国产迷宫玩具实施召回

7月

美国和加拿大对中国产婴儿床实施召回

9月

德国对中国产餐巾纸发出信息通报

芬兰对黏性包书纸发出消费者警告

芬兰对黏性包书纸发出消费者警告

10月

美国对中国产木质高脚椅实施召回

西班牙对中国产木制拼图发出消费者警告

德国对中国产木制玩具汽车发出消费者警告

（二）分析

2015年皮革、木材及其制品所遇技术性贸易壁垒与绿色贸易壁垒事件分析包括月份分析、国别分析和产品分析。

1. 月份分析

2015年国外对我国皮革、木材及其制品所采取的技术性贸易壁垒和绿色贸易壁垒有10起，与上年相比大幅度减少。其中9月和10月最多，发生了3起；3月发生2起；其余月份没有发生事件。

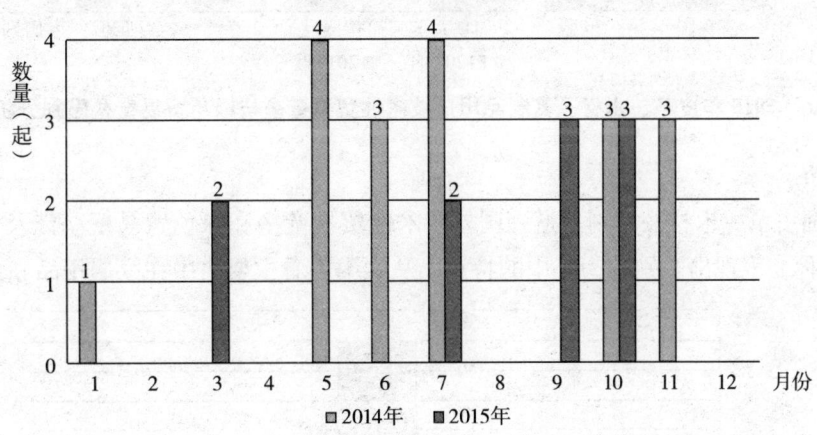

图5-14　2015年皮革、木材及其制品出口技术性贸易壁垒与绿色贸易壁垒月份分析

总的来说，皮革、木材及其制品出口所遇的技术性贸易壁垒与绿色贸易壁垒事件随月份并无规律性分布。但数量上，2015年开始下降。

2. 国别分析

2015年欧盟对我国皮革、木材及其制品所采取的技术性贸易壁垒和绿色贸易壁垒有10起，其中美国、芬兰、德国、加拿大各2起；欧盟、西班牙各1起。由此可以看出，对我国皮革、木材及其制品所采取的技术性贸易壁垒和绿色贸易壁垒主要来自发达国家，这是因为德国、芬兰、美国、加拿大有严格的技术标准和安全要求以及相关的法律法规。

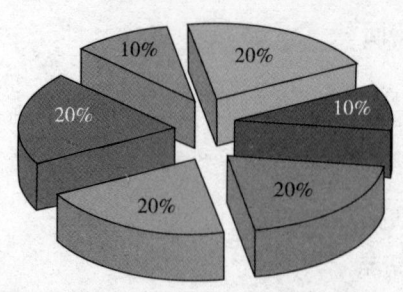

图 5-15 2015 年皮革、木材及其制品出口技术性贸易壁垒与绿色贸易壁垒国别分析（一）

和 2014 年相比，技术性贸易壁垒和绿色贸易壁垒事件减少 9 起，来自美国、欧盟的事件数量与上年相比都大幅度减少。从国别上看，分布比较分散。政府主管部门和出口企业仍需引起注意，尤其要关注美国的相关信息和政策。

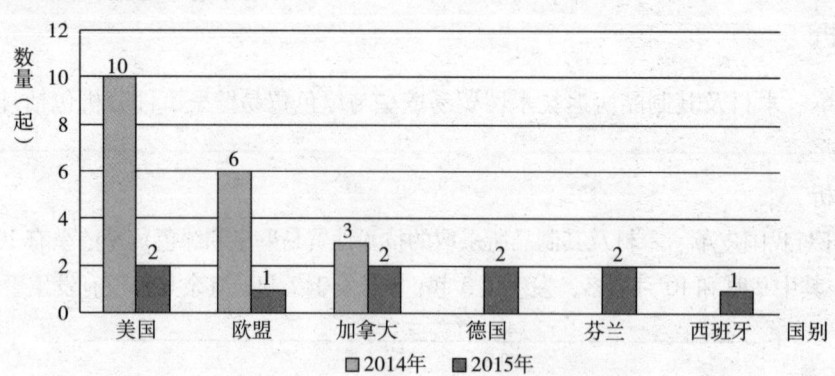

图 5-16 2015 年皮革、木材及其制品出口技术性贸易壁垒与绿色贸易壁垒国别分析（二）

3. 产品分析

2015 年我国皮革、木材及其制品遭到国外技术性贸易壁垒和绿色贸易壁垒涉及的产品有 5 种，比上年减少 11 种。表现出类别较为集中的特点。从大类上看主要集中在家居用品和儿童用品上。

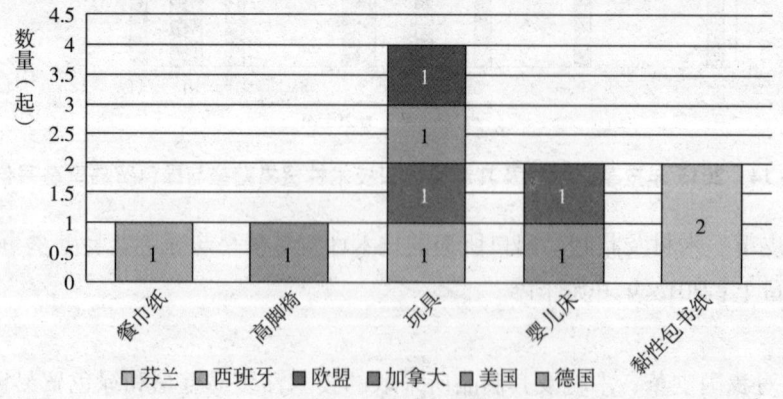

图 5-17 2015 年皮革、木材及其制品技术壁垒与绿色贸易壁垒产品分析

总的来说，2015 年技术性贸易壁垒与绿色贸易壁垒事件涉及的国家和地区不多，涉及的产品也较为分散。

三、其他贸易壁垒

2015年皮革、木材及其制品出口贸易遇其他类型的贸易壁垒事件2起,与上年持平。

(一)事件

11月
美国ITC对可调节高度的桌台正式启动337调查
12月
俄罗斯临时停止出口皮革原料

(二)分析

1. 月份分析

2014年发生2起此类壁垒事件,2015年依然为2起。11月发生1起,12月发生1起。

2. 国别分析

按国家和地区来看,2起事件分别来自美国和俄罗斯。

3. 产品分析

涉及的产品有皮革原料与桌台。

四、皮革、木材及其制品出口贸易壁垒综合分析

针对皮革、木材及其制品出口所遇各类贸易壁垒进行总体的综合分析。

皮革、木材及其制品出口所遇贸易壁垒的综合分析包括月份分析、国别分析、区域分析、产品分析和贸易壁垒形式分析。

1. 月份分析

2015年皮革、木材及其制品出口贸易壁垒共有40起。7月最多,有7起发生;10月有6起;2月、9月、12月有4起;3月、8月有3起发生;其他月份均小于3起事件。

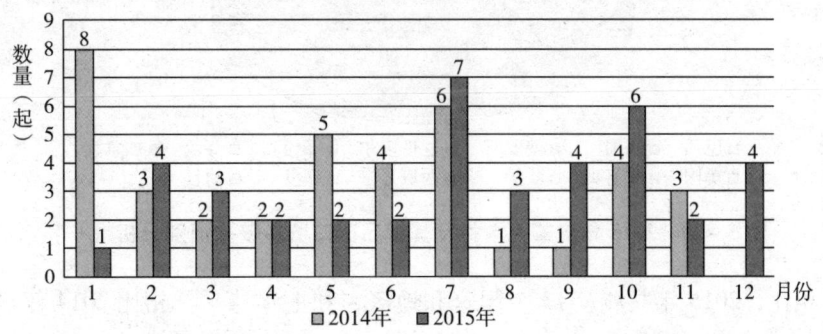

图5-18 2015年皮革、木材及其制品出口贸易壁垒月份分析(一)

与 2014 年相比，高发月份在 7 月和 10 月附近。从各月份增加数量上来看，未见明显的规律。

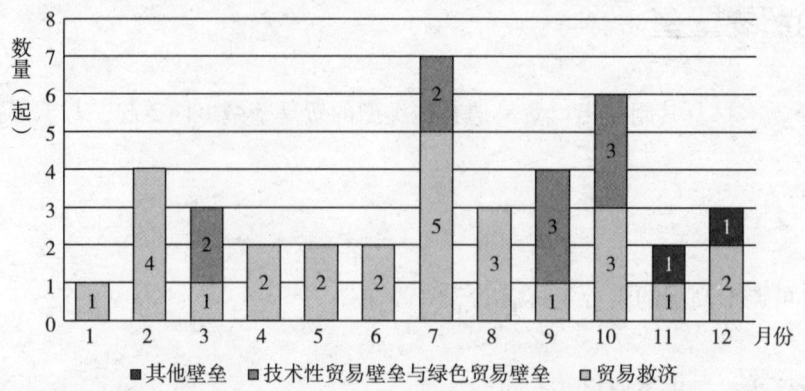

图 5-19　2015 年皮革、木材及其制品出口贸易壁垒月份分析（二）

皮革、木材及其制品大多数属于劳动密集型的初级产品，可替代物比较多，一旦一种产品遭受贸易壁垒，厂商就容易转到其他替代产品的生产及出口上，进而引起其他的替代产品遭受到贸易壁垒。从总数上看，2015 年皮革、木材及其制品出口贸易壁垒事件比起 2014 年有所减少。从图 5-19 中可以看出，有 5 个月遭受了至少 2 种形式的贸易壁垒，可见国外对我国皮革、木材及其制品采用了多种形式结合的贸易壁垒手段。我国政府和相关企业应引起高度重视。

总体看来，2015 年皮革、木材及其制品出口贸易壁垒事件后 6 个月为高发月份。

2. 国别分析

2015 年皮革、木材及其制品出口贸易壁垒事件涉及的国家共 13 个，虽然涉及的国家和地区较多，但美国是占比最高的国家，达到 60%，共发起 24 起；德国、芬兰、加拿大、印度各发起 2 起，分别占比 5%；其余国家均为 1 起。

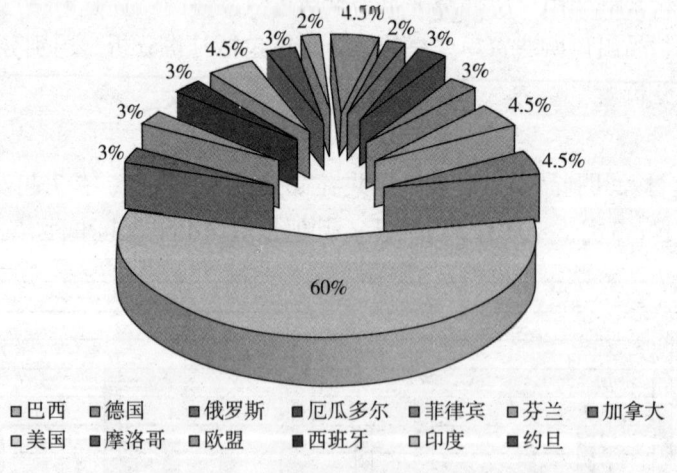

图 5-20　2015 年皮革、木材及其制品出口贸易壁垒国别分析（一）

与 2014 年相比，2015 年共涉及 13 个国家和地区，和上年持平。相比 2014 年没有涉及的国家哥伦比亚、南非、墨西哥等，2015 年新增贸易壁垒发生国家为巴西、德国、俄罗斯、菲律宾、芬兰、摩洛哥与西班牙。在所有涉及国家和地区里，上年事件发生率较高的欧盟、加拿大、印度今年发生率都有所下降。美国仍占据最大比重，需引起注意。

第五章 皮革、木材及其制品出口贸易壁垒

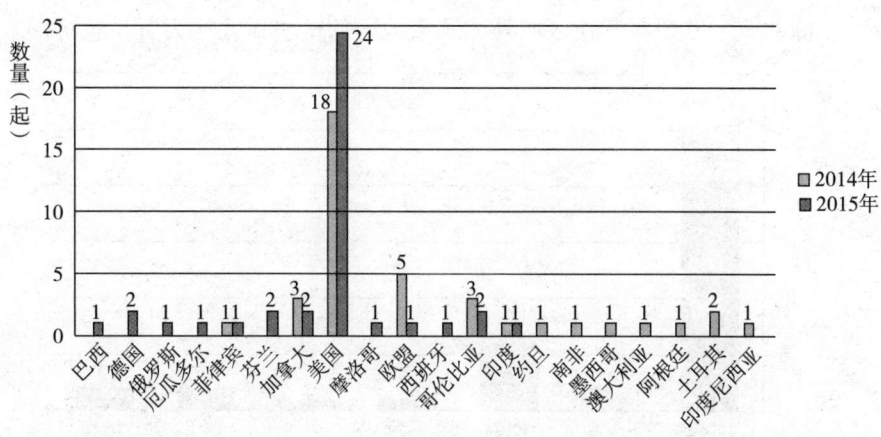

图 5-21　2015 年皮革、木材及其制品出口贸易壁垒国别分析（二）

2015年针对我国皮革、木材及其制品采取贸易救济措施的国家较多，不仅有发达国家，还有很多发展中国家，而且对我国皮革、木材及其制品采取技术性贸易壁垒的国家更加复杂，已经由单纯的发达国家发展成为多元化国家。但总体上还是以发达国家为主。

3. 区域分析

2015年皮革、木材及其制品出口贸易壁垒事件涉及的区域有北美、东盟、欧盟、拉美、南亚、非洲和其他7个地区。其中北美和欧盟最多。北美为26起，占比65%；欧盟次之，占比15%，共6起；拉美、南亚、其他类各有2起，占5%；而东盟、非洲地区只有1起。

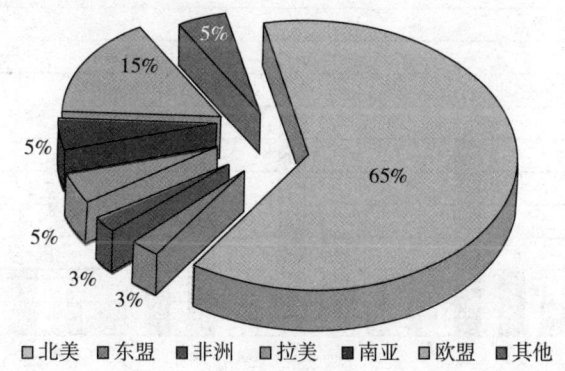

图 5-22　2015 年皮革、木材及其制品出口贸易壁垒区域分析（一）

与2014年相比，北美、欧盟的数量有所增加，；其余地区与上年相比有所减少。

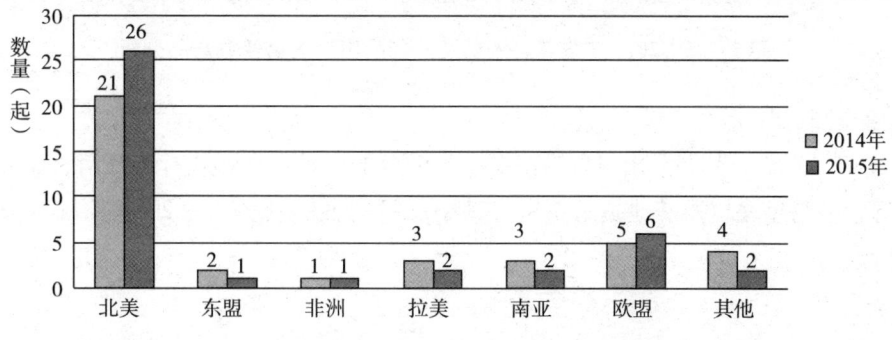

图 5-23　2015 年皮革、木材及其制品出口贸易壁垒区域分析（二）

从形式上看，除北美、欧盟与其他区域外，其余地区的壁垒形式均为贸易救济形式。

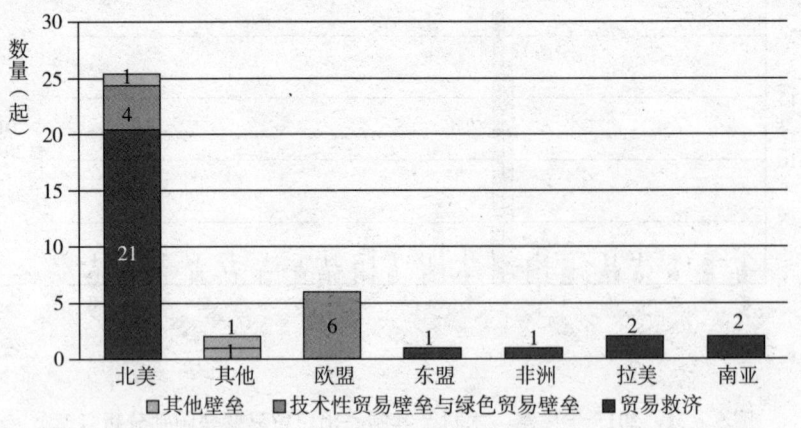

图 5-24　2015 年皮革、木材及其制品出口贸易壁垒区域分析（三）

4. 产品分析

2015 年我国皮革、木材及其制品出口贸易壁垒事件涉及的产品共 17 种，种类繁多，同时还涉及 13 个国家和地区。其中木材类产品，如胶合板、复合木地板、桌台、家具等所占比重很大，发起国家有美国、德国、印度、加拿大等。另外纸类产品，如皱纹纸、低克重热敏纸和复印纸所占比重也较大，发起国家有美国和菲律宾等国。另外，在此提醒相关出口企业要注意各自产品可能面临的困难，及时调整出口策略，减少经济损失。

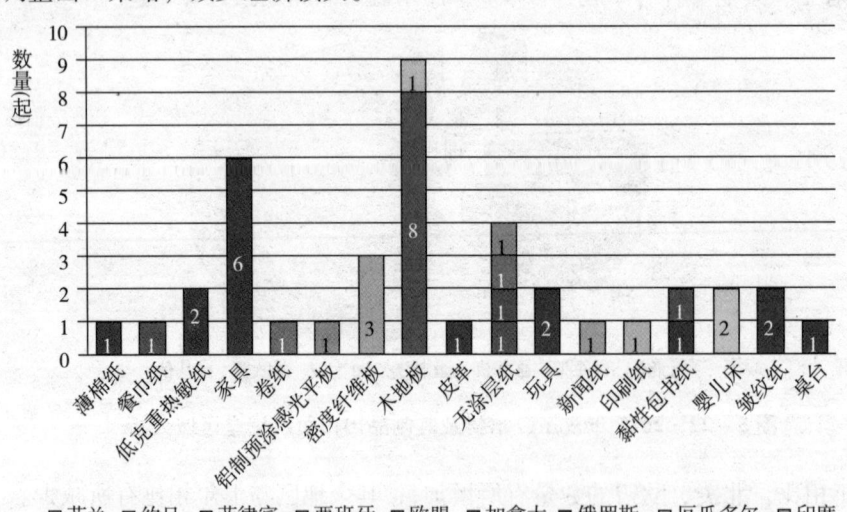

图 5-25　2015 年皮革、木材及其制品出口贸易壁垒产品分析

5. 贸易壁垒形式分析

2014 年皮革、木材及其制品出口贸易壁垒事件涉及的贸易壁垒形式有反倾销、反补贴、技术性贸易壁垒、绿色贸易壁垒以及其他贸易壁垒。其中反倾销事件最多，为 20 起，占 50%；TBT 事件次之，为 10 起，占 25%。

第五章 皮革、木材及其制品出口贸易壁垒

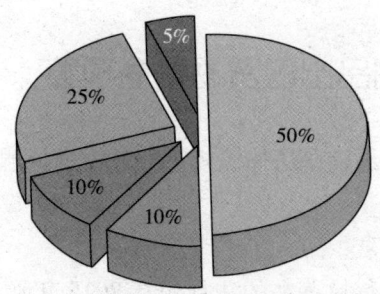

图 5-26 2015 年皮革、木材及其制品出口贸易壁垒形式分析（一）

与 2014 年相比，反倾销、技术贸易壁垒与绿色贸易壁垒引起的贸易壁垒仍为最主要的 2 种贸易壁垒形式，此外保障措施事件也有所下降。

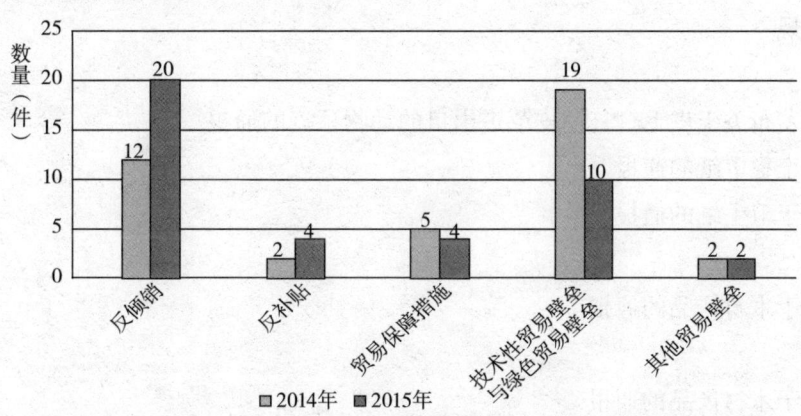

图 5-27 2015 年皮革、木材及其制品出口贸易壁垒形式分析（二）

从图 5-28 中我们可以看出，反倾销事件涉及的国家或地区较多，主要有美国、印度；技术性贸易壁垒与绿色贸易壁垒事件涉及的国家有美国、欧盟和加拿大。保障措施事件在不同国家也都有所发生。

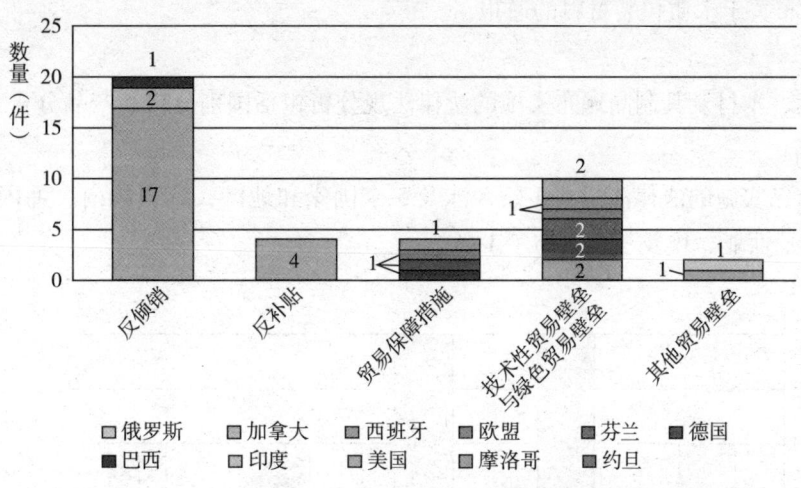

图 5-28 2015 年皮革、木材及其制品出口贸易壁垒形式分析（三）

总的来说，2015 年技术性贸易壁垒与绿色贸易壁垒和反倾销事件还是皮革、木材及其制品出口贸易所遇到的主要壁垒形式。

五、皮革、木材及其制品出口贸易壁垒预警

对皮革、木材及其制品所遇贸易壁垒法律法规进行分析，提醒国内相关企业注意。

（一）法律法规

皮革、木材及其制品出口所遇贸易壁垒的法规包括 2015 年颁布实施的、颁布尚未实施的和存在颁布意向的法律法规。其中颁布实施的法律法规共 7 条、颁布未实施的法律法规共 18 条、存在颁布意向的法律法规共 3 条。

1. 颁布实施的法律法规

2015 年皮革、木材及其制成品出口贸易壁垒中颁布已经实施的法律法规共有 7 条。

（1）法律法规

1 月

印度尼西亚发布关于皮毛/兽皮/皮革进出口的动物检疫的通报

越南发布关于餐巾纸的通报

越南发布关于卫生纸的通报

2 月

韩国发布关于木材产品的通报

3 月

韩国发布关于木材产品的通报

9 月

埃及发布关于硬木原木的通报

10 月

格鲁吉亚发布关于木质包装材料的通报

（2）分析

2015 年皮革、木材及其制品颁布实施的法律法规分析包括国别分析和产品分析。

① 国别分析

2015 年颁布已实施的法律法规共 7 条，涉及 5 个国家和地区，其中越南、韩国各颁布了 2 条，其余国家如印度尼西亚、埃及等各颁布了 1 条。

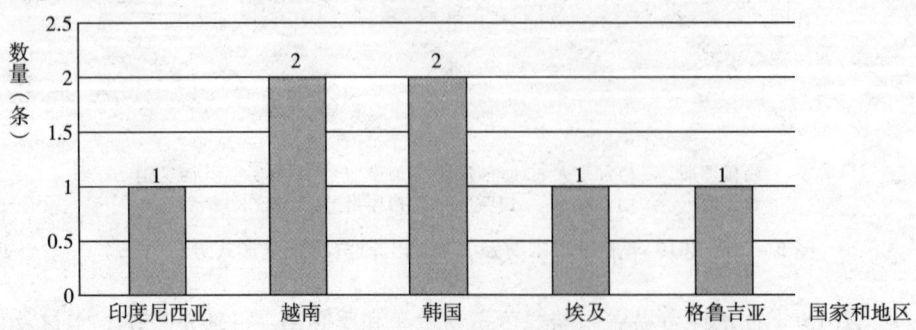

图 5-29　2015 年皮革、木材及其制品颁布实施的法律法规国别分析

②产品分析

2015年颁布实施的法律法规涉及6种产品,包括木质包装材料、各类木制品、皮制品等。

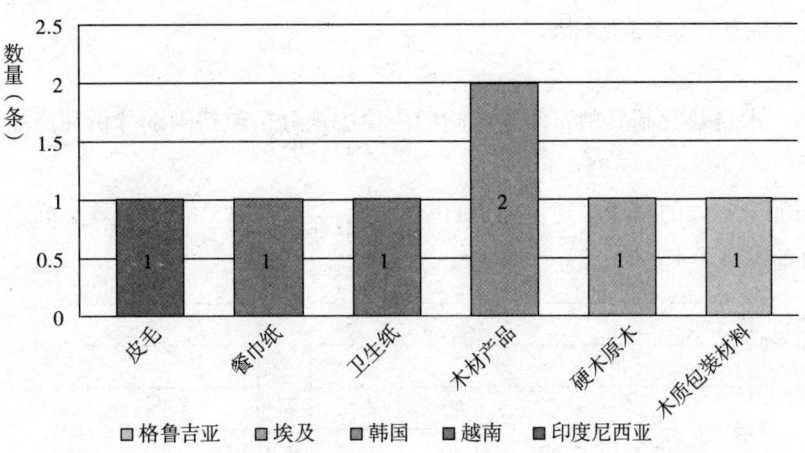

图5-30 2015年皮革、木材及其制品颁布实施的法律法规产品分析

总的来说,颁布实施的法律法规涉及的产品分布相对分散。相比2014年无论是数量上还是产品种类上都有明显降低。

2. 颁布尚未实施的法律法规

2015年皮革、木材及其制成品相关法律法规,颁布尚未实施的共有18条。

(1) 法律法规

8月

乌干达发布关于卫生纸的通报

9月

韩国发布关于林业产品的通报

乌干达发布关于碳纸原纸的通报

乌干达发布关于包装纸的通报

智利发布关于木材的通报

乌干达发布关于普通包装用瓦楞纸箱的通报

乌干达发布关于包装纸的通报

乌干达发布关于面包包装用蜡纸的通报

乌干达发布关于牛皮纸袋的通报

乌干达发布关于水泥包装用纸的通报

乌干达发布关于一般用途纸的通报

乌干达发布关于面巾纸的通报

乌干达发布关于复印纸的通报

乌干达发布关于餐巾纸的通报

乌干达发布关于包装用蜡纸原纸的通报

10月

巴西发布关于木质包装材料的通报

11月

沙特阿拉伯发布关于面巾纸的通报

韩国发布关于棉签、壁纸的通报

（2）分析

2015年皮革、木材及其制品颁布而未实施的法律法规分析包括国别分析和产品分析。

①国别分析

2015年颁布而未实施的法律法规主要来自乌干达，发布了13条，韩国发布了2条，沙特阿拉伯、韩国、巴西各发布了1条。

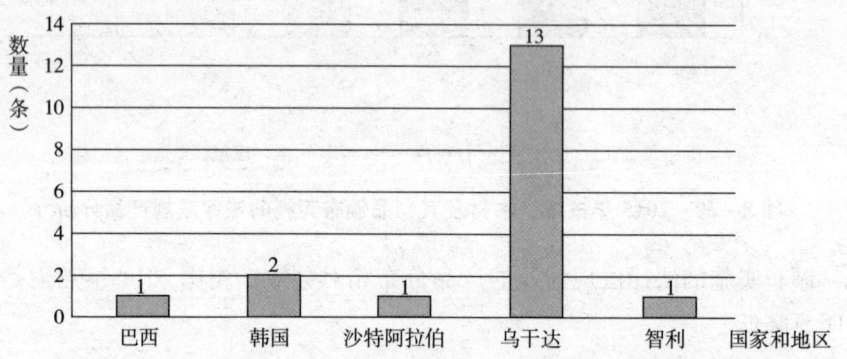

图5-31 2015年皮革、木材及其制品颁布未实施的法律法规国别分析

总的来说，颁布未实施的法律法规已不再如往年以美国、欧盟为主，更加分散。

②产品分析

2015年颁布未实施的法律法规涉及的国家和产品都很广泛，分布也比较均匀。一共涉及5个国家和地区，13种产品。其中包装纸类别有3条，包装用蜡纸、面巾纸与木材各有2条。

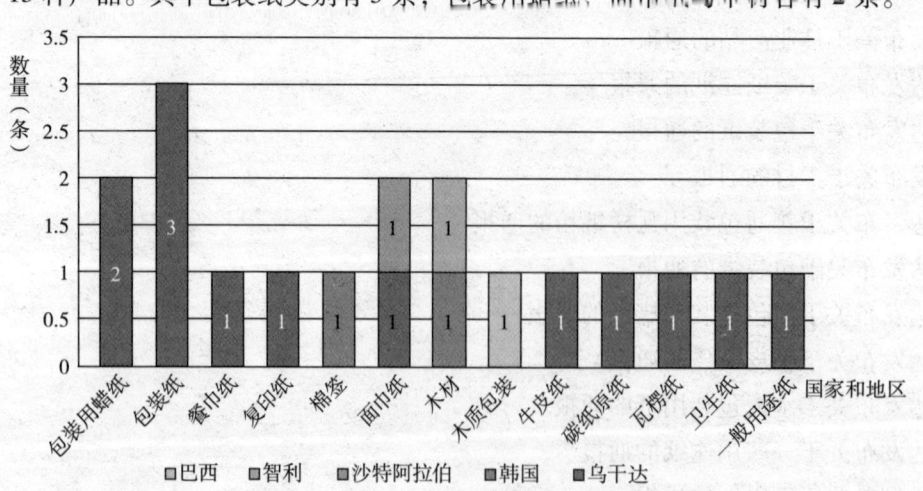

图5-32 2015年皮革、木材及其制品颁布未实施的法律法规产品分析

总的来说，颁布未实施的法律法规相对较为分散。

3. 存在颁布意向的法律法规

2015年皮革、木材及其制品存在颁布意向的法律法规共3条。

(1) 法律法规

7月

加拿大修订婴儿床安全法规

欧盟修订家用床具标准

9月

哥伦比亚共和国修订鞋类及皮革产品标签法案

(2) 分析

2015年皮革、木材及其制品存在着颁布意向的法律法规分析包括国别分析和产品分析。

① 国别分析

2015年皮革、木材及其制品存在颁布意向的法律法规共3条，涉及的国家和地区共3个。分别是加拿大、欧盟和哥伦比亚。在此提醒各相关出口企业注意。

总的来说，存在颁布意向法律法规的国家比较少。

② 产品分析

2015年存在颁布意向的法律法规涉及3个国家和地区，涉及3种产品，即婴儿床、家用床具和皮革。

总的来说，存在颁布意向的法律法规涉及的产品并不集中。

（二）法律法规综合分析

对皮革、木材及其制品出口所遇的贸易壁垒法律法规进行综合分析，提出预警。该分析包括状态分析、国别分析、区域分析、产品分析和壁垒形式分析。

1. 状态分析

2015年皮革、木材及其制品国外法律法规共28条。其中，颁布已实施的7条，占25%；颁布未实施的18条，占64%；存在颁布意向的3条，占11%。

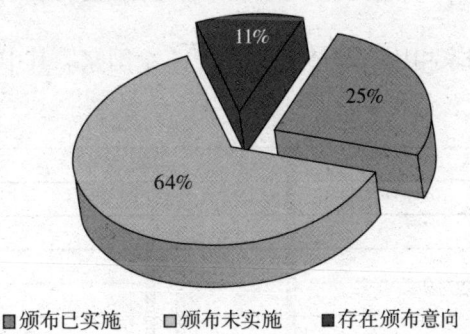

图5-33　2015年皮革、木材及其制品法律法规状态分析（一）

与2014年颁布的法律法规数量相比，2015年的数量大幅减少，共减少了14条。2015年颁布并实施的法律法规共有7条，颁布未实施的法律法规有18条，存在颁布意向的法律法规有3条。

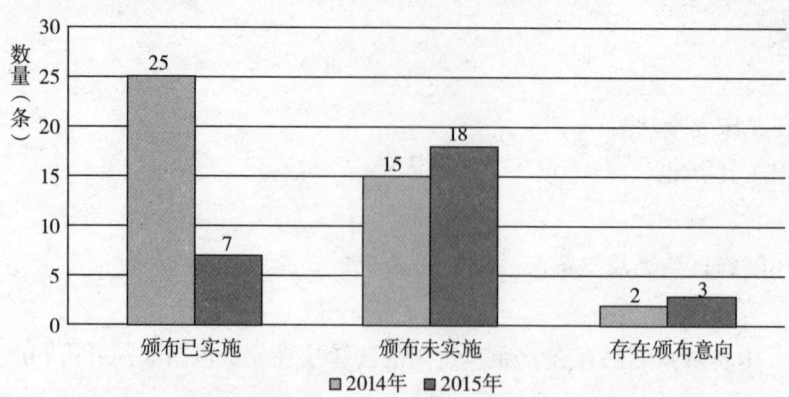

图 5-34 2015 年皮革、木材及其制品法律法规状态分析（二）

2. 国别分析

2015 年颁布的法律法规共有 28 条，涉及 12 个国家和地区，其中乌干达有 13 条，占到了总数的 46%；其次是韩国有 4 条，占到了总数的 14%；再次是越南有 2 条，占到总数的 7%。其他国家均只有 1 条。

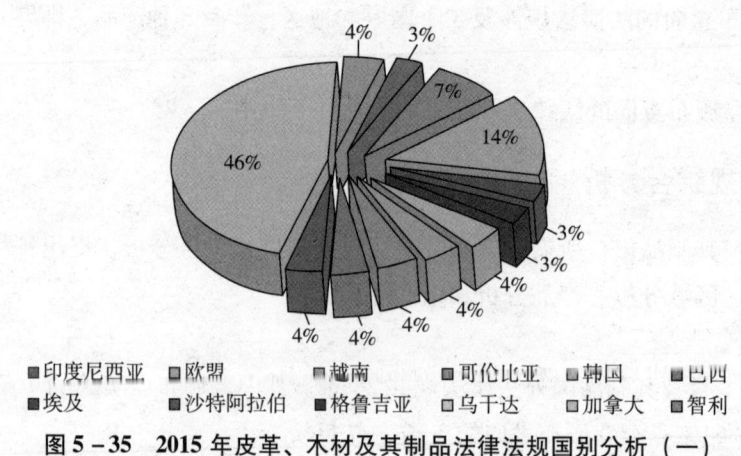

图 5-35 2015 年皮革、木材及其制品法律法规国别分析（一）

与 2014 年涉及的 16 个国家相比，2015 年减少了 4 个国家。其中，上年最多的埃及今年只颁布了 1 条。今年乌干达增幅较大，值得关注。

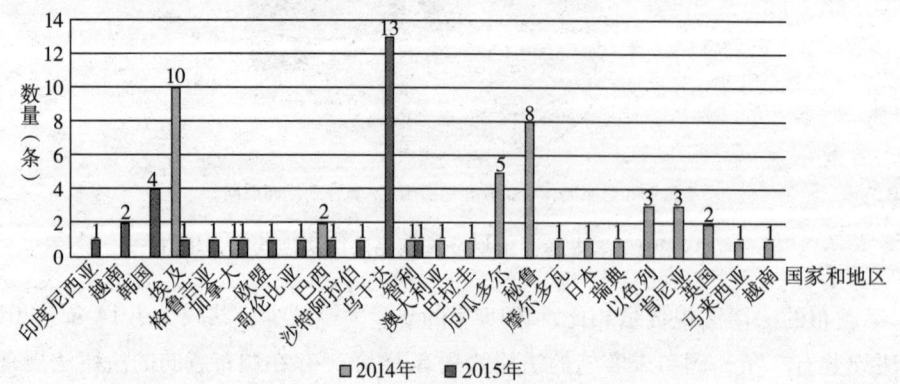

图 5-36 2015 年皮革、木材及其制品法律法规国别分析（一）

从图 5-37 中可以看出，除了韩国、越南有颁布已实施和颁布未实施 2 种状态，其他国家都只有 1 种状态。

第五章 皮革、木材及其制品出口贸易壁垒

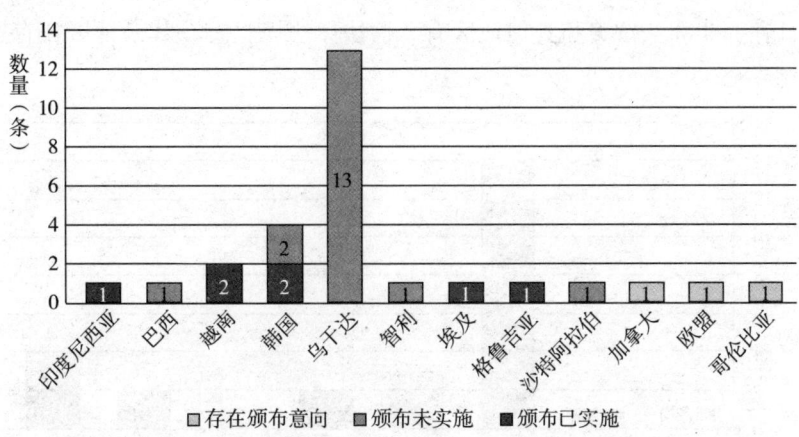

图 5-37　2015 年皮革、木材及其制品法律法规国别分析（一）

总的来说，2015 年颁布的法律法规较上年有所减少，涉及的国家和地区也更为集中。从国家的角度看，其中仅乌干达就占据了"半壁江山"。

3. 区域分析

2015 年皮革、木材及其制品法律法规最多的地区是非洲，为 14 条，占 50%；其次是日韩，为 4 条，占 14%；拉美地区有 3 条，占 11%；南亚和其他地区各有 2 条，均占 7%；北美、东盟、欧盟地区各有 1 条。

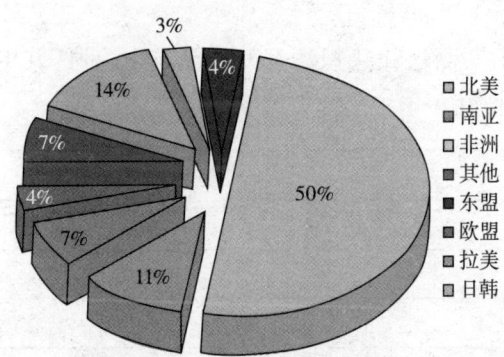

图 5-38　2015 年皮革、木材及其制品法律法规区域分析（一）

与 2014 年相比，非洲和日韩地区法律法规的数量有所增加。非洲从 13 条增加到 14 条，日韩从 1 条增加到 4 条。其余地区均有所减少。上年并未发生法律法规事件的南亚 2015 年有 2 条。

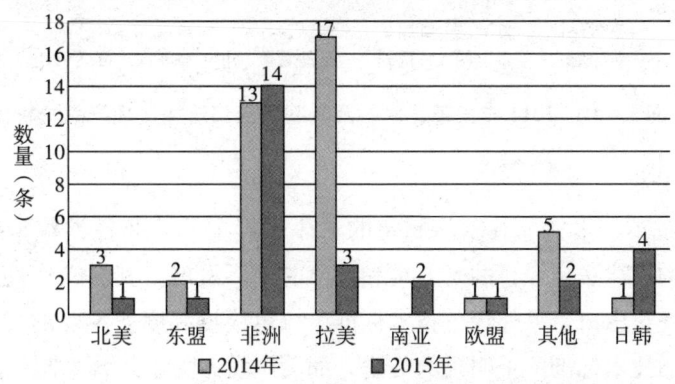

图 5-39　2015 年皮革、木材及其制品法律法规区域分析（二）

可以看出，日韩、非洲、拉美和其他地区有2种法律法规状态，其余地区仅存在1种法律法规状态。

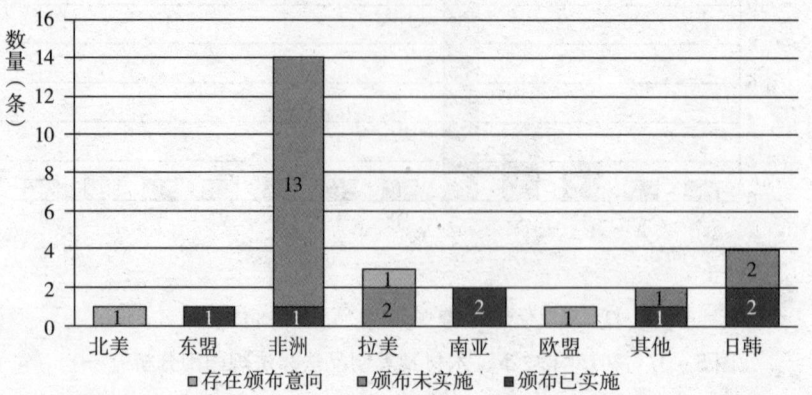

图5-40 2015年皮革、木材及其制品法律法规区域分析（三）

总的来说，2015年的皮革、木材及其制品法律法规，从数量上有了减少。主要分布在非洲，可见以往以美国和欧盟等发达国家为中心的状况已经改变。非洲国家为加速改善投资环境，正处于国际贸易法律法规系统的建设完善过程中，各类法律法规的颁布都较为频繁。良好的法律环境对于创造积极稳定的投资环境极其重要，我国企业和政府管理部门要给予足够的重视。

4. 产品分析

2015年皮革、木材及其制成品法律法规涉及的产品有16种，其中木材有5条，包装纸3条，其余产品均小于3条，品类和2014年相比较为集中。

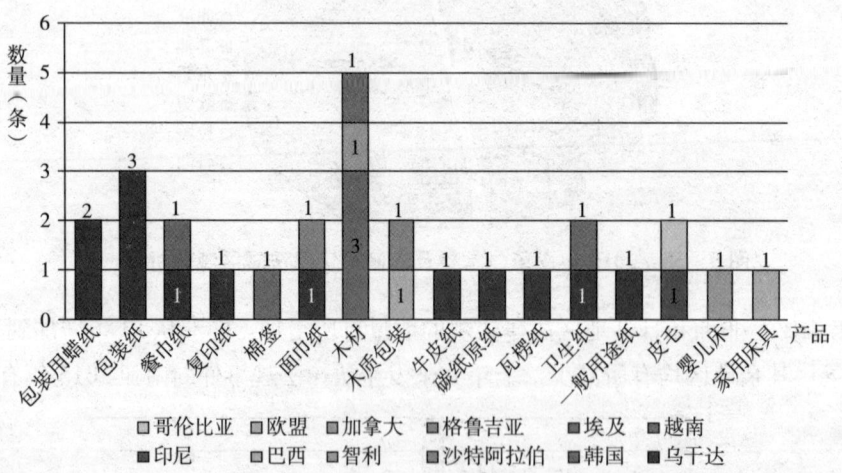

图5-41 2014年皮革、木材及其制品出口法律法规产品分析

5. 贸易壁垒形式分析

2015年国外针对皮革、木材及其制品制定的法律法规主要涉及各类检验标准，即颁布带有安全、环境、卫生标准的法律法规，目的是人类和环境的健康发展。其可操作性比较强，相关产品一旦达不到标准就会被禁止出口。另外绿色技术标准、绿色检疫制度，主要形式是通过对皮革、木材及其制品以及相关物品技术标准给予明确的规定，如美国发布关于复合木制品的标准。

第六章 纺织品、服装产品出口贸易壁垒

本章分析国外对中国纺织原料、纺织制品、鞋、帽、伞、杖、鞭、已加工的羽毛及其制品等方面的贸易壁垒。

按照海关商品分类目录，这些产品包括以下两大类产品。

第一类：纺织原料、纺织制品，包括蚕丝，羊毛、动物细毛或粗毛；马毛纱线及其机制物，棉花，其他植物纺织纤维；纸纱线及其机织物，化学纤维长丝，化学纤维短丝，絮胎、毡呢及无纺织物；特种纱线；线、绳、索、缆及其他制品，地毯及纺织材料的其他铺地制品，特种机织物；簇绒织物；花边；装饰毯；装饰带；刺乡品，浸渍、徐布、包覆或层压的纺织物；工业用纺织制品，针织物及钩编织物，针织或钩编的服装及衣着附件，非针织或非钩编的服装及衣着附件，其他纺织制成品；成套物品；旧衣着及旧纺织品；碎织物。

第二类：鞋、帽、伞、杖、鞭及其零件；已加工的羽毛及其制品；人造花；人发制品，主要包括：鞋靴、护腿和类似品及其零件，帽类及其零件，雨伞、阳伞、手杖、鞭子、马鞭及其零件，已加工羽毛、羽绒及其制品；人造花；人发制品。

一、纺织品、服装产品出口贸易救济措施

2015年我国纺织品、服装产品出口所遭遇的贸易救济措施共计29起，以反倾销为主，共29起；反补贴有0起，特保措施有0起。

（一）反倾销

1. 事件

1月

秘鲁取消对税则号5209.42.00.00的中国产混纺织物的反倾销措施

3月

巴西对华鞋类产品反倾销措施即将到期

巴西对华鞋类产品启动反倾销日落复审调查

印度延期对华亚麻织物反倾销日落复审终裁

印度延期对华全取向丝、全拉伸丝、纺丝拉伸丝和涤纶扁平丝反倾销日落复审终裁

阿根廷对华鞋类产品进行反倾销复审调查

4月

美国对华复合编织袋作出反倾销行政复审终裁

巴基斯坦对华涤纶短纤维进行反倾销调查
巴西对华合成纤维毯进行反倾销日落复审调查

5月
阿根廷对华聚酯变形纱线发起反倾销日落复审调查

6月
秘鲁对我府绸织物反倾销复审受理期限延长
印度对华亚麻织物作出反倾销日落复审终裁
美国对华带织边窄幅织带作出反倾销行政复审初裁
印度对华尼龙帘子布继续征收5年反倾销税

7月
阿根廷完成对我鞋类产品反倾销复审调查取证

8月
印度对华粘胶短纤维反倾销措施延长1年

9月
阿根廷启动对牛仔布反倾销措施日落复审调查
埃及对华化纤毯征收反倾销税
印度拟举行桑蚕生丝反倾销调查听证会
阿根廷启动对我牛仔布反倾销调查
阿根廷通报对我鞋类产品反倾销复审调查取证阶段结束
阿根廷业界要求对我羊毛及其混纺织物启动反倾销调查
秘鲁对华服装反倾销案可申请退还已征反倾销税
阿根廷通告对华牛仔布反倾销复审调查问卷获取路径

10月
印度对窄织布发起反倾销日落复审调查

11月
印度发布对华生丝反倾销调查终裁前披露
欧盟对华聚酯高强力纱进行反倾销日落复审调查

12月
美国对华带织边窄幅织带作出反倾销日落复审终裁
巴西延长对华鞋类产品反倾销复审调查期

2. 分析

纺织品、服装产品出口所遇反倾销事件分析包括月份分析、国别分析和产品分析。

（1）月份分析

2015年纺织品、服装产品出口贸易遭受的反倾销事件共29起，较2014年18起有所增加。从月份上看，与2014年同期相比，在3月、4月、6月、9月和11月事件数目有所增加。而在其他月份，数量都是持平或有所减少。从全年的走势来看，纺织品、服装产品出口贸易反倾销事件的数量随月份变化呈现分布不均、起伏较大的状况。

第六章 纺织品、服装产品出口贸易壁垒

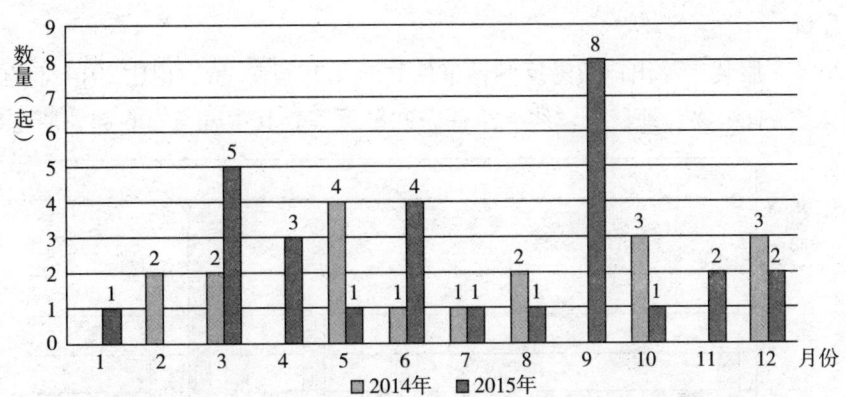

图6-1 2015年纺织品、服装产品出口贸易反倾销月份分析

（2）国别分析

从国别来看，2015年纺织品、服装产品出口贸易反倾销事件涉及的国家共8个，较2014年的9个有所减少。印度和阿根廷案件数量最多，为8起，占到了总数的28%。其次巴西有4起，美国、秘鲁各有3起，其余国家分别为1起。

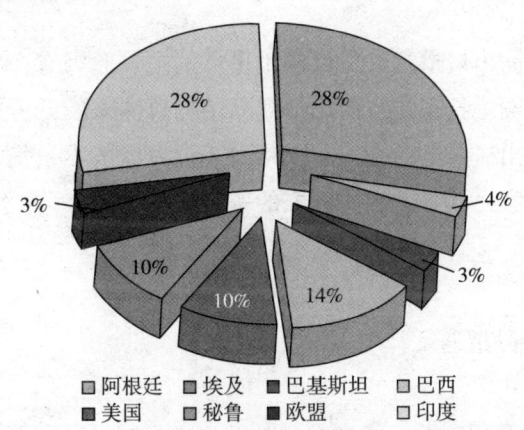

图6-2 2015年纺织品、服装产品出口贸易反倾销国别分析（一）

与2014年相比，主要的反倾销发起国有所增多，印度、阿根廷、巴西三国对中国的贸易救济措施案件数量明显增加，其他各国均相对持平或有所减少。

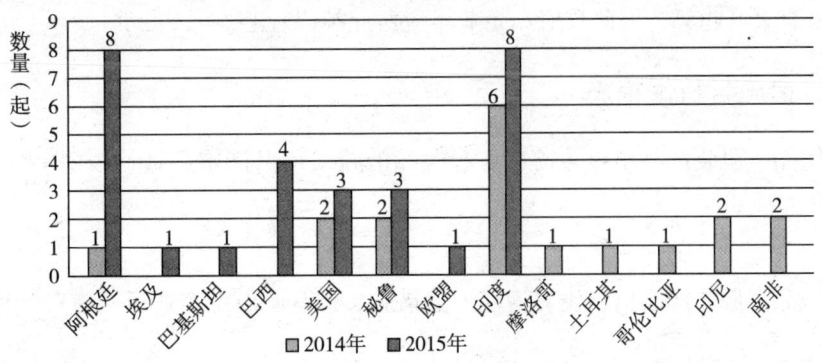

图6-3 2015年纺织品、服装产品出口贸易反倾销国别分析（二）

(3) 产品分析

2015年纺织品、服装产品出口贸易反倾销事件共涉及19类产品,相比2014年的7类大幅度增加。涉及的具体产品有织物、地毯、丝线、牛仔布和鞋类等。其中鞋类有6起,所占比重最大。

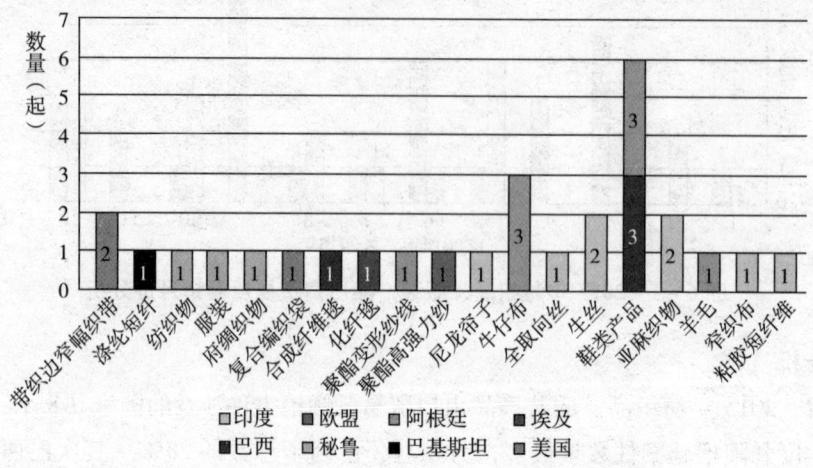

图6-4 2015年纺织品、服装产品出口贸易反倾销产品分析

从产品类别来看,纺织品出口遭遇大量反倾销事件的主要原因有:一是由于中国纺织品贸易规模庞大,在国际市场上的份额增长很快,而出口商品结构总体来看低价产品较多,本身就容易遭受反倾销,并且我国纺织品是出口向下的主力。二是由于世界经济不景气,贸易保护主义在世界范围内抬头,导致我国和其他国家尤其是发展中国家的贸易摩擦增多。

(二)反补贴

2015年纺织品、服装产品遭遇反补贴事件0起。

分析

2015年纺织品、服装产品出口共遭遇0起反补贴调查。

总的来说,反补贴不是纺织品和服装产品贸易壁垒的主要形式,引起的贸易壁垒事件和贸易争端较少,这几年我国遭遇的反补贴事件情况,总体数量一直处于较低的水平。但是由于反补贴措施是针对中国非市场经济地位的传统贸易壁垒,实施起来很灵活,而且发起反补贴调查的国家多为发达国家,近年来有上升趋势,因此政府和企业不应对此掉以轻心。

(三)保障措施与特保措施

2015年纺织品、服装产品出口共遭遇0起保障措施与特保措施调查,较2014年3起数量上有所减少。

分析

2015年纺织品、服装产品出口没有遭遇保障措施,但是政府和企业也不应对此掉以轻心。

(四)纺织品、服装产品出口贸易救济措施分析

纺织品、服装产品出口所遇贸易救济措施分析包括月份分析、国别分析和产品分析。

1. 月份分析

2015年纺织品、服装产品出口贸易救济措施事件共29起，与2014年的22起相比稍有增加。从月份分布上来说，9月最多，为8起，3月为5起，6月为4起，其他月份较少，在3起或3起以下。

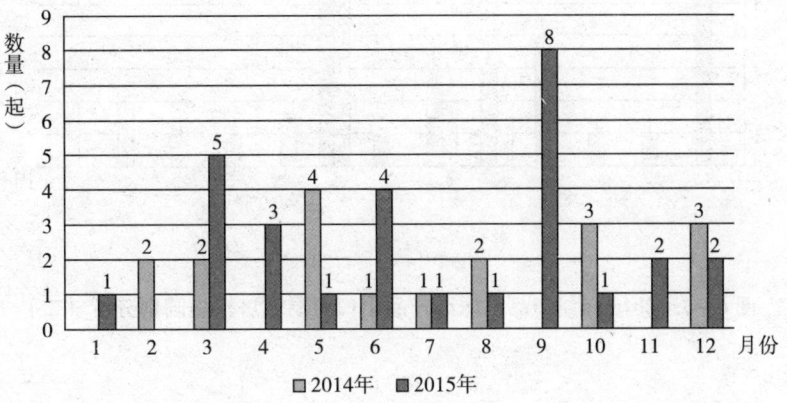

图6-5 2015年纺织品、服装产品出口贸易救济措施月份分析

2015年全年纺织品、服装产品出口贸易救济措施事件共29起，与2014年的22起相比，2015年贸易救济事件数量增加了7起。其中，5月减少最多，达到了3起。总体来看，2015年纺织品、服装产品出口贸易救济事件月度分布呈现前少后多、分布波动大、总体数量多的态势。

2. 国别分析

从国别看，2015年纺织品、服装产品贸易救济事件涉及的国家共有8个，与2014年的9个相比，减少了1个。最多的是印度和阿根廷，占比接近28%。其次是巴西，占比为14%。

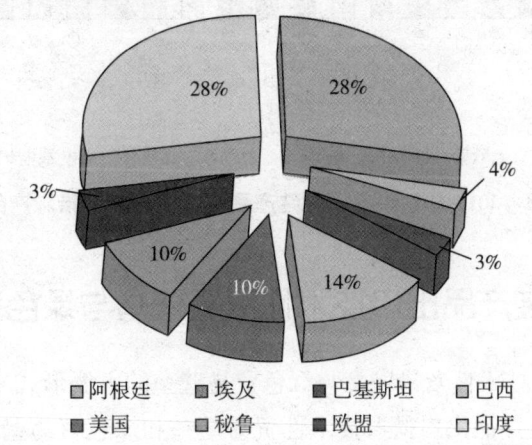

图6-6 2015年纺织品、服装产品出口贸易救济措施国别分析（一）

与2014年相比，2015年主要的贸易救济措施发起国减少了南非、哥伦比亚等。阿根廷、埃及、印度、巴西等发起的救济措施有所增加。

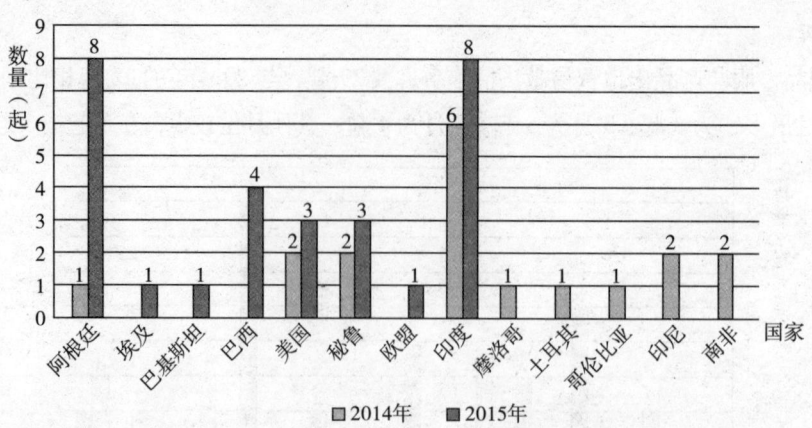

图6-7 2015年纺织品、服装产品出口贸易救济措施国别分析（二）

3. 产品分析

从产品看，2015年纺织品、服装产品出口贸易救济措施事件涉及的产品共19类，分布并不集中，以织物、牛仔布、鞋类最多，其他产品如布类、鞋类、地毯类均有2起或2起以下。

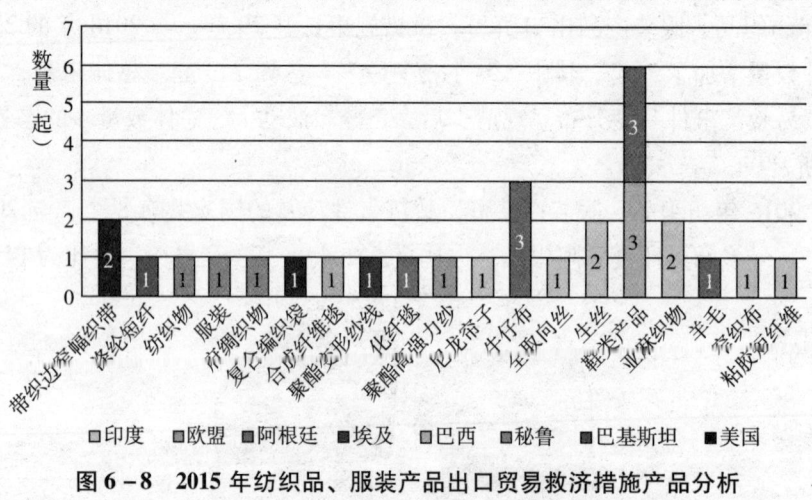

图6-8 2015年纺织品、服装产品出口贸易救济措施产品分析

二、纺织品、服装产品出口技术性贸易壁垒与绿色贸易壁垒

纺织品、服装产品出口技术性贸易壁垒与绿色贸易壁垒的主要形式来自国外的技术标准和安全要求。2015年纺织品、服装产品出口遭遇技术性贸易壁垒和绿色贸易壁垒共92起，其中欧盟、匈牙利和美国为最多，分别占到了36%、29%和9%；其余国家均小于或等于4%。

（一）事件

1月

加拿大对中国产阻力训练带实施召回

欧盟对中国产"Setty Koop"牌儿童夹克发出消费者警告

2月

欧盟对中国产"GP PRO"牌护肘和护膝发出消费者警告

欧盟对中国产"Loyfer"牌毛绒泰迪熊发出消费者警告

欧盟对中国产"NIEBIESKI KSIEZYC"牌T恤衫发出消费者警告

欧盟对中国产"DEHA"牌儿童夹克发出消费者警告

3月

美国对中国产儿童睡衣实施自愿性召回

欧盟对中国产"Yiming"牌防护鞋发出消费者警告

欧盟对中国产"QUENNY GIRL – California 1985"牌儿童运动衫发出消费者警告

欧盟对中国产"MAE"牌毛绒玩具发出消费者警告

4月

美国对中国产儿童睡衣实施召回

美国对中国产丝巾实施召回

欧盟对中国产"Ativo collection"牌儿童夹克发出消费者警告

5月

欧盟对中国产"Odin"牌安全靴发出消费者警告

欧盟对中国产"Clarina Collection"牌女士皮手套发出消费者警告

美国对中国产防蛇靴实施召回

欧盟对中国产"Bellota"牌安全靴发出消费者警告

欧盟对中国产"Holly Work"牌儿童长裤发出消费者警告

欧盟对中国产"AM2"牌安全鞋发出消费者警告

6月

欧盟对中国产"Peak Brand"牌女童比基尼发出消费者警告

欧盟对中国产"UNDER 18"牌儿童短裤发出消费者警告

美国和加拿大对中国产连衣帽松紧绳实施召回

7月

欧盟对中国产"Infantino"牌婴儿背带发出消费者警告

欧盟对中国产"Zettl"牌皮腕带发出消费者警告

欧盟对中国产"Marvel"牌儿童凉鞋发出消费者警告

欧盟对中国产"NEW8TEEN"牌男童鞋发出消费者警告

8月

欧盟对中国产"POWER FLOWER"牌女童比基尼发出消费者警告

欧盟对中国产"Protect"牌工作手套发出消费者警告

9月

美国对中国产儿童运动衫实施召回

塞浦路斯对服装、纺织品和时尚用品发出消费者警告

法国对化妆舞会服装发出消费者警告

欧盟对中国产"ARION"牌女童上衣发出消费者警告

匈牙利对服装、纺织品和时尚用品发出消费者警告

德国对儿童雨衣发出消费者警告
欧盟对中国产"Home decor"牌浴帘发出消费者警告

10月

德国对儿童雨衣发出消费者警告
匈牙利对儿童运动衫发出消费者警告
匈牙利对男童泳裤发出消费者警告
匈牙利对女童比基尼发出消费者警告
匈牙利对女童裤发出消费者警告
匈牙利对女童运动衫发出消费者警告
匈牙利对儿童运动衫发出消费者警告
匈牙利对服装、纺织品和时尚用品发出消费者警告
匈牙利对服装、纺织品和时尚用品发出消费者警告
匈牙利对服装、纺织品和时尚用品发出消费者警告
匈牙利对服装、纺织品和时尚用品发出消费者警告
匈牙利对服装、纺织品和时尚用品发出消费者警告
匈牙利对童裤发出消费者警告
匈牙利对儿童短裤发出消费者警告
匈牙利对儿童外套发出消费者警告
欧盟对中国产"VEAVER"牌儿童外套发出消费者警告
加拿大对中国产女士羽绒帽实施召回
美国对中国产儿童短裤实施召回
欧盟对中国产"Unipue Beauty"牌男童泳裤发出消费者警告
欧盟对中国产"CSCK.S"牌女童凉鞋发出消费者警告
匈牙利对儿童夹克衫发出消费者警告
保加利亚对男童泳裤发出消费者警告
匈牙利对儿童夹克衫发出消费者警告
塞浦路斯对儿童套服发出消费者警告
美国对中国产女童连帽衫实施召回
匈牙利对服装、纺织品和时尚用品发出消费者警告
匈牙利对服装、纺织品和时尚用品发出消费者警告

11月

法国对防护设备发出消费者警告
爱沙尼亚对服装、纺织品和时尚用品发出消费者警告
斯洛伐克对装饰品发出消费者警告
立陶宛对装饰品发出消费者警告
立陶宛对装饰品发出消费者警告
欧盟对中国产"Geolia"牌工作手套发出消费者警告
欧盟对中国产"RAMAN"牌儿童套装发出消费者警告

欧盟对中国产"Ocean"牌游泳套装发出消费者警告
罗马尼亚对服装、纺织品和时尚用品发出消费者警告
欧盟对中国产"GSG"牌婴儿服装发出消费者警告
匈牙利对服装、纺织品和时尚用品发出消费者警告
爱沙尼亚对服装、纺织品和时尚用品发出消费者警告
西班牙对服装、纺织品和时尚用品发出消费者警告
西班牙对服装、纺织品和时尚用品发出消费者警告
匈牙利对服装、纺织品和时尚用品发出消费者警告
匈牙利对服装、纺织品和时尚用品发出消费者警告
西班牙对弹力绳发出消费者警告
欧盟对中国产"BB BOUM"牌女童连衣裙发出消费者警告

12月

保加利亚对服装、纺织品和时尚用品发出消费者警告
挪威对服装、纺织品和时尚用品发出消费者警告
斯洛伐克对防护设备发出消费者警告
西班牙对服装、纺织品和时尚用品发出消费者警告
匈牙利对防护设备发出消费者警告
匈牙利对服装、纺织品和时尚用品发出消费者警告
欧盟对中国产"GP CRÉATION"牌儿童运动衫发出消费者警告
欧盟对中国产"Lollitop"牌女童服装发出消费者警告

(二)分析

纺织品、服装产品出口所遭遇的技术性贸易壁垒与绿色贸易壁垒事件分析包括月份分析、国别分析和产品分析。

1. 月份分析

2015年纺织品、服装产品出口贸易技术性贸易壁垒与绿色贸易壁垒事件共92起,每个月均有发生。其中10月份最多,为27起。

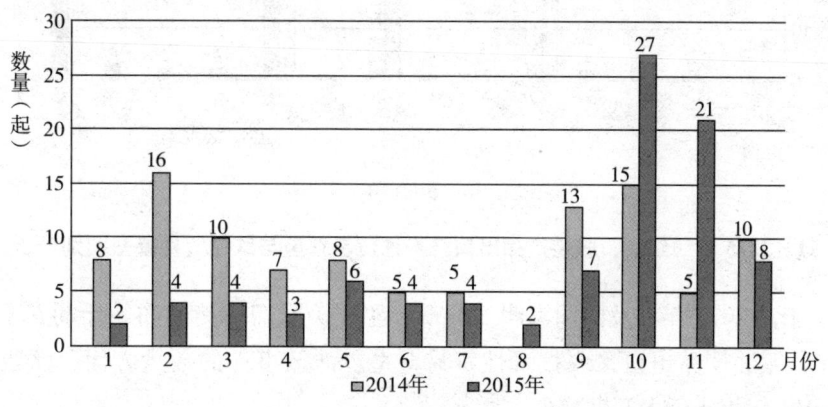

图6-9 2015年纺织品、服装产品出口技术性贸易壁垒与绿色贸易壁垒月份分析

与2014年相比，随着全球经济持续低迷，2015年技术性贸易壁垒与绿色贸易壁垒事件数量有所下降，由去年的102起下降为今年的92起。

随着纺织品全球关税、配额的取消，技术性贸易壁垒和绿色贸易壁垒也正逐渐成为越来越多的国家（尤其是发达国家）最经常采取的一种贸易壁垒形式，纺织品、服装产品遭遇技术性贸易壁垒也已成为我国纺织品出口贸易的常态，政府和企业应积极应对该类贸易壁垒，积累经验，引起高度重视。

2. 国别分析

2015年纺织品、服装产品出口贸易技术性贸易壁垒与绿色贸易壁垒事件涉及的国家（地区）有14个，其中欧盟、匈牙利和美国为最多，分别占到了36%、29%和9%；其余国家均小于或等于4%。

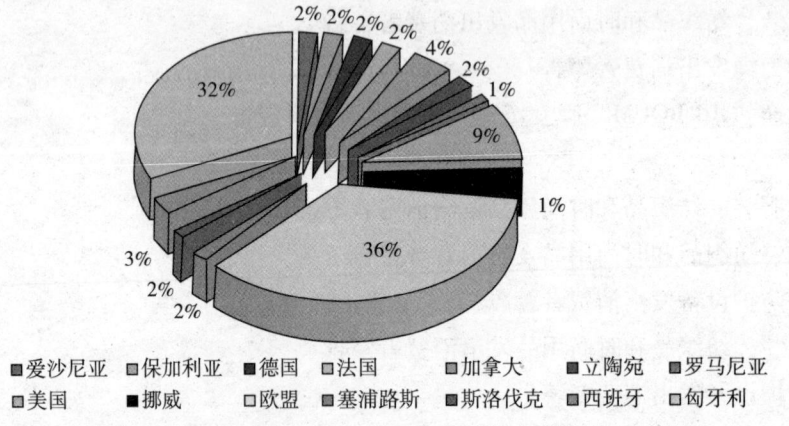

图6-10 2015年纺织品、服装产品出口技术性贸易壁垒与绿色贸易壁垒国别分析（一）

需要说明的是，中国的纺织品、服装产品出口遭遇技术性贸易壁垒在2007年起开始激增之后，在2015年数量依然很高。随着全球化进程的加深和我国纺织品服装产品越来越多地出口国际市场，技术性贸易壁垒以其灵活性和隐蔽性等特点，被发达国家越来越经常地运用，且影响逐渐增强。

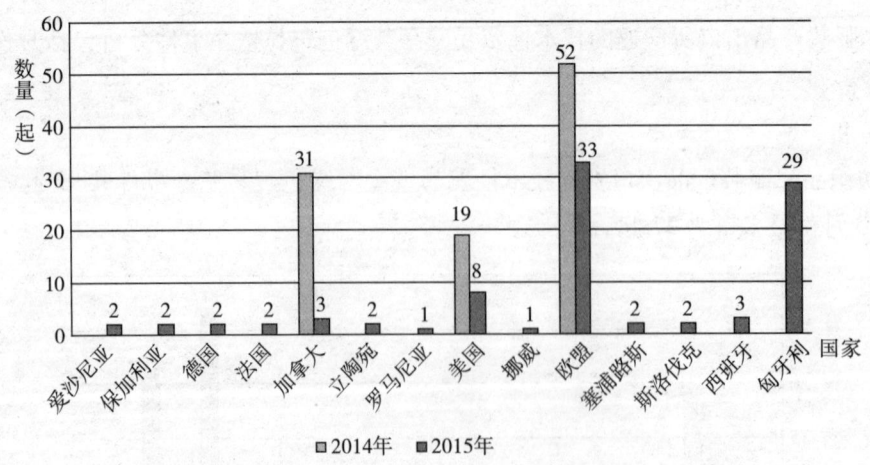

图6-11 2015年纺织品、服装产品出口技术性贸易壁垒与绿色贸易壁垒国别分析（二）

跟2014年相比，2015年涉及的国家明显分散，主要为欧盟、美国和匈牙利三个国家和地区主要对我国纺织品、服装产品出口采取技术性贸易壁垒。涉及事件的数量方面，欧盟仍然高居第一位，但数量与2014年相比已大幅度减少。

3. 产品分析

2015年纺织品、服装产品出口贸易技术性贸易壁垒与绿色贸易壁垒事件共涉及11类产品：服装、配饰、防护和鞋类等纺织物。与贸易救济措施涉及的产品不同，2015年技术贸易壁垒与绿色贸易壁垒多是针对纺织品和服装制成品，尤其是婴幼儿和儿童服装，因为这类服装产品消费人群比较特殊，对服装的材料、设计的要求也就比较高，容易引发他国采取技术性壁垒对进口实行限制，这应引起我国相关企业的高度重视。

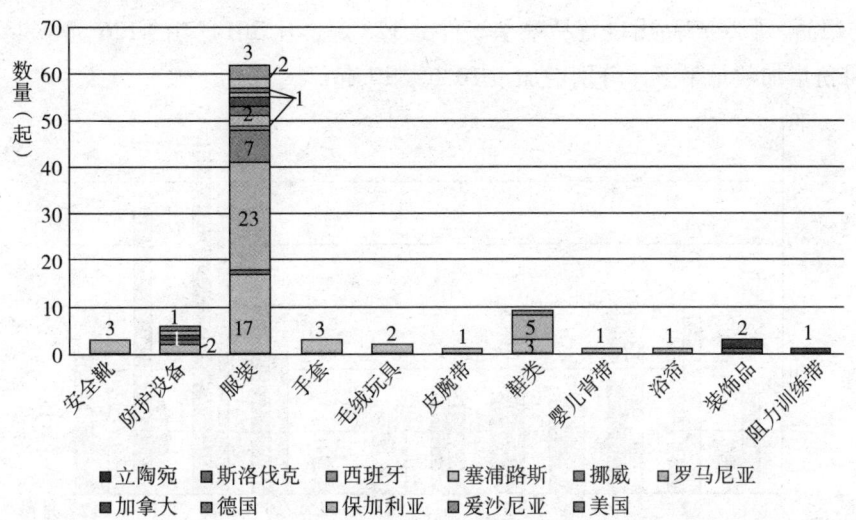

图6-12　2015年纺织品、服装产品出口技术贸易壁垒与绿色贸易壁垒产品分析

总的来说，2015年技术性贸易壁垒与绿色贸易壁垒事件涉及的产品很分散，以匈牙利、欧盟和美国为主。

三、其他贸易壁垒

2015年我国纺织品、服装产品出口所遭遇的其他贸易壁垒共计2起。

（一）事件

5月
日本修制定新的纺制品护理标签标准
12月
美国ITC正式对梭织面料启动337调查

（二）分析

与2014年相同，2015年纺织品、服装产品出口共遭遇其他贸易壁垒2起，涉及纺织品一类产品。

四、纺织品、服装产品出口贸易壁垒综合分析

纺织品、服装产品出口所遇贸易壁垒的综合分析包括月份分析、国别分析、区域分析、产品分析和贸易壁垒形式分析。

1. 月份分析

2015年纺织品、服装产品出口贸易壁垒事件共123起，比2014年的126起减少了3起。其中10月份、11月份增加数量最多，分别增加了10起、17起。

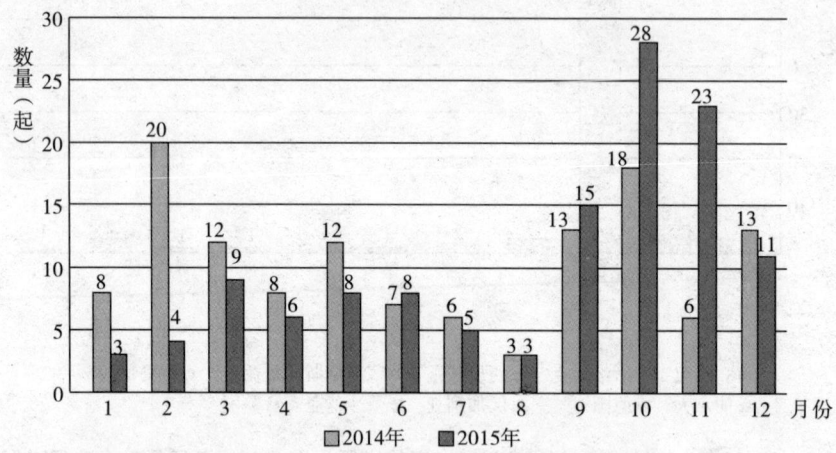

图6-13　2015年纺织品、服装产品出口贸易壁垒月份分析（一）

与2014年相比，2015年10月的壁垒事件数量最多，达到了28起，除9月、10月和11月之外，其余月份均有所减少，其中2月份下降了16起。

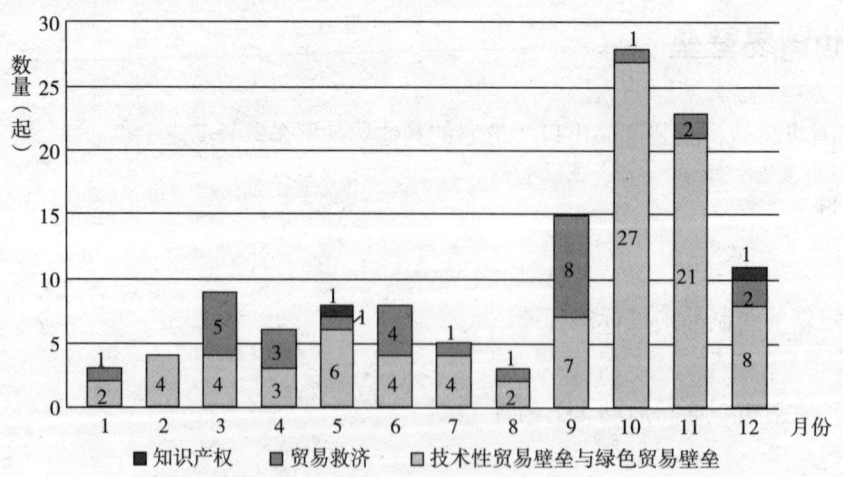

图6-14　2015年纺织品、服装产品出口贸易壁垒月份分析（二）

从图中看出，纺织服装类遭遇的出口贸易壁垒集中在10月、11月两个月份，尤其是技术贸易壁垒与绿色贸易壁垒，更是比其他月份显著增多。

第六章　纺织品、服装产品出口贸易壁垒

2. 国别分析

从国别来看，2015年纺织品、服装产品出口贸易壁垒事件涉及的国家共21个，与2014年的11个相比，增加了10个。其中，欧盟和匈牙利数量较多，分别为34起和29起，各占28%和24%。

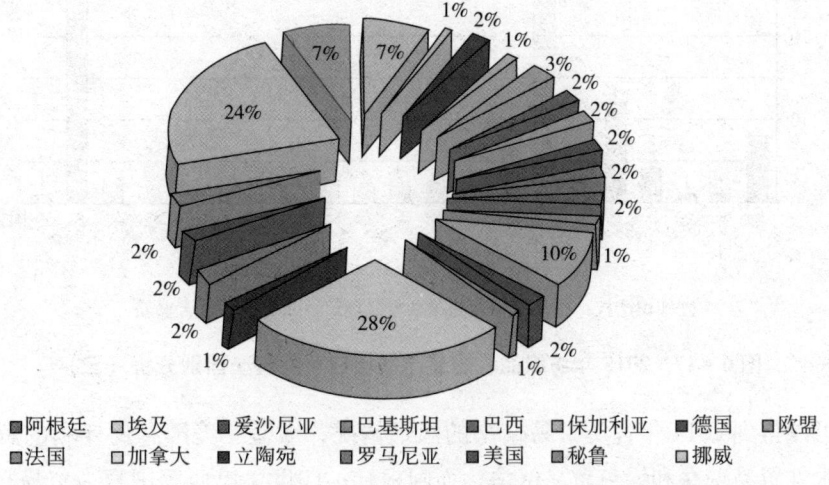

图6-15　2015年纺织品、服装产品出口贸易救济措施国别分析（一）

2015年欧盟仍是对中国发起纺织品、服装产品出口贸易壁垒案件最多的地区。与2014年相比，2015年涉及国家增加了很多。

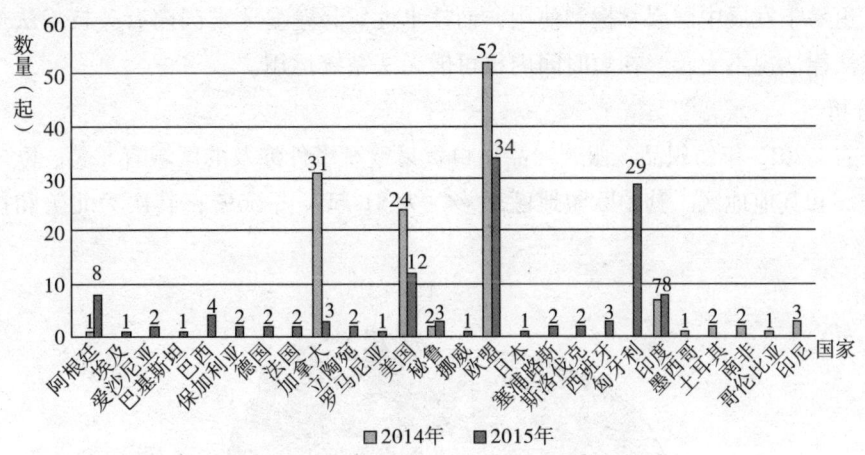

图6-16　2015年纺织品、服装产品出口贸易壁垒国别分析（二）

与2014年相比，2015年中国纺织品、服装产品出口遭遇各类壁垒的主要国家变化不太大，欧盟、匈牙利是主要国家地区。欧盟作为对我国实施各类壁垒最多的地区，壁垒数量比2014年减少18起，匈牙利壁垒数量增加幅度较大，增长近两倍。

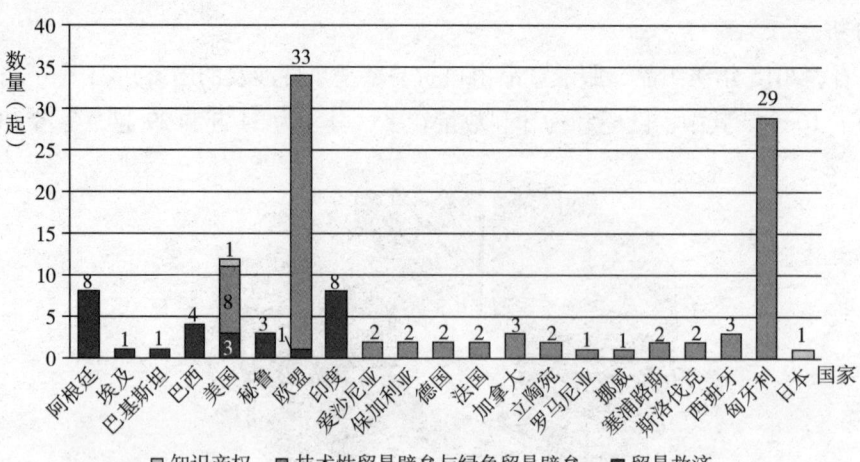

图6-17 2015年纺织品、服装产品出口贸易壁垒国别分析（三）

从图中，可以得到2014年各类贸易壁垒的国别情况，欧盟、美国和匈牙利的贸易壁垒事件绝大部分都是技术性贸易壁垒和绿色贸易壁垒，而阿根廷、印度、巴西等国家为贸易救济壁垒。壁垒的区域变动仍旧较大，北美和欧洲市场对于我国纺织品和服装产品的出口采取了较多较强的壁垒阻碍，特别是技术性贸易壁垒和绿色贸易壁垒更是该地区国家采取得较多的壁垒形式。

发展中国家的贸易壁垒事件仍以贸易救济为主。主要是由于贸易救济措施作为一种使用时间相对久的措施，更易于发展中国家掌握和使用，而技术性贸易壁垒要求国内有关技术法规的支持，发展中国家该类法律法规不完善，在短时间内很可能无法系统运用。

3. 区域分析

从区域来看，2015年纺织品、服装产品出口贸易壁垒事件涉及的区域有北美、欧盟、拉美、南亚、东盟、非洲和其他地区。其中欧盟地区最多，为81起，占66%；其次为北美和拉美地区，各15起，占12%。

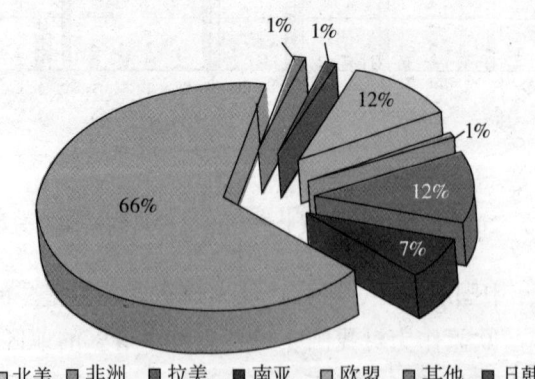

图6-18 2015年纺织品、服装产品出口贸易壁垒区域分析（一）

与2014年相比，2015年各区域针对我国纺织品、服装产品的贸易壁垒事件数量基本持平，欧盟、北美仍然是主要发起国。

第六章 纺织品、服装产品出口贸易壁垒

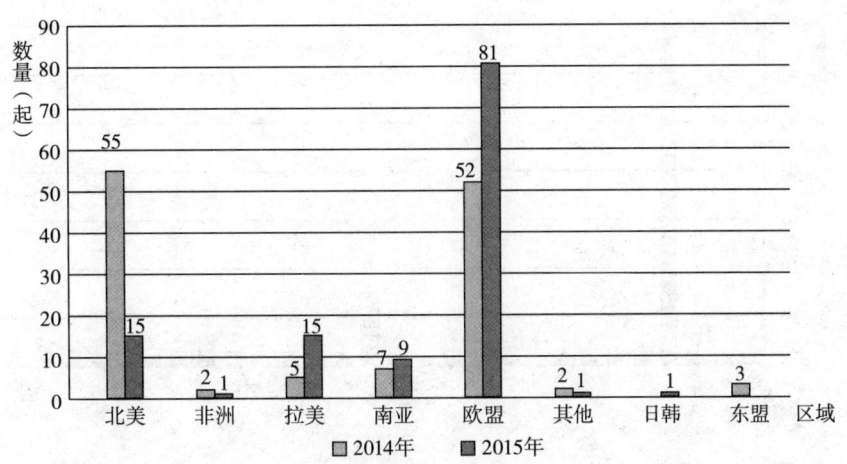

图 6-19　2015 年纺织品、服装产品出口贸易壁垒区域分析（二）

由图可见，与 2014 年相比，2015 年欧盟和拉美对中国纺织品、服装产品出口贸易壁垒事件数量有大幅增加，分别增加 29 起、10 起。南亚地区的壁垒事件数量也出现了上升。

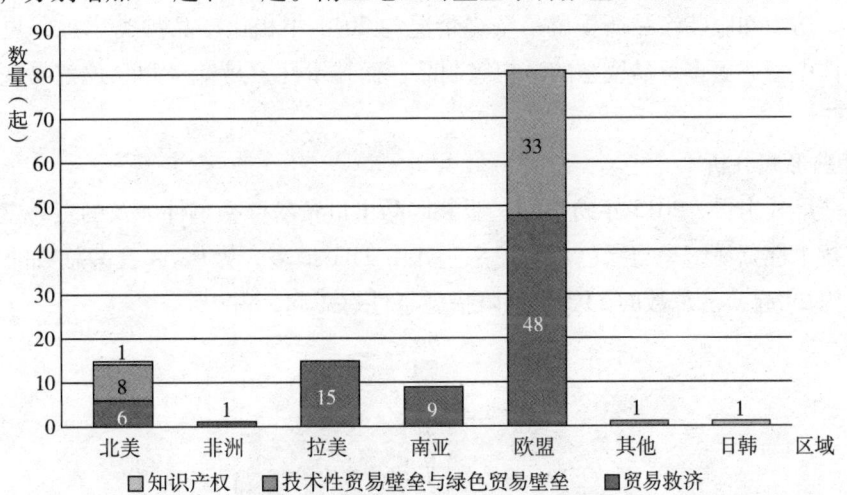

图 6-20　2015 年纺织品、服装产品出口贸易壁垒区域分析（三）

由图可以看出，2015 年欧盟对我国纺织品和服装出口贸易壁垒最多，且主要是以贸易救济的形式出现。

4. 产品分析

从产品来看，2015 年纺织品、服装产品出口贸易壁垒事件涉及的产品共 28 种：服装、配饰、鞋子、织物、防护、线绳索缆、箱包等。最多的是服装，有 63 起，大大超过其他各类产品的数量；其次是鞋类，为 15 起。

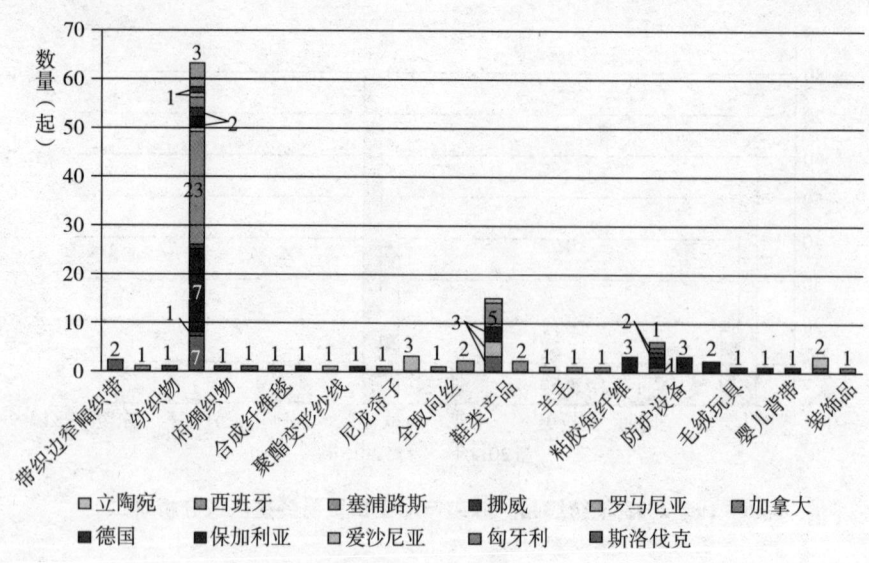

图 6-21 2015年纺织品、服装产品出口贸易壁垒产品分析

总体来看,纺织和服装产品所受贸易壁垒情况与2014年相比产品种类增加,更加分散。反倾销和反补贴事件中遭遇更多贸易壁垒的是初级制品,而技术性贸易壁垒和绿色贸易壁垒事件以制成品为主。

5. 贸易壁垒形式分析

从贸易壁垒形式来看,2015年纺织品、服装产品出口贸易壁垒事件涉及的贸易壁垒形式有反倾销、反补贴和技术性贸易壁垒与绿色贸易壁垒。其中TBT最多,为92起,占总数的75%;其次是反倾销事件,为29起,占总数的23%;保障措施事件有2起,占2%。

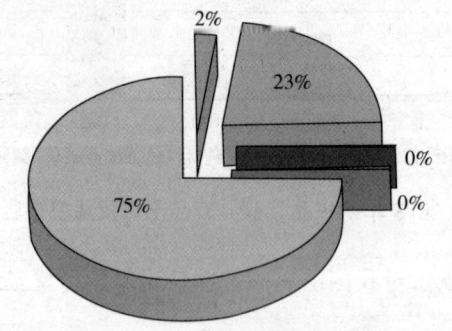

图 6-22 2015年纺织品、服装产品出口贸易壁垒形式分析(一)

与2014年相比,2015年纺织品、服装产品遭遇的贸易壁垒中贸易救济数量有所增加,技术性贸易壁垒和绿色贸易壁垒数量有所减少,但依然是最主要贸易壁垒形式的地位;反倾销作为传统的、使用时间较久的贸易壁垒形式,仍占据了一定的数量份额;反补贴和保障措施则与前两年数量相比波动幅度不大。技术性贸易壁垒数量较大,且增幅较大,更为发达国家所熟练运用,在未来应引起更多的注意。

第六章 纺织品、服装产品出口贸易壁垒

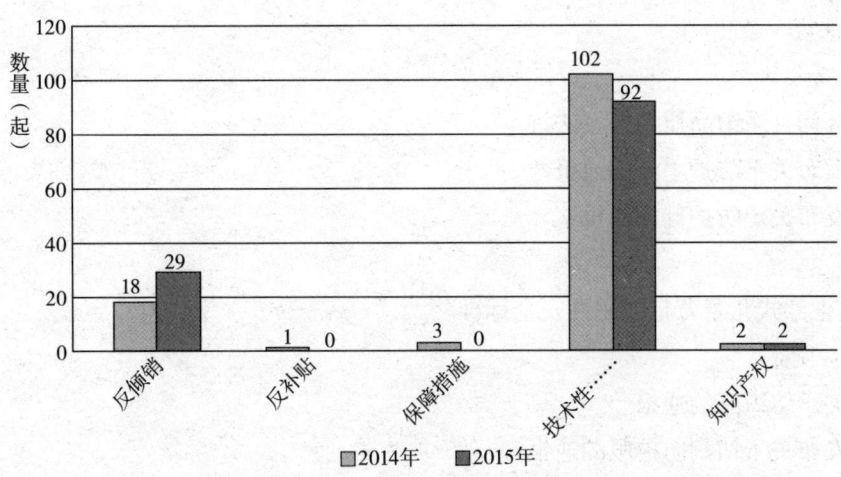

图 6-23　2015 年纺织品、服装产品出口贸易壁垒形式分析（二）

图 6-24 显示，技术性贸易壁垒与绿色贸易壁垒事件涉及的国家最多，有 14 个国家：欧盟 33 起，匈牙利 29 起。贸易救济与 2014 年相比所涉及的国家明显增多，为 8 个国家。

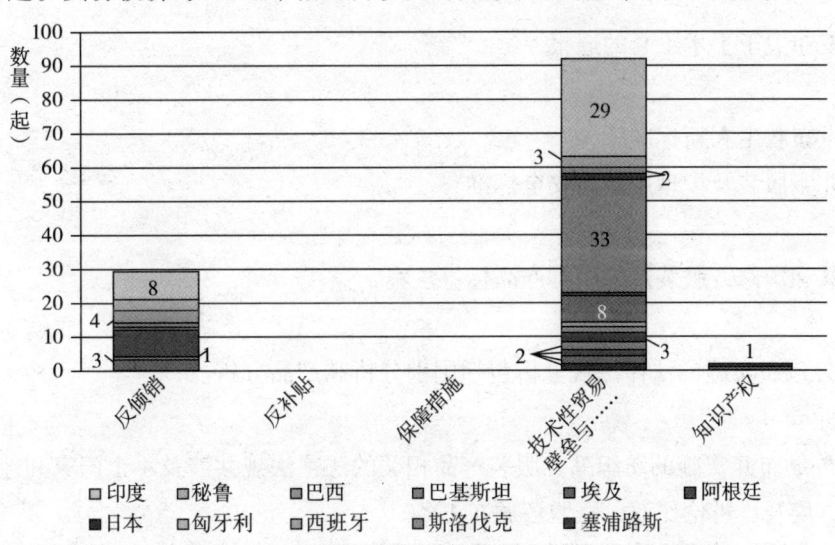

图 6-24　2015 年纺织品、服装产品出口贸易壁垒形式分析（三）

五、纺织品、服装产品出口贸易壁垒预警

对纺织品、服装产品所遇贸易壁垒法律法规进行分析，提出预警，提醒国内注意。

（一）法律法规

纺织品、服装产品出口所遇贸易壁垒的法规包括 2015 年颁布实施的、颁布尚未实施的和存在颁布意向的法律法规。

1. 颁布实施的法律法规

2015 年颁布实施的纺织品和服装产品相关法律法规共计 12 条。

(1) 法律法规

1月

日本拟部分修订纺织品质量标签法规

厄瓜多尔发布关于防护手套的通报

厄瓜多尔发布关于防护鞋的通报

2月

CPSC通过框架式儿童背带强制性安全标准

3月

埃及发布关于纺织品的通报

厄瓜多尔发布关于切割防护服的通报

厄瓜多尔发布关于运动肢体保护设备的通报

4月

欧盟发布关于纺织品的通报

5月

厄瓜多尔发布关于手术手套的通报

8月

澳大利亚发布救生衣新标准

欧盟刊登儿童服装及护理用品新安全标准

9月

哥伦比亚共和国修订服装及纺织类产品标签法案

(2) 分析

2015年国外颁布实施的法律法规分析包括国别分析和产品分析。

①国别分析

2015年国外颁布并实施的纺织品、服装产品相关的法律法规共涉及4个国家和地区，其中厄瓜多尔颁布5条，埃及、哥伦比亚、欧盟各颁布1条。

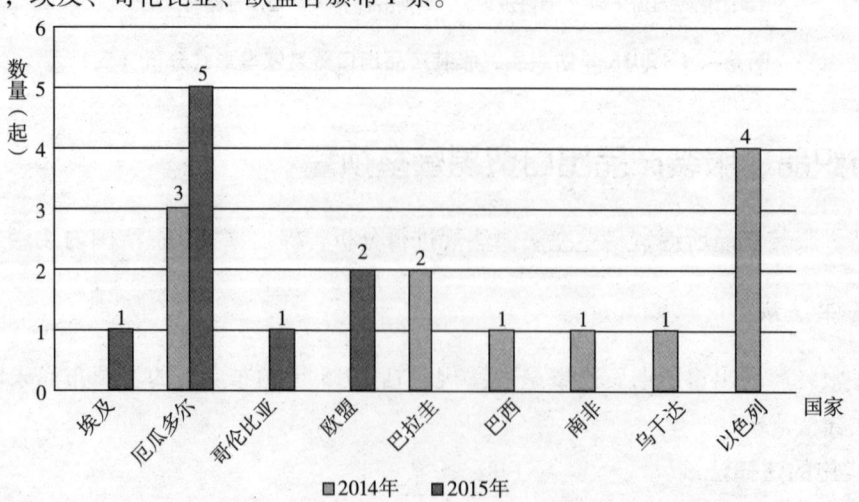

图6-25 2015年纺织品、服装产品颁布实施的法律法规国家分析

从图6-25可以看出，与2014年相比，2015年颁布和实施纺织品、服装产品法律法规的国家数量有所减少，由2014年的6个增加到7个。

② 产品分析

2015年国外涉及纺织品、服装产品的法律法规分布较为分散，在服装、手术手套类产品分别为1条，织物3条，布、防护类产品6条。这些法律法规主要从产品质量、技术、安全上进行了规定，并出现了对第三方认证机构设置要求的这种新型法律法规形式。

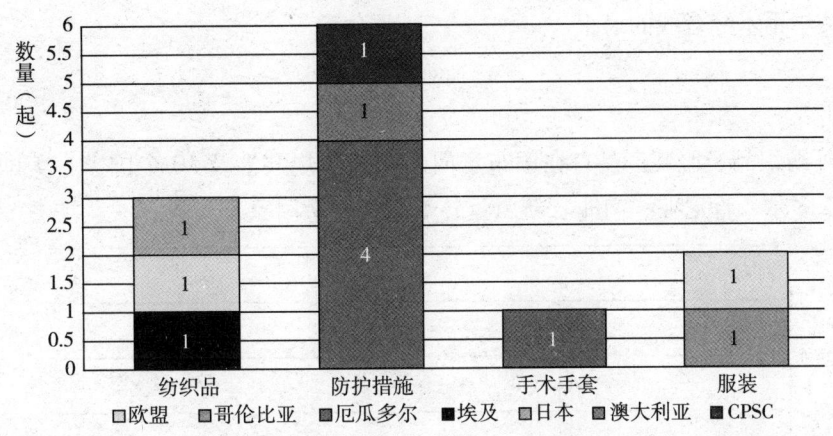

图6-26 2015年纺织品、服装产品颁布实施的法律法规产品分析

2. 颁布尚未实施的法律法规

2015年国外颁布尚未实施的法律法规共1条。

法律法规

9月

越南发布关于纺织品的通报

3. 存在颁布意向的法律法规

2015年国外存在颁布意向的法律法规共12条。

(1) 法律法规

1月

日本发布关于纺织品的通报

美国发布关于有绳窗帘的通报

厄瓜多尔发布关于消防用防护服的通报

巴西发布关于棉的通报

4月

南非发布关于安全鞋的通报

6月

新西兰就儿童睡衣安全法规的修订征求公众咨询

墨西哥发布关于救生衣的通报

9月

墨西哥纺织及成衣标签新标准9月生效

10月

欧盟拟取缔法装及纺织品近300种有害化学物质

11月

阿根廷发布关于纺织品的通报

肯尼亚发布关于清洗垫的通报

12月

巴西发布关于手术缝合线的通报

(2) 分析

①国别分析

2015年国外纺织品、服装产品存在颁布意向的法律法规共涉及10个国家：美国、欧盟、阿根廷、日本、厄瓜多尔、肯尼亚、南非、新西兰各1条，其余国家各2条。

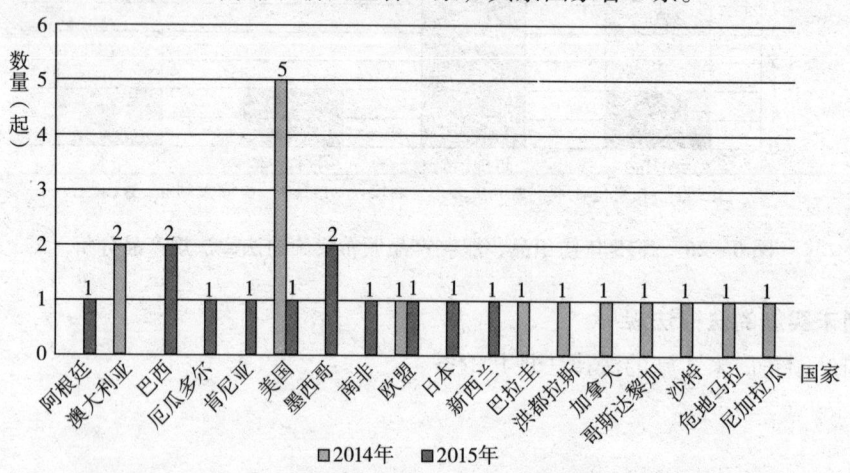

图6-27 2015年纺织品、服装产品颁布意向的法律法规国家分析

②产品分析

2015年国外存在颁布意向的纺织品、服装产品法律法规针对8类产品：其中服装与纺织品数量最多为4件。这几类产品在前几类型的法律法规中也多次出现，监管机构和相关企业应该加以足够的重视。

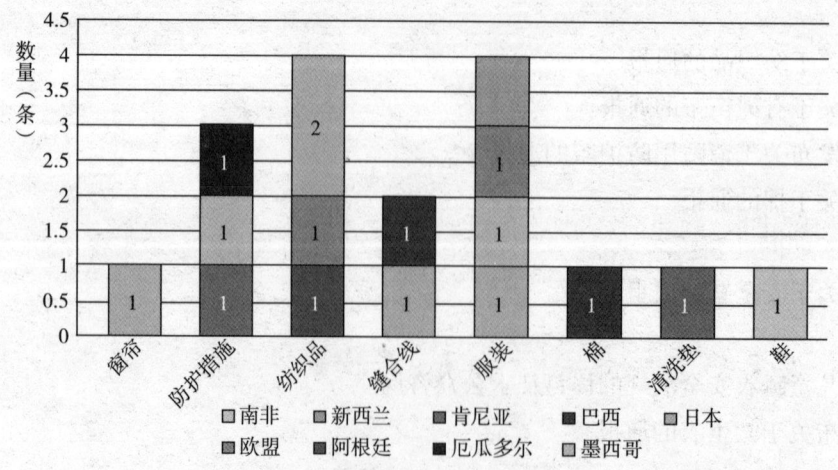

图6-28 2015年纺织品、服装产品存在颁布意向的法律法规产品分析

(二)法律法规综合分析

对纺织品、服装类产品出口所遇贸易壁垒法律法规进行综合分析,提出预警。该分析主要包括状态分析、国别分析、区域分析、产品分析和贸易壁垒形式分析。

1. 状态分析

从图中可以看出,2015年国外与纺织品、服装产品相关的法律法规共25条,其中颁布已实施的12条,占比48%;颁布未实施的1条;存在颁布意向的12条,占比48%。

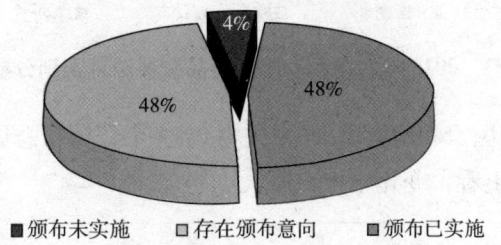

图6-29 2015年纺织品、服装产品法律法规状态分析(一)

总的来说,2015年比2014年的27条减少了2条,减幅较少。

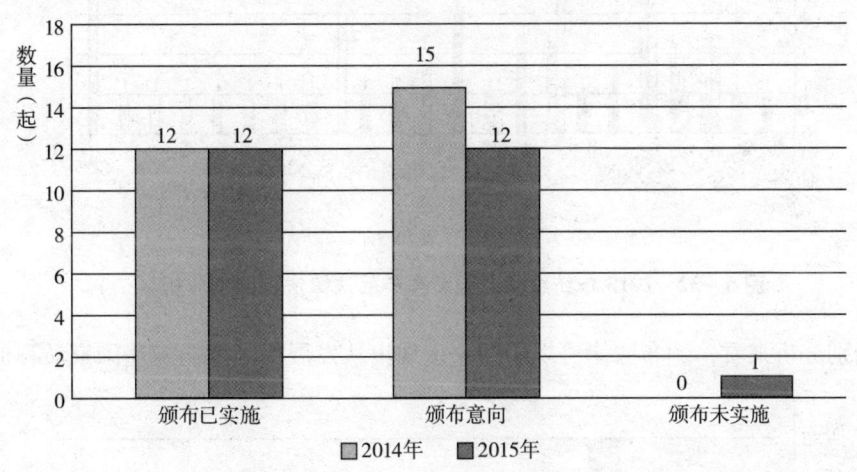

图6-30 2015年纺织品、服装产品法律法规状态分析(二)

法律法规的整体颁布数量这几年来波动较大,说明各国对本国的法律法规的颁布的水平不尽相同,掌控程度也深浅不一。

2. 国别分析

2015年纺织品、服装产品国外法律法规涉及的国家共14个。其中厄瓜多尔最多,有6条,占25%。欧盟其次,为3条,占13%;再次是巴西、美国、墨西哥、日本各2条,占9%。

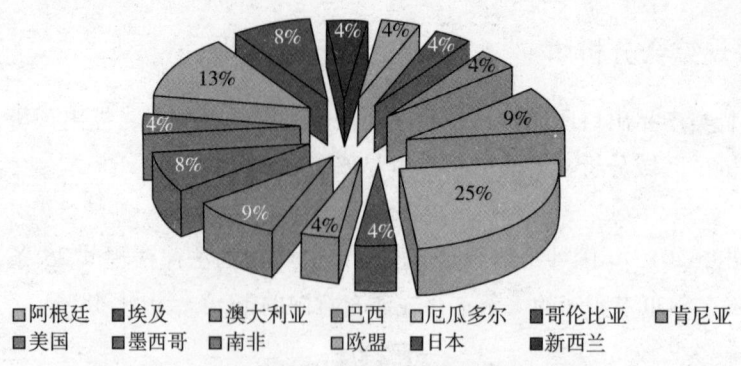

图6-31 2015年纺织品、服装产品法律法规国别分析（一）

与2014年相比，涉及的国家和地区由15个减少到14个，国家总体数量上相差较大，而且从各个国家颁布法律法规的数量上看，变化幅度也很大。

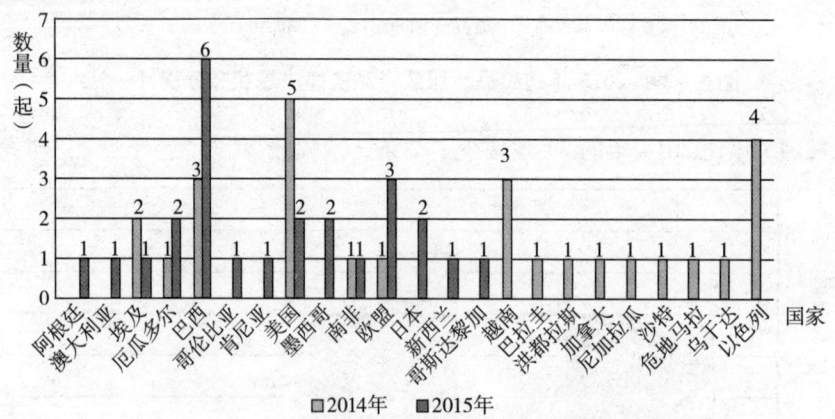

图6-32 2015年纺织品、服装类产品法律法规国别分析（二）

从历年国别分析来看，颁布法律法规的国家呈现出从发展中国家向发达国家转移的趋势。

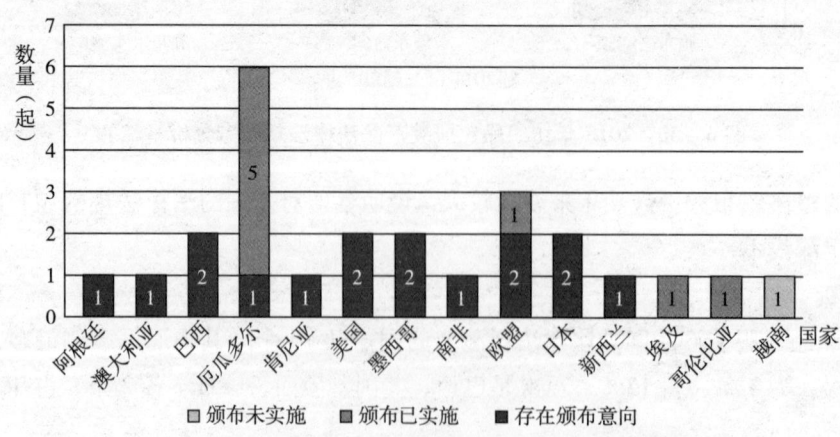

图6-33 2015年纺织品、服装产品法律法规国别分析（三）

从图6-33看出，没有包含全部三种状态的国家和地区，厄瓜多尔、美国、日本、欧盟同时存在两种颁布状态，而埃及、哥伦比亚只有存在颁布已实施一种状态，越南只处于颁布未实施状态。总的来说，2015年颁布的纺织品、服装产品相关的法律法规比较分散。

3. 区域分析

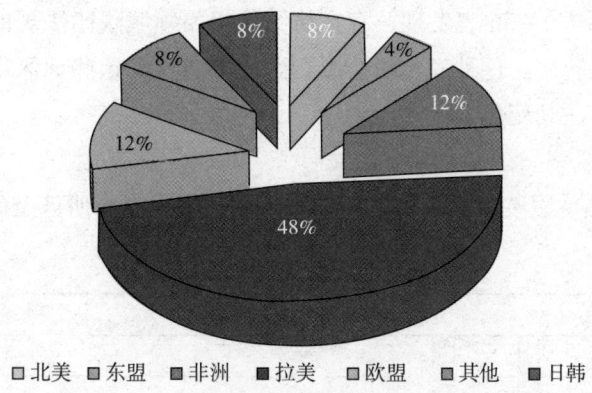

图6-34　2015年纺织品、服装产品法律法规区域分析（一）

2015年纺织品、服装产品法律法规最多的地区是拉美地区，为12条，占48%；其次为非洲和欧盟，各3条，占12%；北美、其他、日韩地区仅为2条，占比8%；东盟为1条，占4%。总体来看，2015年发展中国家和地区颁布的法律法规数量大大超过了发达国家。

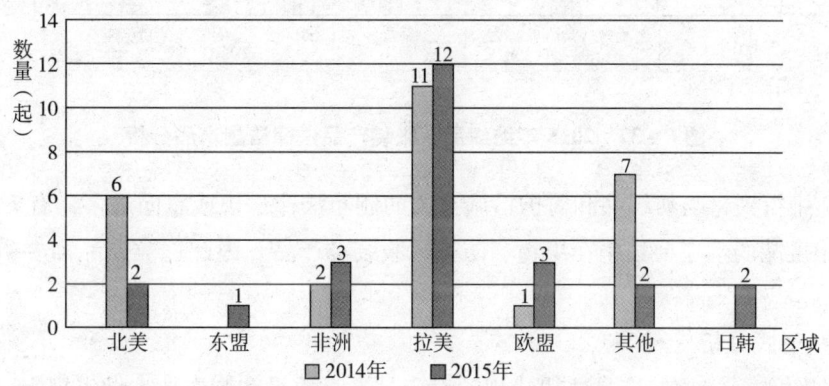

图6-35　2015年纺织品、服装产品法律法规区域分析（二）

与2014年相比，除拉美、非洲、拉美、日韩、欧盟地区法律法规有所增加外，其余地区都有所减少。北美、其他地区下降比较明显。

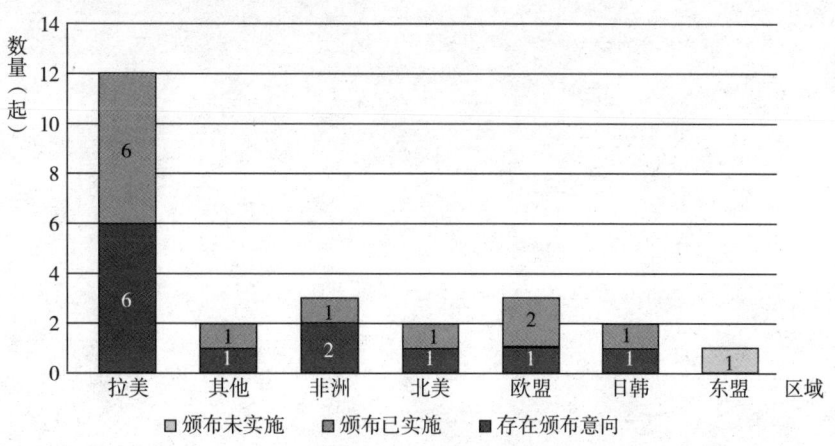

图6-36　2015年纺织品、服装产品法律法规区域分析（三）

在2015年，颁布已实施的法律法规方面，集中在拉美地区，有6起。存在颁布意向的则也是拉美地区最多，有6起。从6-36表发现，存在纺织品相关领域法律法规的制定正在由发达国家和地区向发展中国家和地区转移。这种变化将会影响到我国企业向这些地区出口纺织品和服装，政府和各相关企业需要密切关注其变化。

4. 产品分析

2015年国外与纺织品、服装产品有关的新颁布法律法规或意向所涉及的产品类型十分分散，一共有9个类型。

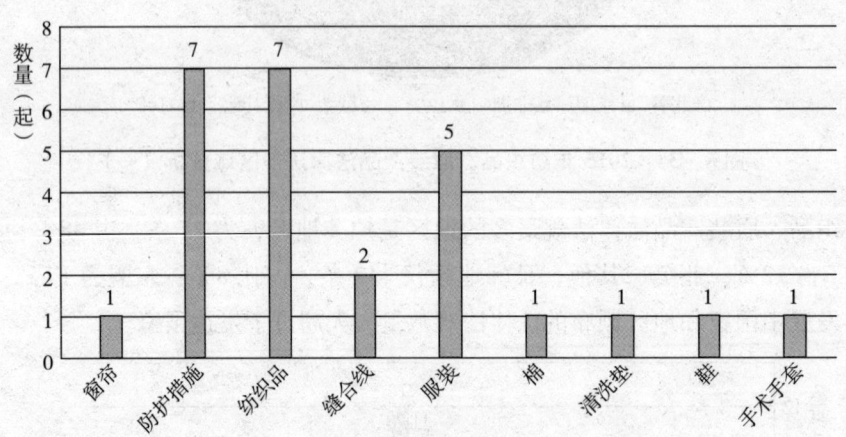

图6-37 2015年纺织品、服装产品法律法规产品分析

从图6-37中得到，与纺织品和防护措施有关的颁布法律法规或意向最多，有7起。与2014年相比，产品集中度减弱，主要集中在织物、防护、服装类产品。因此这类产品需要引起企业的高度重视。

5. 贸易壁垒形式分析

2015年国外纺织品、服装产品法律法规除对产品本身质量和制作技术做出规定以外，许多国家开始关注标签和认证方法，并出现了对第三方认证机构、第三方检验程序等领域进行规定的法律法规。通过对其标签、认证及检测方法等方面的严格限制，有可能成为比贸易救济措施更隐蔽和更有效的技术性贸易壁垒。这应该引起有关部门的重视。

第七章 金属、陶瓷、玻璃类产品出口贸易壁垒

本章分析国外对中国金属、陶瓷、玻璃制品等方面的贸易壁垒。

按照海关商品分类目录,这些产品包括以下三大类产品。

第一类:石料、石膏、水泥、石棉、云母及类似材料的制品,陶瓷产品,玻璃及其制品;

第二类:天然或养殖珍珠、宝石或半宝石、贵金属、包贵金属及其制品、仿首饰,硬币;

第三类:钢铁,钢铁制品,铜及其制品,镍及其制品,铝及其制品,铅及其制品,锌及其制品,锡及其制品,其他贱金属、金属陶瓷及其制品、贱金属工具、器具、利口器、餐匙、餐叉及其零件,贱金属杂项制品。

一、金属、陶瓷、玻璃类产品出口贸易救济措施

2015年金属、陶瓷、玻璃制品出口所遇贸易救济措施共330起,其中反倾销事件255起;反补贴事件52起,其中"双反"事件36起;保障措施事件23起。

(一)反倾销

2015年,金属、陶瓷、玻璃制品出口所遇反倾销事件共255起,涉及16个国家,多来自美国、澳大利亚、欧盟等国家和地区。

1. 事件

1月

美国对华不可锻铸铁管附件作出反倾销行政复审初裁

美国对中国和南非产铁矾合金作出反倾销日落复审产业损害裁决

美国对华不锈钢拉制水槽作出反倾销新出口商复审终裁

美国对华圆锥滚子轴承作出反倾销行政复审终裁

加拿大对中国等3国混凝土钢筋作出双反产业损害终裁

欧盟对华铁或非合金钢焊缝管作出反倾销日落复审终裁

澳大利亚延期发布对华焊缝管反倾销期中复审案重要事实公告

澳大利亚对华铝制车轮进行反倾销和反补贴快速复审调查

阿根廷对华钢轮毂作出反倾销终裁

阿根廷对华扳手及扳钳的反倾销调查取证阶段结束

阿根廷将球墨铸铁加入对华可锻性铸铁管案征税范围

阿根廷发布对华十字万向节和球笼三叉反倾销复审调查企业调查报告
阿根廷通告对华陶瓷餐具及其他家用或卫生用瓷器反倾销复审调查取证阶段结束
阿根廷决定对华陶瓷绝缘子采取临时反倾销措施
阿根廷通告对华不锈钢餐具第二次日落复审调查取证阶段结束
哥伦比亚对华非夹丝玻璃板启动反倾销调查
哥伦比亚延长对华钢绞股绳反倾销临时措施有效期
墨西哥将召开不锈钢洗涤槽反倾销案听证会
泰国对华低碳盘条进行反倾销调查

2月
美国对华厨房用金属架（筐）作出双反日落复审产业损害裁决
美国对华非封闭内置弹簧部件作出反倾销行政复审初裁
美国对华定尺碳素钢板作出反倾销日落复审终裁
美国对华非封闭内置弹簧部件作出反倾销行政复审初裁
加拿大国际贸易法庭对华晶硅光伏组件和层压件产品进行双反立案
澳大利亚对华铝型材作出反规避终裁
澳大利亚对华金属硅作出反倾销初裁
澳大利亚延期发布对华聚氯乙烯扁平电缆反倾销重要事实公告
哥伦比亚对华瓷砖进行反倾销调查
哥伦比亚推迟对华玻璃板反倾销案调查问卷递交截止日期
墨西哥对强化钢铁绳缆发起反倾销调查
阿根廷对华管道附件反倾销复审调查取证阶段结束
马来西亚对华热轧卷材、格子花纹卷材和酸洗涂油卷材作出反倾销终裁
印度对华石墨电极正式征收为期5年反倾销税

3月
美国对华金刚石锯片作出反倾销快速日落复审终裁
美国对华金属镁作出反倾销行政复审终裁
美国对华无螺栓钢制货架作出反倾销初裁
美国对华钢丝衣架作出反倾销行政复审终裁
加拿大对华钢格板启动反倾销和反补贴再调查
欧盟对华瓷砖作出反倾销期中复审终裁
欧盟对华冷轧不锈钢板作出反倾销初裁
欧盟对华钼丝进行反规避调查
欧盟对华钢铁制紧固件作出反倾销日落复审终裁
澳大利亚对华焊缝管作出反倾销免税调查终裁
澳大利亚延期发布对华焊缝管反倾销期中复审重要事实报告
澳大利亚对华热轧钢板作出反倾销免税调查终裁
澳大利亚对华热轧钢板作出双反免税调查终裁

澳大利亚对华不锈钢拉制深水槽作出双反终裁
巴西对华螺纹铜管作出反倾销终裁
巴西对华玻璃镜进行反倾销调查
哥伦比亚对华陶、瓷器具作出反倾销复审调查终裁
哥伦比亚延后对华瓷砖反倾销调查问卷的提交截止日期
印度开始对华平板玻璃征收5年反倾销税
印度对华陶瓷或玻璃制绝缘子作出反倾销终裁
印度延期对华不锈钢冷轧平板反倾销日落复审终裁
印度对华304系列不锈钢热轧平板作出反倾销终裁
墨西哥将召开碳钢焊接接头反倾销案听证会
南非对华独轮手推车作出反倾销初裁

4月

美国对华弹簧垫圈修改反倾销行政复审终裁
美国对华钢钉作出反倾销行政复审终裁
美国对华镁碳砖作出反倾销行政复审终裁
美国对华石油管材作出反倾销日落复审终裁
美国对华石油管材作出双反日落复审产业损害终裁
美国对华圆锥滚子轴承作出反倾销情势变迁复审终裁
USCIT就对华铜版纸反倾销案作出判决
欧盟对华高抗疲劳性能混凝土钢筋进行反倾销调查
欧盟对华晶体硅光伏组件及关键零部件发布双反即将到期公告
欧盟修改对华太阳能玻璃反倾销终裁
澳大利亚对华焊缝管进行反倾销期中复审调查
澳大利亚对华铝型材进行反倾销日落复审调查
澳大利亚延迟发布对华金属硅反倾销和反补贴终裁报告
澳大利亚修正对华焊缝管反倾销期中复审中海关编码
巴西对华修甲钳作出反倾销初裁
哥伦比亚推迟瓷砖反倾销案初裁结果公布日期
墨西哥对华铝制炊具发起反倾销调查
阿根廷发布对华陶瓷绝缘子反倾销调查基本事实信息
秘鲁对我三种热轧钢管实行反倾销措施
印度对华陶瓷或玻璃制绝缘子发布征收5年反倾销税公告
印度将就涉华浮法玻璃反倾销日落复审举行听证会
马来西亚对华冷轧不锈钢板进行反倾销调查
马来西亚对华预涂/漆/彩色涂层钢卷进行反倾销调查

5月

美国对华不可锻铸铁管附件作出反倾销行政复审终裁

美国对华钢制螺杆作出反倾销行政复审初裁
USCIT就对华铝型材反倾销行政复审案作出判决
美国对华镁合金作出反倾销行政复审终裁
欧盟对华冷轧钢板进行反倾销调查
欧盟对华取向硅电钢作出反倾销初裁
欧盟修改对华瓷砖反倾销终裁
欧盟对华晶体硅光伏组件及关键零部件双反案进行反规避调查
澳大利亚对华镀铝锌板进行反倾销免税调查
澳大利亚反倾销复审组复议对华不锈钢拉制深水槽双反案
澳大利亚对华焊缝管进行反规避调查
墨西哥对原产于中国的不锈钢洗涤槽作出反倾销终裁
墨西哥对原产于中国的钢把手和锌合金把手征收临时反倾销税
墨西哥对华墙砖和地砖发起反倾销调查
巴西启动对华涂镀平轧钢反倾销措施适用范围评估
巴西对环状磁铁启动反倾销复审调查
阿根廷发布对我十字万向节和球笼三叉反倾销调查基本事实信息
印度对华铸造铝合金车轮或合金车轮发布反倾销征税公告
印度对华测量卷尺作出反倾销日落复审终裁

6月

美国对华纯镁修改反倾销行政复审终裁结果
美国对华无缝精炼铜管材作出反倾销行政复审终裁
美国对华铝型材作出反倾销行政复审初裁
美国对华金刚石锯片作出反倾销行政复审终裁
加拿大修改对华钢格板反倾销和反补贴再调查终裁
加拿大对华晶硅光伏组件和层压件产品作出双反终裁
欧盟对华预应力非合金钢丝和钢绞线作出反倾销日落复审终裁
欧盟对华短切玻璃纤维发布反倾销措施即将到期公告
欧盟对华钼丝进行反倾销日落复审调查
欧盟对华碳化钨和熔凝碳化钨发布反倾销措施即将到期公告
澳大利亚对华镀锌板双反案进行免税调查
澳大利亚对华镀锌板双反案进行反规避调查
澳大利亚对华热轧钢板进行反倾销免税调查
澳大利亚对华金属硅作出双反终裁
澳大利亚对华铝型材双反案进行免税调查
澳大利亚延期发布对华铝制车轮反倾销期中复审重要事实公告
墨西哥对华热轧钢板反倾销调查作出初裁
墨西哥对华冷轧钢板反倾销调查作出终裁

第七章 金属、陶瓷、玻璃类产品出口贸易壁垒

阿根廷发布对我陶瓷餐具反倾销调查基本事实信息
阿根廷决定对我陶瓷绝缘子采取最终反倾销措施
巴西对华汽车玻璃启动反倾销调查
巴西对华汽车用钢化玻璃启动反倾销调查
巴西对我平轧钢板启动反规避调查
哥伦比亚对华瓷砖反倾销案发布初裁
印度就涉华浮法玻璃第二次反倾销日落复审案发布终裁披露
印度对华304系列不锈钢热轧平板发布反倾销征税公告

7月

美国对华钢丝衣架作出反倾销行政复审初裁
美国对华镀锌板产品作出双反肯定性产业损害初裁
美国对华圆锥滚子轴承作出反倾销行政复审初裁
美国对华预应力混凝土结构用钢绞线作出反倾销日落复审终裁
加拿大对进口热轧碳钢和合金钢板进行反倾销和反补贴日落复审调查
加拿大对华钢格板反倾销和反补贴再调查作出终裁
澳大利亚对华铝型材进行反倾销免税调查
澳大利亚对华钢筋进行反倾销调查
澳大利亚对华焊缝管作出反倾销期中复审终裁
澳大利亚对华焊缝管进行反倾销免税调查
印度对华玻璃纤维发起反倾销日落复审调查
印度延长对华玻璃纤维及其制品反倾销措施一年
印度对华测量卷尺继续征收5年反倾销税
印度对华浮法玻璃作出反倾销日落复审终裁
印度对华无缝钢管发起反倾销调查
印度对华无缝钢管和空心型材进行反倾销调查
墨西哥对华碳钢焊接接头第二次反倾销日落复审调查作出终裁
墨西哥对碳钢螺母发起反倾销日落复审调查
阿根廷对华扳手采取临时反倾销措施
哥伦比亚启动对我合金钢热轧条反倾销调查
巴基斯坦对华冷轧钢板进行反倾销立案调查

8月

美国对华金刚石锯片作出反倾销日落复审产业损害裁决
美国对华定尺碳素钢板作出反倾销行政复审初裁
美国商务部对从中国、俄罗斯等国进口的冷轧钢板进行双反调查
USCIT就对华镁碳砖反倾销行政复审案作出判决
USCIT就对华无缝精炼铜管材反倾销行政复审案作出判决
美国对华无螺栓钢制货架作出双反调查终裁

加拿大对华钢格板进行反倾销和反补贴日落复审调查
加拿大国际贸易法庭对华钢格板进行反倾销和反补贴日落复审调查
欧盟发布对华太阳能玻璃反吸收调查裁决结果
欧盟对华泡沫陶瓷过滤器进行反倾销立案调查
欧盟对华冷轧不锈钢板作出反倾销终裁
澳大利亚对华热轧钢板作出双反免税调查终裁
澳大利亚对华铝型材反倾销期中复审案作出终裁
澳大利亚对华铝型材进行反倾销和反补贴快速复审调查
巴基斯坦对华连铸坯材发起反倾销调查
巴基斯坦对华热浸镀锌板卷进行反倾销立案调查
墨西哥对强化钢铁绳缆反倾销调查作出初裁
墨西哥将召开钢和锌合金把手反倾销案听证会
阿根廷通报对我不锈钢餐具反倾销调查取证阶段结束
哥伦比亚就瓷砖反倾销案价格承诺征求各方意见
土耳其对中国冷轧不锈钢发起反倾销调查
马来西亚对华冷轧卷进行反倾销调查

9月

美国对华非封闭内置弹簧部件作出反倾销行政复审终裁
美国对华钢钉作出反倾销行政复审初裁
美国对华金刚石锯片发布反倾销继续征税令
美国国际贸易委员会对华冷轧钢板作出双反产业损害初裁
美国国际贸易委员会对华无螺栓钢制货架作出双反产业损害终裁
美国国际贸易委员会对华预应力混凝土结构用钢绞线作出双反日落复审产业损害裁决
欧盟对华玻璃纤维网格织物作出反倾销期中复审终裁
欧盟对华金属硅进行反倾销期中复审调查
澳大利亚延期发布对华焊缝管反倾销期中复审终裁公告
加拿大对华铜管件进行双反再调查
加拿大国际贸易法庭对华碳和合金钢管进行倾销和补贴的产业损害调查
巴西对华无缝碳钢管启动反倾销调查
巴西对华加硼厚板反规避复审决定征税
墨西哥对华盘条发起反倾销调查
墨西哥对华瓶型液压千斤顶发起第二次反倾销日落复审调查
墨西哥将召开对华热轧钢板反倾销案听证会
阿根廷对瓷餐具和其他家用卫生瓷器反倾销复审调查作出裁决
阿根廷延长对我不锈钢餐具反倾销复审调查期
印度对华浮法玻璃发布征收5年反倾销税公告
印度对汽车前梁桥和转向轴反倾销日落复审案做出终裁

第七章 金属、陶瓷、玻璃类产品出口贸易壁垒

泰国对华不锈钢管展开反倾销调查

10月

美国对华钢格板作出反倾销日落复审终裁

美国国际贸易委员会对华钢格板作出双反日落复审产业损害裁决

欧盟对华钢铁管对焊件进行反倾销调查

欧盟对华钢铁管配件作出反倾销日落复审终裁

欧盟对华钼丝作出反规避终裁

欧盟对华取向硅电钢作出反倾销终裁

澳大利亚延迟发布对华焊缝管反倾销期中复审终裁报告

澳大利亚对华铝型材进行双反快速复审调查

澳大利亚取消对华晶体硅光伏模块或面板反倾销调查

澳大利亚对华铝型材进行反倾销日落复审调查

澳大利亚取消对华蘑菇罐头反倾销日落复审调查

澳大利亚发布对华铝制车轮反倾销期中复审终裁

巴西对华镁粉启动反倾销日落复审调查

巴西对我镁粉启动反倾销日落复审调查

哥伦比亚对华铝材复审终裁征税

哥伦比亚对华锄镐耙日落复审裁决继续征税

阿根廷发布对我扳手反倾销调查基本事实信息

阿根廷对管道附件反倾销复审调查作出裁决

印度对华全取向丝、全拉伸丝、纺丝拉伸丝和涤纶扁平丝征收5年反倾销税

印度对中国等7国（地区）不锈钢冷轧平板作出反倾销日落复审终裁

印度对华瓷砖发起反倾销调查

埃及对自中国、土耳其进口的电焊条产品发起反倾销调查

巴基斯坦对华钢铁线材发起反倾销调查

11月

美国对华钢制螺杆作出反倾销行政复审终裁

美国对华钢丝衣架作出反倾销行政复审终裁

美国对华不锈钢拉制水槽作出反倾销行政复审终裁

欧盟对华玻璃纤维网格织物发布反倾销措施即将到期公告

欧盟对华钢丝绳和钢缆进行反规避期中复审调查

欧盟对华可锻铸铁螺纹管和接头进行反倾销日落复审调查

欧盟对华铝合金轮毂进行反倾销日落复审调查

欧盟对华钢铁管对焊件进行反倾销调查

澳大利亚对华镀铝锌板作出反倾销免税调查终裁

澳大利亚对华镀锌板作出反倾销免税调查终裁

澳大利亚修改对华钢筋反倾销案产品范围

澳大利亚对华线圈棒作出反倾销初裁

澳大利亚延迟发布对华线圈棒反倾销重要事实公告

澳大利亚延迟发布对华钢筋反倾销重要事实公告

墨西哥对华混凝土钢钉第二次日落复审调查作出终裁

墨西哥将召开强化钢铁绳缆反倾销案听证会

印度将对华瓷砖反倾销调查进行抽样

阿根廷启动对我管配件反倾销复审调查

巴西对华平轧钢板启动反规避复审调查

12 月

美国部分取消对华不锈钢拉制水槽反倾销行政复审调查

美国对华定尺碳素钢板作出反倾销行政复审终裁

美国国际贸易委员会对华机械传输组件作出双反产业损害初裁

美国对华金刚石锯片作出反倾销行政复审初裁

美国修改对华铜版纸反倾销终裁

美国对华无缝精炼铜管材作出反倾销行政复审初裁

美国对华圆锥滚子轴承作出反倾销新出口商复审初裁

美国商务部对中国等 5 国（地区）进口的镀锌板作出反倾销调查初裁

加拿大对华钢格板作出双反日落复审终裁

加拿大对进口热轧碳钢和合金钢板启动反倾销日落复审产业损害调查

加拿大对华碳和合金钢管作出双反初裁

加拿大国际贸易法庭对华碳和合金钢管作出倾销和补贴的产业损害裁决

澳大利亚延期发布对华焊缝管反规避终裁

澳大利亚延期发布对华焊缝管反倾销期中复审终裁公告

澳大利亚对华钢筋作出反倾销初裁

澳大利亚延期发布对华镀锌板反规避终裁

印度拟举行玻璃纤维反倾销日落复审听证会

印度对华铝箔进行反倾销调查

印度对华密胺餐具和厨具征收 5 年反倾销税

印度对华不锈钢冷轧平板继续征收 5 年反倾销税

墨西哥对华铝制炊具作出反倾销调查初裁

墨西哥对华钢和锌合金把手作出反倾销调查终裁

墨西哥对中国等 3 国热轧钢板作出反倾销调查终裁

巴西对华钢条启动反倾销调查

2. 分析

金属、陶瓷及玻璃制品类产品出口所遇反倾销事件分析包括月份分析、国别分析和产品分析。

（1）月份分析

2015 年金属、陶瓷、玻璃制品出口所遇反倾销事件共 255 起，与 2014 年的 214 起相比有明显增加。

第七章 金属、陶瓷、玻璃类产品出口贸易壁垒

除7月、8月和12月份数量较2014年同期分别减少6起、3起和10起意外,其他月份均有所增加。

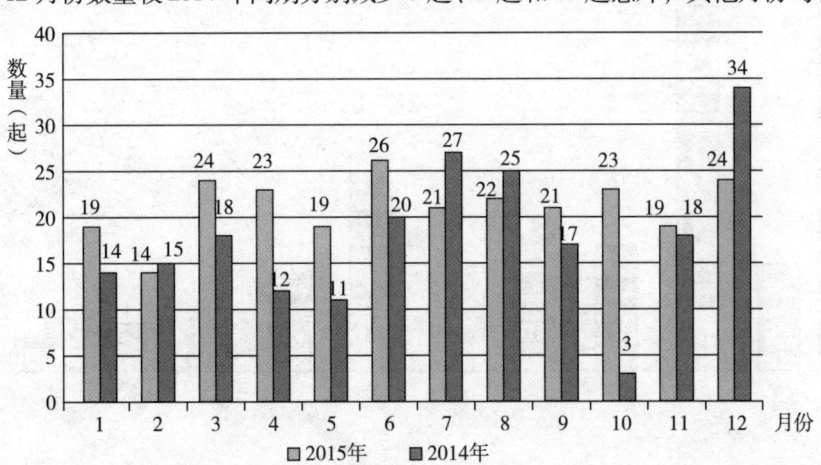

图7-1 2015年金属、陶瓷、玻璃制品产品出口贸易反倾销月份分析

全年反倾销事件每月平均约21.25起,其中6月为峰值达到26起,主要由美国、澳大利亚和欧盟发起。2月事件最少,仅为14起。

(2) 国别分析

2015年对华反倾销的国家以美国、澳大利亚、欧盟为主,分别为57起、48起和30起,各占事件总数的22%、19%和12%,一共占事件总数的55%;相对于2014年三国的59起、30起和28起,有不同程度的涨跌。总体上看,这些国家都是与我国发生贸易额较大的国家。

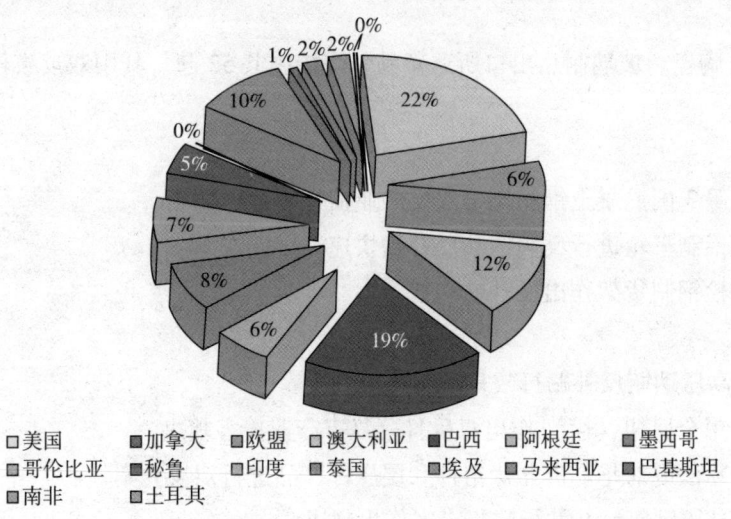

图7-2 2015年金属、陶瓷、玻璃制品类产品出口贸易反倾销国别分析

总的来看,美国、欧盟和澳大利亚为发起贸易救济的最主要国家。这需要我国政府和企业继续进行监控和关注。另外,对巴西仍需保持一定的关注,注意它在未来几年中的变化。

(3) 产品分析

2015年金属、陶瓷及玻璃制品类产品出口贸易反倾销事件共涉及具体产品大致10类。其中最多的是其他钢铁制品,为76起,主要由美国和澳大利亚发起;其次为杂项类产品,为45起,主要由美国和澳大利亚发起;镁制品类产品反倾销事件最少,为8起,分别由美国和巴西发起。

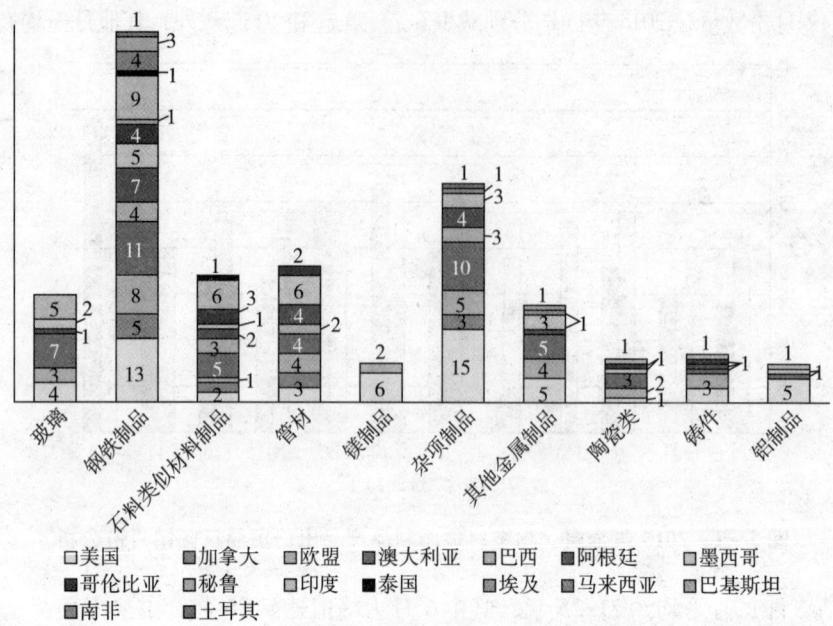

图7-3 2015年金属、陶瓷、玻璃制品类产品出口贸易反倾销产品分析

总体上看，与2014年相比，2015年陶瓷、玻璃及金属制品类产品出口遭受反倾销的产品数量有所增加，出口企业应对各自出口产品涉及的领域多加注意。

（二）反补贴

2015年金属、陶瓷、玻璃制品出口所遇贸易救济措施共52起。其中双反事件36起。

1. 事件

1月

加拿大对中国等3国混凝土钢筋作出双反产业损害终裁

澳大利亚对华铝制车轮进行反倾销和反补贴快速复审调查

美国对华无螺栓钢制货架作出反补贴初裁

2月

USCIT就对华高压钢瓶反补贴行政复审案作出判决

美国对华厨房用金属架（筐）作出双反日落复审产业损害裁决

加拿大国际贸易法庭对华晶硅光伏组件和层压件产品进行双反立案

USCIT就对华高压钢瓶反补贴行政复审案作出判决

3月

澳大利亚对华不锈钢拉制深水槽作出双反终裁

澳大利亚对华热轧钢板作出双反免税调查终裁

USCIT就对华铝型材反补贴行政复审案作出判决

加拿大对华钢格板启动反倾销和反补贴再调查

4月

USCIT就对华镁碳砖反补贴行政复审案作出判决

第七章 金属、陶瓷、玻璃类产品出口贸易壁垒

美国对华石油管材作出反补贴日落复审终裁

美国对华石油管材作出双反日落复审产业损害终裁

澳大利亚延迟发布对华金属硅反倾销和反补贴终裁报告

欧盟对华晶体硅光伏组件及关键零部件发布双反即将到期公告

5月

澳大利亚反倾销复审组复议对华不锈钢拉制深水槽双反案

美国对华不锈钢拉制水槽作出反补贴行政复审初裁

6月

澳大利亚对华金属硅作出双反终裁

澳大利亚对华铝型材双反案进行免税调查

加拿大对华晶硅光伏组件和层压件产品作出双反终裁

美国对华铝型材作出反补贴行政复审初裁

澳大利亚对华镀锌板双反案进行免税调查

7月

美国对华镀锌板产品作出双反肯定性产业损害初裁

加拿大对华钢格板反倾销和反补贴再调查作出终裁

加拿大对进口热轧碳钢和合金钢板进行反倾销和反补贴日落复审调查

欧盟取消对华冷轧不锈钢板反补贴调查

8月

加拿大对华钢格板进行反倾销和反补贴日落复审调查

加拿大国际贸易法庭对华钢格板进行反倾销和反补贴日落复审调查

加拿大国际贸易法庭对华碳和合金钢管进行倾销和补贴的产业损害调查

美国商务部对从中国、俄罗斯等国进口的冷轧钢板进行双反调查

澳大利亚对华铝型材进行反倾销和反补贴快速复审调查

澳大利亚对华热轧钢板作出双反免税调查终裁

9月

加拿大对华铜管件进行双反再调查

美国对华预应力混凝土结构用钢绞线作出反补贴日落复审终裁

美国国际贸易委员会对华冷轧钢板作出双反产业损害初裁

美国国际贸易委员会对华无螺栓钢制货架作出双反产业损害终裁

美国国际贸易委员会对华预应力混凝土结构用钢绞线作出双反日落复审产业损害裁决

10月

美国对华钢格板作出反补贴日落复审终裁

美国国际贸易委员会对华钢格板作出双反日落复审产业损害裁决

美国取消对华高压钢瓶反补贴行政复审调查

澳大利亚对华铝型材进行双反快速复审调查

11月

美国对华不锈钢拉制水槽作出反补贴行政复审终裁

美国对华镀锌板产品作出反补贴初裁

美国修改对华铝型材取消反补贴终裁结果

12月

加拿大对华钢格板作出双反日落复审终裁

澳大利亚对华钢筋进行反补贴调查

美国国际贸易委员会对华机械传输组件作出双反产业损害初裁

美国商务部对中国等5国进口的冷轧钢板作出反补贴调查初裁

加拿大对华碳和合金钢管作出双反初裁

加拿大国际贸易法庭对华碳和合金钢管作出倾销和补贴的产业损害裁决

加拿大对华无缝钢制油气套管等产品反补贴再调查作出裁决

2. 分析

金属、陶瓷及玻璃制品类产品出口所遇反补贴事件分析包括月份分析、国别分析和产品分析。2015年的反补贴案件共52起，其中36起是反倾销和反补贴同时进行的"双反案件"，此类案件在反倾销部分已有列出，但是为了读者阅读方便，在这里还是单独列出作分析。

（1）月份分析

2015年金属、陶瓷及玻璃制品类产品出口反补贴事件共计52起，12月最多，为7起；其次为8月，为6起；4月、6月和均发生5起；2月、3月、7月和10月均为4起；1月和11月均为3起，其余月份不足3起。

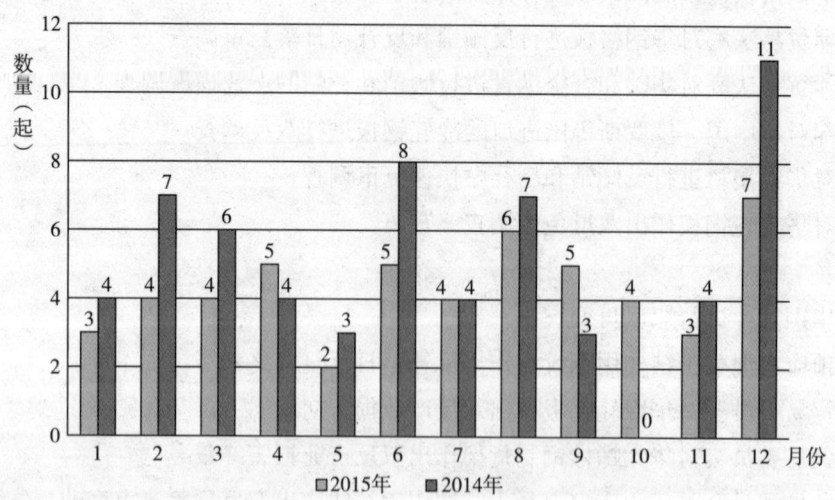

图7-4 2015年金属、陶瓷、玻璃制品类产品出口贸易反补贴事件月份分析

与2014年的61起相比，2015年我国受到来自国外的反补贴案件的总数减少9起，除4月、9月和10月外，其余各月均少于2014年同期。

（2）国别分析

2015年对华反补贴的国家以加拿大和美国为主，占事件总数的73%，与2012年相比增长了28%。欧盟和加澳大利亚分别占4%和23%。

第七章 金属、陶瓷、玻璃类产品出口贸易壁垒

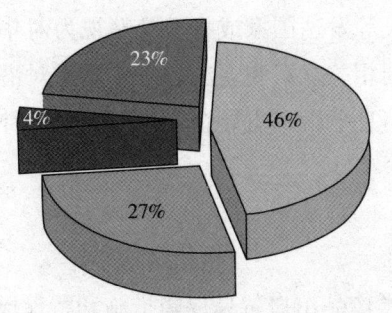

图7-5 2015年金属、陶瓷、玻璃制品类产品出口贸易反补贴事件国别分析（一）

2015年金属、陶瓷和玻璃制品领域，美国对华反补贴数量由21增加至24起；澳大利亚12起没有变化；加拿大由22起下降至14起；欧盟相比于2014年下降至2起。

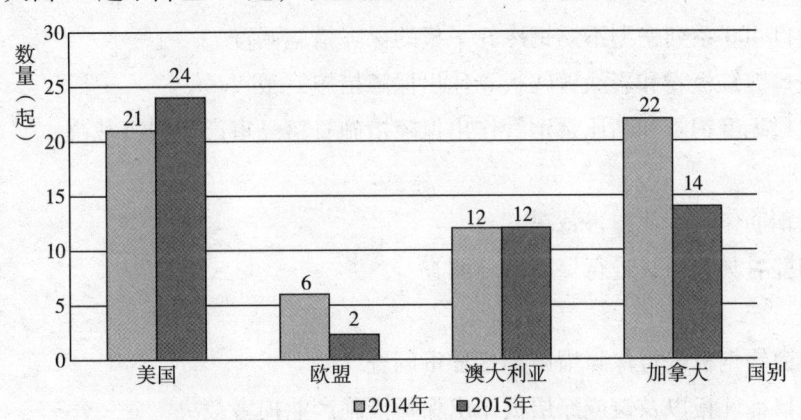

图7-6 2015年金属、陶瓷、玻璃制品类产品出口贸易反补贴事件国别分析（二）

（3）产品分析

2015年金属、陶瓷及玻璃制品类产品出口贸易反补贴事件共涉及具体产品大致是6类。其中最多的为杂项产品，为13起。主要由加拿大和美国发起；其次为钢铁制品，为13起，主要由美国和加拿大发起；之后分别为玻璃类、其他金属制品、管材和铝制品，分别为7起、7起、9起和3起。

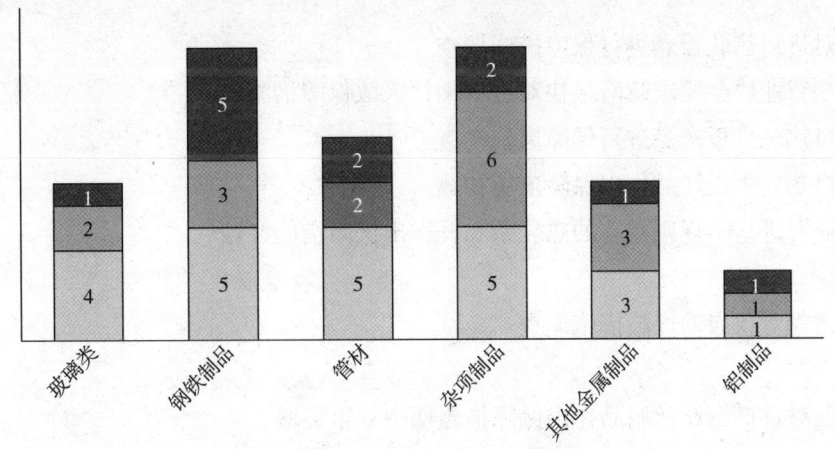

图7-7 2015年金属、陶瓷、玻璃制品类产品出口贸易反补贴事件产品分析

从趋势上看，未来美国、加拿大等发达国家或将反补贴视为对华贸易政策的重要组成部分。中国政府和企业要更加注重研究出口国相关立案和立法程序，提高对潜在反补贴调查的警惕性，一方面政府要建立和完善预警机制以及信息平台，引导企业积极应对反补贴调查；另一方面企业自身也要转变出口战略。

（三）保障措施与特保措施

2015年金属、陶瓷及玻璃制品类产品出口贸易保障措施和特保措施案件共23起事件。

1. 事件

1月

印度尼西亚对进口不规则盘卷的热轧条和杆作出保障措施产业损害裁决

3月

印度终止进口400系列铬型不锈钢冷轧平板的保障措施调查

菲律宾对进口镀锌板卷和彩涂镀锌板卷作出保障措施终裁

乌克兰对进口无缝钢管和高压泵钢管作出保障措施日落复审产业损害裁决

4月

埃及对进口钢筋作出产业损害裁决

土耳其对陶瓷餐具和厨具进行保障措施调查

7月

泰国对进口镀铬钢板进行保障措施日落复审调查

摩洛哥对进口冷轧板以及镀或涂层板作出保障措施产业损害裁决

马来西亚对进口热轧钢板作出保障措施损害裁决

突尼斯对进口瓷砖进行保障措施调查

赞比亚对进口铁或非合金钢平板轧材进行保障措施调查

8月

菲律宾对进口角钢作出保障措施日落复审终裁

9月

马来西亚对进口热轧板卷进行保障措施调查

墨西哥钢铁行业协会要求政府尽快对进口钢材采取保障措施

印度对进口热轧平板产品进行保障措施调查

印度对进口热轧平板产品作出保障措施初裁

印度尼西亚对进口不规则盘卷的热轧条和杆作出保障措施终裁

10月

智利对不锈钢盘条启动保障措施调查

11月

印度尼西亚对进口钢铁丝制品作出保障措施期中复审终裁

12月

智利对进口钢钉启动保障措施调查

第七章 金属、陶瓷、玻璃类产品出口贸易壁垒

智利对进口钢丝启动保障措施调查
智利对进口钢网启动保障措施调查
印度对进口热轧板进行保障措施调查

2. 分析

（1）月份分析

2015年金属、陶瓷及玻璃制品类产品出口所遇保障措施与特保措施事件共计23起，与2014年的11起相比，总数量有大幅增加，并且事件发生的月份和2014年也有所不同。其中，7月和9月分别发生5起，12月4起，3月3起，4月2起，其余月份不足2起。

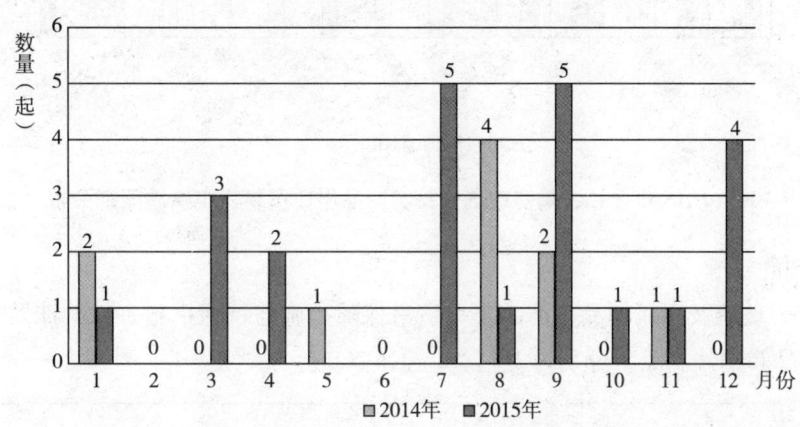

图7-8　2015年金属、陶瓷、玻璃制品类产品出口贸易保障措施和特保措施月份分析

（2）国别分析

在金属、陶瓷和玻璃制品领域，2015年对华保障措施与特保措施的国家有13个，其中印度和智利最多，分别为4起，共占36%；印度尼西亚为3起，占13%；菲律宾与马来西亚各两起。与2014年相比，发起的国家增加了9个。

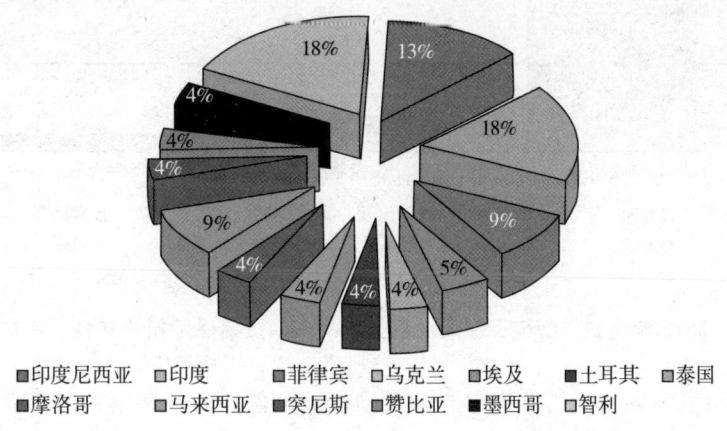

图7-9　2015年金属、陶瓷、玻璃制品类产品出口贸易保障措施和特保措施国别分析（一）

智利和印度一直是对华采取保障措施和特保措施的主要国家，与2014年相比，在金属、陶瓷和玻璃制品领域对华发起了的保障措施和特保措施均有大幅增加。菲律宾、泰国、马来西亚、赞比亚、智利、摩洛哥、突尼斯、墨西哥2015年新增对华采取保障措施和特保措施事件。

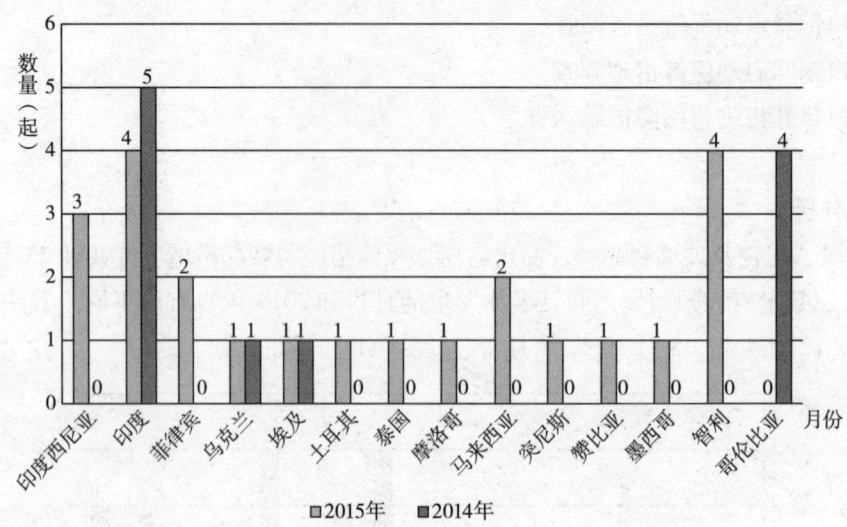

图7-10 2015年金属、陶瓷玻璃制品类产品出口贸易保障措施国别分析（二）

（3）产品分析

2015年陶瓷、玻璃及金属制品类产品出口贸易保障措施与特保措施事件共涉及3种产品，分别是管材、陶瓷制品和钢铁制品，分别为1起、2起和20起。

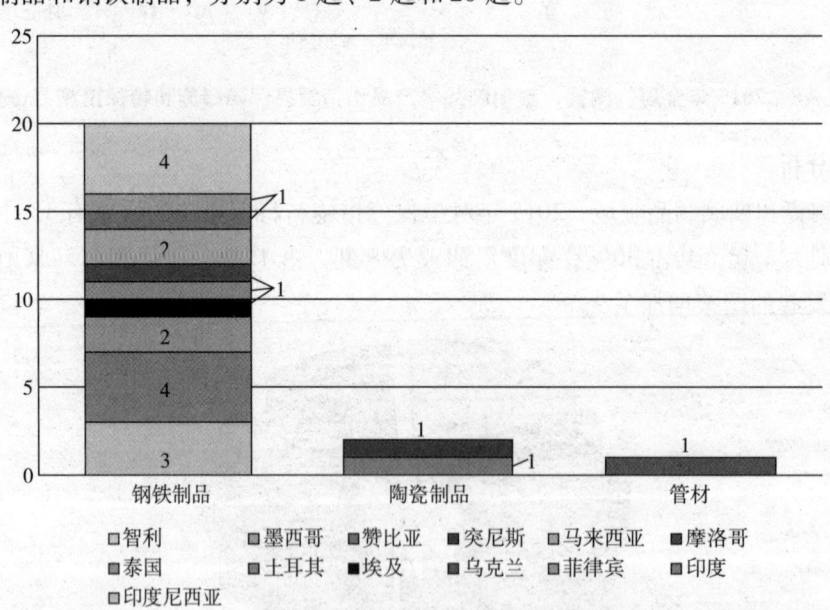

图7-11 2015年金属、陶瓷、玻璃制品类产品出口贸易保障措施和特保措施产品分析

综上所述，保障措施和特保措施而引起的贸易壁垒事件和贸易争端相较反倾销和反补贴来说要少得多，但相比于2014年有增长趋势，因此出口企业对此仍应多加注意。

（四）金属、陶瓷、玻璃制品出口贸易救济措施分析

2015年金属、陶瓷和玻璃制品出口所遇贸易救济措施分析包括月份分析、国别分析、区域分析和产品分析。

第七章 金属、陶瓷、玻璃类产品出口贸易壁垒

1. 月份分析

金属、陶瓷和玻璃制品出口领域，2015 年发生的贸易救济措施共 330 起，相较 2014 年的 286 起，增加了 44 起，增幅较大；较 2011 年的 89 起，增加了 241 起；较 2010 年 135 起，增加了 195 起。可见在金属、陶瓷和玻璃制品类产品领域近几年出口贸易救济事件呈波动上升趋势。

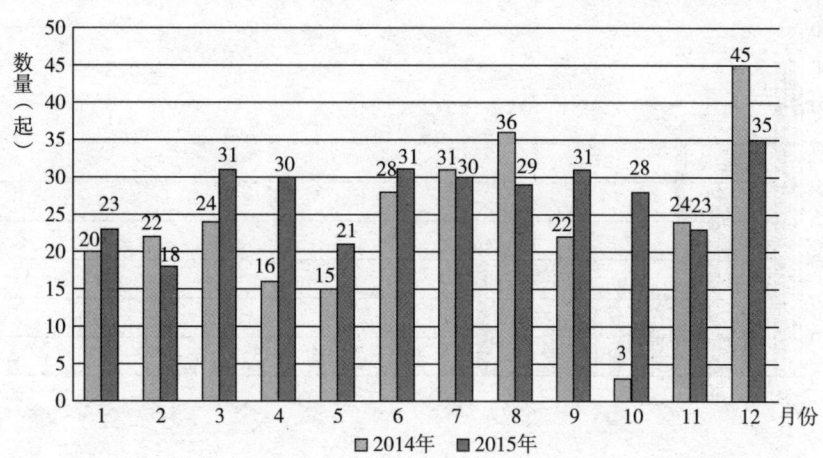

图 7-12　2015 年金属、陶瓷、玻璃制品类产品出口贸易救济措施月份分析

2015 年除 7 月、8 月、11 月和 12 月外，各月金属、陶瓷和玻璃制品出口遭遇的贸易救济措施都有不同程度的增加；其中 3 月、4 月和 10 月均呈现出较大幅度增加。尤其是 10 月，从 3 起增至 28 起。从波动来看，2015 年下半年的波动大于上半年的波动，10 月之后呈现增长趋势。整体而言，下半年遭遇的贸易救济措施要多于上半年。

2. 国别分析

2015 年对华采取贸易救济措施最多的国家（地区）前 5 位依次是：美国 81 起，占 24%；澳大利亚 60 起，占 18%；欧盟 44 起，占 13%；印度 30 起，占 9%；阿根廷 20 起，占 6%。这 5 个国家（地区）的总量占 2015 年全年的 70%，可见贸易救济措施的国家集中度较高。

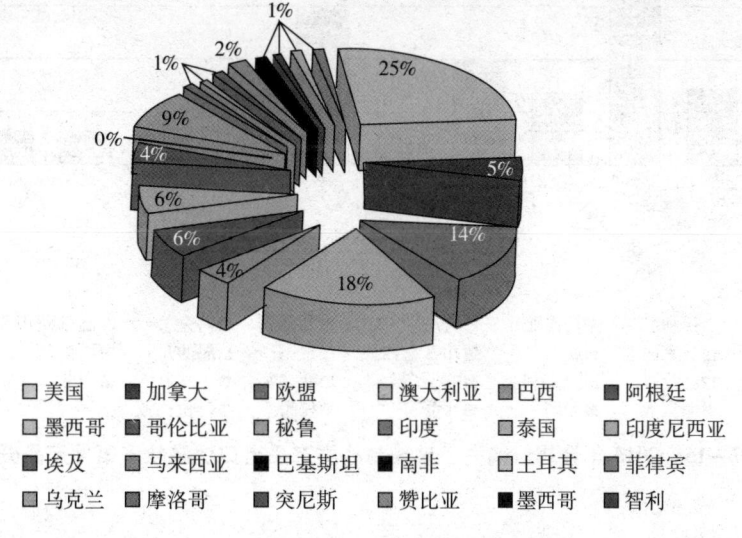

图 7-13　2015 年金属、陶瓷、玻璃制品类产品出口贸易救济措施国别分析（一）

与2014年相比,2015年在金属、陶瓷和玻璃制品领域,欧盟、澳大利亚、阿根廷、墨西哥、印度和马来西亚等几个对华采取贸易救济措施的主要国家的事件数量都有不同程度的增加,其中澳大利亚由2014年的30起大幅度增加到60起,印度也分别由15起增至30起。突尼斯、赞比亚、摩洛哥、智利等国在2015年新出现了对华贸易救济措施。

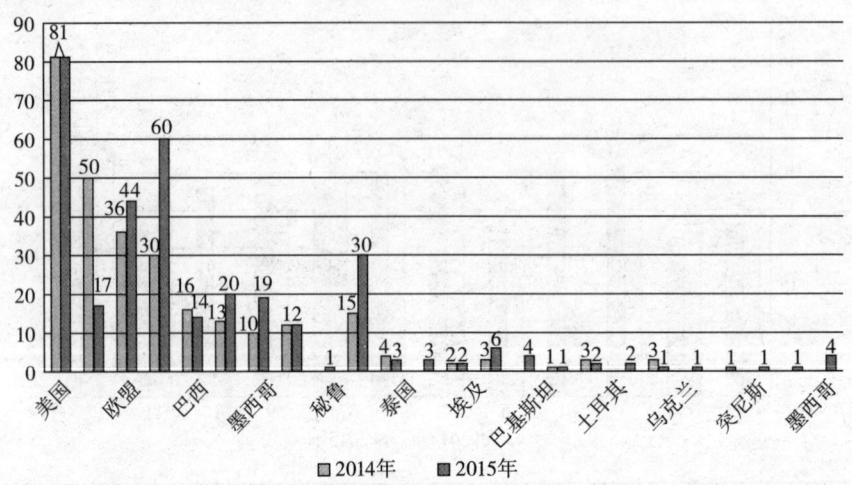

图7-14　2015年金属、陶瓷、玻璃制品类产品出口贸易救济措施国别分析(二)

3. 产品分析

2015年陶瓷、玻璃及金属制品类产品中,钢铁制品和杂项制品贸易救济事件最多。其中钢铁制品发生108件起贸易救济案件,主要由美国和澳大利亚发起;杂项制品发生58起贸易救济事件,仍主要由澳大利亚和美国发起。镁制品贸易救济事件最少,为8起。

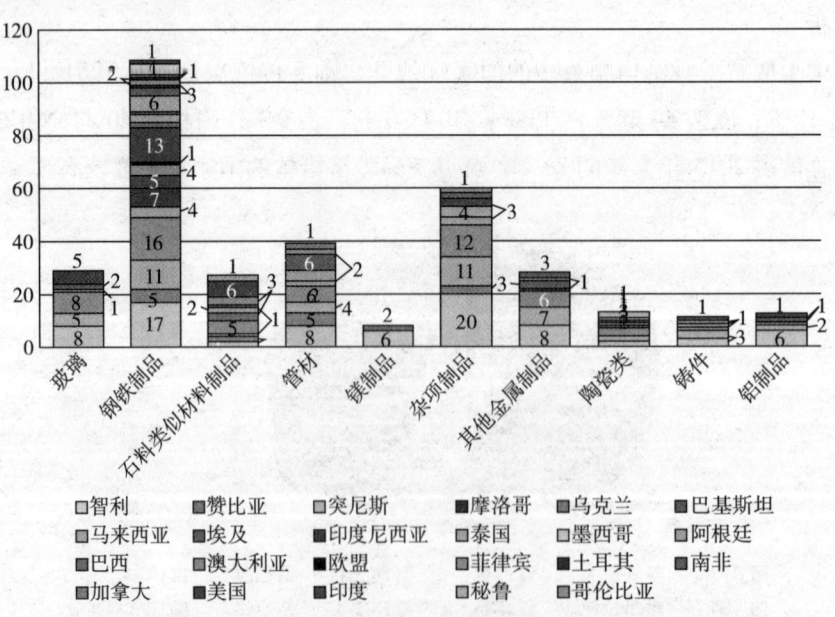

图7-15　2015年金属、陶瓷、玻璃制品类产品出口贸易救济事件产品分析

二、金属、陶瓷、玻璃制品出口技术性贸易壁垒与绿色贸易壁垒

2015 年，金属、陶瓷、玻璃制品出口遭遇技术性贸易壁垒与绿色贸易壁垒事件共 78 起，涉及欧盟、美国、加拿大。美国和加拿大采取的主要形式是产品召回。欧盟采取的主要形式是发出消费者警告。召回和发出消费者警告的主要原因是中国出口的金属、陶瓷、玻璃制品容易导致生命和财产危险，不符合相关的技术和安全标准。

（一）事件

2 月

美国和加拿大对中国产吊灯实施召回

美国和加拿大对中国产吊灯实施召回

美国对中国产折叠式手扶推车实施召回

欧盟对中国产"JIAHE"牌保温瓶发出消费者警告

欧盟对中国产"Kuan Ye"牌电热水壶发出消费者警告

欧盟对中国产"Tiger"牌烛台发出消费者警告

欧盟对中国产名为"Basic"的油灯发出消费者警告

欧盟对中国产名为"Delts"的油灯发出消费者警告

3 月

美国和加拿大对中国产茶杯实施召回

美国和加拿大对中国产茶杯实施召回

欧盟对中国产"FAMILY"牌冰箱贴发出消费者警告

欧盟对中国产"Karat"牌戒指发出消费者警告

加拿大对中国产卡通玩具实施召回

加拿大对中国产三合一折叠爬梯实施召回

4 月

美国和加拿大对中国产自行车挂钩（架）实施召回

美国和加拿大对中国产自行车挂钩（架）实施召回

欧盟对中国产"140 RICE LIGHTS"牌灯链发出消费者警告

欧盟对中国产"Polo Nord"牌保温瓶发出消费者警告

欧盟对中国产"Spirit items"牌戒指发出消费者警告

欧盟对中国产名为"Battery Car Chair"的儿童椅发出消费者警告

5 月

美国和加拿大对中国产折叠刀实施召回

欧盟对中国产"ZEEMAN"牌耳钉发出消费者警告

欧盟对中国产"KiK Textilien & Non Food"牌耳环发出消费者警告

6 月

美国对中国产马克杯实施召回

美国和加拿大对中国产自行车前叉实施召回

欧盟对中国产"TEDI"牌耳环发出消费者警告

欧盟对中国产"Marenja"牌项链发出消费者警告

加拿大召回中国产即用方便烧烤架

7月

美国对中国产玻璃烧水壶实施召回

美国和加拿大对中国产玻璃水壶（罐）实施召回

欧盟对中国产"iQ"牌咖啡壶发出消费者警告

欧盟对中国产"Hamron"牌千斤顶发出消费者警告

欧盟对中国产"LEIVA"牌自行车修理包发出消费者警告

9月

美国对中国产灯泡实施召回

美国对中国产金属切割锯实施召回

美国对中国产卤素灯泡实施召回

美国对中国产烤盘实施召回

美国和加拿大对中国产吊床支架实施召回

美国和加拿大对中国产吊床支架实施召回

美国和加拿大对中国产轮状比萨刀实施召回

美国和加拿大对中国产轮状比萨刀实施召回

欧盟对厨房/烹饪器具发出消费者警告

欧盟对中国产珠宝发出消费者警告

欧盟对中国产珠宝发出消费者警告

欧盟对中国产"Huan Qiu"牌灯链发出消费者警告

欧盟对中国产"Maxò bijoux"牌耳钉发出消费者警告

欧盟对中国产"YOU YI LIA"牌导线延长线发出消费者警告

欧盟对保温瓶发出消费者警告

欧盟对厨房/烹饪器具发出消费者警告

欧盟对珠宝发出消费者警告

欧盟对珠宝发出消费者警告

10月

美国对中国产陶瓷烤盘实施召回

美国对中国产陶瓷杯实施召回

加拿大对中国产烤盘实施召回

欧盟对中国产保温瓶发出消费者警告

欧盟对中国产陶瓷杯发出消费者警告

11月

加拿大对中国产节日用彩灯实施多次召回

第七章 金属、陶瓷、玻璃类产品出口贸易壁垒

12月

美国对中国产不锈钢炊具实施召回

加拿大对中国产户外攀爬树架实施召回

加拿大对中国产陶瓷杯实施召回

加拿大对中国产吊灯实施召回

加拿大对中国产陶瓷烤盘实施召回

欧盟对中国产"Bono Bijou"牌项链发出消费者警告

欧盟对中国产"DAYDays"牌热水瓶发出消费者警告

(二) 分析

2015年金属、陶瓷、玻璃制品类产品出口所遇技术性壁垒与绿色贸易壁垒分析包括月份分析、国别分析和产品分析。

1. 月份分析

2015年金属、陶瓷、玻璃制品出口贸易遭遇的技术性贸易壁垒和绿色贸易壁垒案件共78起,与2014年的43起相比有所减少。事件数量最多的是9月,为23起,其次是2月为10起,3月、4月为8起;最少是1月和8月,没有发生。从波动上看,9月份增幅明显,除1月份外,其他月份整体有所上升。

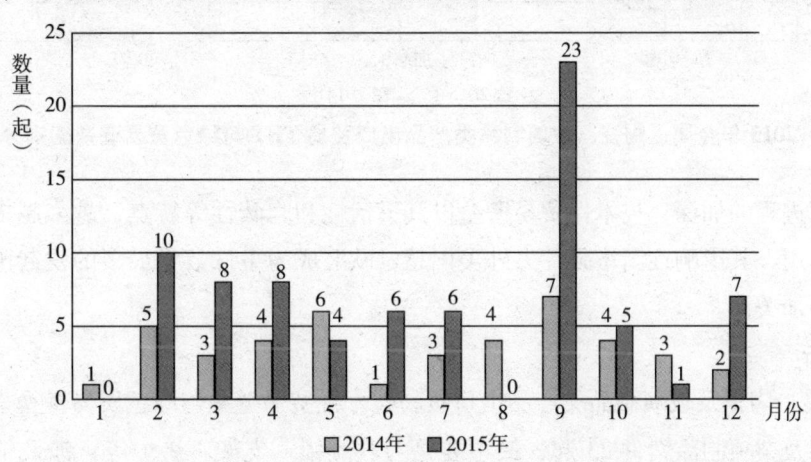

图7-16 2015年金属、陶瓷、玻璃制品类产品出口贸易TBT与绿色贸易壁垒月份分析

总的来说,金属、陶瓷、玻璃制品出口所遇技术性贸易壁垒与绿色贸易壁垒事件随月份并无规律性分布。

2. 国别分析

2015年金属、陶瓷、玻璃制品出口贸易技术性贸易壁垒与绿色贸易壁垒事件涉及的国家(地区)包括美国、欧盟、加拿大;美国23起,占29%;加拿大22起,占28%;欧盟最多,为33起,占43%,这体现了美国、欧盟和加拿大对技术标准和安全要求较高以及中国产品的技术标准同欧美之间的差距。

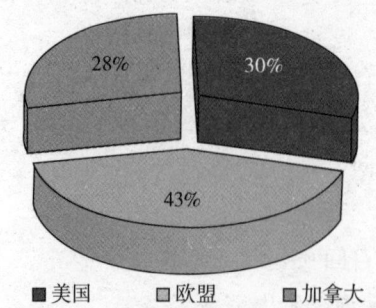

图7-17 2015年金属、陶瓷、玻璃制品类产品出口贸易技术性贸易壁垒与绿森壁垒国别分析（一）

从图中可以看出，2015年美国发起的技术性贸易壁垒和绿色贸易壁垒事件相较于2014年基本持平，加拿大和欧盟明显上升。

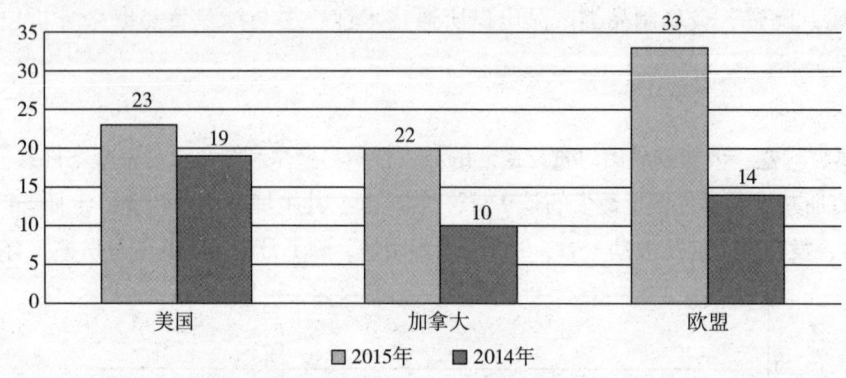

图7-18 2015年金属、陶瓷、玻璃制品类产品出口贸易TBT与绿色贸易壁垒国别分析（二）

随着全球化进程的加深，技术性贸易壁垒以其灵活性和隐蔽性等特点，越来越多地被各国，尤其是发达国家运用，其影响逐渐增强。另外美国超过欧盟成为事件数量最多的发起国，这一变化形式也需相关方多加关注。

3. 产品分析

2015年金属、陶瓷及玻璃制品类产品出口贸易技术性贸易壁垒与绿色贸易壁垒事件涉及的产品大致有4种，涉及杂项制品案件23起，最主要是刀具、锁、支架、烤炉等；涉及钢铁案件12起；涉及玻璃制品和陶瓷制品分别为3起和5起。

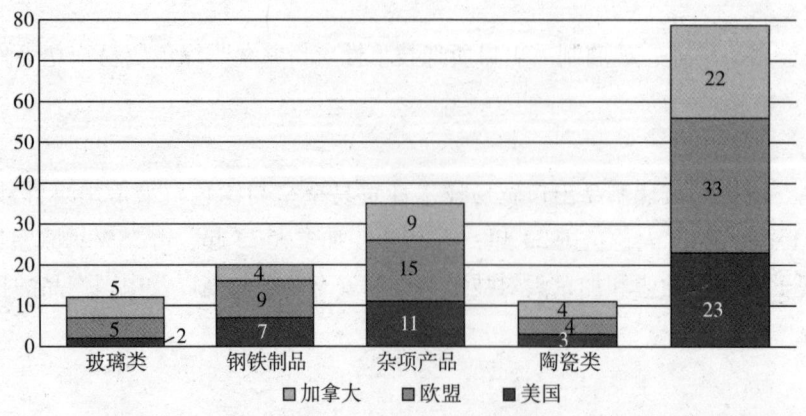

图7-19 2015年金属、陶瓷、玻璃制品类产品出口贸易TBT与绿色贸易壁垒产品分析

2008 年 TBT 和绿色贸易壁垒案件总共 21 起，2009 年降至 18 起，2010 年进一步下降为 6 起，而 2011 年又上升为 27 起，2012 年增至 52 起，2013 年又下降至 43 起，2015 年又上升到 78 起。这体现了欧美发达国家在利用"双反"和保障措施等手段对中国产品进行调查的同时，重视不断推出更为隐蔽的技术性贸易壁垒和绿色贸易壁垒来对付中国产品，以维护本国利益。技术性贸易壁垒和绿色贸易壁垒正逐渐成为越来越多的国家采取的最常用的一种贸易壁垒形式。这种常态化的趋势应引起我国政府和企业高度重视，除客观细致地分析技术壁垒的类型，特别是欧美发达国家公布的技术法规、标准等，以及尽快熟悉、掌握如何应对技术壁垒协定的规则之外，还应加强产业升级和技术升级，提高产品的技术含量。

三、其他贸易壁垒

2015 年金属、陶瓷、玻璃制品遭遇出口贸易其他类型的贸易壁垒事件 1 起。

（一）事件

12 月
美国 ITC 对箭头产品正式启动 337 调查 中企涉案

（二）分析

1. 月份分析

2015 年金属、陶瓷、玻璃制品出口贸易遭遇的其他贸易壁垒案件仅 1 起，与 2014 年的 1 起持平，发生在 12 月。可见其他贸易壁垒的发生月份上并无太大规律。

2. 国别分析

2015 年金属、陶瓷、玻璃制品出口贸易遭遇的其他贸易壁垒事件涉及的国家（地区）仅有美国，和 2014 年的事件发起国家（地区）相同。

3. 产品分析

2015 年金属、陶瓷及玻璃制品类产品出口贸易遭遇的其他贸易壁垒事件涉及的产品仅 1 种，为杂项产品。

四、金属、陶瓷、玻璃制品出口贸易壁垒综合分析

1. 月份分析

2015 年金属、陶瓷、玻璃制品板块贸易壁垒数量共 409 起，相比于 2014 年的 342 起，增加了 67 起，除 2 月、8 月、11 月和 12 月以外，其余月份均比 2014 年同时期的事件数量增加。其中 3 月、4 月、9 月和 10 月增幅较大，分别由 27 起、20 起、30 起和 7 起增至 39 起、38 起、54 起和 33 起，并且增幅较大的月份均出现在下半年。

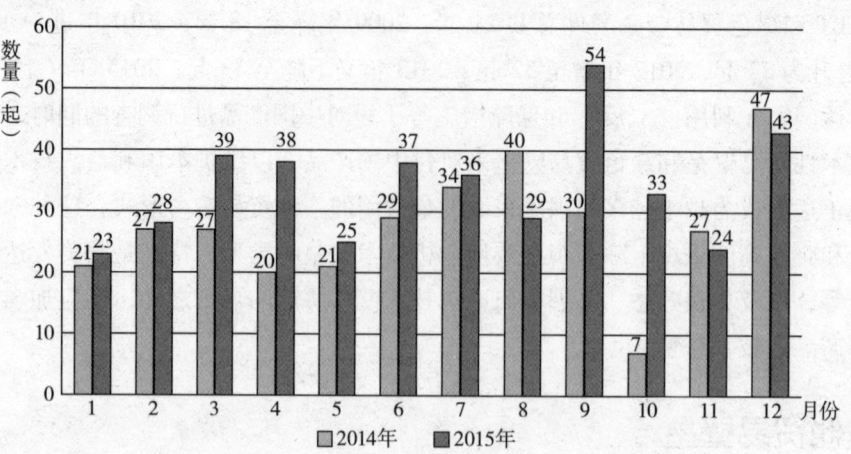

图 7-20 金属、陶瓷、玻璃制品类产品出口贸易壁垒月份分析（一）

2015 年金属、陶瓷、玻璃制品板块贸易壁垒数量，所有月份事件均超过 20 起。从全年趋势上看，下半年波动大于上半年波动。

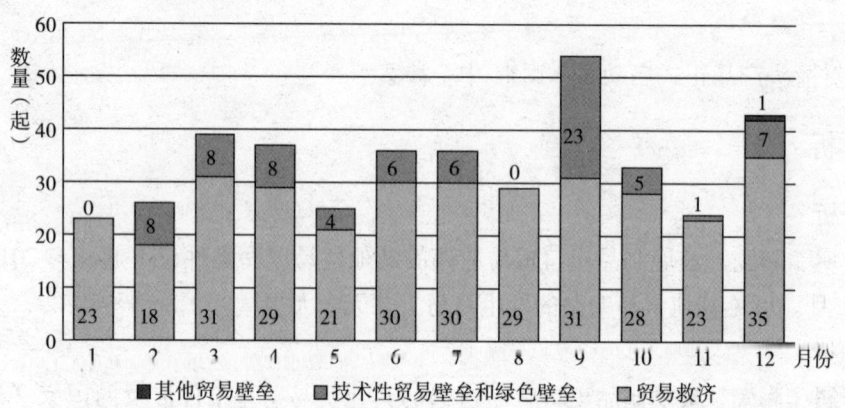

图 7-21 金属、陶瓷、玻璃制品类产品出口贸易壁垒月份分析（二）

2015 年全年中国遭遇的贸易壁垒有三种形式：贸易救济、技术性贸易壁垒和其他贸易壁垒。贸易救济达到了 330 起，为各月的主要贸易壁垒形式；技术性贸易壁垒和绿色壁垒全年共为 78 起，而其他贸易壁垒为 1 起。

2. 国别分析

2015 年金属、陶瓷、玻璃制品板块，对华采取贸易壁垒措施最多的国家和地区是美国、欧盟和澳大利亚，分别占到 2015 年贸易壁垒总事件比重的 26%、19% 和 15%。此外，加拿大、阿根廷、印度和墨西哥也是对华采取贸易壁垒的重要国家。这几个国家和地区也是和我国贸易量最大的几个国家和地区。

第七章 金属、陶瓷、玻璃类产品出口贸易壁垒

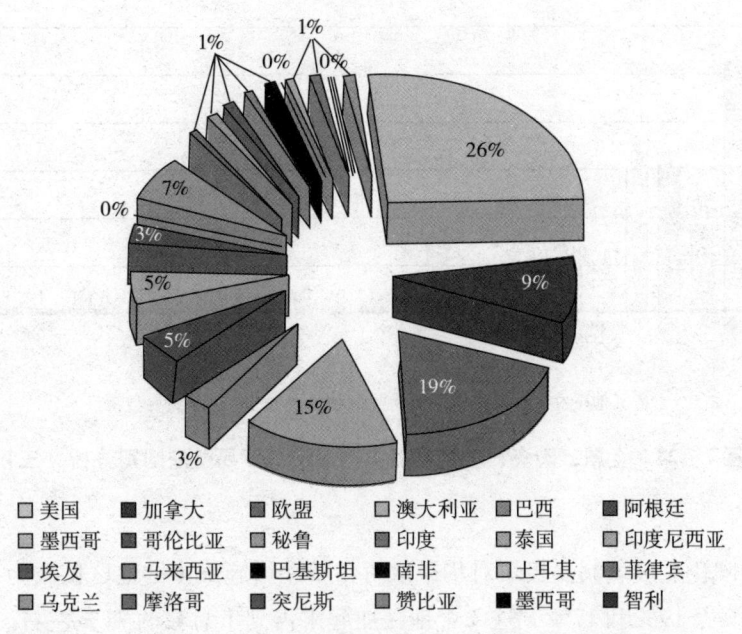

图 7-22　金属、陶瓷、玻璃制品类产品出口贸易壁垒国别分析（一）

2015年金属、陶瓷、玻璃制品板块，除加拿大、巴西、哥伦比亚、泰国和土耳其之外，其他国家和地区对华贸易壁垒案件都有不同幅度的增加，其中美国、欧盟、澳大利亚、印度等国增长幅度较大。并且摩洛哥、突尼斯、赞比亚、印度尼西亚和智利为2015年对华贸易壁垒事件的新发起国。

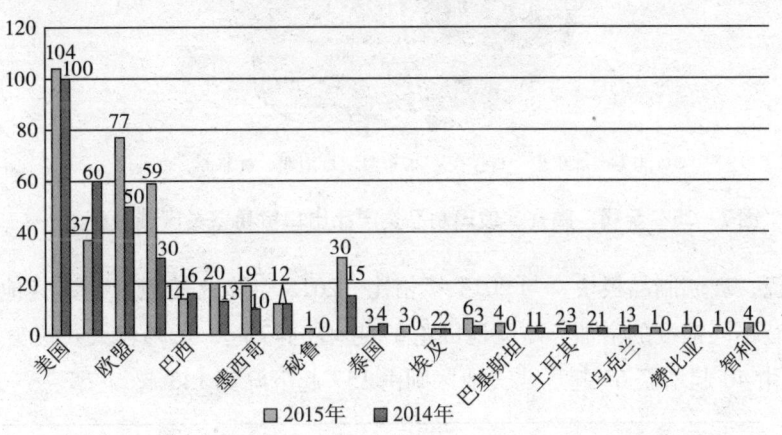

图 7-23　金属、陶瓷、玻璃制品类产品出口贸易壁垒国别分析（二）

从图7-24我们可以看出，大部分国家对我国金属、陶瓷、玻璃制品出口采取的贸易壁垒多为"两反一保"的贸易救济形式，以美国和欧盟较为突出。

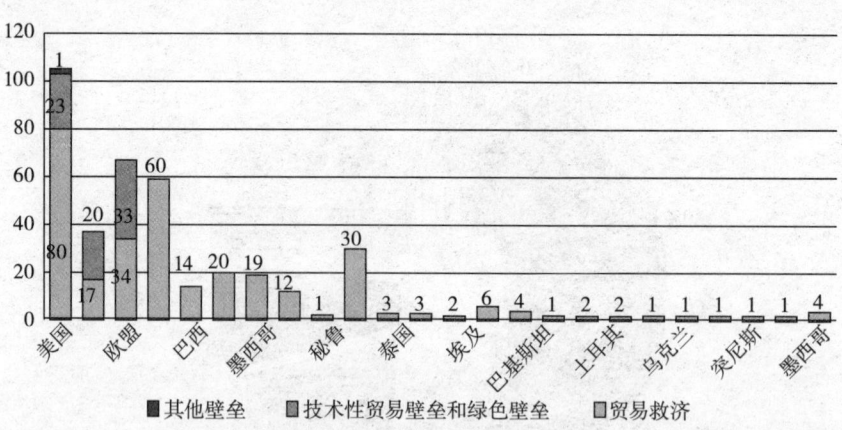

图7-24 金属、陶瓷、玻璃制品类产品出口贸易壁垒国别分析（三）

3. 区域分析

2015年金属、陶瓷、玻璃制品板块对华采取贸易壁垒措施最多的地区依次为：北美、欧盟和拉美地区，分别占35%、19%和17%，这3个地区加起来占到了总数的71%左右。

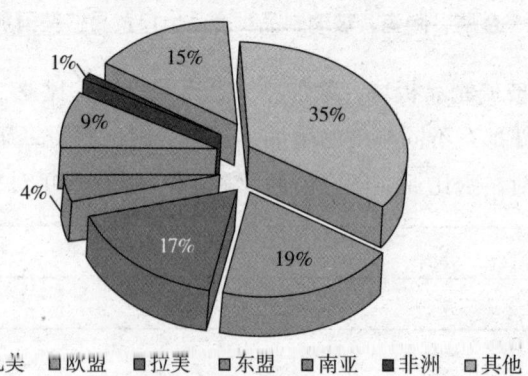

图7-25 金属、陶瓷、玻璃制品类产品出口贸易壁垒区域分析（一）

在金属、陶瓷、玻璃制品板块，与2014年相比，2015年除北美地区外，其他地区的贸易壁垒事件发生数量均有不同幅度的增加；欧盟地区由47起增至77起，增幅较大；拉美地区由51起增至70起，其他地区由40起增至65起。北美地区则由157起下降到143起。

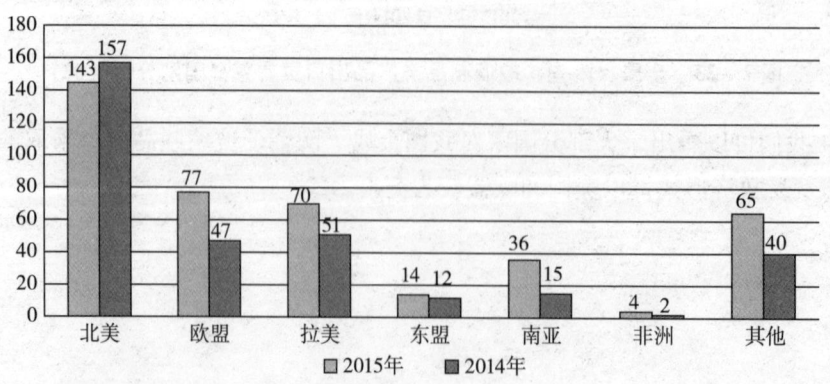

图7-26 金属、陶瓷、玻璃制品类产品出口贸易壁垒区域分析（二）

第七章 金属、陶瓷、玻璃类产品出口贸易壁垒

由图 7-27 所示，2015 各地区对金属、陶瓷、玻璃制品主要采取的是贸易救济形式，北美和欧盟地区还用了技术性贸易壁垒，北美地区是唯一一个 3 种壁垒全部包括在内的地区。

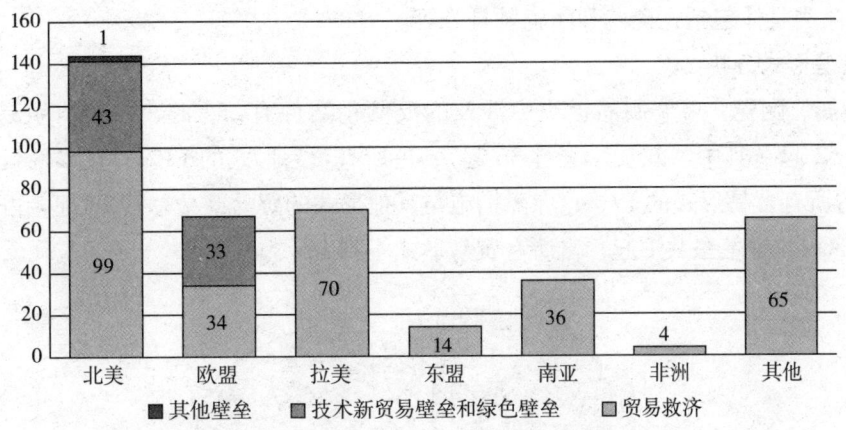

图 7-27 金属、陶瓷、玻璃制品类产品出口贸易壁垒区域分析（三）

2015 年北美对中国金属、陶瓷、玻璃制品出口贸易壁垒事件最多，主要是由贸易救济措施导致。总的来说，在金属、陶瓷、玻璃制品领域，贸易救济事件仍是贸易摩擦的重要来源，且实施范围比较集中，主要是在欧盟和北美自由贸易区，而且此类地区往往采用多种贸易壁垒相结合的形式。其他地区针对金属、陶瓷、玻璃制品的贸易壁垒多为单一的贸易救济措施。这需要引起我国政府主管部门和相关出口企业的高度重视。

4. 产品分析

2015 年金属、陶瓷、玻璃制品出口贸易壁垒事件涉及的产品种类可归纳为管材、钢铁制品、铸件、石料和类似材料制品、镁制品、铝制品、陶瓷制品、玻璃制品、其他金属制品和杂项等类别。遭遇贸易壁垒事件最多的产品为钢铁制品类产品，发生 127 起，主要由美国、澳大利亚和欧盟发起；其次为杂项产品，发生 93 起，主要由美国和欧盟发起。

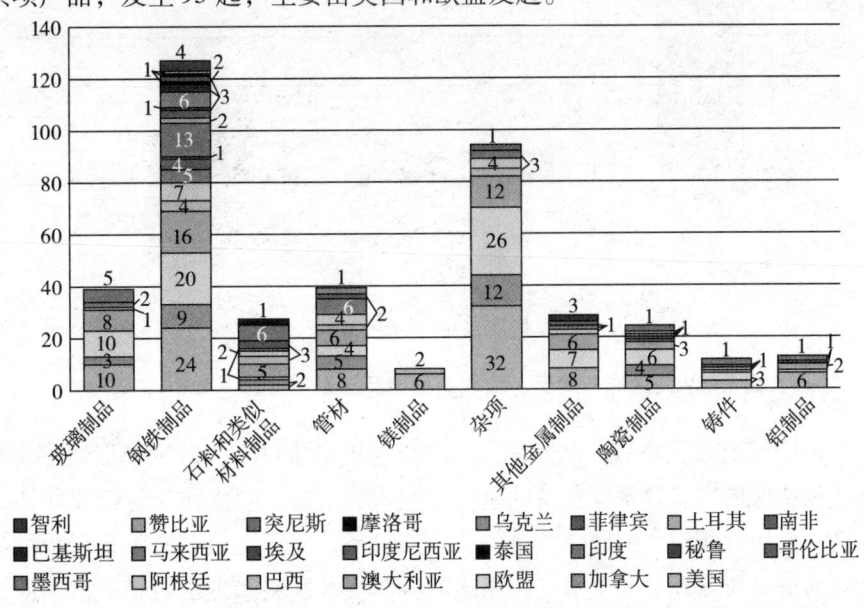

图 7-28 金属、陶瓷、玻璃制品类产品出口贸易壁垒产品分析

分类中的管材类具体包括：可锻铸铁管附件、环形碳素管线、石油管材、无缝钢铁管、油井管、焊接肘管和弯管、管道附件等等；玻璃制品具体包括：玻璃砖、浮法玻璃、普通玻璃和玻璃纤维等；陶瓷制品类具体包括：瓷砖和陶瓷餐具等等。

5. 贸易壁垒形式分析

2015年金属、陶瓷、玻璃制品板块中涉及的反倾销案件有255起，占所有贸易形式的62%；反补贴案件有52起（其中"双反"案件36起），占所有贸易形式的13%；技术性贸易措施与绿色壁垒76起，占所有贸易形式的19%；保障措施与其他形式的贸易壁垒总共23起，占所有贸易形式的6%；知识产权贸易壁垒共1起，占所有贸易形式不到1%。

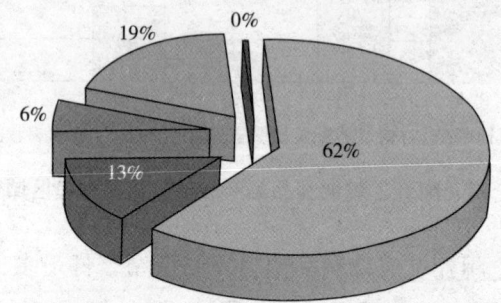

图7-29　金属、陶瓷、玻璃制品出口贸易壁垒形式分析（一）

与2014年相比，2015年反补贴事件数量由61起下降到52起；反倾销、技术性贸易壁垒与绿色壁垒、其他壁垒、特保措施事件数量均有不同程度的增加，其中技术性贸易壁垒与绿色壁垒增幅较大，由42起增至76起，增长了1倍以上。这从一定程度上反映出我国外贸环境呈严峻趋势。

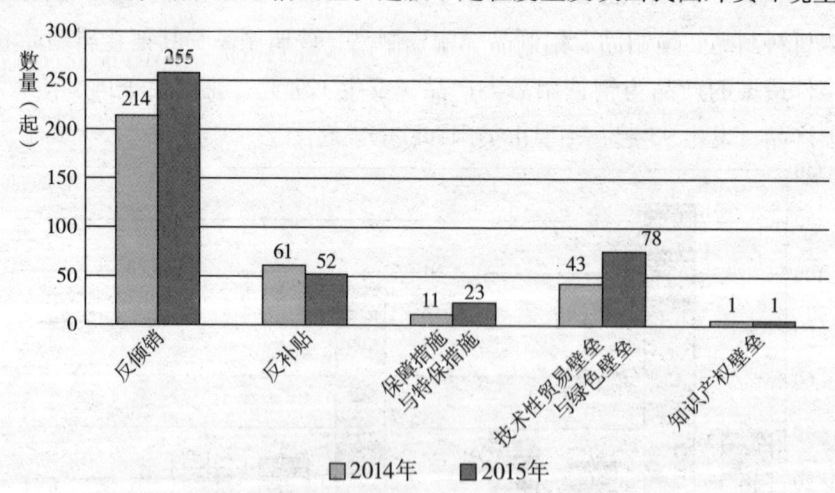

图7-30　金属、陶瓷、玻璃制品出口贸易壁垒形式分析（二）

总的来看，2015年金属、陶瓷、玻璃制品出口贸易壁垒事件涉及的壁垒形式主要有反倾销、反补贴、保障措施和特保措施、技术性贸易壁垒与绿色贸易壁垒。同以往年份情况相同，反倾销和反补贴作为传统的、使用时间较久的贸易壁垒形式，依然是各国运用最多的贸易保护措施，且呈较大增幅。技术性贸易壁垒与绿色贸易壁垒同使用国的科学技术发展水平密切相关，因此目前技术性贸易壁垒事件主要源于北美和欧盟。保障措施和知识产权措施相对于前两类壁垒形式，数量较小，但均保持一定的增长趋势，相关政府部门和出口企业对此不可忽视，仍应保持高度警惕。

五、金属、陶瓷、玻璃制品出口贸易壁垒预警

该部分对金属、陶瓷、玻璃制品所遇贸易壁垒法律法规进行分析，提醒国内相关企业注意。

（一）法律法规

金属、陶瓷、玻璃制品出口所遇贸易壁垒的法规包括2015年颁布实施的、颁布尚未实施的和存在颁布意向的法律法规。其中颁布实施的法律法规共11条、颁布未实施的法律法规共35条、存在颁布意向的法律法规共6条。

1. 颁布实施的法律法规

2015年金属、陶瓷、玻璃制品出口所遇贸易壁垒的法律法规中，已颁布实施的法律法规共11条。

（1）法律法规

1月

厄瓜多尔发布关于厨房洗碗槽的通报

厄瓜多尔发布关于刀具的通报

2月

厄瓜多尔发布关于LED灯具的通报

厄瓜多尔发布关于白炽灯的通报

厄瓜多尔发布关于强化安全玻璃的通报

厄瓜多尔发布关于冲水阀的通报

新加坡发布关于灯具的通报

丹麦发布关于建筑材料的通报

3月

埃及发布关于气瓶的通报

厄瓜多尔发布关于嵌入式灯具的通报

6月

瑞典发布关于管道的通报

（2）分析

2015年金属、陶瓷和玻璃制品颁布实施的法律法规分析包括国别分析和产品分析。

①国别分析

2015年金属、陶瓷和玻璃制品颁布实施的法律法规共有11条，相比2014年的7条增加了4条。总共涉及5个国家，分别是厄瓜多尔、新加坡、丹麦、埃及、瑞典。除厄瓜多尔有7起法律法规之外，其他各个国家均发布了1起。

总体来说，颁布实施的法律法规涉及的国家较少，且分布较分散。

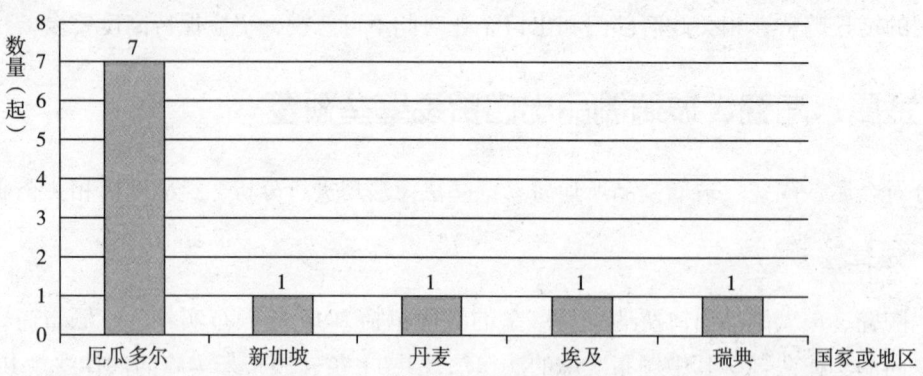

图7-31 2015年金属、陶瓷、玻璃制品类产品颁布实施的法律法规国别分析

②产品分析

2015年金属、陶瓷和玻璃制品颁布实施的法律法规涉及的具体产品有5类，分别为钢铁制品、杂项制品、陶瓷制品、管件和玻璃制品，分别为1条、3条、1条、1条和5条。

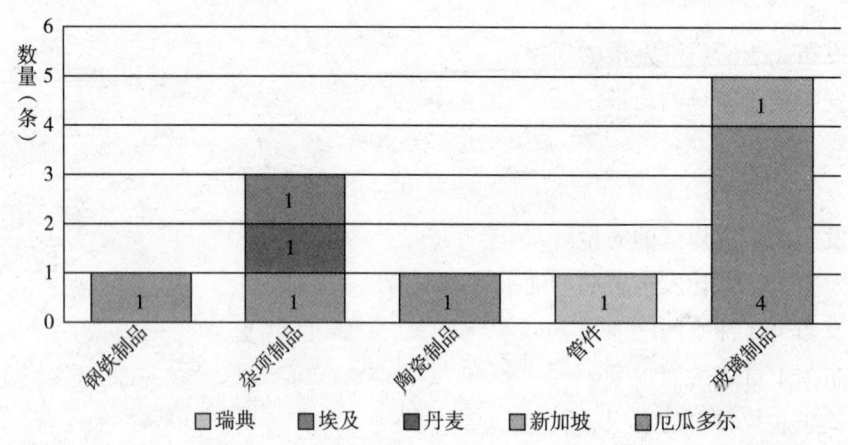

图7-32 2015年金属、陶瓷、玻璃制品类产品颁布实施的法律法规产品分析

总的来说，2015年金属、陶瓷和玻璃制品类产品颁布实施的法律法规涉及的种类较为集中，主要是玻璃制品。

2. 颁布尚未实施的法律法规

2015年金属、陶瓷、玻璃制品出口所遇贸易壁垒的法律法规中，已颁布未实施的法律法规共35条。

(1) 法律法规

1月

哥伦比亚发布关于液化石油气瓶的通报

2月

阿拉伯联合酋长国发布关于光伏设备的通报

巴西发布关于衡器的通报

巴西发布关于检测仪器的通报

巴西发布关于金属制品的通报

智利发布关于钨灯的通报
智利发布关于烹饪器具的通报
乌克兰发布关于测量容器瓶的通报
洪都拉斯发布关于索道的通报
3月
泰国发布关于钢筋的通报
泰国发布关于钢筋的通报
泰国发布关于汽车玻璃型材的通报
瑞士发布关于压力容器的通报
美国发布关于眼睛和面部防护的通报
菲律宾发布关于珍珠珠宝的通报
4月
美国发布关于便携式汽车容器的通报
美国发布关于路边邮箱的通报
摩尔多瓦发布关于测量仪器的通报
摩尔多瓦发布关于简单压力容器的通报
5月
美国发布关于建筑玻璃材料的通报
智利发布关于金属管的通报
6月
巴基斯坦发布关于刀片的通报
印度发布关于钢制品的通报
7月
巴基斯坦发布关于马口铁容器的通报
巴基斯坦发布关于碳素结构钢的通报
8月
泰国发布关于结构钢的通报
泰国发布关于扁钢产品的通报
印度发布关于不锈钢板的通报
智利发布关于钢瓶的通报
瑞士发布关于食品接触的材料的通报
10月
埃及发布关于卫生水龙头的通报
沙特阿拉伯发布关于铝箔制食品包装的通报
12月
埃及发布关于瓷砖的通报
埃及发布关于瓷砖的通报

墨西哥发布关于陶瓷的通报

（2）分析

2015年金属、陶瓷和玻璃制品存在颁布未实施的法律法规分析包括国别分析和产品分析。

①国别分析

2015年金属、陶瓷和玻璃制品领域颁布未实施的法律法规共35条，比2014年的32条增加了3条。法律法规涉及16个国家或地区，其中泰国最多，为5条；其次为智利，颁布未实施4条。其余国家和地区均在5条以下。

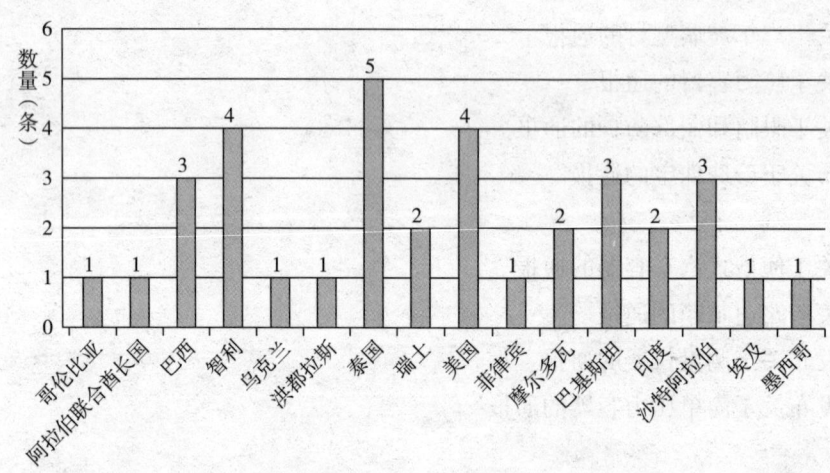

图7-33　2015年金属、陶瓷、玻璃制品类产品存在颁布未实施的法律法规国别分析

总体来说，存在颁布未实施的法律法规的国家分布得比较分散，涉及发达国家和发展中国家，且主要集中在发展中国家。

②产品分析

2015年金属、陶瓷和玻璃制品存在颁布未实施的法律法规涉及的产品有6种。其中钢铁制品最多，为15条；其次为杂项产品，为10条，其余产品均不超过2条。

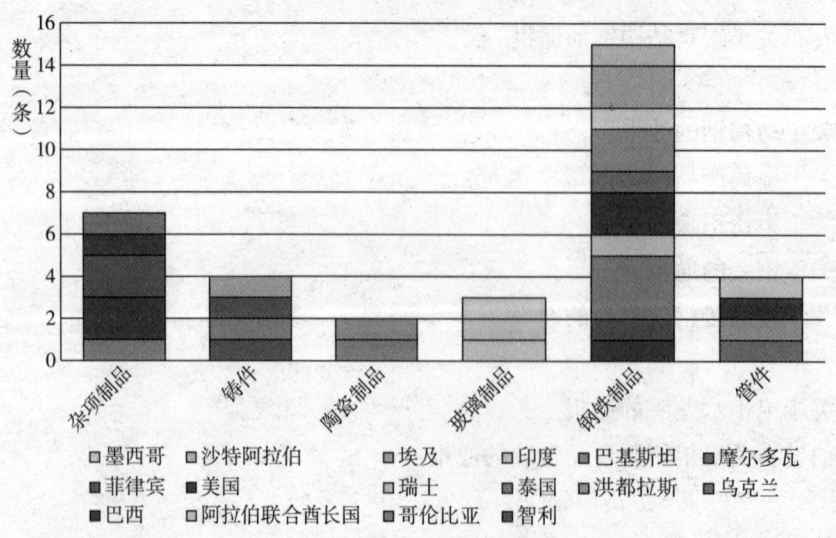

图7-34　2015年金属、陶瓷、玻璃制品类产品存在颁布未实施的法律法规产品分析

总的来说，颁布未实施的法律法规相对较为集中，钢铁制品和杂项产品占到了大多数。

3. 存在颁布意向的法律法规

2015年金属、陶瓷、玻璃制品出口所遇贸易壁垒的法律法规中，存在颁布意向的共有6条。

（1）法律法规

8月

欧洲标准化委员会修订镍含量检测标准

瑞典计划禁止在水管中使用双酚A

9月

韩国发布《器具及容器、包装基准及规格》修改相关行政预告

韩国拟大幅调低器具、容器、包装材料中三聚氰胺溶出限量

欧盟公布标准EN 1811：2011修正案，对镍释放含量标准做出规定

欧盟涂料镉监管拟再升级

（2）分析

2015年金属、陶瓷、玻璃制品出口存在颁布意向贸易壁垒的法律法规分析包括国别分析和产品分析。

①国别分析

2015年金属、陶瓷和玻璃制品存在颁布意向的法律法规共6条，其中欧盟3条，瑞典1条，韩国2条。

②产品分析

2015年金属、陶瓷和玻璃制品存在颁布意向的法律法规涉及的产品共2种。其中管件1条，其他金属制品5条。

（二）法律法规综合分析

对金属、陶瓷和玻璃制品出口所遇贸易壁垒法律法规进行综合分析，提出预警。该分析包括状态分析、国别分析、区域分析、产品分析和贸易壁垒形式分析。

1. 状态分析

2015年金属、陶瓷、玻璃制品板块法律法规共52条。其中，颁布已实施的11条，占21%；颁布尚未实施的35条，占67%；存在颁布意向的6条，占12%。

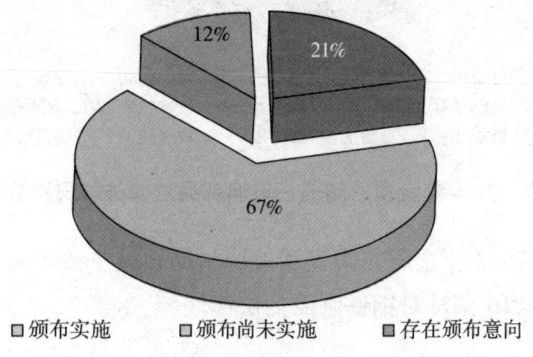

图7-35 2015年金属、陶瓷、玻璃制品法律法规状态分析（一）

2015年金属、陶瓷、玻璃制品板块法律法规总数与2014年的41条相比，颁布已实施类增加4条，存在颁布意向类增加4条，颁布未实施类增加3条。

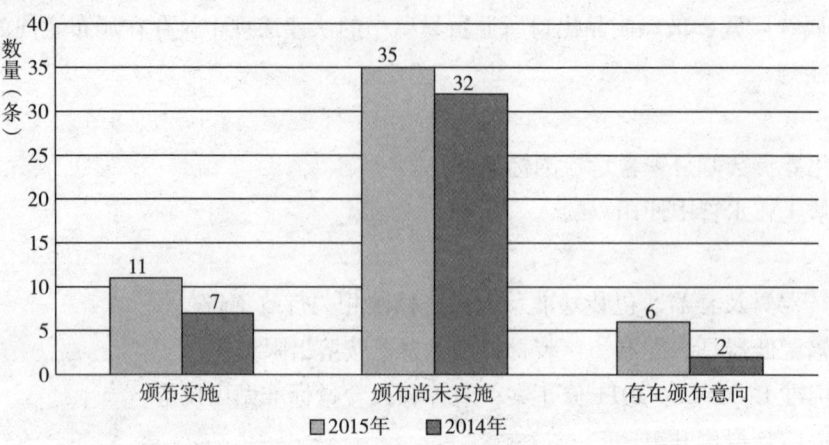

图7-36 2015年金属、陶瓷、玻璃制品法律法规状态分析（二）

总体来看，2015年国外针对金属、陶瓷、玻璃制品制定法律法规是颁布未实施的部分数量最大，此类法律法规对实际贸易的潜在影响通常也较大。我国企业应密切关注颁布未实施的法律法规并对其采取积极的应对措施，提前做好准备。

2. 国别分析

2015年金属、陶瓷、玻璃制品板块法律法规颁布最多的国家是厄瓜多尔，共有7条，占据13%的份额；其次是泰国，有5条，占10%。

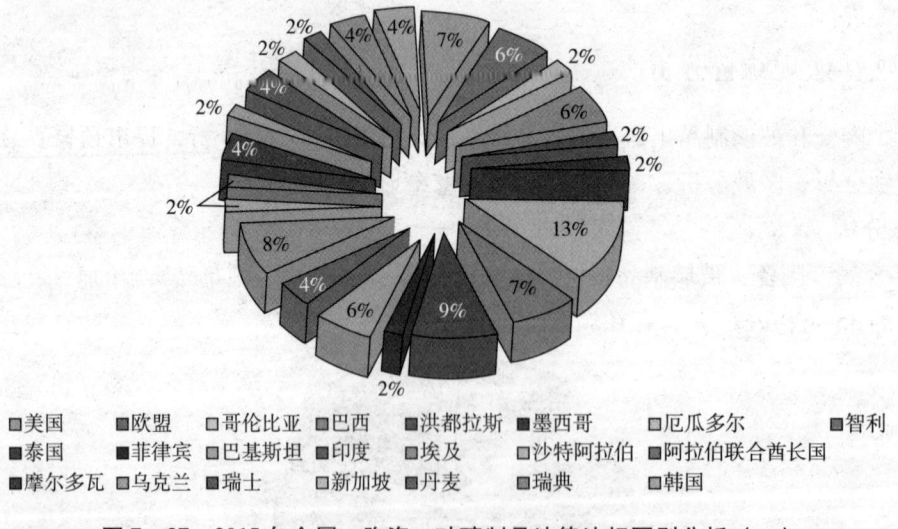

图7-37 2015年金属、陶瓷、玻璃制品法律法规国别分析（一）

从图7-38可以看出，2015年金属、陶瓷和玻璃制品领域主要国家的法律法规都集中在钢铁制品领域，13个国家制定了共16条针对钢铁制品的法律法规。

第七章 金属、陶瓷、玻璃类产品出口贸易壁垒

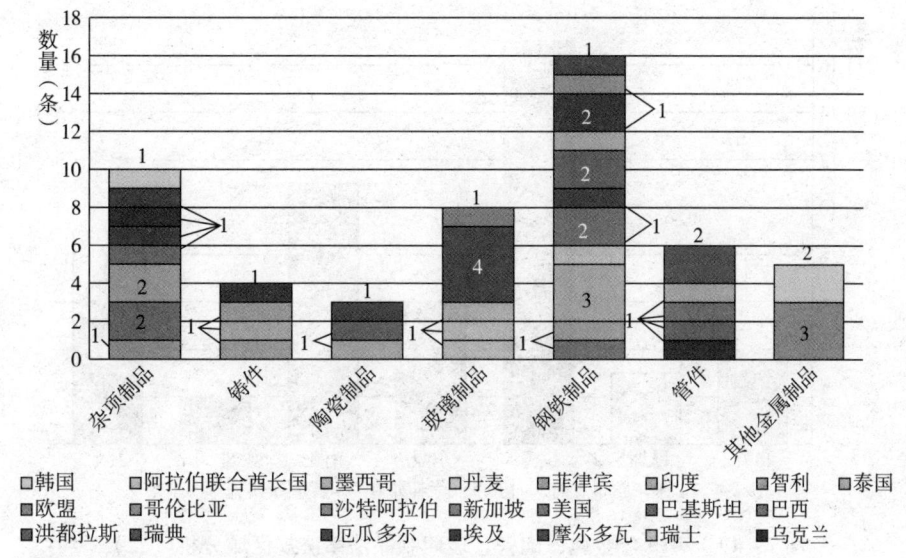

图 7-38　2015 年金属、陶瓷、玻璃制品法律法规国别分析（二）

总的来说，2015 年颁布金属、陶瓷和玻璃制品相关法律法规的国家比较分散。企业应放眼全球，密切关注出口产品涉及的法律法规的新动向，尤其是颁布未实施部分，在国际贸易中把握主动权，规避风险。

3. 区域分析

2015 年，金属、陶瓷、玻璃制品板块颁布的 52 条法律法规中，拉美地区颁布最多，有 17 条，占比 33%；其次为南亚，颁布了 11 条法律法规，占比 21%。这说明拉美地区和南亚地区正在加速完善外贸法律法规体系。

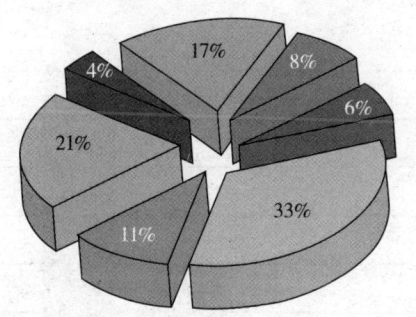

图 7-39　2015 年金属、陶瓷、玻璃制品法律法规区域分析（一）

2015 年，其他地区颁布已实施、颁布未实施和存在颁布意向 3 种状态的法律法规都有。南亚地区和拉美地区存在颁布已实施、颁布未实施 2 种法律法规，主要以颁布未实施的法律法规为主。北美、欧盟、东盟和非洲均只有 1 种形式。

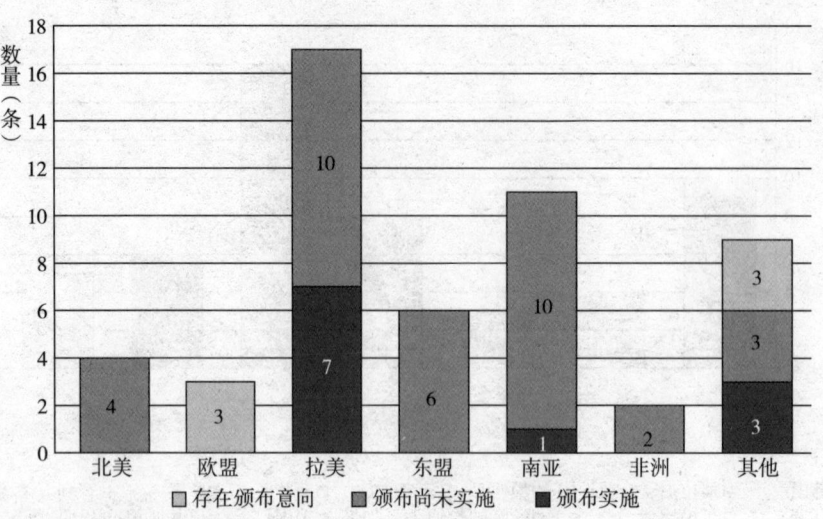

图 7-40　2015 年金属、陶瓷、玻璃制品法律法规区域分析（二）

总体来说，2015 年金属、陶瓷、玻璃制品领域颁布（或存在颁布意向）法律法规的国家和地区中，拉美地区和南亚地区所占比重最大，这不同于贸易壁垒发起国的分布情况，说明拉美地区和南亚地区由于目前尚不完善的外贸法律法规体系，已经形成影响的贸易壁垒不如北美和欧盟地区多，但这些地区正在加速完善外贸法律法规体系，潜在的风险不可忽视。我国政府部分和出口企业应加大对这些地区法律法规的研究工作。

4. 产品分析

2015 年金属、陶瓷、玻璃制品法律法规涉及 7 个产品大类。其中，最多的产品是钢铁制品，为 15 条；其次是杂项产品，为 11 条；再次是管材及玻璃制品，分别为 6 条和 8 条。其余产品均不超过 5 条。

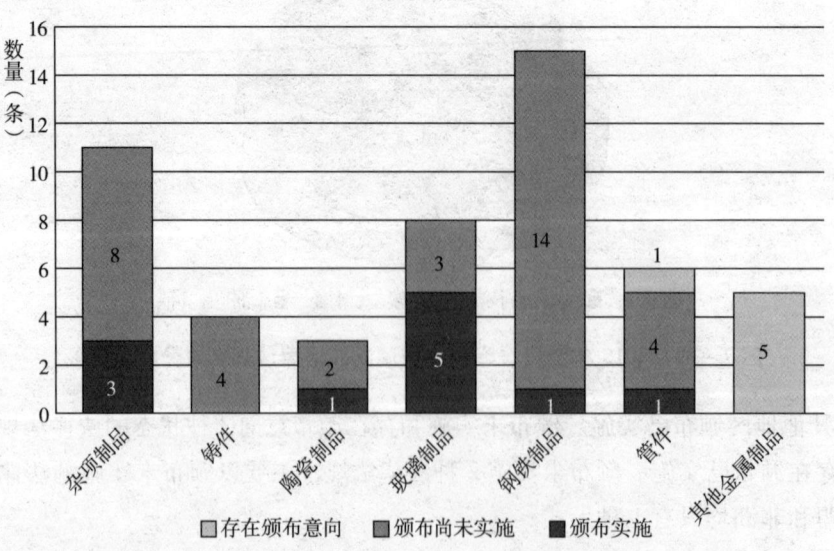

图 7-41　2015 年金属、陶瓷、玻璃制品法律法规产品分析

5. 贸易壁垒形式分析

2015年金属、陶瓷、玻璃制品板块的出口贸易法律法规以各种技术标准、安全标准草案、合格评定程序、计量方法、环保节能要求等为主，存在日后成为技术性贸易壁垒、绿色贸易壁垒和知识产权形式壁垒的隐患，这与2014年的情况比较相似。并且由于技术性贸易壁垒通常比贸易救济措施更为隐蔽和有效，因此应该引起有关部门和出口企业的重视。

第八章 机电产品出口贸易壁垒

本章分析国外对中国的机械、车辆、电气设备、电子产品、各种精密仪器等方面的贸易壁垒。按照海关商品分类目录,这些产品包括分类中的三大类产品。

第一类:机器、机械器具、电气设备及其零件;录音机及放声机、电视图像、声音的录制和重放设备及其零件、附件、核反应堆、锅炉、机器、机械器具及其零件、电机、电气设备及其零件;录音机及放声机、电视图像、声音的录制和重放设备及其零件、附件。

第二类:车辆、航空器、船舶及有关运输设备、铁道及电车道机车、车辆及其零件;铁道及电车道轨道固定装置及其零件、附件;各种机械(包括电动机械)交通信号设备、车辆及其零件、附件,但铁道及电车道车辆除外、航空器、航天器及其零件、船航及浮动结构体。

第三类:光学、照相、电影、计量、检验、医疗或外科用仪器及设备、精密仪器及设备;钟表;乐器;上述物品的零件、附件。

一、机电产品出口贸易救济措施

机电产品出口所遇贸易救济措施共66起,其中以反倾销事件为主,共55起;反补贴10起;保障措施1起。其中有6起为反倾销和反补贴同时使用。

(一)反倾销

2015年机电产品出口所遇反倾销事件共55起,较2014年的29起增加了26起,增加幅度89.7%。涉及14个国家和地区,大部分来自美国、印度、阿根廷。

1. 事件

1月

印度对华SDH光传输设备反倾销税延期1年

印度对华轮胎硫化机进行反倾销日落复审调查

美国对华晶体硅光伏电池发布反倾销行政复审初裁结果

美国对华后拖式草地维护设备作出反倾销日落复审产业损害裁决

澳大利亚对华聚氯乙烯扁平电缆作出反倾销初裁

美国对华晶体硅光伏产品作出双反产业损害终裁

2月

乌拉圭对华热水器启动反倾销复审调查

阿根廷对华冷却剂泵或水泵启动反倾销调查

3月

印度延期对华轮胎硫化机反倾销措施1年

加拿大对华晶硅光伏组件和层压件产品作出双反调查初裁

阿根廷对华称重传感器发起反倾销调查

印度取消对USB闪存驱动器征收反倾销税

4月

印度发布涉华电子计算器反倾销调查终裁披露

美国对华空调用截止阀作出反倾销行政复审初裁

阿根廷对华电熨斗作出反倾销日落复审终裁

阿根廷对华非自吸式离心电泵作出反倾销终裁

阿根廷对华电动熨烫机反倾销调查延期

5月

美国对华熨衣架及其零部件进行反倾销日落复审立案调查

印度对华节能灯发布反倾销日落复审终裁披露

印度对华紧凑型荧光灯作出反倾销日落复审终裁

阿根廷决定对华自行车采取反倾销措施

欧盟对华自行车作出反规避终裁

印度对华USB闪存驱动器发布反倾销征税公告

欧盟更新对华自行车反倾销免税进口商名单

6月

印度延期对华塑料加工机械反倾销日落复审终裁

墨西哥对华儿童自行车反倾销调查作出初裁

美国对华手动搬运车及其零件作出反倾销行政复审终裁

美国对华乘用车和轻型货车轮胎作出"双反"终裁

阿根廷对华汽车空调蒸发器、冷凝器和汽车及拖拉机散热器发起反倾销调查

欧亚经济委员会延长对中国推土机和无缝钢管的反倾销调查

7月

印度拟对华风力发电机组铸件撤销反补贴调查举行听证会

加拿大对华晶硅光伏组件和层压件产品作出双反产业损害终裁

阿根廷启动对华多功能食品加工机反倾销复审调查

美国对华手动搬运车及其零件作出反倾销日落复审终裁

美国对华晶体硅光伏电池作出反倾销行政复审终裁

澳大利亚延期发布对华晶体硅光伏模块或面板反倾销案终裁报告

乌兹别克斯坦对华货车进行反倾销调查

阿方决定继续中止对华三相变压器反倾销措施2年

阿根廷决定对华十字万向节和球笼三叉采取反倾销措施

8月

美国对华圆锥滚子轴承进行反倾销新出口商复审立案调查

澳大利亚对华线圈棒进行反倾销立案调查

欧盟对华晶体硅光伏组件及关键零部件双反案发布更名公告

9月

南非对华独轮车产品加征反倾销税

印度拟举行轮胎硫化机反倾销日落复审调查听证会

韩决定延长征收中印两国PTE薄膜反倾销税3年

巴西终止对华农机轮胎的反倾销调查

10月

印度对华塑料加工机械作出反倾销日落复审终裁

印度对华干电池发起反倾销调查

印度对华中重型商用车的前桥梁和转向关节征收5年反倾销税

埃及对汽车电池作出保障措施产业损害裁决

11月

欧盟取消2家中国企业在光伏双反案中的价格承诺

美国商务部对中国产机械传输组件进行双反调查

欧亚经济委员会对中国载重汽车轮胎征反倾销税

12月

印度延期对华SDH光传输设备反倾销日落复审调查

欧盟对华手动叉车及其主要配件进行反规避调查

2. 分析

机电产品出口所遇反倾销事件分析包括月份分析、国别分析和产品分析。

（1）月份分析

2015年机电产品出口所遇反倾销事件共55起，较2014年变化较大。从月份分布上来看，1月、5月、6月、7月较多。与2014年相比，除8月、12月持平以及2月减少外，其他各月事件数目均增加明显。从全年的走势来看，机电产品出口贸易反倾销事件的数量分布不太平均，上半年尤为集中。

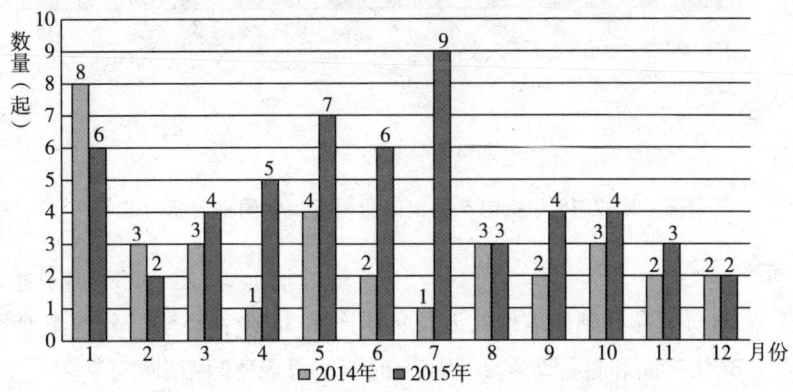

图8-1 2015年机电产品出口贸易反倾销月份分析

(2) 国别分析

2015年机电产品出口贸易反倾销事件涉及的国家共14个,相比2014年增加6个。最多的国家为美国、印度和阿根廷,分别有11起、15起和10起,分别占20%、27.27%和18.18%。2015年印度对我国机电产品密集采取反倾销措施,根本原因是中国的优势产品和印度希望重点发展的产品存在竞争力上的冲突。美国、印度、阿根廷是对中国发起反倾销事件排名前3的国家,它们一般不承认中国的市场经济地位,采用替代国制度,是中国机电产品发生反倾销事件的主要原因之一。墨西哥在2015年对中国的反倾销事件有所回落。

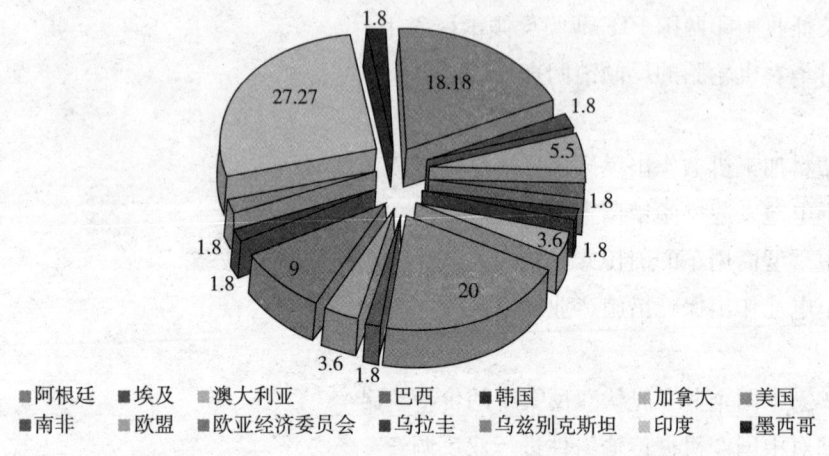

图8-2 2015年机电产品出口贸易反倾销国别分析(一)

与2014年相比,大多数国家的反倾销事件均有增加,其中美国、印度增加明显,其他国家相对增加。埃及、南非等国家对中国的反倾销事件一直较少,而印度则增加明显,相比2014年增加67%,提醒政府主管部门和各机电类产品出口企业要注意。

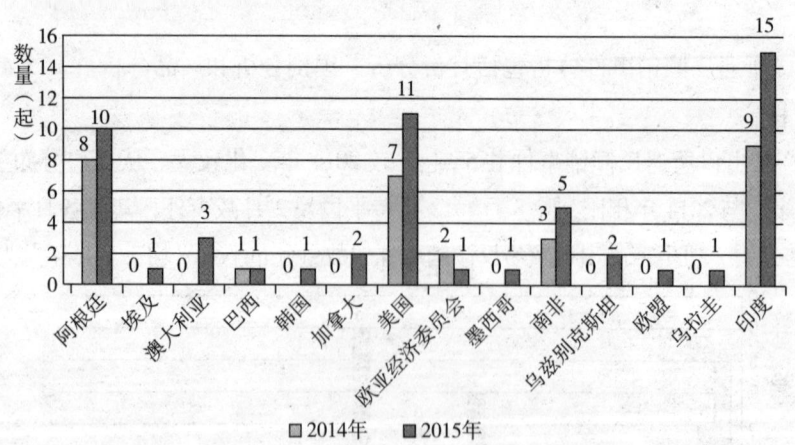

图8-3 2015年机电产品出口贸易反倾销国别分析(二)

(3) 产品分析

2015年机电产品出口贸易反倾销事件共涉及具体产品38余种类别,分布主要集中在新能源产业,包括光伏产品。光伏产品和自行车在2个以上的国家遭遇反倾销事件。

第八章 机电产品出口贸易壁垒

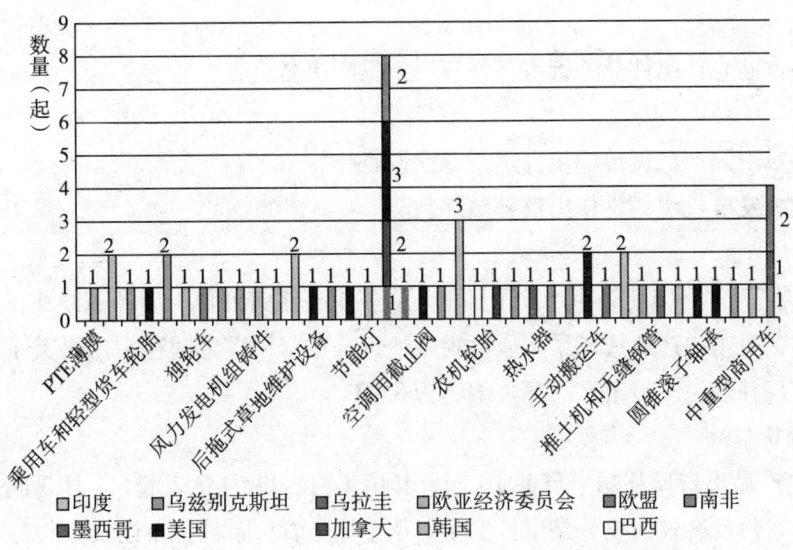

图 8-4 2015 年机电产品出口贸易反倾销产品分析

总结这些产品出口遭遇反倾销事件的主要原因：一方面是这些机电产品主要出口到美国、欧盟、印度等国，另一方面是这些国家不承认中国的市场经济地位，采用替代国制度。对光伏产品而言，根据 WTO 规则，反倾销税率的计算取决于倾销幅度的认定，而倾销幅度的认定取决于如何认定出口价格和生产成本。若中国政府对出口产品进行补贴将会同时降低受补贴产品的出口价格和生产成本。由于欧盟并未给予中国市场经济国家地位，其在计算中国企业生产成本的时候，计算数据并不来源于中国本土，而是来源于第三国。但是，第三国的产品并没有受到补贴的影响，第三国提供的成本数据实际上要高于中国产品的真实数据，这无疑会扩大倾销幅度的认定，进而提高反倾销税率。这一税率实际上已经包含了本该由反补贴措施规制的反补贴税，此时再进行反补贴调查，征收反补贴税将极有可能造成"双重征税"，使中国产品遭受不公平待遇。

（二）反补贴

2015 反补贴事件达 10 起。另外，双反措施 6 起。

1. 事件

1 月
美国对华晶体硅光伏电池发布反补贴行政复审初裁结果
美国对华晶体硅光伏产品作出双反产业损害终裁
3 月
加拿大对华晶硅光伏组件和层压件产品作出双反调查初裁
6 月
美国对华乘用车和轻型货车轮胎作出双反终裁
7 月
加拿大对华晶硅光伏组件和层压件产品作出双反产业损害终裁
美国对华晶体硅光伏电池作出反补贴行政复审终裁
美国取消对华应用级风电塔反补贴行政复审

8月

欧盟对华晶体硅光伏组件及关键零部件双反案发布更名公告

11月

美国商务部对中国产机械传输组件进行双反调查

印度对华风力发电机组铸件作出反补贴终裁

2. 分析

2015年11月27日，印度对原产于中国的风力发电机组铸件作出反补贴终裁：自中国进口的涉案产品存在补贴，对国内产业造成了实质性损害，且补贴与损害之间存在因果关系，因此建议对中国涉案产品征收反补贴税。涉案产品海关编码为8503。

(1) 月份分析

2015年机电产品出口反补贴事件共10起，其中1月、11月各2起，7月3起，3月、6月、8月各1起，其余月份没有任何反补贴事件发生。从整体上看，事件分布比较分散。

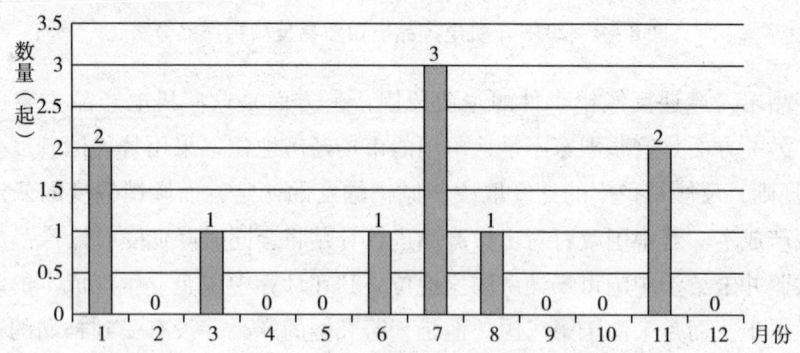

图8-5 2015年机电产品出口贸易反补贴产品分析

(2) 国别分析

2015年机电产品出口贸易反补贴事件涉及的国家（地区）有美国、加拿大、印度和欧盟，分别占45%、18%、9%、9%。

2015年机电产品出口贸易反补贴事件所涉及的4个国家中，美国有6起事件，加拿大有2起，印度和欧盟各有1起。

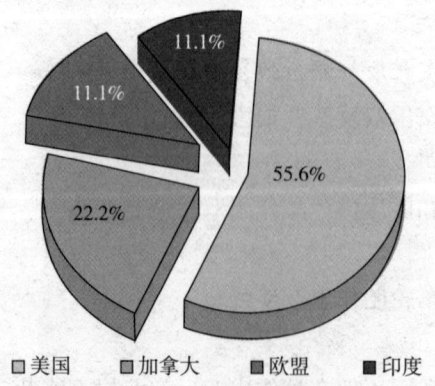

图8-6 2015年机电产品出口贸易反补贴国别分析

第八章　机电产品出口贸易壁垒

（3）产品分析

2015年机电产品出口贸易反倾销事件共涉及具体产品4个类别，分布较为分散。

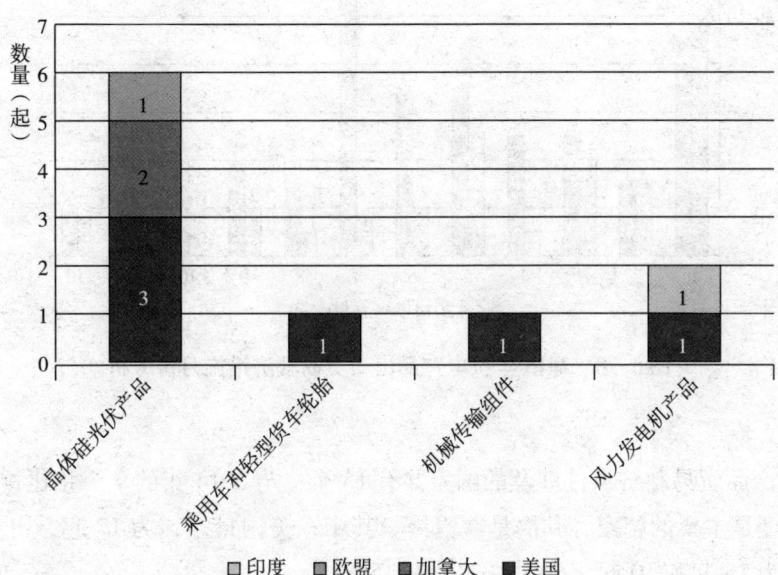

图8-7　2015年机电产品出口贸易反补贴产品分析

（三）保障措施与特保措施

2015年机电产品出口所遇保障措施与特保措施调查只有1起，来自乌克兰。

事件

2月

乌克兰取消对华进口客车的保障措施

（四）机电产品出口贸易救济措施分析

机电产品出口所遇贸易救济措施分析包括月份分析、国别分析和产品分析。

1. 月份分析

2015年机电产品出口贸易救济措施事件共66起，与2014年的33起相比大大增加。与2014年相比，除1月外，其他各个月份，数量均有明显增加。全年的总体趋势主要反映了反倾销事件的月份分布特征，因反补贴事件与保障措施事件仅占较少比例。

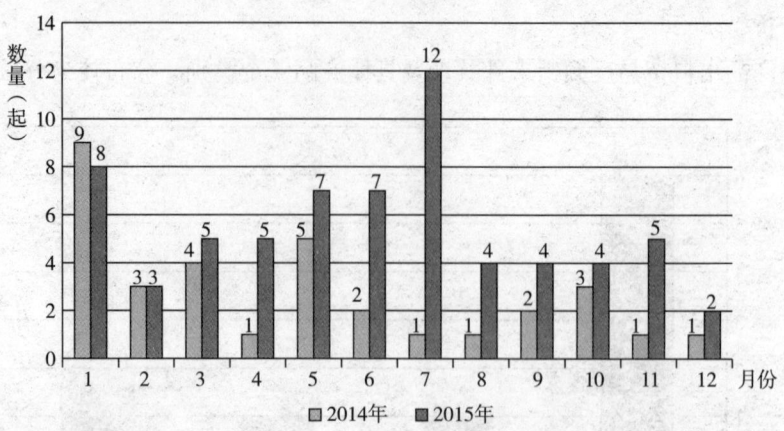

图 8-8 2015 年机电产品出口贸易救济措施月份分析

2. 国别分析

2015 年机电产品贸易救济事件涉及的国家共有 15 个，与 2014 年的 9 个相比，增加了 6 个。阿根廷、美国、印度是主要的国家，其次是欧盟等。其中，美国最多，为 17 起，占 26%，印度和阿根廷次之，分别为 16 起和 10 起，分别占 24% 和 15%。

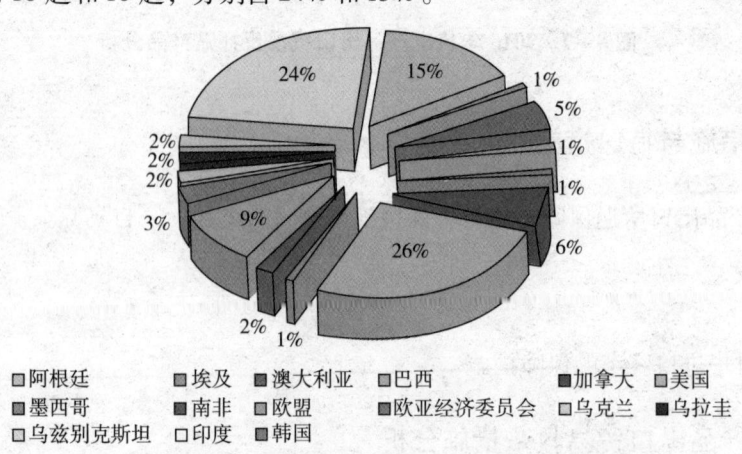

图 8-9 2015 年机电产品出口贸易救济措施国别分析（一）

总体来看，美国、印度、阿根廷这 3 个国家是涉及贸易救济措施最多的国家。在此提醒政府主管部门和机电类出口企业持续关注。自 2012 年起，美国频频对中国出口产品采取贸易救济行动，中国应在世贸组织的争端解决机制下与美国积极磋商，反对美国滥用贸易救济规则。

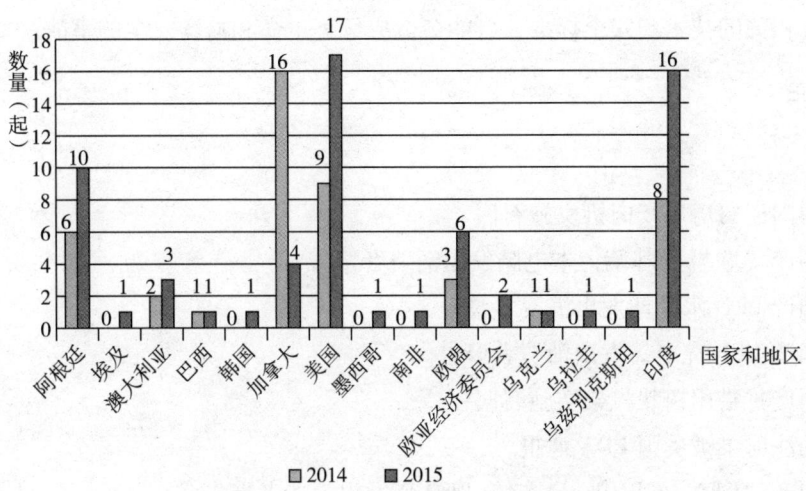

图 8-10　2015 年机电产品出口贸易救济措施国别分析（二）

3. 产品分析

2015 年机电产品出口贸易救济措施事件涉及的产品共四十余种类别，主要是反倾销事件涉及的产品，受到反补贴和保障措施影响的产品有晶体硅光伏组件和光伏电池等。其中，晶体硅光伏组件及相关零件涉及美国反倾销和反补贴 2 种措施同时作用。

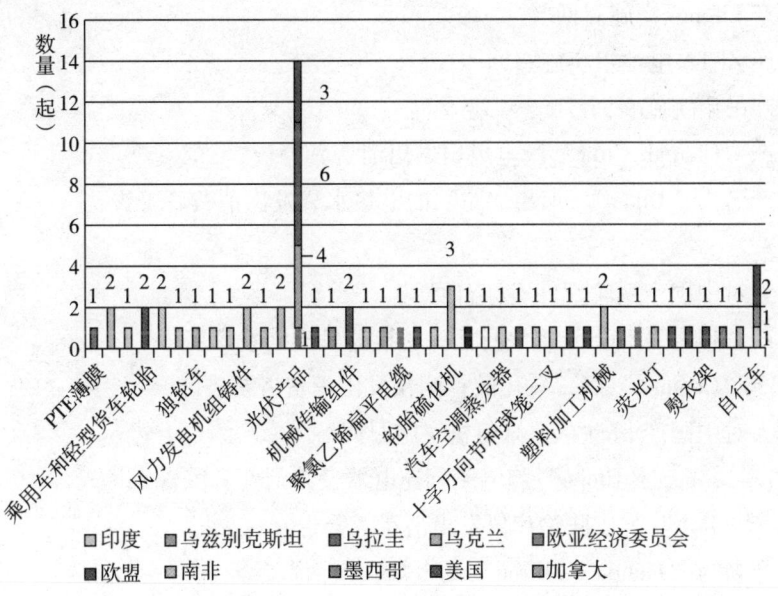

图 8-11　2015 年机电产品出口贸易救济措施产品分析

二、机电产品出口技术性贸易壁垒与绿色贸易壁垒

2015 年机电产品出口遭遇技术性贸易壁垒与绿色贸易壁垒事件共 176 起，涉及欧盟、美国、加拿大、日本和印度，其中欧盟 58 起，美国 48 起，加拿大 38 起。美国、加拿大采取的主要形式是产品召回。欧盟采取的主要形式是发出消费者警告。召回和发出消费者警告的主要原因是中国出口的

机电产品不符合相关的技术和安全标准，可能会造成危害生命和财产安全的事故。

（一）事件

1月

加拿大对中国产厨房用绞肉机实施召回

欧盟对中国产"联想"牌笔记本电脑发出消费者警告

欧盟对中国产 LED 水晶球发出消费者警告

欧盟对中国产 USB 充电器发出消费者警告

美国对中国产狩猎用树状机架实施召回

中国出口的注射泵被美国 FDA 通报

欧盟对中国产"GF – GRUPO FU"牌 LED 灯发出消费者警告

欧盟对中国产名为"AC Adaptor"的充电器发出消费者警告

欧盟对中国产"222"牌可充电手电筒发出消费者警告

美国对中国产电热油汀取暖器实施召回

中国出口的多普勒超声诊断系统被美国 FDA 通报

2月

美国对中国产 Lifepro 实施召回

美国对中国产 ZETA 电池组实施召回

美国对中国产吊扇实施召回

欧盟对中国产"Changli Crow"牌电风扇发出消费者警告

欧盟对中国产名为"Dhom Teck System"的电热水袋发出消费者警告

3月

美国和加拿大对中国产涡轮配件实施召回

欧盟对中国产"FH FOHILL"牌旅行插头转换器发出消费者警告

欧盟对中国产"Commel"牌一氧化碳检测仪发出消费者警告

美国和加拿大对中国产 Efco 草坪修剪机实施召回

欧盟对中国产"Libert E Clope"牌电子烟充电器发出消费者警告

欧盟对中国产"JMF"牌皮肤治疗仪发出消费者警告

欧盟对中国产名为"Lampa de Birou"的台灯发出消费者警告

欧盟对中国产"ALL Ride"牌电线发出消费者警告

欧盟对中国产"MAX"牌电子香烟液发出消费者警告

欧盟对中国产"ORNO"牌一氧化碳检测仪发出消费者警告

4月

欧盟对中国产"Proxima Direct"牌 UV 指甲灯发出消费者警告

欧盟对中国产"Bossmann"牌立式搅拌机发出消费者警告

欧盟对中国产"BRILLIGHT"牌 LED 投光灯发出消费者警告

欧盟对中国产"TECH by Travel Blue"牌旅行插头适配器发出消费者警告

欧盟对中国产名为"Sports HD DV"的运动摄像机发出消费者警告

加拿大对中国产温控器实施召回

美国和加拿大对中国产鼓风机实施召回

美国对中国产吹风机实施召回

美国和加拿大对中国产真空吸尘器实施召回

法国通报一款中国产烤面包机不符合欧盟标准

美国对中国产Jump & Go便携式电源箱实施召回

美国对中国产电动车电池实施召回

5月

加拿大对中国产温控器实施补充召回

加拿大对中国产密码保险箱实施召回

欧盟对中国产"V–TAC"牌LED射灯发出消费者警告

加拿大对中国产电动车电池实施召回

欧盟对中国产"Freeart"牌夜间照明灯发出消费者警告

欧盟对中国产"Lenovo"牌电器设备发出消费者警告

欧盟对中国产旅行插头适配器及USB电源发出消费者警告

美国对中国产咖啡机实施召回

美国对中国产举重床实施召回

加拿大对中国产便携式快速充电器实施召回

欧盟对中国产"TOSHIKO"牌电推剪发出消费者警告

美国对中国产瓦罐夜灯实施召回

欧盟对中国产"WAXIBA"牌便携式收音机发出消费者警告

欧盟对中国产"Kaufland"牌手表发出消费者警告

6月

美国和加拿大对中国产移动式无线扬声器实施召回

美国对中国产草坪机实施召回

美国和加拿大对中国产LED T8型灯管实施召回

加拿大对中国产LED彩瓶实施召回

欧盟对中国产灯链发出消费者警告

欧盟对中国产"Garden"牌电锯发出消费者警告

欧盟对中国产"nor–tec"牌工作灯发出消费者警告

欧盟对中国产"Eurom"牌电加热器发出消费者警告

美国和加拿大对中国产鱼缸加热器实施召回

美国和加拿大对中国产鼓风机实施召回

加拿大对中国产电子屏幕实施召回

7月

欧盟对中国产"Jiake"牌智能手机发出消费者警告

美国和加拿大对中国产灯罩实施召回

美国和加拿大对中国产坚果粉碎机实施召回

美国对中国产数码相机实施召回

加拿大对中国产空气净化器实施召回

欧盟对中国产"BRICODOM"牌电蚊拍发出消费者警告

欧盟对中国产"OSCAR PLUS"牌饮料混合机发出消费者警告

美国对中国产小夜灯实施召回

美国对中国产割草机实施召回

欧盟对中国产"delight"牌插头适配器发出消费者警告

欧盟对中国产"KANGFU"牌吹风机发出消费者警告

美国和加拿大对中国产平板电脑实施召回

8月

捷克对中国产手磨机通报

美国对中国产天气预报机实施召回

欧盟对中国产"Otto"牌饮料混合机发出消费者警告

加拿大对中国产儿童感应夜灯实施召回

欧盟对中国产LED灯发出消费者警告

欧盟对中国产充电器发出消费者警告

欧盟对中国产吹风机发出消费者警告

欧盟对中国产食品搅拌机发出消费者警告

欧盟对中国产蒸汽熨斗发出消费者警告

9月

美国对中国产墙体插电式手机充电器实施召回

德国对中国产旅行转换插头发出消费者警告

法国对中国产烧烤炉发出消费者警告

英国对中国产除湿机发出消费者警告

欧盟对中国产"APOLIMA"牌手表发出消费者警告

美国和加拿大对中国产LED灯实施召回

美国和加拿大对中国产食品搅拌机实施召回

美国对中国产迷你自行车实施召回

法国对电源转换器发出消费者警告

塞浦路斯对中国产夜灯发出消费者警告

欧盟对中国产"KAXIGE"牌电源插座发出消费者警告

欧盟对中国产"NVIDIA"牌平板电脑发出消费者警告

美国对中国产烤盘实施召回

欧盟对中国产"Aoboer"牌适配器发出消费者警告

西班牙对中国产插座发出消费者警告

西班牙对中国产延长线发出消费者警告

美国对中国产 CPB-100 充电宝实施召回

西班牙对中国产接线板发出消费者警告

匈牙利对中国产电源逆变器发出消费者警告

法国对中国产旅行转换插头发出消费者警告

拉脱维亚对中国产新奇打火机发出消费者警告

10月

西班牙对中国产电咖啡机发出消费者警告

英国对中国产电源适配器发出消费者警告

匈牙利对中国产手机充电器发出消费者警告

塞浦路斯对中国产电子烟电源发出消费者警告

美国对中国产充电器实施召回

美国对中国产电火炉实施召回

美国和加拿大对中国产风筝控制板实施召回

芬兰对中国产一氧化碳探测器发出消费者警告

欧盟对中国产"Snail"牌电源发出消费者警告

欧盟对中国产"LUCKY HAWK"牌电源延长线发出消费者警告

11月

美国和加拿大对中国产烫发钳实施召回

立陶宛对中国产电气设备发出消费者警告

奥地利对中国产机动车辆发出消费者警告

美国和加拿大对中国产锂离子电池充电器实施召回

欧盟对中国产名为"Beanfly Nail Lamp"的UV指甲灯发出消费者警告

美国和加拿大对中国产 LED 灯实施召回

美国对中国产电动卷笔刀实施召回

芬兰对中国产电气设备发出消费者警告

芬兰对中国产通信和媒体设备发出消费者警告

芬兰对中国产照明装置发出消费者警告

捷克对中国产照明装置发出消费者警告

葡萄牙对中国产机动车辆发出消费者警告

欧盟对中国产名为"Fx-Laser"的激光笔发出消费者警告

12月

美国对中国产无线电钻实施召回

欧盟对中国产"Menuett"牌电热水壶发出消费者警告

欧盟对中国产"Beper"牌卷发器发出消费者警告

加拿大对中国产无线头戴式耳机实施召回

匈牙利对中国产插头适配器发出消费者警告

匈牙利对中国产电池充电器发出消费者警告

匈牙利对中国产电源延长线发出消费者警告

匈牙利对中国产潜水泵发出消费者警告

匈牙利对中国产照明装置发出消费者警告

意大利对中国产通信和媒体设备发出消费者警告

英国对中国产电器设备发出消费者警告

加拿大对中国产吊灯实施召回

美国和加拿大对中国产 LED 灯泡实施召回

美国对中国产电动鼓风机/真空吸尘器实施召回

加拿大对中国产节假日用彩灯实施召回

欧盟对中国产"AL-KO"牌割草机发出消费者警告

欧盟对中国产"CRZ / BSE BOSUER"牌迷你摩托车发出消费者警告

美国和加拿大对中国产儿童手机实施召回

美国对中国产吊扇实施召回

加拿大对中国产 LED 灯串实施召回

加拿大对中国产节日装饰灯串实施召回

加拿大卫生部对中国产装饰性灯组实施召回

欧盟对中国产名为"YL-Laser"的激光笔发出消费者警告

欧盟对中国产"Super Home Power"牌插座发出消费者警告

加拿大对中国产 LED 小彩灯串实施召回

美国对中国产电压力锅实施召回

加拿大对中国产圣诞节用 LED 灯串实施召回

加拿大对中国产节日装饰用灯实施召回

欧盟对中国产名为"Universal Travel Adaptor"的旅行插头适配器发出消费者警告

(二) 分析

2015 年机电产品所遇技术性贸易壁垒与绿色贸易壁垒事件分析包括月份分析、国别分析和产品分析。

1. 月份分析

2015 年机电产品出口技术性贸易壁垒与绿色贸易壁垒事件共 176 起,其中 12 月最多为 31 起,除 2 月和 8 月外,其余月份均超过 10 起。与 2014 年的 181 起相比,2015 年所遇到的技术性贸易壁垒和绿色贸易壁垒有所减少,幅度达 3.3%。2015 年技术性贸易壁垒与绿色贸易壁垒事件,下半年较上半年相比均有所增加。受金融危机的影响,2010 年的数量有明显下降,而 2011 年开始恢复到 2009 年的水平,2012 年达到近些年的峰值,2013 年壁垒事件数量有所回落,2015 年数量继续减少,这种变化值得引起注意。

第八章 机电产品出口贸易壁垒

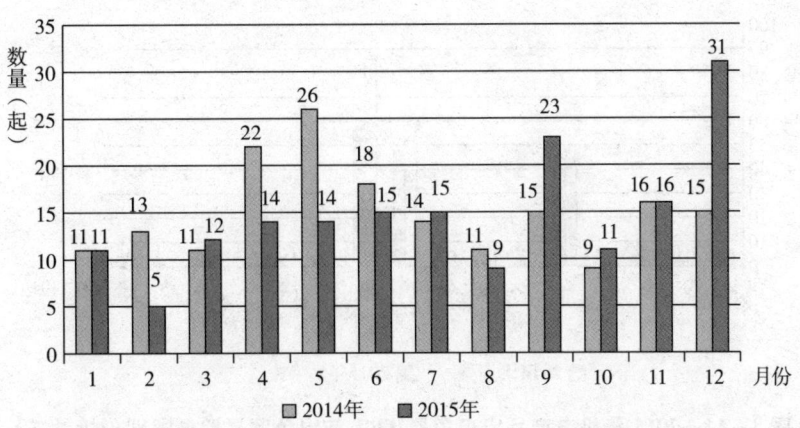

图 8-12 2015 年机电产品出口贸易 TBT 与绿色贸易壁垒月份分析

2. 国别分析

2015 年机电产品出口贸易技术性贸易壁垒与绿色贸易壁垒事件涉及的国家（地区）有美国、加拿大、欧盟、日本和印度 16 个。其中美国 48 起，占 27%；加拿大 38 起，占 22%；欧盟 58 起，占 33%，其余国家分别不超过 10 起。

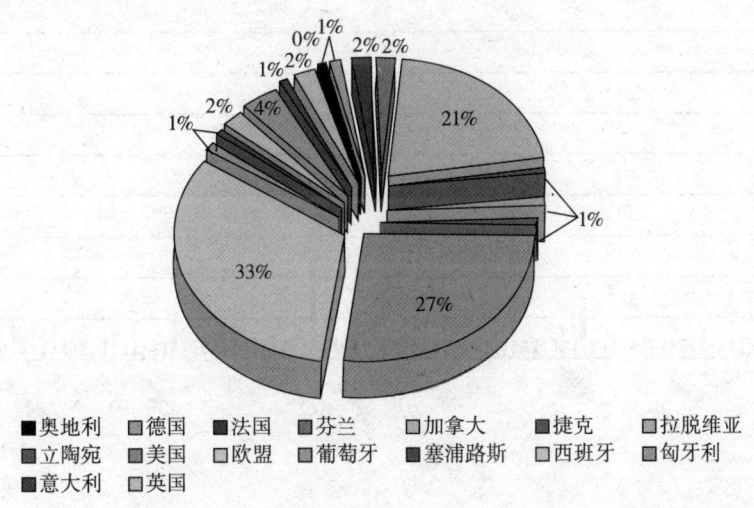

图 8-13 2015 年机电产品出口贸易 TBT 与绿色贸易壁垒国别分析（一）

与 2014 年相比，2015 年中前 3 位的国家和地区的技术性贸易壁垒和绿色贸易壁垒数量均有所减少。总的来看，美国与欧盟壁垒数量接近，但欧盟壁垒数量略多，在此之前，美国曾连续多年成为中国机电产品出口遇到技术性贸易壁垒和绿色贸易壁垒最多的国家，这主要是由于美国采用了相对较高的技术标准和安全要求，这种因高技术标准和要求引致的壁垒会在将来一段时间内继续保持增长，其他发达国家如加拿大和欧盟地区国家跟随美国，采用了相对较高的技术标准和安全要求，这种趋势在未来将长期存在，在此提醒政府主管部门和机电类出口企业注意。

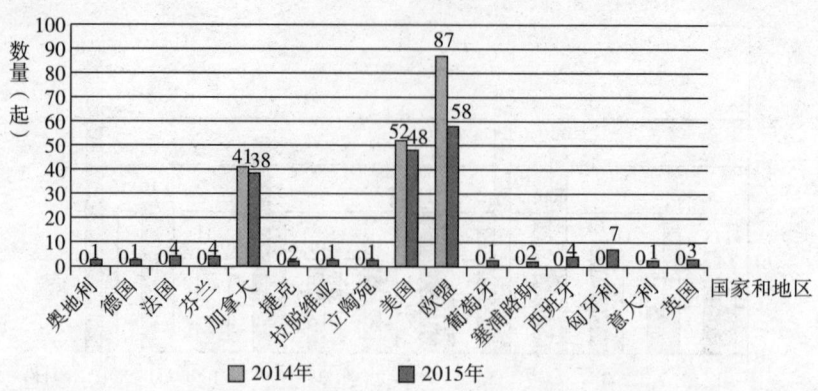

图8-14 2015年机电产品出口贸易TBT与绿色贸易壁垒国别分析（二）

3. 产品分析

2015年机电产品出口贸易技术性贸易壁垒与绿色贸易壁垒事件涉及的产品分类共104种类别。涉及的具体产品多为家用电器，灯具以及电池及电源等类型产品，主要原因是因为这些产品容易不符合相关安全和技术标准，且容易造成人身和财产危害，造成难以补救的损失。

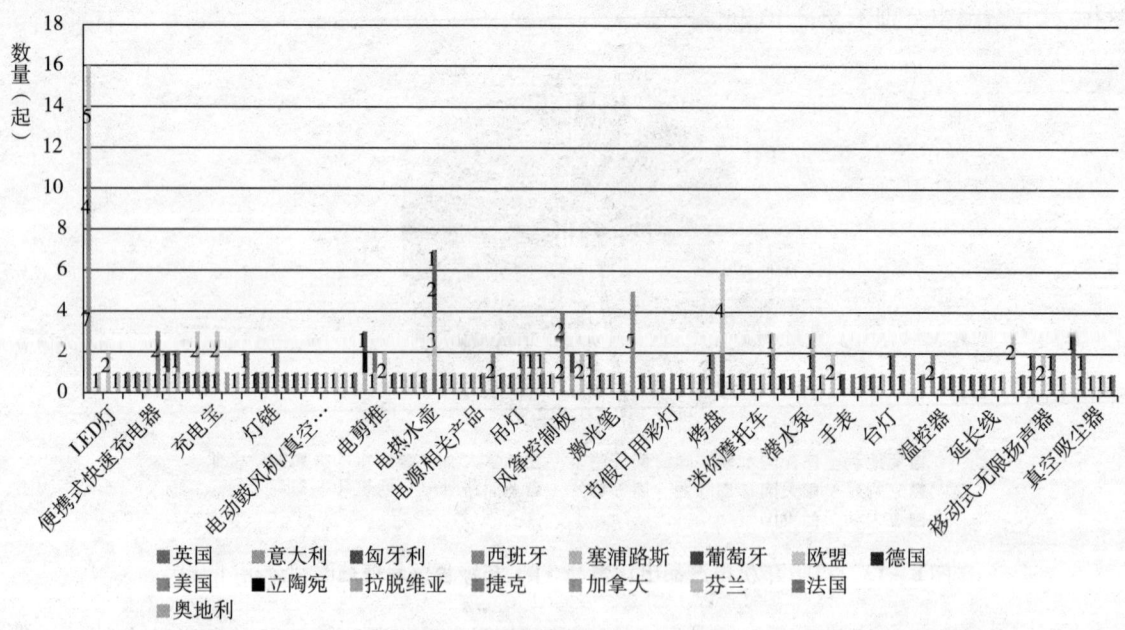

图8-15 2015年机电产品出口贸易TBT与绿色贸易壁垒产品分析

三、其他贸易壁垒

2015年机电产品出口贸易其他壁垒为知识产权壁垒总计24起，与2014年相比减少。

（一）事件

2月

阿根廷初步裁定原产于中国的电动熨烫机对阿产业造成实质损害

美国上诉法院裁定支持 ITC 关于 3G 无线设备的 337 裁决

3 月

美国 ITC 正式对音频处理软件及硬件启动 337 调查

美国 ITC 决定对电子产品正式启动 337 调查

美国 ITC 正式对锂离子电池等启动 337 调查

美国 ITC 正式对电子设备启动 337 调查

美国 ITC 正式对无线标准兼容电子设备启动 337 调查

4 月

美国 ITC 正式对可变气门制动设备启动 337 调查

美国 337 调查复审判决三一重工获胜

美国 ITC 对电子设备保护套正式启动 337 调查

5 月

美国能源部制定规例最新进展

美国 ITC 正式对触控器启动 337 调查

6 月

美国 ITC 正式对 ATM 机和 POS 机启动 337 调查

美国 ITC 对电子皮肤护理设备启动 337 调查

8 月

美国 ITC 正式对活动跟踪装置启动 337 调查

美国 ITC 正式对雨刮器启动 337 调查

美国 ITC 正式对台式电锯启动 337 调查

9 月

美国 ITC 正式对绝缘硅晶片启动 337 调查

美国 ITC 正式决定对文档相机启动 337 调查

11 月

美国欲对可穿戴式活动跟踪装置启动 337 调查

美国 ITC 欲对电子设备启动 337 调查

美国 ITC 欲对计算机外围设备等启动 337 调查

美国 ITC 对自动取款机正式启动 337 调查

美国 ITC 欲对并入移动插座的底盘零件启动 337 调查

(二) 分析

1. 月份分析

2015 年机电产品出口其他贸易壁垒月份分布较分散，1 月、7 月、10 月与 12 月均没有其他壁垒事件，除 5 月仅有 1 起外，其余月份均为 2 起及以上。

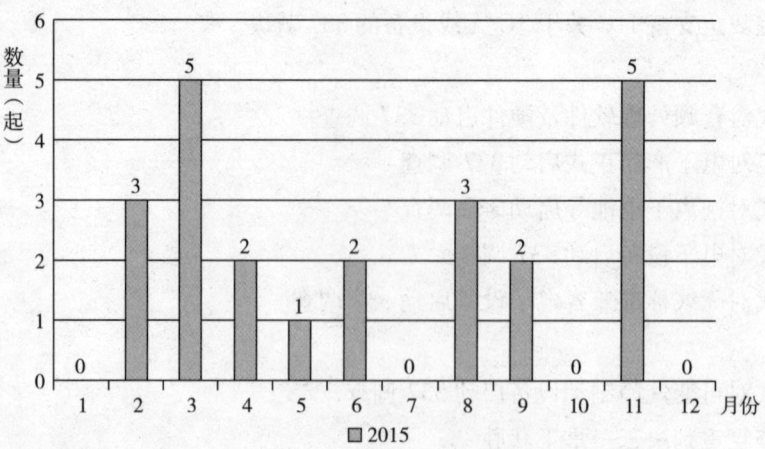

图 8-16　2015 年机电产品出口贸易其他壁垒月份分析

2. 国别分析

2015 年机电产品出口其他贸易壁垒事件的发起国主要为美国，共有 23 起。阿根廷为 1 起。

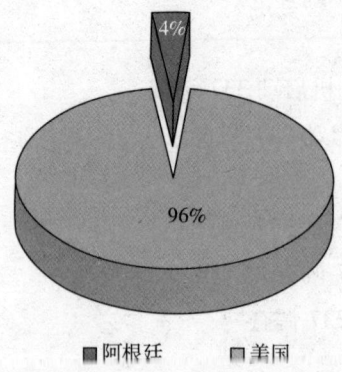

图 8-17　2015 年机电产品出口贸易其他壁垒国别分析

3. 产品分析

2015 年机电产品出口其他贸易壁垒所涉及的产品主要为电子产品以及电子设备。

四、机电产品出口贸易壁垒综合分析

机电产品出口所遇贸易壁垒的综合分析包括月份分析、国别分析、区域分析、产品分析和贸易壁垒形式分析。

1. 月份分析

2015 年机电产品出口贸易壁垒事件共 200 起，和 2014 年的 207 起相比减少约 4%。其中 9 月、11 月、12 月较多，在 20 起以上，12 月最多为 31 起。所有月份均在 8 起以上。

第八章 机电产品出口贸易壁垒

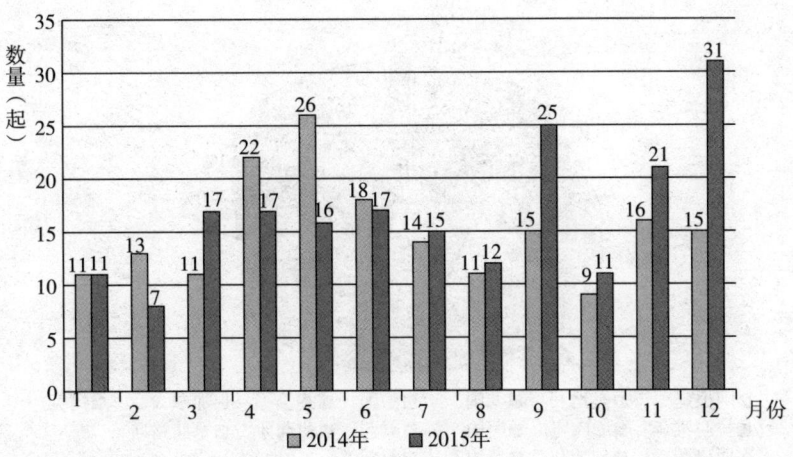

图 8-18　2015 年机电产品出口贸易壁垒月份分析（一）

从图 8-19 我们可以看出，2015 年机电产品贸易壁垒主要来源于技术性贸易壁垒和绿色贸易壁垒。2015 年所遇到的技术性贸易壁垒和绿色贸易壁垒比 2014 年总数有所减少。2015 年机电产品出口贸易壁垒事件总体而言，各月份较为平均，没有过大的波动。

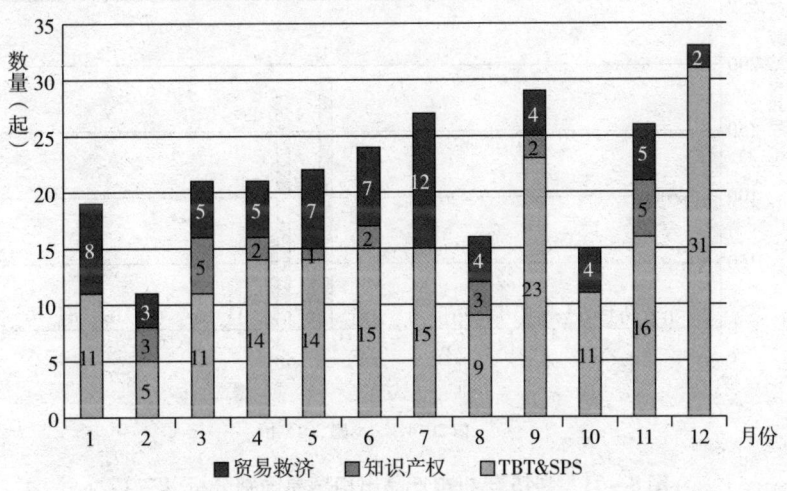

图 8-19　2015 年机电产品出口贸易壁垒月份分析（二）

2. 国别分析

2015 年机电产品出口贸易壁垒事件涉及 17 个国家，比 2014 年的 11 个多 6 个。其中，美国、欧盟、加拿大较多。美国最多，为 71 起，占 35%；欧盟次之，为 58 起，占 29%。美国、欧盟的贸易壁垒事件较多，主要是由于它们的技术性贸易壁垒与绿色贸易壁垒和美国的 337 调查程序引起的。加拿大的贸易壁垒事件主要是由于技术性贸易壁垒与绿色贸易引起的。

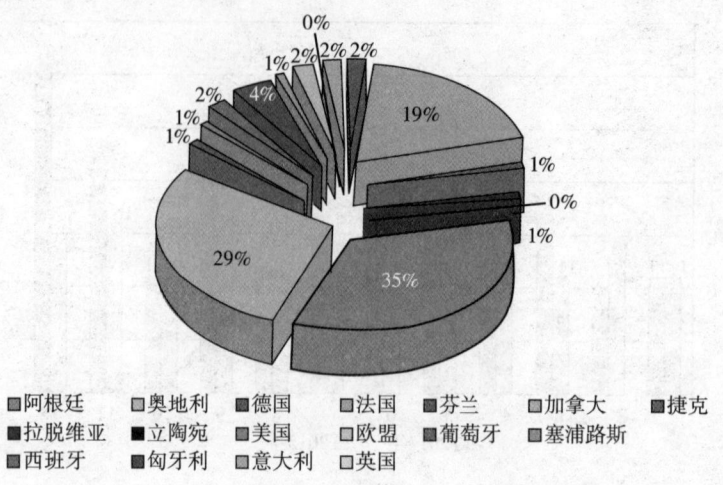

图8-20 2015年机电产品出口贸易国别分析（一）

与2014年相比，美国、欧盟、加拿大仍是中国机电产品出口遭遇各类壁垒的主要国家，其他国家的贸易壁垒事件虽然分布零散，但是都有减少的趋势。

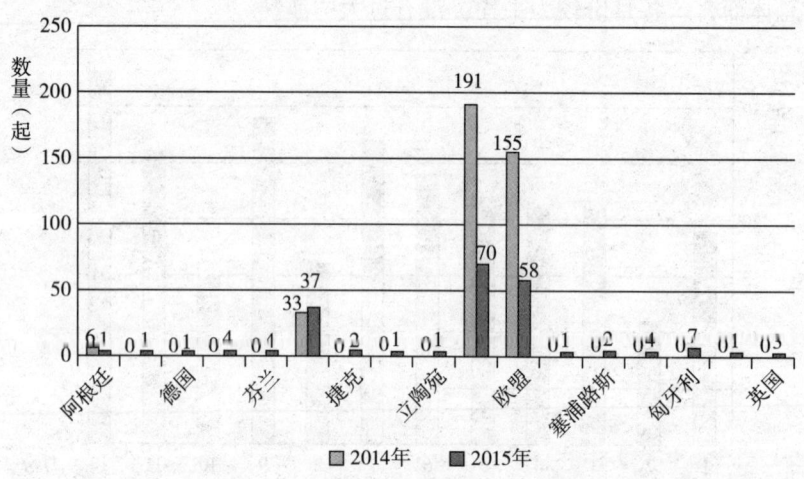

图8-21 2015年机电产品出口贸易国别分析（二）

总的来看，2015年机电产品出口贸易遭遇壁垒较多的国家为印度、美国、欧盟、加拿大，其中美国主要的贸易壁垒形式有知识产权、技术性贸易壁垒与绿色贸易壁垒；印度与欧盟主要有贸易救济，技术性贸易壁垒与绿色贸易壁垒。总体来看，贸易救济的分布较为平均，涉及国家最多。

第八章 机电产品出口贸易壁垒

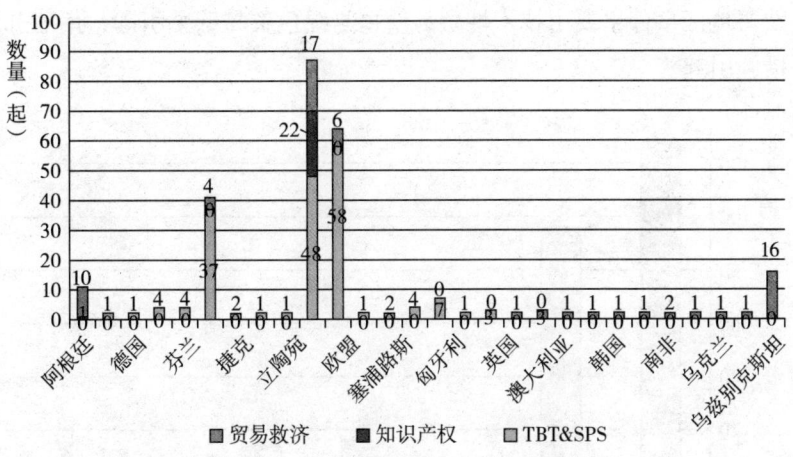

图8-22　2015年机电产品出口贸易国别分析（三）

3. 区域分析

2015年机电产品出口贸易壁垒事件涉及的区域有北美、欧盟。其中北美自由贸易区为85起，占49%；欧盟地区为90起，占51%。

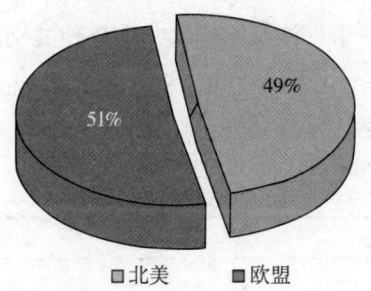

图8-23　2015年机电产品出口贸易壁垒区域分析（一）

与2014年相比，欧盟地区增加18起，其他各地区均有所减少。其中北美减少最多，为27起。与2014年相同，北美、欧盟是机电产品遇到贸易壁垒事件最多的区域。

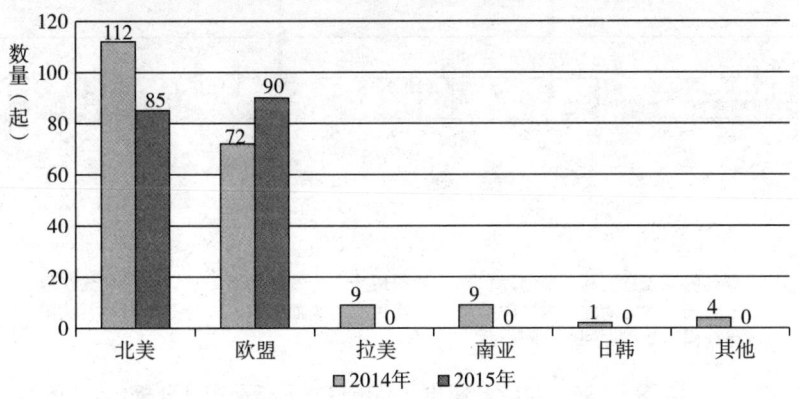

图8-24　2015年机电产品出口贸易壁垒区域分析（二）

可以看出，北美地区和欧盟壁垒事件最多，北美地区由贸易救济措施、技术性贸易壁垒与绿色贸易壁垒，以及知识产权壁垒共同导致；北美壁垒事件主要是由技术性贸易壁垒与绿色贸易壁垒和知识产权引起；欧盟地区事件主要由技术性贸易壁垒与绿色贸易壁垒引起；南亚和其他地区壁垒事件均由贸易救济措施引起。

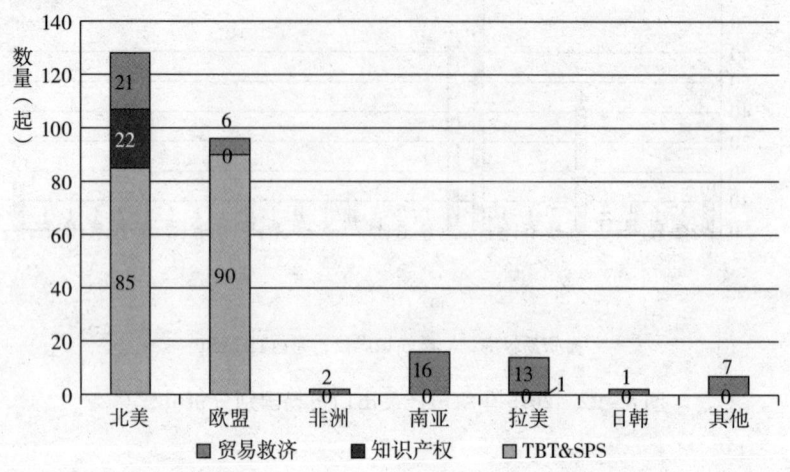

图8-25　2015年机电产品出口贸易壁垒区域分析（三）

4. 产品分析

2015年机电产品出口贸易壁垒事件涉及的产品共112种类别。最多的是LED灯，为16起，发起国家以欧盟、美国和加拿大为主，分别为5起、4起和7起，主要由于技术性贸易壁垒和绿色贸易壁垒引起；其次是电子设备，为15起，由美国发起。总体来说，家用电器，生产用机电机械及部件以及灯具等产品最易遭受贸易壁垒。

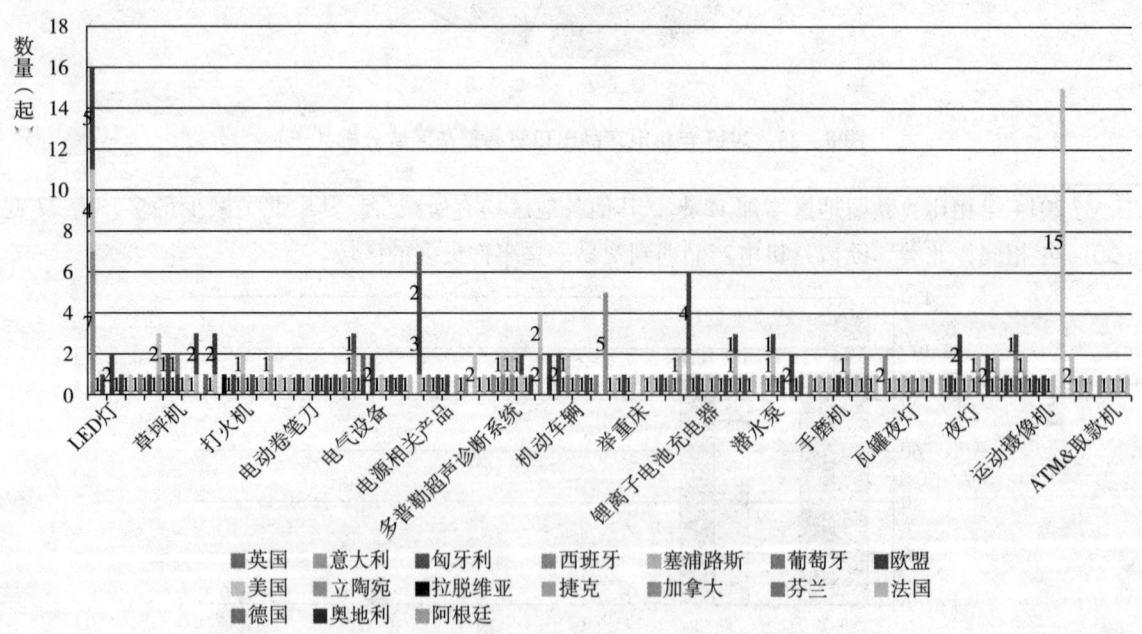

图8-26　2015年机电产品出口贸易壁垒产品分析

5. 贸易壁垒形式分析

2015年机电产品出口贸易壁垒事件涉及的贸易壁垒形式有反倾销、反补贴、保障措施、技术性贸易壁垒与绿色贸易壁垒、知识产权引起的贸易壁垒。其中TBT事件最多，为176起，占66%；反倾销次之，为 55 起，占 21%；知识产权 24 起，占 9%，其他两种形式较少。

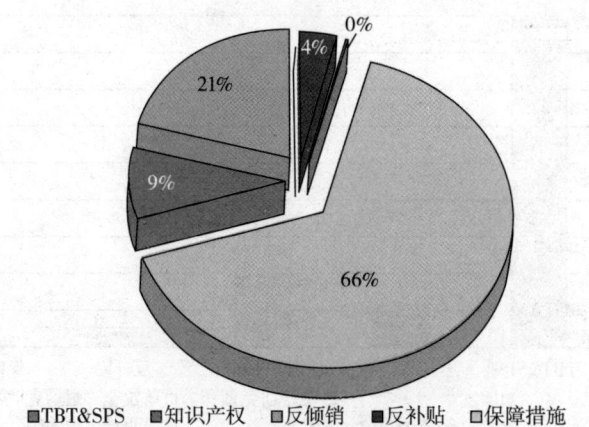

图 8-27　2015 年机电产品出口贸易壁垒形式分析（一）

与 2014 年相比，TBT、反倾销、知识产权引起的贸易壁垒仍是最主要的 3 种贸易壁垒形式。除知识产权引起的贸易壁垒数量下降外，其他各贸易壁垒数量均有所上升。其中，TBT 引起的贸易壁垒事件增加至 157 起；反倾销事件增加至 55 起；反补贴增加至 10 起，保障措施持平。

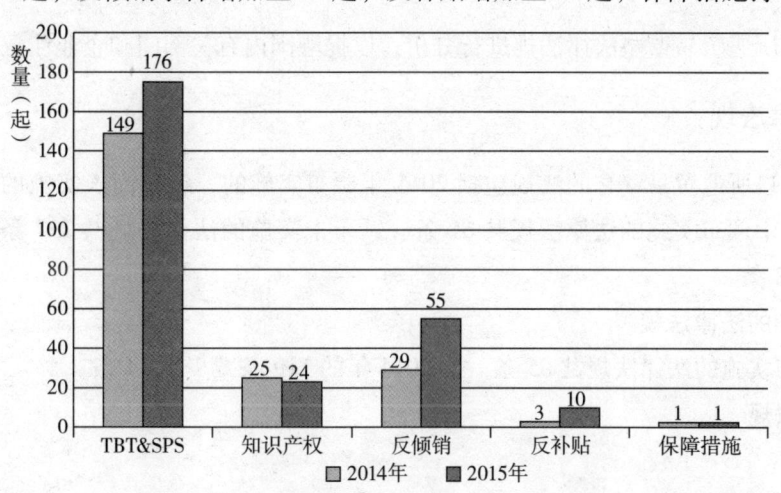

图 8-28　2015 年机电产品出口贸易壁垒形式分析（二）

从图 8-29 可以看出，涉及技术性贸易壁垒与绿色贸易壁垒事件的国家有美国、加拿大和欧盟；反补贴事件由加拿大、欧盟、美国和印度发起，其中有 6 起为美国采取的"双反"措施；知识产权壁垒事件除 1 起外均为由美国发起的"337"调查；唯一 1 起保障措施事件来自乌克兰。总的来说，2015 年情况与 2014 年类似，以美国为首的国家对中国的"双反"力度仍然较大，中国政府已经在世贸组织争端解决机制下与美国积极磋商，反对美国滥用贸易救济规则。从长远来看，技术性贸易壁垒与绿色贸易壁垒、反倾销、知识产权仍是机电产品贸易中遇到的 3 种主要阻碍形式。

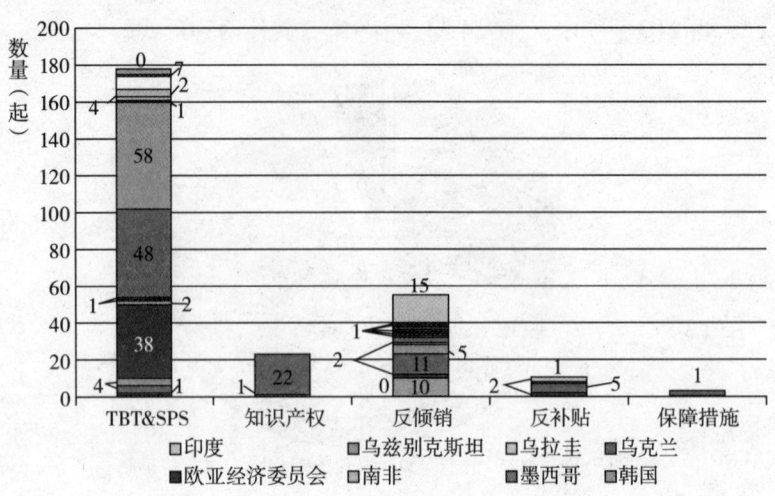

图 8-29 2015 年机电产品出口贸易壁垒形式分析（三）

五、机电产品出口贸易壁垒预警

对机电产品所遇贸易壁垒法律法规进行分析，以提醒国内有关部门和企业注意。

（一）法律法规

机电产品出口所遇贸易壁垒的法规包括 2015 年颁布实施的、颁布尚未实施的和存在颁布意向的法律法规。其中颁布实施的法律法规共 65 条、颁布未实施的法律法规共 137 条、存在颁布意向的法律法规共 88 条。

1. 颁布实施的法律法规

2015 年颁布实施的法律法规共 65 条。比 2014 年的 119 条减少了 54 条。

（1）法律法规

1 月

美国发布关于助听器兼容设备的通报

卡塔尔发布关于摩托车、助力车、三轮摩托车、四轮摩托车的通报

日本发布关于货运车辆的通报

捷克共和国发布关于测量装置的通报

捷克共和国发布关于测量装置的通报

捷克共和国发布关于测量装置的通报

捷克共和国发布关于测量装置的通报

厄瓜多尔发布关于紧凑管形荧光灯的通报

欧盟发布关于电气电子设备的通报

欧盟发布关于电气电子设备的通报

欧盟发布关于电气电子设备的通报

卡塔尔发布关于的具有液位测量的公路和铁路罐车通报

厄瓜多尔发布关于火花塞的通报

2月

韩国发布关于电信设备和电器的通报

南非发布关于电路的固定装置开关的通报

厄瓜多尔发布关于投影机的通报

加拿大发布关于电信设备的通报

厄瓜多尔发布关于电动机的通报

泰国发布关于凹版印刷机和彩色复印机的通报

厄瓜多尔发布关于电饮水机的通报

3月

埃及发布关于电灯的通报

埃及发布关于非侵入式血压计的通报

埃及发布关于家用电器能效的通报

埃及发布关于医用输液设备的通报

沙特阿拉伯发布关于新轻型车辆的通报

智利发布关于街道照明、电灯、发光标志与招牌、射灯的通报

马来西亚发布关于通信设备的通报

加拿大发布关于无线电通信设备的通报

欧盟发布关于车辆的通报

印度尼西亚发布关于农作物保护设备的通报

4月

摩尔多瓦发布关于电气设备的通报

加拿大发布关于无线电通信设备的通报

韩国发布关于电器的通报

马来西亚发布关于仪器或设备的通报

5月

韩国发布关于电器的通报

泰国发布关于电烤箱的通报

泰国发布关于冷水器的通报

泰国发布关于平底电锅的通报

埃及发布关于家用电器的通报

6月

加拿大发布关于无线电通信设备的通报

加拿大发布关于无线电通信设备的通报

阿根廷发布关于的通报

加拿大发布关于机动车的通报

加蓬发布关于建筑材料、电器和化妆品的通报

7月

多哥发布关于除人工捕鱼船外的捕鱼船的技术要求的通报

加拿大发布关于无线电通信设备的通报

欧盟发布关于挂车和半挂车尾部空气动力学装置的通报

瑞士发布关于电信设备的通报

意大利发布关于美容师使用的机电设备的通报

加拿大发布关于无线电通信设备的通报

加拿大发布关于无线电通信设备的通报

加拿大发布关于无线电通信设备的通报

8月

韩国发布关于电器的通报

美国发布关于网栅式热水器的通报

9月

沙特阿拉伯发布关于插头和插座的通报

埃及发布关于道路车辆的通报

埃及发布关于道路车辆的通报

埃及发布关于道路车辆的通报

阿根廷发布关于升降机和升降机部件的通报

10月

加拿大发布关于终端设备的通报

韩国发布关于电信设备和电器的通报

韩国发布关于电器的通报

墨西哥发布关于无线电设备的通报

11月

阿根廷发布关于低压电器的通报

韩国发布关于电器的通报

(2) 分析

2015年机电产品颁布实施的法律法规分析包括国别分析和产品分析。

① 国别分析

2015年机电产品颁布实施的法律法规共65条，比2014年减少54条，涉及的国家和地区共22个。最多的国家为加拿大，有11条，其次是埃及，为8条。再次是韩国，7条；厄瓜多尔和欧盟均为5条。其他国家均颁布实施1~4条法律法规。总的来说，2015年颁布实施的法律法规总数比2014年有所下降。

第八章 机电产品出口贸易壁垒

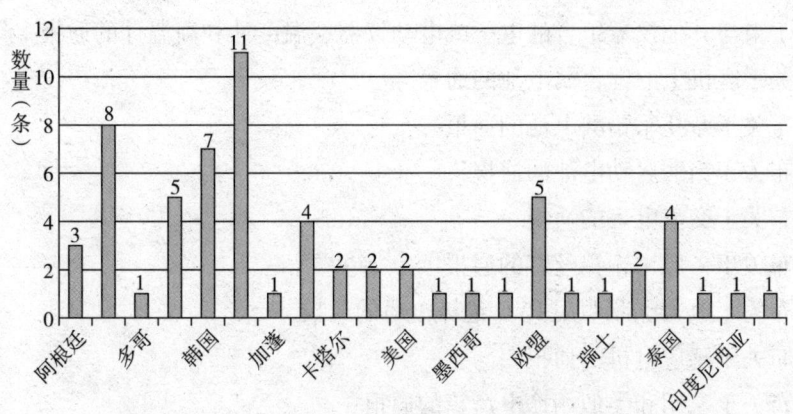

图 8-30　2015 年机电产品颁布实施的法律法规国别分析

②产品分析

2015 年机电产品颁布实施的法律法规涉及的产品大类共计 25 种。其中最多的是家用电器，18 条，多来自韩国和泰国；其次是机动车辆，共有 10 条，主要由埃及和加拿大实施；再次是电信设备，为 8 条。总的来说，2015 年颁布实施的法律法规涉及的产品种类仍然比较分散。其中的电气设备、计量设备、家用电器、车辆设备所占比重最多，应引起有关企业或者部门的重视。

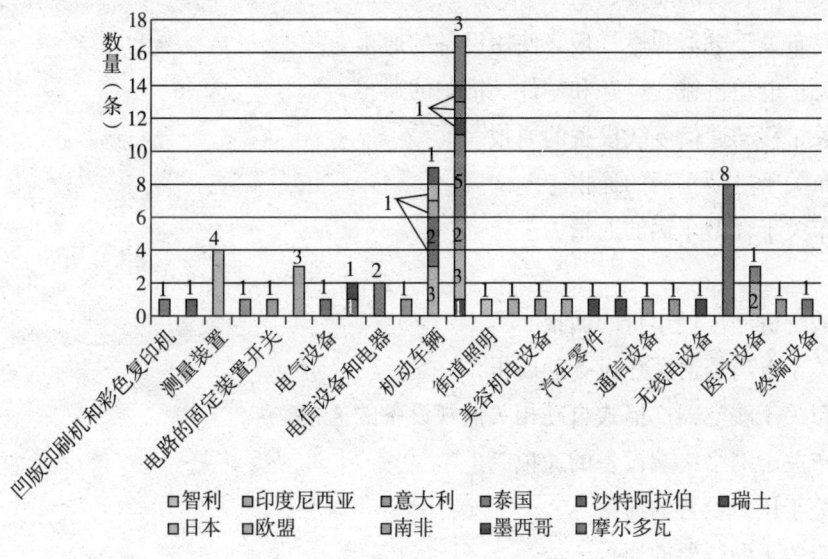

图 8-31　2015 年机电产品颁布实施的法律法规产品分析

2. 颁布尚未实施的法律法规

2015 年颁布尚未实施的法律法规有 137 条，比 2013 年的 126 条增加了 11 条。

（1）法律法规

1 月

日本发布关于仪器、容器和包装的通报

韩国发布关于数字选择呼叫设备的通报

阿拉伯联合酋长国发布关于电气设备的通报

秘鲁发布关于非侵入式血压计的通报

秘鲁发布关于未与其他仪器组合的电子或电动仪器、温度计和高温计的通报
加拿大发布关于客机上的锂金属电池的通报
巴基斯坦发布关于摩托车铅酸电池的通报
巴基斯坦发布关于铅酸启动电池的通报
巴基斯坦发布关于交流电表的通报
巴基斯坦发布关于一般用途钨丝灯的通报
巴基斯坦发布关于电力和照明用PVC绝缘电缆的通报
巴基斯坦发布关于感应电机的通报
巴基斯坦发布关于家用和类似用途电烤箱的通报
巴基斯坦发布关于家用和类似用途电水壶和电水罐的通报
墨西哥发布关于除铁道或轨道车辆以外的车辆及其零配件的通报
墨西哥发布关于铅酸电池的通报
印度尼西亚发布关于通用往复式内燃机的通报

2月
智利发布关于家庭热水用即热式燃气热水器的通报
智利发布关于洗衣机的通报
哥伦比亚发布关于电器和燃气最终使用设备的通报
巴西发布关于电动机械、设备和零件、锅炉的通报
韩国发布关于移动通信无线设备的通报
肯尼亚发布关于机动车辆的通报
墨西哥发布关于轻型车辆的通报

3月
巴西发布关于机动车辆车身的通报
巴西发布关于电离辐射医疗设备的通报
墨西哥发布关于航空器广播式自动相关监视设备的通报
墨西哥发布关于网络终端设备的通报
瑞士发布关于压力设备的通报
乌干达发布关于助行器的通报
瑞士发布关于电梯的通报
瑞士发布关于潜在爆炸环境中使用的设备和防护系统的通报
瑞士发布关于测量仪器的通报
瑞士发布关于低压电气设备的通报
瑞士发布关于电气设备的通报
印度发布关于电子与信息技术商品的通报
瑞士发布关于非自动称重仪器的通报
厄瓜多尔发布关于手持电钻的通报
厄瓜多尔发布关于商业用制冷设备的通报

沙特阿拉伯发布关于洗衣机的通报

巴西发布关于道路车辆车身外壳的通报

智利发布关于微波炉的通报

印度尼西亚发布关于肥料原料粉碎机的通报

4月

智利发布关于电气设备电缆刚性金属导管和导管系统的通报

巴西发布关于车辆、拖车、农用机械装置的通报

秘鲁发布关于荧光灯镇流器的通报

秘鲁发布关于感应电动机的通报

秘鲁发布关于锅炉的通报

秘鲁发布关于家用热水器的通报

秘鲁发布关于家用洗衣机的通报

秘鲁发布关于家用制冷电器的通报

秘鲁发布关于空调的通报

秘鲁发布关于滚筒式干衣机的通报

秘鲁发布关于家用和类似用途电灯的通报

韩国发布关于兽医设备的通报

韩国发布关于兽医设备的通报

韩国发布关于兽医设备的通报

韩国发布关于兽医设备的通报

韩国发布关于数字专用移动无线设备的通报

5月

南非发布关于自动断路器的通报

越南发布关于电池的通报

越南发布关于电动自行车的通报

越南发布关于机动车的通报

厄瓜多尔发布关于助步器的通报

厄瓜多尔发布关于助行产品的通报

加拿大发布关于机动车的通报

菲律宾发布关于音视频产品的通报

瑞士发布关于铁路货车的通报

智利发布关于转筒式干燥机的通报

智利发布关于转筒式干燥机的通报

6月

科威特发布关于公路和铁路罐车的通报

沙特阿拉伯发布关于照明产品的通报

智利发布关于洗碗机的通报

巴基斯坦发布关于油压炉的通报
智利发布关于电视机的通报
智利发布关于干衣机的通报
巴基斯坦发布关于非压力油炉的通报
巴基斯坦发布关于压力油炉的通报
巴基斯坦发布关于内燃机的通报
越南发布关于摩托车和助力车的通报
哥斯达黎加发布关于电气产品的通报

7月

韩国发布关于IPTV设备的通报
日本发布关于燃气设备和器具的通报
新加坡发布关于移动电话等的通报
以色列发布关于低压开关设备和控制设备组合装置的通报
以色列发布关于电热水器的通报
以色列发布关于独立式烟雾探测器的通报
以色列发布关于热探测器的通报
以色列发布关于家用烹饪电器的通报
欧盟发布关于空气加热产品、冷却产品和高温加工冷却装置的通报
以色列发布关于微波炉的通报

8月

阿拉伯联合酋长国发布关于电子和电器设备使用的危险材料的通报
乌克兰发布关于家用洗碗机的通报
智利发布关于真空吸尘器的通报
智利发布关于加热器的通报
智利发布关于家庭固定电器装置非金属楼层接线箱的通报
智利发布关于烤面包机、烤架、烤炉和便携式烤箱的通报
墨西哥发布关于空调的通报
美国发布关于无线设备的通报
智利发布关于扶梯、自动人行道和升降机的通报
越南发布关于升降设备的通报

9月

韩国发布关于集成公共网络无线电设备的通报
智利发布关于便携式通用灯具的通报
智利发布关于便携式焊接钢瓶阀门和配件的通报
乌克兰发布关于电气设备的通报
乌克兰发布关于设备电磁的通报
韩国发布关于电磁的通报

越南发布关于卡车和挂车的通报

瑞士发布关于电信设备的通报

智利发布关于专用液化石油气（LPG）庭院加热器的通报

秘鲁发布关于测量仪器的通报

秘鲁发布关于测量仪器的通报

乌干达发布关于卡车和公交车充气轮胎的通报

乌干达发布关于农机充气轮胎的通报

乌干达发布关于轻型卡车充气轮胎的通报

乌干达发布关于小客车充气轮胎的通报

10月

英国发布关于测量设备的通报

英国发布关于非自动称重设备的通报

智利发布关于斜式升降机和吊斗式升降机或缆车的通报

智利发布关于洗衣机的通报

阿拉伯联合酋长国发布关于电子设备机械结构的通报

泰国发布关于洗衣机的通报

欧盟发布关于电气电子设备的通报

智利发布关于三相感应电机的通报

乌克兰发布关于测量设备的通报

沙特阿拉伯发布关于旋转电机的通报

11月

哥斯达黎加发布关于道路车辆速度测量仪的通报

捷克共和国发布关于自动称重装置的通报

捷克共和国发布关于自动称重装置的通报

捷克共和国发布关于自动称重装置的通报

捷克共和国发布关于自动称重装置的通报

捷克共和国发布关于自动称重装置的通报

沙特阿拉伯发布关于洗衣机的通报

瑞士发布关于热水器等的通报

日本发布关于摩托车的通报

12月

日本发布关于电冰箱的通报

乌克兰发布关于测量设备的通报

(2) 分析

2015年机电产品颁布尚未实施的法律法规分析包括国别分析和产品分析。

① 国别分析

2015年机电产品颁布未实施的法律法规共137条，涉及30个国家。其中，最多的国家是智利，

20条;其次是秘鲁,13条;再次是巴基斯坦,12条;韩国和瑞士各有10条;其他国家相对较少,均在10条及以下。总的来说,颁布未实施的法律法规较为集中,涉及的国家主要是巴基斯坦、韩国、秘鲁、瑞士和智利等国家和地区,这几个国家和地区颁布尚未实施的法律占到了全部的一半以上。

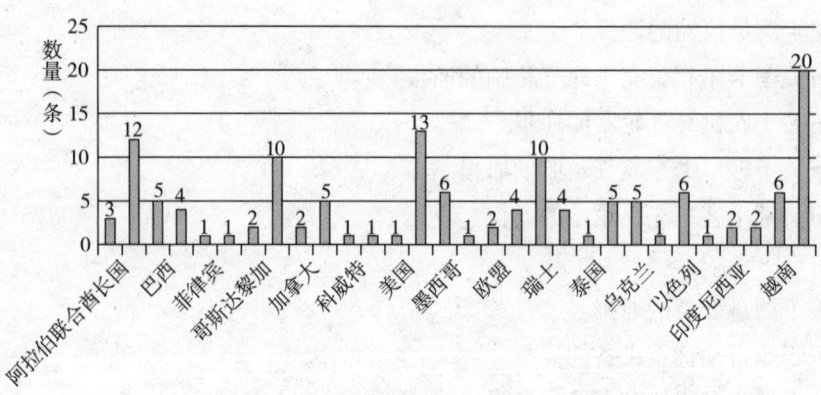

图 8-32　2015 年机电产品颁布未实施的法律法规国别分析

② 产品分析

2015年机电产品颁布未实施的法律法规涉及的产品大类共计14种。其中,最多的产品为家用电器,共涉及31条,颁布的主要国家和地区为秘鲁和智利;车辆设备20条;车辆设备19条,颁布的主要国家为乌干达和秘鲁;信息技术设备14条、计量设备16条、电气设备13条、电机设备11条。其他产品相对较少,均少于10条。总的来说,2015年颁布未实施的法律法规相对集中,前6类产品共104条,占全部的76%。

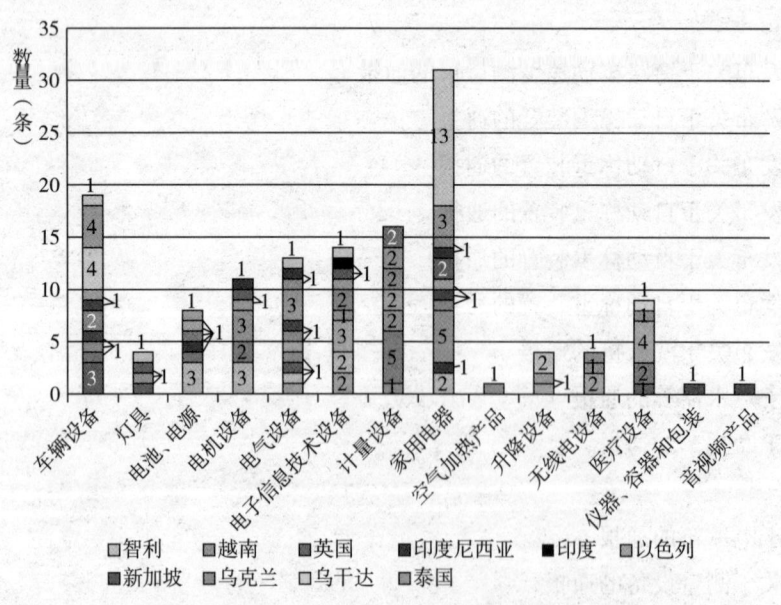

图 8-33　2015 年机电产品有颁布未实施的法律法规产品分析

3. 存在颁布意向的法律法规

2015年存在颁布意向的法律法规有88条。

(1) 法律法规

1月

泰国发布关于荧光灯、气体放电灯的通报

美国发布关于家用洗碗机的通报

泰国发布关于荧光灯、气体放电灯的通报

泰国发布关于荧光灯、气体放电灯的通报

泰国发布关于荧光灯、气体放电灯的通报

美国发布关于单机组立式空调机和单机组立式热泵的通报

美国发布关于商业供热、空调和热水设备的通报

巴林发布关于摩托车、助力车、三轮摩托车、全地形车（ATV）及轮胎的通报

巴林发布关于机动车辆的通报

日本公布部分修订公路运输车辆安全法规

美国联邦贸易委员会修订供热制冷设备的标签要求

2月

韩国发布关于医疗设备的通报

美国发布关于锅炉的通报

美国发布关于锅炉和工艺加热器的通报

美国发布关于延长线的通报

美国发布关于商业暖风炉的通报

美国发布关于壁炉产品的通报

韩国发布关于医疗设备的通报

美国发布关于汽车排放的通报

美国发布关于蒸汽发电机组的通报

3月

美国发布关于便携式空调的通报

韩国发布关于医疗设备的通报

美国发布关于信息和通信技术的通报

韩国发布关于医疗设备的通报

韩国发布关于医疗设备的通报

韩国发布关于医疗设备的通报

美国发布关于家用炉的通报

美国发布关于家用炉和锅炉的通报

4月

美国发布关于住宅锅炉的通报

美国发布关于泵的通报

美国发布关于泵的通报

美国发布关于住宅热水器的通报

美国发布关于商用热水器的通报
美国发布关于荧光设备的通报
美国发布关于轻型运动飞机的通报
美国发布关于修订家用和商用热水器测试程序的技术法案

5月
美国修订更为严格的荧光灯节能标准

6月
美国发布关于住宅除湿机的通报
沙特阿拉伯发布关于机动车辆的通报
美国发布关于住宅传统烤箱的通报
美国发布关于应答设备的通报
美国发布关于商用车辆的通报
美国发布关于预清洗喷雾阀的通报
欧盟更新电动玩具协调标准

7月
泰国发布关于交流电风扇的通报
欧委会决定修改家用电器安全标准
美国发布关于溢流阀的通报
美国发布关于多频道视频内容传输设备的通报
美国发布关于预清洗喷雾阀的通报
美国发布关于车辆的通报
美国发布关于机动车的通报
美国发布关于修订除湿机测试程序的技术法案

8月
美国发布关于修订耳鼻喉科设备分类的技术法规草案
美国发布关于修订整形外科设备分类的技术法规草案
美国发布关于修订洗衣机测试程序的技术法案
韩国发布关于修订电器安全管理法实施细则的技术法规草案
韩国发布修订电器安全管理法实施细则的技术法规草案
美国发布关于修订网格热水器定义与标准的技术法规草案
美国发布关于电池充电器的通报
美国发布关于商用单体空调和供暖设备的通报
越南发布关于固体废物焚烧炉的通报

9月
新加坡统一传感器标准
美国拟修订修订联邦机动车辆安全标准（FMVSS）
墨西哥建议修订个别分体式空调的新能效标准

10 月

美国发布关于接近检测系统的通报

韩国拟修订便携式激光设备安全标准

11 月

美国发布关于排风机等的通报

美国发布关于荧光灯镇流器的通报

美国发布关于内燃机的通报

美国发布关于中央空调的通报

美国发布关于外部电源的通报

海湾七国轮胎标签法将对我省轮胎出口造成冲击

日本发布关于电冰箱的通报

日本拟部分修订冰箱质量标签法规

12 月

马来西亚发布关于生活用水处理器具的通报

日本拟修订电冰箱能效方面相关规定

泰国发布关于音视频和类似电子设备的通报

沙特阿拉伯发布关于拖拉机的通报

沙特阿拉伯发布关于制冷陈列柜的通报

沙特阿拉伯发布关于内燃机的通报

沙特阿拉伯发布关于内燃机的通报

沙特阿拉伯发布关于内燃机的通报

沙特阿拉伯发布关于内燃机的通报

沙特阿拉伯发布关于内燃机的通报

沙特阿拉伯发布关于内燃机的通报

沙特阿拉伯发布关于拖拉机的通报

沙特阿拉伯发布关于拖拉机的通报

沙特阿拉伯发布关于内燃机的通报

(2) 分析

2015 年机电产品存在颁布意向的法律法规分析包括国别分析和产品分析。

①国别分析

2015 年机电产品存在颁布意向的法律法规共 88 条，涉及 13 个国家。其中最多的国家是美国，48 条；其次是沙特阿拉伯，11 条；韩国，9 条。其余国家较少，均在 10 条及以下。

②产品分析

2015 年机电产品存在颁布意向的法律法规涉及的产品大类共计 8 种。其中，家用电器 20 条；电气设备 17 条；车辆设备 13 条；供热制冷设备 10 条；其他产品相对较少，均少于 10 条。总的来说，2015 年存在颁布意向的法律法规相对集中，前 4 类产品共 60 条，占全部的 70%。

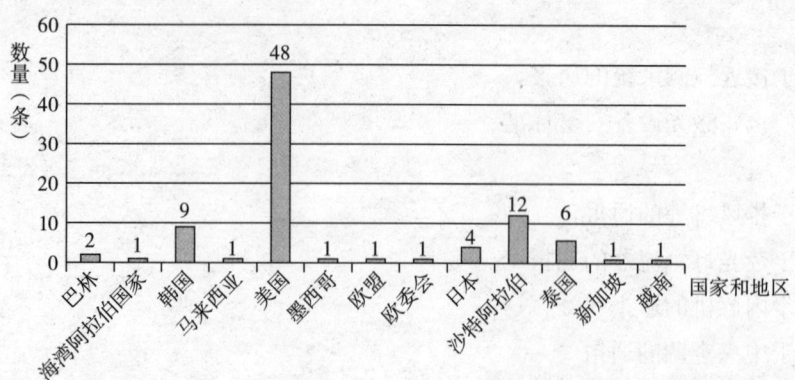

图 8-34 2015 年机电产品存在颁布意向的法律法规国别分析

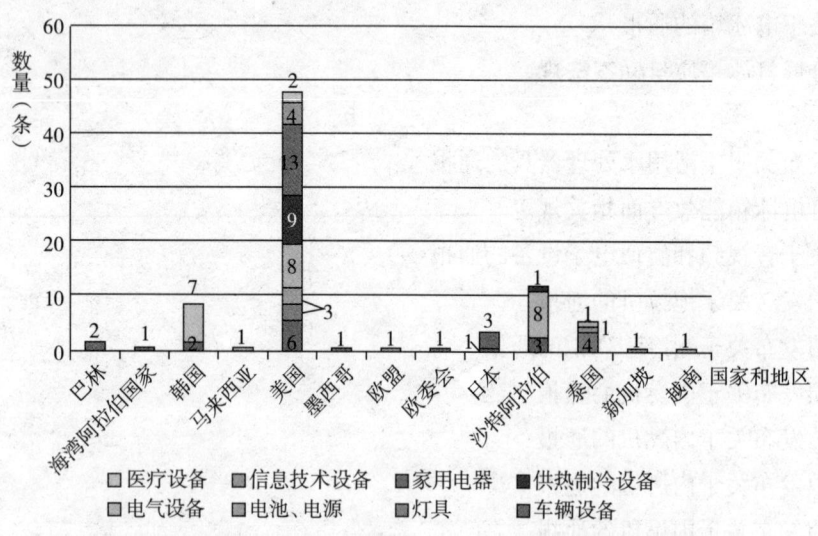

图 8-35 2015 年机电产品存在颁布意向的法律法规产品分析

（二）法律法规综合分析

对 2015 年机电产品出口所遇贸易壁垒法律法规进行综合分析，提出预警。该分析包括状态分析、国别分析、区域分析、产品分析和贸易壁垒形式分析。

1. 状态分析

2015 年机电产品国外法律法规共 290 条。其中，颁布已实施的 65 条，占 22%；颁布未实施的 137 条，占 48%；存在颁布意向的 88 条，占 30%。

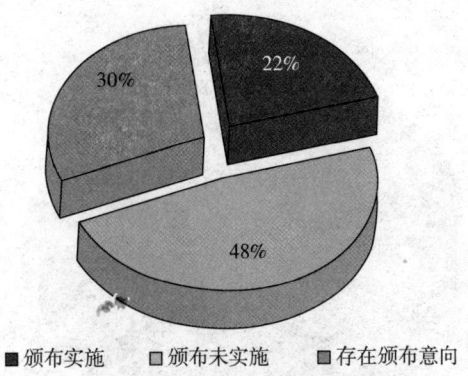

图 8-36　2015 年机电产品法律法规状态分析（一）

与 2014 年的 322 条相比，2014 年的法律法规数量减少了 32 条。其中，颁布已实施的法律法规减少了 54 条；颁布未实施的法律法规增加了 66 条；存在颁布意向的法律法规减少了 44 条。总体来看，2015 年机电产品颁布未实施的法律法规有所增加，而颁布已实施的法律法规有所减少，这些法律法规大多会在 2015 年和 2016 年实施。提醒机电类各出口企业要及时关注相关法律法规，以免造成不必要的经济损失。

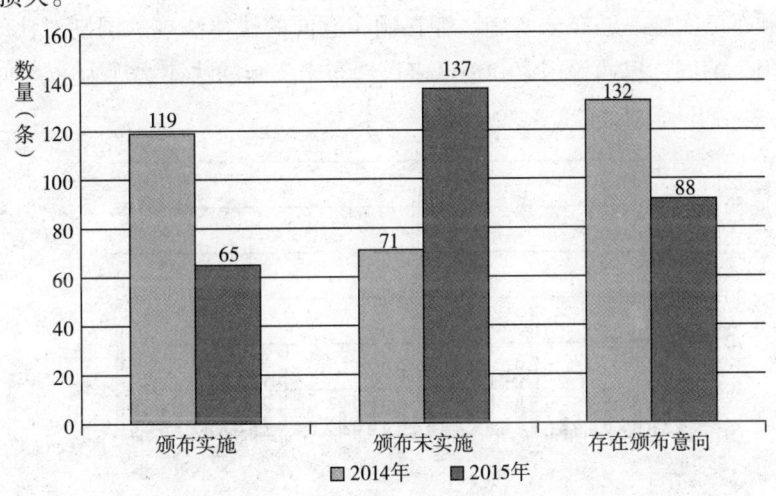

图 8-37　2015 年机电产品法律法规状态分析（二）

2. 国别分析

2015 年机电产品国外法律法规涉及的国家共 41 个。其中美国 51 条，占 18%；韩国 26 条，占 9%；智利 21 条，占 7%；沙特阿拉伯 17 条，占 6%；秘鲁和加拿大各 13 条，约占 5%；其余来自阿根廷、阿拉伯联合酋长国、埃及、巴基斯坦、巴林、巴西、多哥、厄瓜多尔、菲律宾等国家和地区共有 149 条，占 50% 以上。

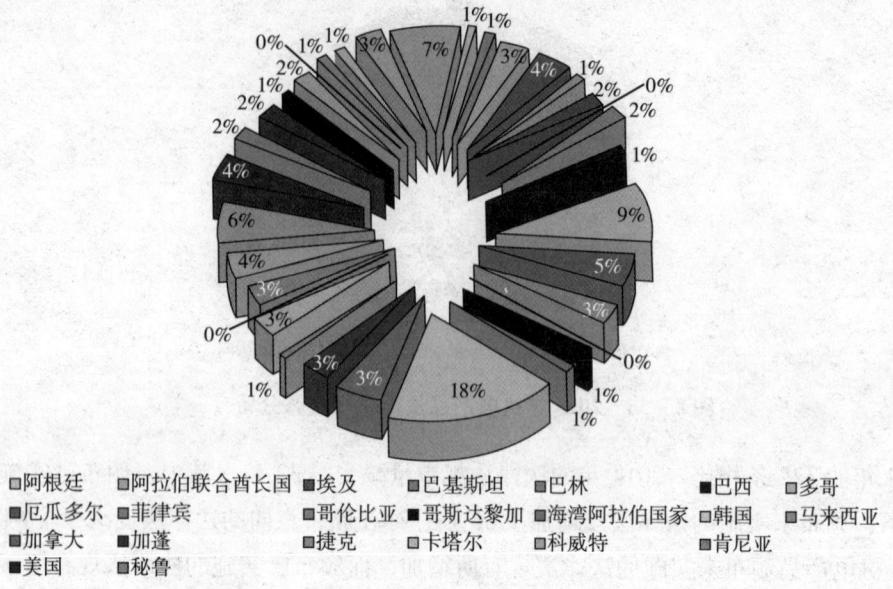

图8-38　2015年机电产品法律法规国别分析（一）

图8-39为颁布已实施、颁布未实施、存在颁布意向的法律法规的国别对比统计。由图可见，沙特阿拉伯、美国、韩国、巴西等国家和地区多以颁布未实施的法律法规为主，加拿大的法律法规则多已实施。

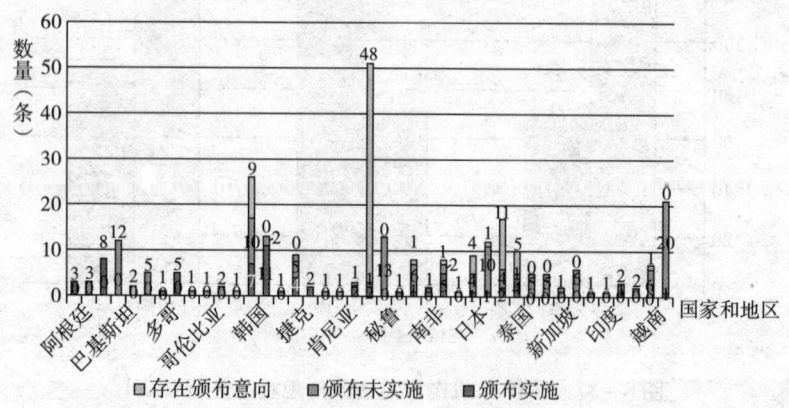

图8-39　2015年机电产品法律法规国别分析（二）

3. 区域分析

2015年机电产品法律法规最多的地区是北美地区，为64条，占23%。拉美和其他地区次之，分别为58条和47条，各占20%和17%；日韩35条，占12%；东盟地区26条，占9%；欧盟24条，占8%；非洲18条，南亚3条。

第八章 机电产品出口贸易壁垒

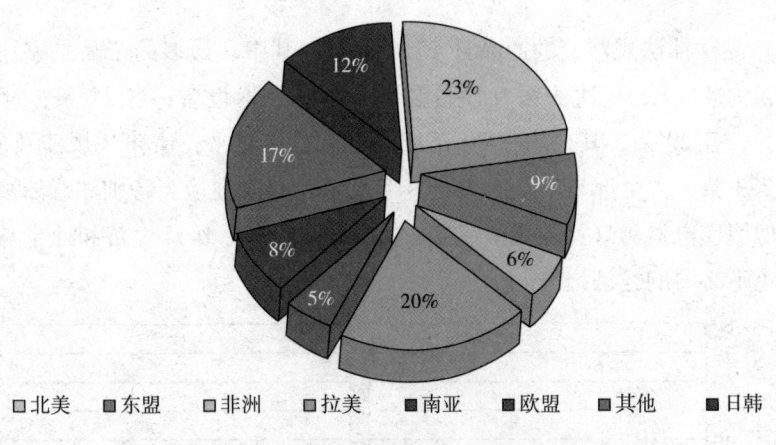

图 8-40 2015 年机电产品法律法规区域分析（一）

与上年相比，其他地区的数量均有所下降，减少了 42 条；东盟地区减少 19 条，非洲地区增加 5 条，欧盟地区增加 4 条，日韩地区增加 10 条；北美增加 25 条，拉美增加 13 条。

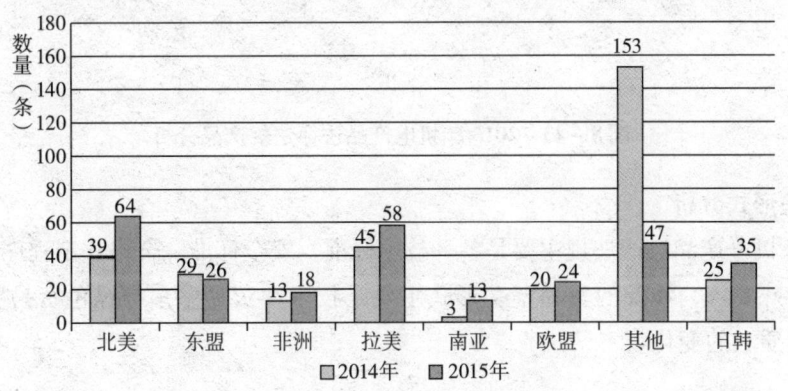

图 8-41 2015 机电产品法律法规区域分析（二）

可以看出，各地区 3 种法律法规状态均有，拉美、其他和日韩均以颁布未实施为主体，2015 年的机电产品法律法规主要分布在北美、拉美、欧盟、其他、日韩、东盟和非洲地区，以颁布未实施的法律法规形式和颁布意向为主，与往年趋势大体一致。

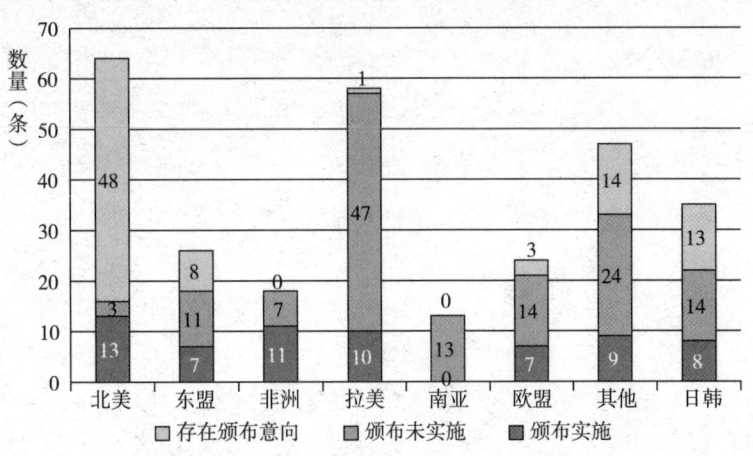

图 8-42 2015 年机电产品法律法规区域分析（三）

4. 产品分析

2015年机电产品法律法规涉及的产品计15个大类。其中，最多的产品是家用电器，为68条，其次是车辆设备，为43条；再次为医疗设备和电子信息技术设备，各21条；计量设备、电机设备、电气电子设备，各20条，其余均在20条或以下。总体看来，法律法规涉及的产品较为集中，前5大类产品共223条，占全部282条的76%。各相关出口企业应当特别注意涉及电气设备、机动车辆、家用及类似用途电器、灯具及其镇流器、信息技术设备、医疗设备和计量与测试仪器等相关的法律法规，避免不必要的经济损失。

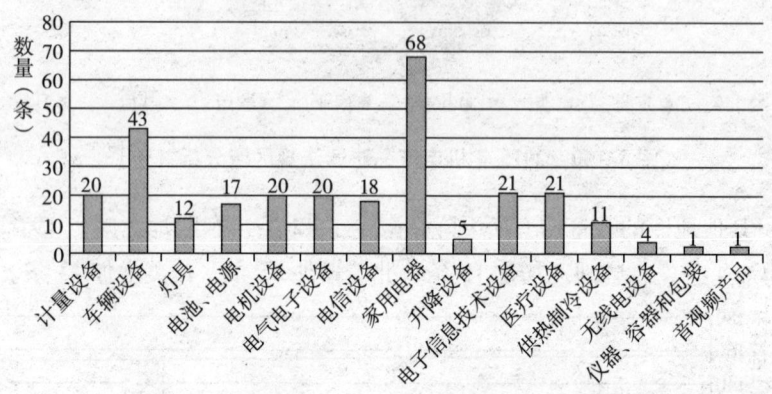

图 8-43 2015年机电产品法律法规产品分析

5. 贸易壁垒形式分析

2015年国外机电产品法律法规主要是各种技术标准、安全标准、合格评定程序、计量方法、节能要求和某些特殊要求，涉及的贸易壁垒形式主要是技术性贸易壁垒与绿色贸易壁垒。这与2014年相比，并无实质上的变化。

第九章 其他产品出口贸易壁垒

本章分析国外对中国武器、弹药、杂项制品、艺术品、未分类商品等方面的贸易壁垒。

按照海关商品分类目录，这些产品包括分类中的三大类产品：

第一类：武器、弹药及其零件、附件。

第二类：杂项制品、家具、寝具、褥垫、弹簧床垫、软坐垫及类似的填充制品、未列名灯具及照明装置、发光标志、发光铭牌及类似品、活动房屋、玩具、游戏品、运动用品及其零件、附件。

第三类：艺术品、收藏品及古物、特殊交易品及未分类商品。

一、其他产品出口贸易救济措施

2015年其他产品出口所遇贸易救济措施共10起，9起反倾销事件；1起反补贴事件；无保障措施。其中1起"双反"事件。

（一）反倾销

2015年其他产品出口所遇反倾销事件共9起。

1. 事件

2月

欧盟对华活页夹进行反倾销日落复审调查

阿根廷对中国等3国产网球作出反倾销终裁

4月

巴西对华圆珠笔启动反倾销日落复审调查

7月

阿根廷通报对华拉锁和链条反倾销复审调查

8月

美国对华盒装铅笔进行反倾销新出口商复审立案调查

阿根廷通过对塑料游泳池反倾销调查初裁报告

9月

美国就对华熨衣架及其零部件反倾销行政复审案作出判决

11月

澳大利亚对华研磨球产品进行反倾销和反补贴调查

12月

墨西哥对华儿童自行车作出反倾销调查终裁

2. 分析

其他产品出口所遇反倾销事件分析包括月份分析、国别分析和产品分析。

(1) 月份分析

2015年其他产品出口贸易反倾销事件共9起，与2014年的5起相比略有增加。全年各月事件皆不多。1月、3月、5月、6月、10月无反倾销事件发生。

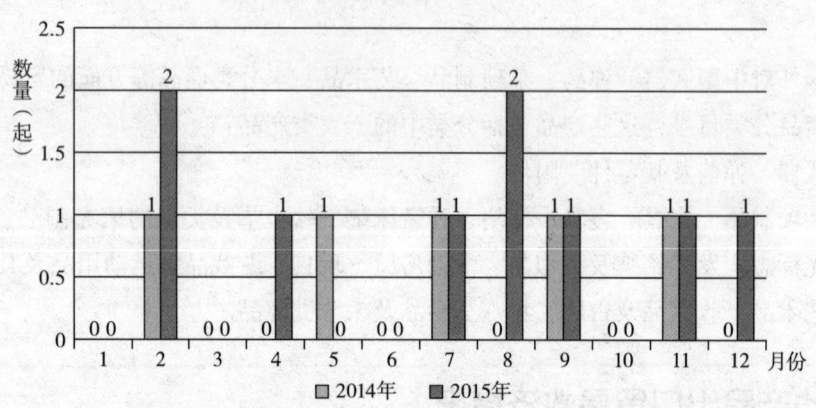

图9-1 2015年其他产品出口贸易反倾销月份分析

(2) 国别分析

2015年其他产品出口贸易反倾销事件涉及的国家共6个，与2014年相比多了2个。其中阿根廷对我国反倾销事件最多，占事件总数的33%。

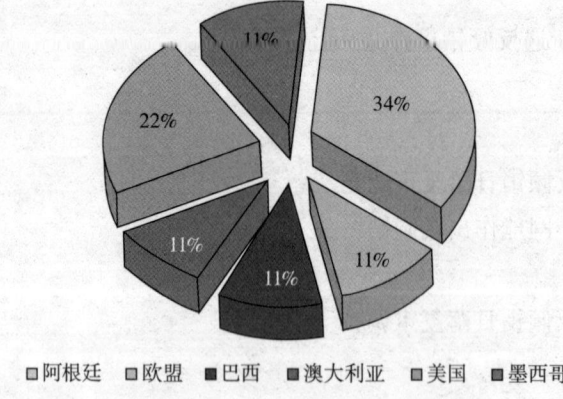

图9-2 2015年其他产品出口贸易反倾销国别分析（一）

与2014年相比，对我国进行反倾销的国家以及事件数量均有所增加。其中反倾销事件发起最多的为阿根廷，其2015年数量均比2014年多。

第九章　其他产品出口贸易壁垒

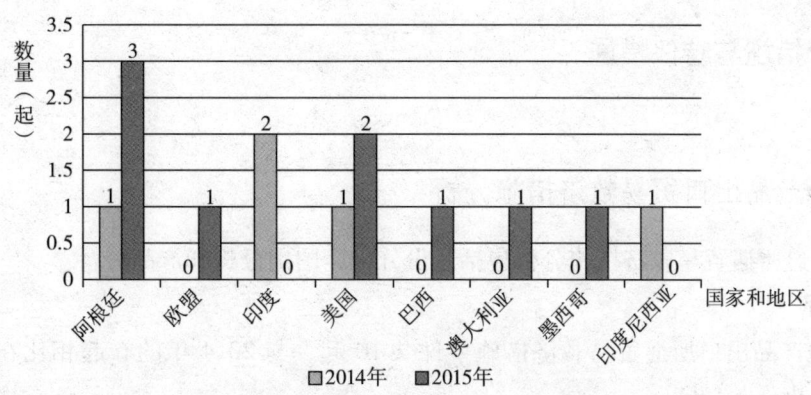

图 9-3　2015 年其他产品出口贸易反倾销国别分析（二）

（3）产品分析

2015 年其他产品出口贸易反倾销事件共涉及 9 类产品，每类产品各有 1 起。

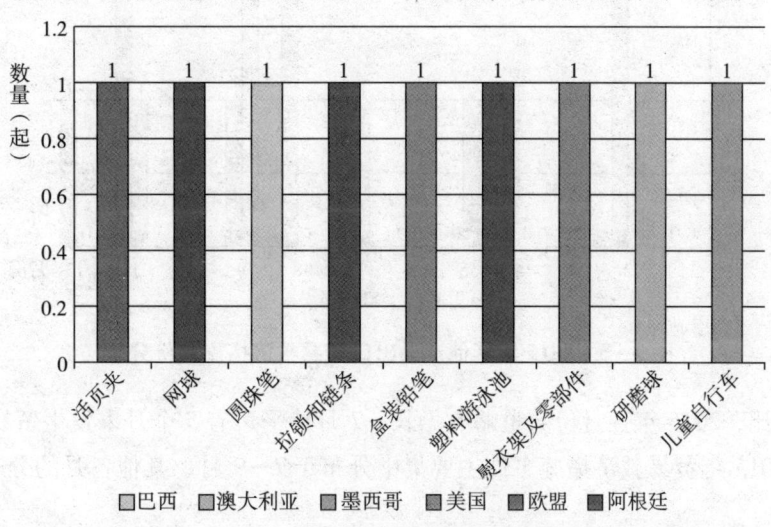

图 9-4　2015 年其他产品出口贸易反倾销产品分析

（二）反补贴

1. 事件

11 月

澳大利亚对华研磨球产品进行反倾销和反补贴调查

2. 分析

（1）月份分析

2015 年我国其他产品遭遇出口贸易反补贴事件仍然较少，为 1 起，与上年持平，发生在 11 月。

（2）国别分析

从国家或地区看，澳大利亚对我国其他产品发起了 1 起反补贴事件。

（3）产品分析

这起事件涉及产品为研磨球。

(三) 保障措施与特保措施

无。

(四) 其他产品出口贸易救济措施分析

其他产品出口所遇贸易救济措施分析包括月份分析、国别分析和产品分析。

1. 月份分析

2015年其他产品出口所遇贸易救济措施事件共10起，与2014年的6起相比在数量上有所增加。其中"双反事件"1起。

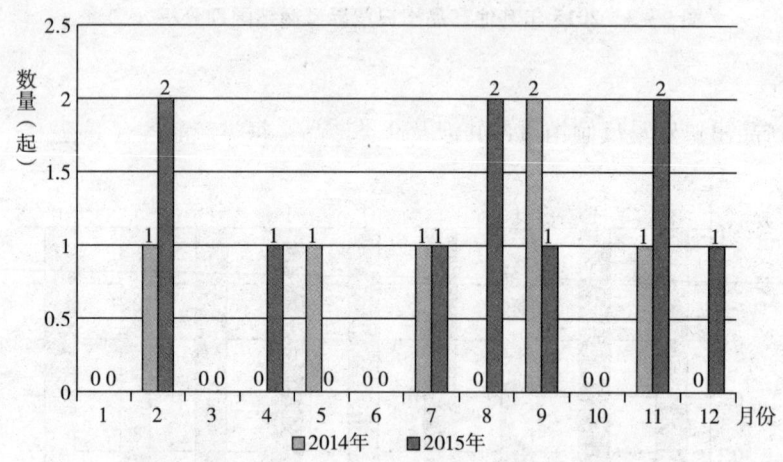

图9-5 2015年其他产品出口贸易救济措施月份分析

与2014年相比，2015年各月份数量略有增长；7月持平，有5个月未发生贸易救济措施事件。总体来看，2015年贸易救济措施事件主要集中分布于7—9月，其他各月的分布则无明显趋势。

2. 国别分析

2015年其他产品贸易救济事件涉及的国家或地区共有6个，与2014年相比增加了2个。阿根廷在我国其他产品出口贸易救济事件中所占比例较大，为30%，但也仅有3起。

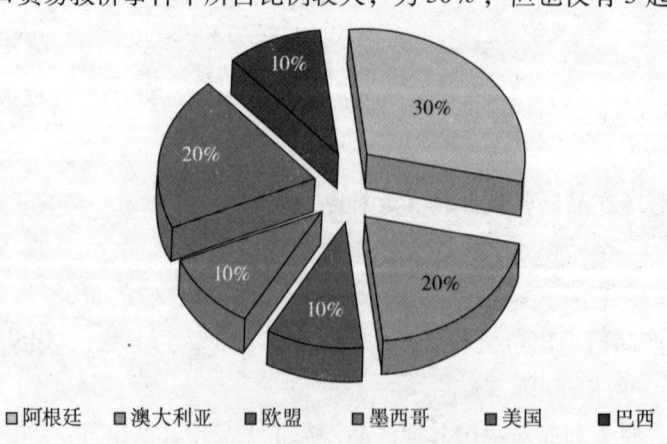

图9-6 2015年其他产品出口贸易救济措施国别分析（一）

与 2014 年相比，2015 年发生贸易救济事件的主要国家和地区有阿根廷和美国，其他国家和地区对我国其他产品反倾销案件数量有所下降。

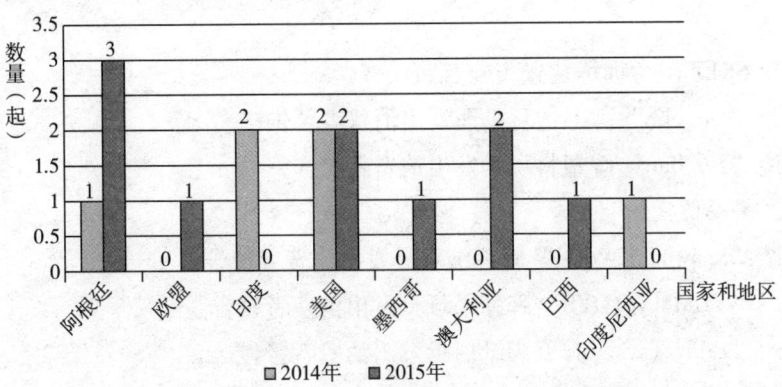

图 9-7　2015 年其他产品出口贸易救济措施国别分析（二）

3. 产品分析

2015 年其他产品出口贸易救济措施事件涉及的产品共 9 种，其中有 1 起"双反事件"。

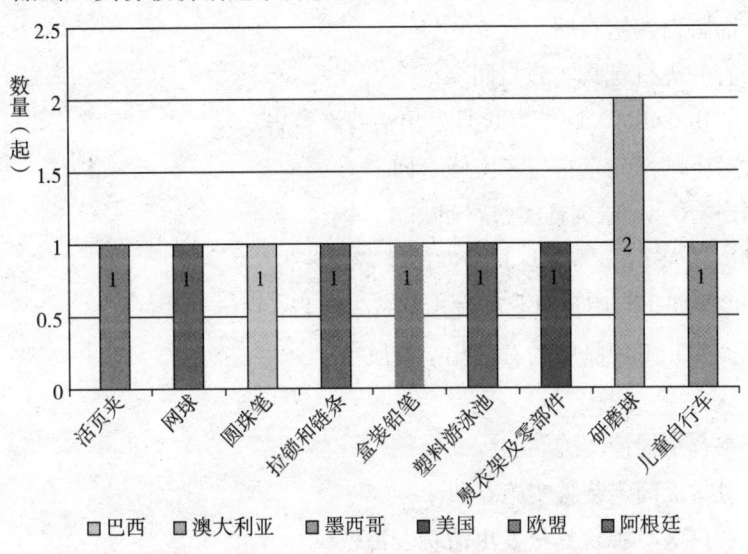

图 9-8　2015 年其他产品出口贸易救济措施产品分析

二、其他产品出口技术性贸易壁垒与绿色贸易壁垒

2015 年，其他产品出口贸易技术性贸易壁垒与绿色贸易壁垒事件共有 291 起。此类事件涉及的国家或地区是美国、欧盟、塞浦路斯和加拿大。涉及的主要产品为灯具、自行车及配件、儿童产品设备等。采取的主要形式除召回外，还有发出消费者警告。召回和发出消费者警告的主要原因是所涉及的产品容易影响人身或财产安全，或者不符合相关技术规范和安全标准。

（一）事件

1月

美国对中国产SKLZ阻力训练装置实施召回

欧盟对中国产"Dunelm"牌毛绒玩具熊发出消费者警告

欧盟对中国产"Jin Jian"牌塑料玩具发出消费者警告

美国对中国产餐桌椅实施召回

欧盟对中国产"Snowman World"牌毛绒玩具发出消费者警告

欧盟对中国产"YUMMY TOYS"牌糖果玩具发出消费者警告

欧盟对中国产"Eddy Toys"牌五彩纸屑枪发出消费者警告

加拿大继续对中国产儿童安全座椅实施召回

欧盟对中国产"Master Gift Import"牌玩具拳击手套发出消费者警告

2月

美国对中国产玩具汽车实施召回

美国对中国产高脚椅实施召回

美国对中国产直升飞机玩具实施召回

欧盟对中国产"Braizillal"牌塑料玩具发出消费者警告

美国和加拿大对中国产儿童自行车实施召回

加拿大对中国产yo-yo球玩具实施召回

欧盟对中国产"HuaS Hun"牌玩具马发出消费者警告

欧盟对中国产"Stylish"牌玩具套装发出消费者警告

美国加州要求披露儿童用品中的有害化学物质

3月

美国对中国产二合一摇篮实施召回

美国对中国产滑雪板固定装置实施召回

欧盟对中国产"FDX"牌玩具枪发出消费者警告

欧盟对中国产"Silver Cross"牌婴儿推车发出消费者警告

欧盟对中国产"Swede Demuth"牌塑料玩具发出消费者警告

4月

意大利对中国产烧烤网作出拒绝进口通报

意大利对中国产燃气烧烤台作出拒绝进口通报

意大利对中国产不锈钢厨具作出拒绝进口通报

荷兰对中国产三聚氰胺厨具作出拒绝进口通报

意大利对中国产刀具作出拒绝进口通报

意大利对中国产燃气烧烤架作出拒绝进口通报

欧盟对中国产"Mei Cheng Xing Toys"牌玩具枪发出消费者警告

塞浦路斯对中国产白色塑料勺作出撤出市场的强制通报

欧盟对中国产塑料玩具发出消费者警告

美国对中国产万花筒玩具实施召回

5月

美国和加拿大对中国产婴儿床垫实施召回

欧盟对中国产"GIFI"牌磁性钓鱼玩具发出消费者警告

欧盟对中国产"EDDY Toys"牌毛绒玩具发出消费者警告

美国和加拿大对中国产玩具车实施召回

欧盟对中国产"Wikao–Biodesign"牌装饰壁炉发出消费者警告

美国和加拿大对中国产软坐垫辅助座椅实施召回

欧盟对中国产"Samefa"牌塑料玩具发出消费者警告

欧盟对中国产"Sport One"牌弓箭套装发出消费者警告

6月

美国对中国产吊椅实施召回

欧盟对中国产"Samefa"牌塑料娃娃发出消费者警告

美国对中国产吊椅实施召回

欧盟对中国产警察用具玩具套装发出消费者警告

欧盟对中国产"SIMBA"牌布娃娃发出消费者警告

美国CPSC对中国产毛绒玩具实施召回

欧盟对中国产毛绒玩具发出消费者警告

美国CPSC对中国产挖掘机玩具实施召回

7月

欧盟对中国产气枪发出消费者警告

欧盟对中国产名为"Very Funny Girl"的塑料玩具发出消费者警告

加拿大对中国产木质儿童玩具实施召回

欧盟对中国产"CISL"牌肥皂泡玩具发出消费者警告

欧盟对中国产推行玩具发出消费者警告

欧盟对中国产"JD"牌激光笔发出消费者警告

美国对中国产扶手座椅实施召回

美国和加拿大对中国产婴儿手推车实施召回

欧盟对中国产名为"Égö beltéri"的灯链发出消费者警告

欧盟对中国产"Naibert"牌毛绒玩具发出消费者警告

欧盟对中国产"Arregui"牌拼图垫发出消费者警告

美国对中国产海绵婴儿床垫实施召回

欧盟对中国产名为"Harry Angel"的塑料玩具娃娃发出消费者警告

8月

美国和加拿大对中国产儿童大象玩具实施召回

美国和加拿大对中国产儿童手表实施召回

欧盟对中国产户外家具发出消费者警告
捷克对中国产结冰袋发出通报
欧盟对中国产"YUMMY TOYS"牌玩具糖果发出消费者警告
欧盟对中国产"Fei Pan"牌婴儿摇铃发出消费者警告
捷克对中国产三聚氰胺制杯子发出通报
捷克对中国产三聚氰胺制汤碗发出通报
欧盟对中国产"Tolo"牌磁性钓鱼玩具发出消费者警告
欧盟对中国产"FEIZUANTOYS/RAPPA"牌化装面具发出消费者警告
欧盟对中国产"GERIMPORT"牌台灯发出消费者警告
美国和加拿大对中国产儿童感应夜灯实施召回
美国对中国产户外桌椅六件套实施召回
欧盟对中国产"Blight"牌LED灯发出消费者警告
欧盟对中国产塑料口哨发出消费者警告
欧盟对中国产"Mega Creative"牌塑料娃娃发出消费者警告
欧盟对中国产塑料工具玩具套装发出消费者警告

9月

比利时对中国产旅行婴儿床发出消费者警告
欧盟对中国产"Travel cot"牌旅行婴儿床发出消费者警告
丹麦对中国产木质拼图玩具发出消费者警告
法国对中国产塑料娃娃发出消费者警告
法国对中国产毛绒玩具发出消费者警告
芬兰对中国产弓箭玩具套装发出消费者警告
捷克对中国产化妆组合玩具发出消费者警告
捷克对中国产塑料玩具发出消费者警告
欧盟对中国产名为"Smile Fashion Princess"的塑料娃娃发出消费者警告
斯洛伐克对中国产警察玩具套装发出消费者警告
斯洛伐克对中国产塑胶玩偶发出消费者警告
斯洛伐克对中国产塑料益智玩具发出消费者警告
欧盟对中国产"SWEET TOYS"牌肥皂泡玩具发出消费者警告'
美国对中国产Cabrinha风筝控制板实施召回
美国和加拿大对中国产钓鱼玩具实施召回
欧盟对中国产名为"TAG Sword"的玩具套装发出消费者警告
法国对中国产玩具剑和盾发出消费者警告
拉脱维亚对中国产灯饰链发出消费者警告
丹麦对中国产塑料玩具发出消费者警告
罗马尼亚对中国产塑胶玩偶发出消费者警告
欧盟对中国产"Marenja"牌手链发出消费者警告

第九章 其他产品出口贸易壁垒

塞浦路斯对中国产塑料马和马车玩具发出消费者警告
塞浦路斯对中国产滑板车玩具发出消费者警告
塞浦路斯对中国产滑板车玩具发出消费者警告
塞浦路斯对中国产滑板车玩具发出消费者警告
马耳他对中国产玩具滑板车发出消费者警告
欧盟对中国产"Tolo"牌摇铃玩具发出消费者警告
法国对中国产泰迪熊钥匙圈发出消费者警告
欧盟对中国产摇铃玩具发出消费者警告
芬兰对中国产塑胶玩偶套装发出消费者警告
捷克对儿童木质摇篮车发出消费者警告
捷克对玩具滑板车发出消费者警告
捷克对玩具收藏发出消费者警告
捷克对玩具枪发出消费者警告
瑞典对中国产浴帘垫发出消费者警告
塞浦路斯对娃娃和玩具婴儿车套装发出消费者警告
塞浦路斯对音乐玩具发出消费者警告
捷克对玩具滑板车发出消费者警告
捷克对木琴玩具发出消费者警告
拉脱维亚对玩具发出消费者警告
斯洛伐克对充气泳圈发出消费者警告
西班牙对塑胶玩具发出消费者警告
法国对塑料玩偶发出消费者警告
立陶宛对动物玩具发出消费者警告
立陶宛对玩具手枪发出消费者警告
立陶宛对警察玩具套装发出消费者警告
立陶宛对玩具手枪发出消费者警告
挪威对贴纸发出消费者警告
挪威对贴纸玩具发出消费者警告
挪威对贴纸玩具发出消费者警告
挪威对贴纸玩具发出消费者警告
芬兰对塑胶玩偶套装发出消费者警告
芬兰对文具发出消费者警告
英国对面具附件发出消费者警告
欧盟对中国产塑料玩具发出消费者警告
瑞典对中国产浴帘发出消费者警告
美国和加拿大对中国产奶嘴夹实施召回

韩国启动在海关严格查处非法有害进口物品体系
欧盟对玩具等违规消费品展开市场监管行动
德国协会抽查玩具和其他儿童物品测试有害物质

10月

西班牙对夹灯发出消费者警告
英国对塑胶玩偶发出消费者警告
斯洛文尼亚对塑胶玩偶发出消费者警告
匈牙利对塑胶玩偶和摇篮玩具发出消费者警告
德国对遥控多旋翼飞行器发出消费者警告
加拿大对中国产儿童自行车头盔实施召回
斯洛文尼亚对塑胶玩偶发出消费者警告
斯洛文尼亚对塑胶玩偶发出消费者警告
斯洛文尼亚对塑胶玩偶发出消费者警告
意大利对塑料玩具鳄鱼发出消费者警告
意大利对塑料玩具鳄鱼发出消费者警告
匈牙利对玩具秋千发出消费者警告
西班牙对娃娃玩具发出消费者警告
西班牙对玩具发出消费者警告
西班牙对玩具发出消费者警告
西班牙对玩具发出消费者警告
塞浦路斯对玩偶推车发出消费者警告
塞浦路斯对摇铃玩具发出消费者警告
塞浦路斯对玩具发出消费者警告
塞浦路斯对音乐玩具发出消费者警告
塞浦路斯对带娃娃的玩具推车发出消费者警告
塞浦路斯对活动玩具发出消费者警告
保加利亚对防护设备发出消费者警告
法国对照明装置发出消费者警告
法国对壁灯发出消费者警告
法国对中国产灯具发出消费者警告
法国对积木玩具发出消费者警告
欧盟对中国产"OXFORD"牌自行车儿童座椅发出消费者警告
欧盟对中国产"WOODY"牌秋千发出消费者警告
捷克对灯链发出消费者警告
捷克对灯饰链发出消费者警告
西班牙对中国产"Miguelañez"牌毛绒玩具发出消费者警告
美国和加拿大对中国产毛绒玩具实施召回

法国对泛光灯发出消费者警告
法国对中国产名为"LED FLOOD LIGHT"的投光灯发出消费者警告
西班牙对中国产"Warner Bros."牌毛绒玩具发出消费者警告
西班牙对夜光手环发出消费者警告
立陶宛对塑胶玩偶发出消费者警告
英国对塑胶玩偶发出消费者警告
塞浦路斯对玩具手枪套装发出消费者警告
美国对中国产飞机玩具实施召回
美国和加拿大对中国产自行车儿童拖车实施召回
匈牙利对玩具滑板车发出消费者警告
匈牙利对玩具滑板车发出消费者警告
匈牙利对玩具滑板车发出消费者警告
匈牙利对照明装置发出消费者警告
匈牙利对玩具滑板车发出消费者警告
法国对照明装置发出消费者警告
波兰对塑胶玩偶发出消费者警告
丹麦对木质玩具发出消费者警告
捷克对塑料玩具发出消费者警告
斯洛伐克对塑料玩具发出消费者警告
斯洛文尼亚对塑料手机发出消费者警告
西班牙对自行车修理配件发出消费者警告

11月

西班牙对儿童玩具发出消费者警告
西班牙对儿童产品设备发出消费者警告
德国对玩具发出消费者警告
法国对毛绒玩具发出消费者警告
爱沙尼亚对塑料玩具发出消费者警告
立陶宛对塑胶玩偶发出消费者警告
立陶宛对玩具发出消费者警告
立陶宛对木制火车玩具发出消费者警告
塞浦路斯对塑胶玩偶发出消费者警告
塞浦路斯对塑胶玩偶发出消费者警告
塞浦路斯对塑胶玩偶发出消费者警告
塞浦路斯对玩具枪发出消费者警告
塞浦路斯对玩具发出消费者警告
塞浦路斯对玩具发出消费者警告
冰岛对滑车踏板发出消费者警告

冰岛对中国产"XQ Max"牌玩具滑板车发出消费者警告
立陶宛对磁性玩具发出消费者警告
立陶宛对音乐玩具发出消费者警告
立陶宛对发光塑料玩具发出消费者警告
马耳他对木制拨浪鼓发出消费者警告
西班牙对玩具车发出消费者警告
西班牙对塑料娃娃发出消费者警告
奥地利对推拉玩具发出消费者警告
法国对塑料娃娃和手机发出消费者警告
意大利对化装配件（面具）发出消费者警告
意大利对化装配件（手套）发出消费者警告
塞浦路斯对木制拼图发出消费者警告
塞浦路斯对厨具发出消费者警告
塞浦路斯对娃娃套装发出消费者警告
塞浦路斯对娃娃套装发出消费者警告
塞浦路斯对泳镜发出消费者警告
塞浦路斯对浮潜套装发出消费者警告
塞浦路斯对塑料娃娃发出消费者警告
塞浦路斯对玩具厨房套装发出消费者警告
捷克对化装发带发出消费者警告
捷克对玩具乐器发出消费者警告
斯洛伐克对装饰品发出消费者警告
斯洛文尼亚对玩具枪发出消费者警告
西班牙对塑料玩具发出消费者警告
立陶宛对玩具发出消费者警告
荷兰对毛绒玩具发出消费者警告
保加利亚对滑板车发出消费者警告
保加利亚对滑板车发出消费者警告
保加利亚对儿童产品设备发出消费者警告
保加利亚对儿童产品设备发出消费者警告
保加利亚对滑板车发出消费者警告
匈牙利对塑胶玩偶发出消费者警告
匈牙利对塑胶玩偶发出消费者警告
匈牙利对化装面具发出消费者警告
奥地利对活动玩具发出消费者警告
奥地利对木质玩具手机发出消费者警告
法国对肥皂泡发出消费者警告

法国对沙滩玩具套装发出消费者警告
拉脱维亚对造型黏土发出消费者警告
瑞典对弹性玩具发出消费者警告
立陶宛对玩具乐器发出消费者警告
比利时对木质玩具发出消费者警告

12月

美国对阅读椅发出消费者警告
瑞典对儿童产品设备发出消费者警告
瑞典对塑料娃娃发出消费者警告
瑞典对玩具医具发出消费者警告
欧盟对中国产"Fisher-Price"牌儿童汽车安全座椅发出消费者警告
英国对运动设备发出消费者警告
英国对毛绒玩具发出消费者警告
保加利亚对滑板车发出消费者警告
保加利亚对"Lorelli"牌旅行婴儿床发出消费者警告
立陶宛对玩具滑板车发出消费者警告
立陶宛对塑料玩具发出消费者警告
葡萄牙对儿童产品设备发出消费者警告
葡萄牙对儿童产品设备发出消费者警告
波兰对塑料娃娃发出消费者警告
丹麦对玩具滑板车发出消费者警告
法国对家具发出消费者警告
挪威对口哨发出消费者警告
马耳他对音乐玩具发出消费者警告
西班牙对音乐玩具发出消费者警告
加拿大对中国产"SAKSCO"儿童钥匙挂钩玩具实施召回
欧盟对中国产"COLOR BABY"牌音乐玩具发出消费者警告
加拿大对中国产儿童钥匙挂钩玩具实施召回
欧盟对中国产"CM"牌玩具发出消费者警告
美国和加拿大对中国产桌式烛台实施召回
欧盟对中国产"LIFEFIT"牌滑板车发出消费者警告
欧盟对中国产"HEITMANN DECO"牌装饰葡萄发出消费者警告
欧盟对中国产"Brilliant"牌玩具发出消费者警告
欧盟对中国产"GEPE"牌毛绒玩具发出消费者警告

(二) 分析

2015年其他产品出口所遇技术性贸易壁垒与绿色贸易壁垒事件分析包括月份分析、国别分析和产品分析。

1. 月份分析

2015年，其他产品出口贸易技术性贸易壁垒与绿色贸易壁垒事件共有291起，远高于2014年的64起。相较于2014年，2015年此类事件发生最多的月份为9月，共有62起；11月次之，有57起；10月再次，为56起，其他月份均低于30起，全年较2014年同期增长数倍，需要引起注意。

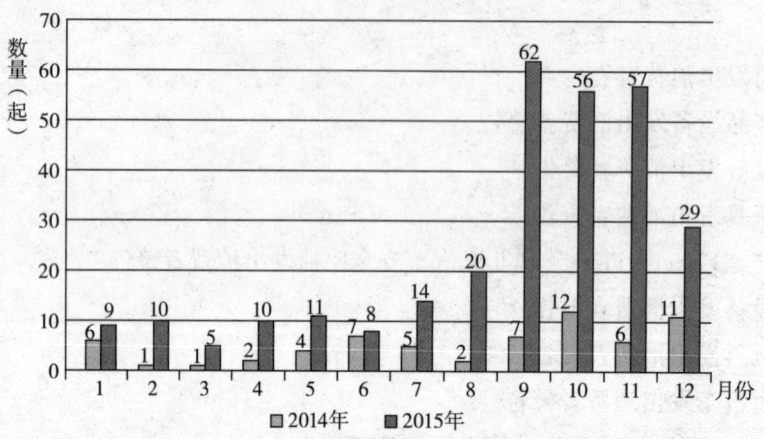

图9-9 2015年其他产品出口贸易TBT与绿色贸易壁垒月份分析

2. 国别分析

2015年其他产品出口技术性贸易壁垒与绿色壁垒事件涉及的国家（地区）较多，主要有美国、欧盟、塞浦路斯、加拿大、法国、西班牙、立陶宛、捷克等国。其中欧盟60起，占21%；美国32起，占11%；塞浦路斯28起，占10%；加拿大19起，占7%；法国17起，占6%。

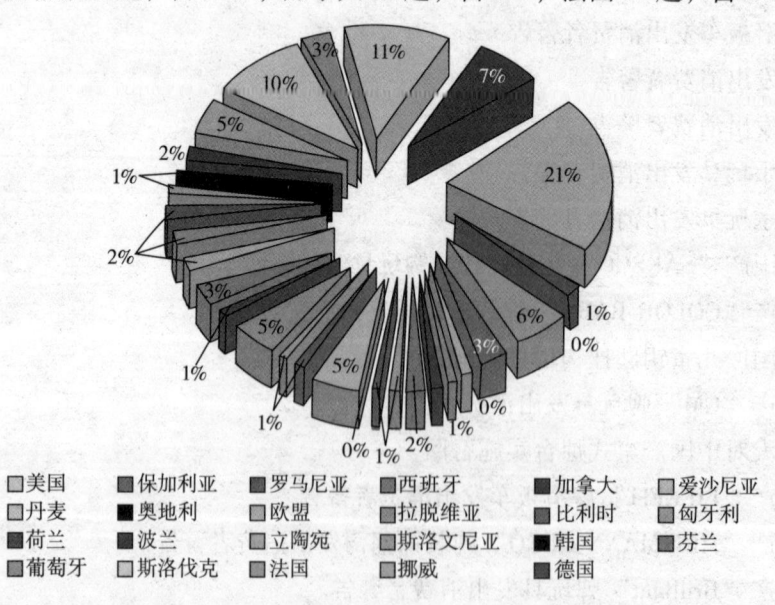

图9-10 2015年其他产品出口贸易TBT与绿色贸易壁垒国别分析（一）

与2014年相比，2015年涉及美国、加拿大和欧盟的此类事件都有所增长，分别增长了21起、13起和12起。其中美国增加较多，其2015年事件是2014年的3倍有余。

第九章 其他产品出口贸易壁垒

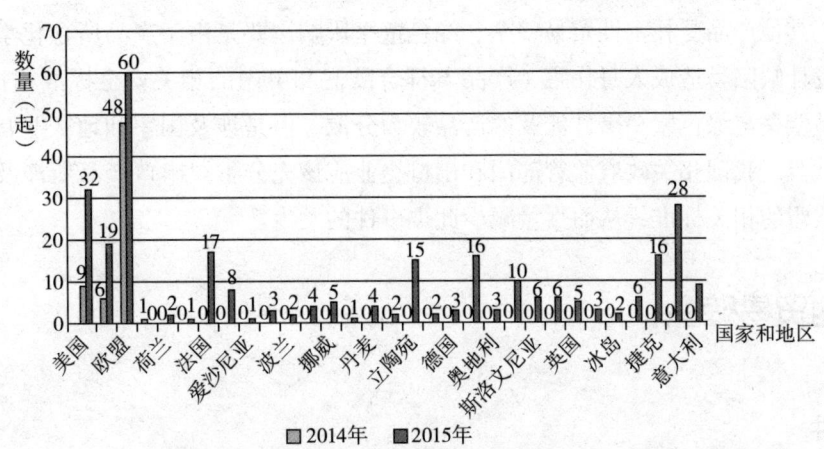

图 9-11 2015 年其他产品出口贸易 TBT 与绿色贸易壁垒国别分析（二）

从总体上来看，与 2014 年相比，2015 年欧盟仍然是其他产品出口遭遇技术性贸易壁垒和绿色贸易壁垒最主要的国家或地区，其数量也有所增加，美国和加拿大也有明显增长，塞浦路斯是新增事件较多的国家，达到 28 起，需要引起重视。同时，其余较多国家也出现事件，不再局限于欧盟、美国等地区。这使得事件总量增长较大，数倍于上年，我国企业所面临的国际市场环境仍然不容乐观。越来越多的国家为了保护国内市场、支持本国企业，制定了较为严格的安全标准、提出了较高的环保要求，因此我国出口企业应该对此给予高度关注。

3. 产品分析

2015 年，从产品方面来看，其他产品出口技术性贸易壁垒和绿色壁垒事件主要涉及玩具、灯具、自行车及配件、儿童产品设备、座椅、桌椅、婴儿床、婴儿推车、烧烤用具、厨具、餐具、婴儿座垫、浴垫、游泳设备、儿童手表、摇篮、家具、运动设备等产品的壁垒事件。其中玩具受到的壁垒事件最多，为 199 起；灯具受到 16 起，其余种类均不超过 10 起。

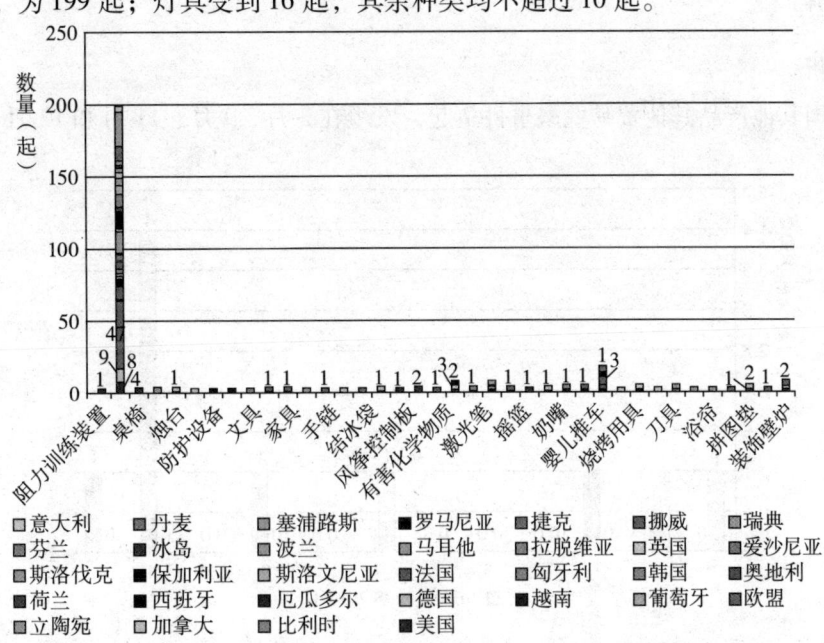

图 9-12 2015 年其他产品出口贸易 TBT 与绿色贸易壁垒产品分析

总的来看，其他产品受技术性贸易壁垒、绿色壁垒影响主要是由于产品所含化学成分不符合相关标准、产品设计缺陷易造成人身伤害、产品不符合欧盟和美国的相关安全标准和指令。2015年，其他技术性贸易壁垒与绿色壁垒事件涉及的产品较为分散，但是涉及国家和地区非常集中，主要发起国和地区是欧盟。我国相关政府监管部门和出口企业应该充分重视出口产品所涉及的各类标准和指令，尤其是欧盟的相关标准，从而尽量减少此类事件的发生。

三、其他贸易壁垒

（一）事件

3月
美国ITC正式对玩具公仔启动337调查
9月
美国拟制定婴儿浴盆等婴儿相关产品的安全标准
11月
美国ITC欲对养鱼池配件启动337调查中企涉案
美国ITC欲对箭头产品启动337调查中企涉案
美国ITC正式对气垫等启动337调查
欧盟玩具安全指令新增5种限制物质
12月
美国CPSC提案16CFR 1229婴儿跳椅安全标准

（二）分析

1. 月份分析

2015年我国其他产品其他贸易壁垒事件7起，发生在3月、9月、11月和12月，比2014年的3起略有增长。

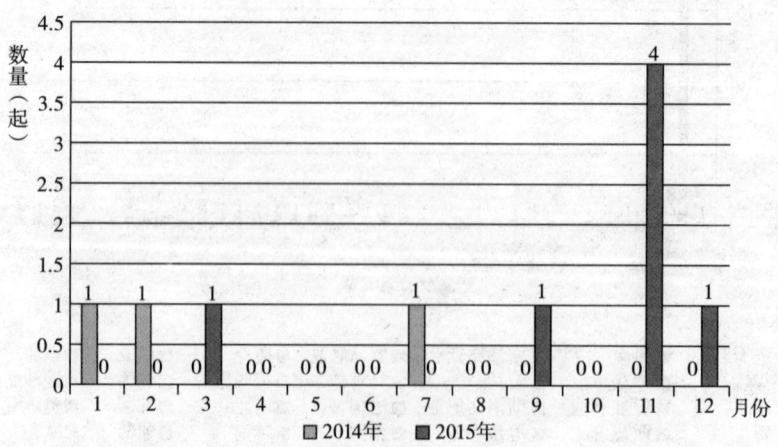

图9-13 2015年其他产品其他贸易壁垒月份分析

2. 国别分析

从国家或地区来看，美国和欧盟分别对我国其他产品各发起了 6 起和 1 起其他贸易壁垒事件，地区较 2014 年更加集中。

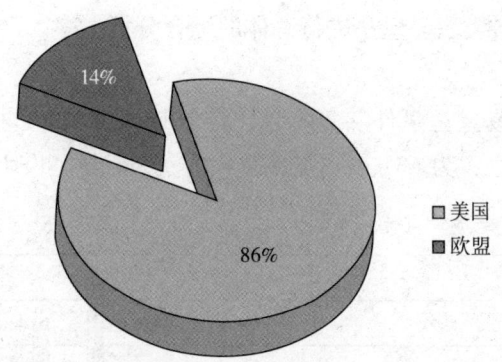

图 9-14　2015 年其他贸易壁垒国别分析（一）

与 2014 年相比，2015 年此类事件数量也增长了 1 倍。

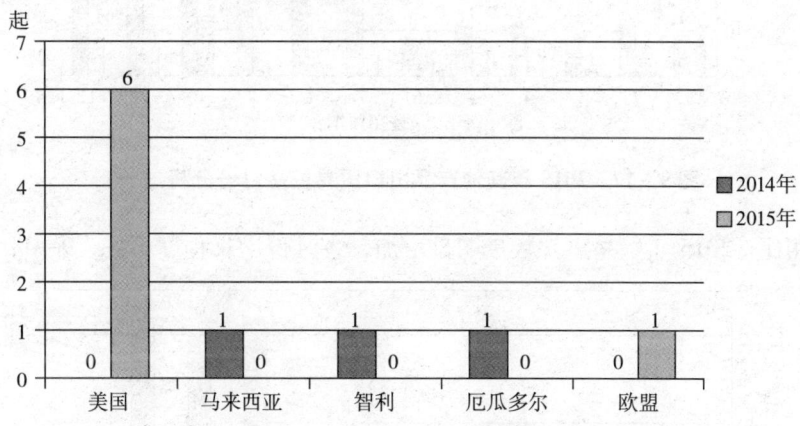

图 9-15　2015 年其他贸易壁垒国别分析（二）

3. 产品分析

这起事件涉及玩具、婴儿浴盆、养鱼池、箭头等 7 种商品。

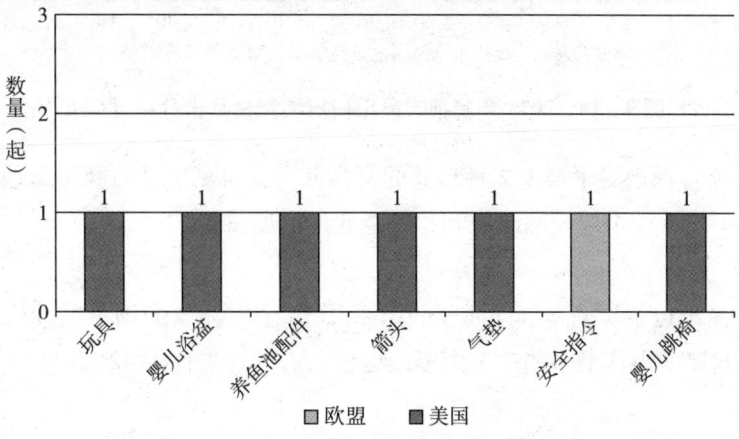

图 9-16　2015 年其他贸易壁垒产品分析

四、其他产品出口贸易壁垒综合分析

针对其他产品出口所遇各类贸易壁垒进行总体的综合分析。

1. 月份分析

2015年其他产品出口贸易壁垒事件共308起，与2014年的73起相比增加了235起。其中，9月最多，为64起；11月次之，为63起；10月再次，为56起。1月、3月、6月发生数量小于10起。

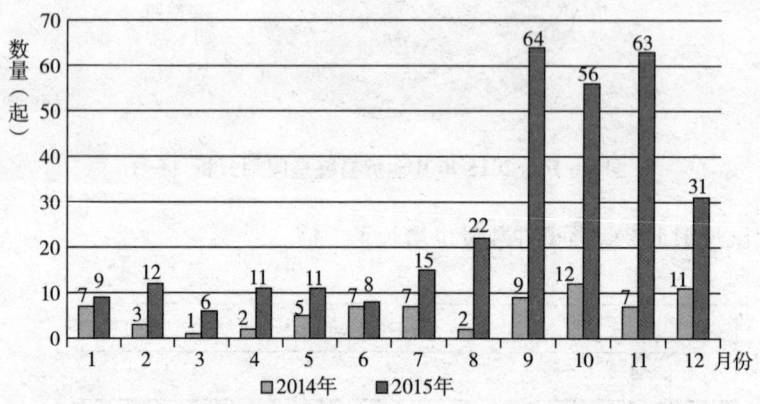

图9-17 2015年其他产品出口贸易壁垒月份分析（一）

与2014年相比，2015年壁垒事件数量明显增加，各月份增长程度不一，9—11月增长最多。

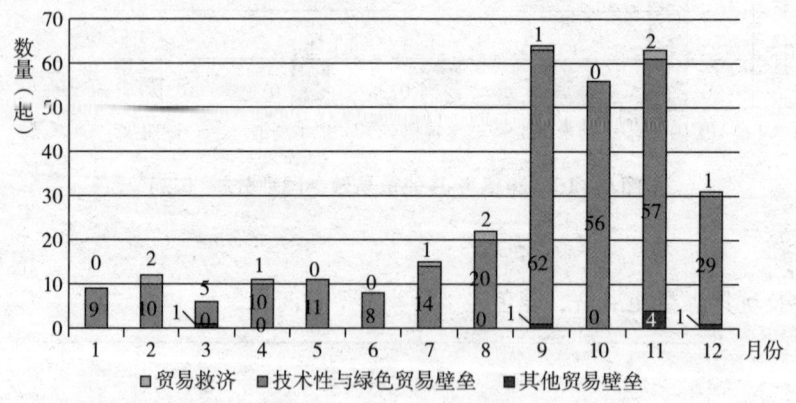

图9-18 2015年其他产品出口贸易壁垒月份分析（二）

2015年，有8个月都遭受了至少2种形式的贸易壁垒，可见国外对我国其他产品采用了多种形式结合的贸易壁垒手段，应引起我国政府和相关企业的高度重视。

2. 国别分析

2015年其他产品出口贸易壁垒事件涉及的国家共34个，涉及的国家或地区较分散。欧盟、美国和塞浦路斯是发起壁垒事件最多的3个国家或地区，占到总事件的42%。

第九章 其他产品出口贸易壁垒

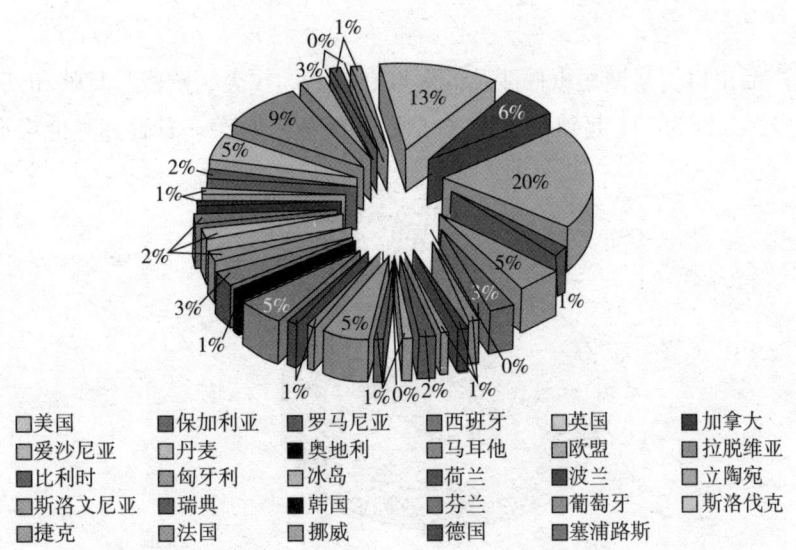

图 9-19 2015 年其他产品出口贸易壁垒国别分析（一）

与 2014 年相比，2015 年新增贸易壁垒发生国家为 30 个，如荷兰、韩国、法国、保加利亚等。在所有涉及国家或地区里，美国、欧盟和加拿大的壁垒事件比 2014 年均有不同程度地增加，塞浦路斯是新增的事件数量较大的国家。

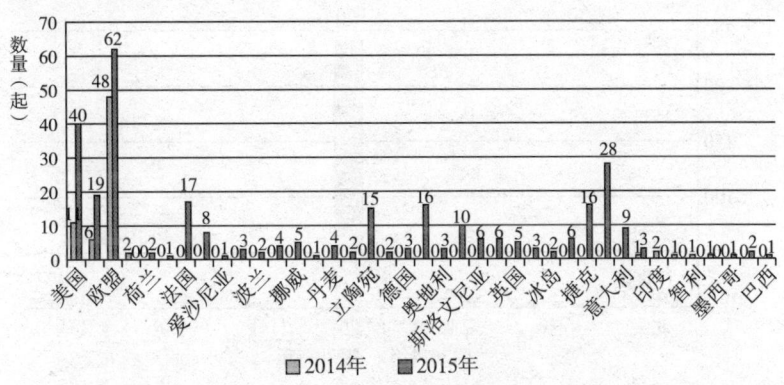

图 9-20 2015 年其他产品出口贸易壁垒国别分析（二）

从图 9-21 中我们可以看出，大部分国家对我国其他产品出口采取的贸易壁垒多为技术性和绿色贸易壁垒形式，其中以欧盟、美国和塞浦路斯最为突出。

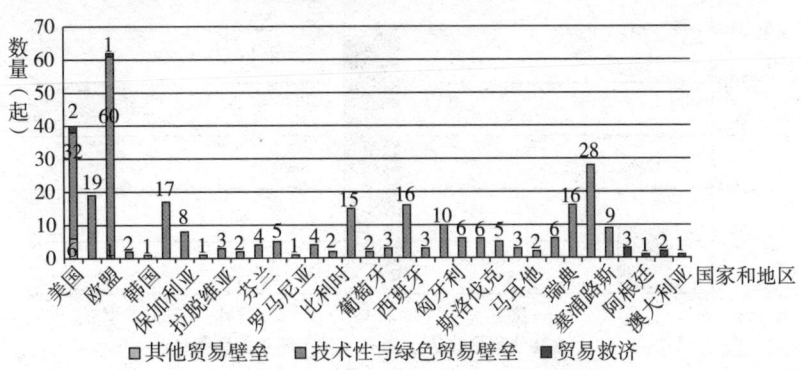

图 9-21 2015 年其他产品出口贸易壁垒国别分析（三）

3. 区域分析

2015年其他产品出口贸易壁垒事件涉及的区域有北美、拉美、欧盟、日韩和其他5个地区。其中欧盟和北美最多，分别为241起和59起，占总数的97%。拉美、日韩和其他均不超过5起。

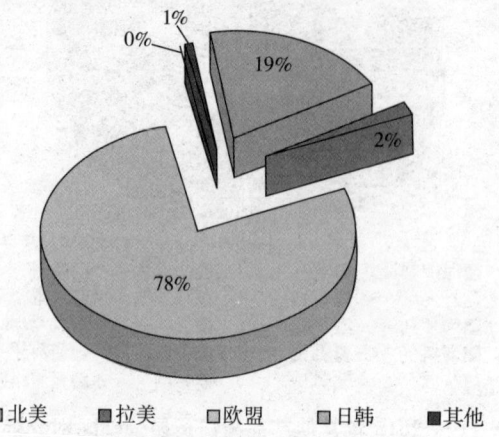

图9-22　2015年其他产品出口贸易壁垒区域分析（一）

与2014年相比，拉美、北美地区壁垒数量均有所增加，欧盟大幅增加，其他地区基本不变。

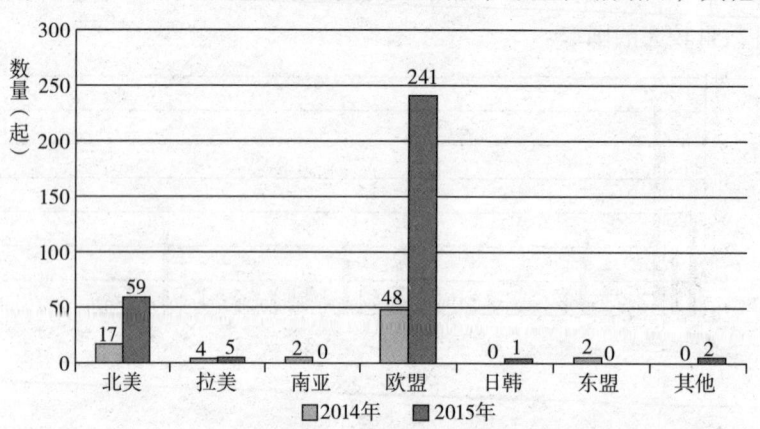

图9-23　2015年其他产品出口贸易壁垒区域分析（二）

壁垒形式均为贸易救济和技术性与绿色贸易壁垒形式，其中技术性与绿色贸易壁垒事件最多。

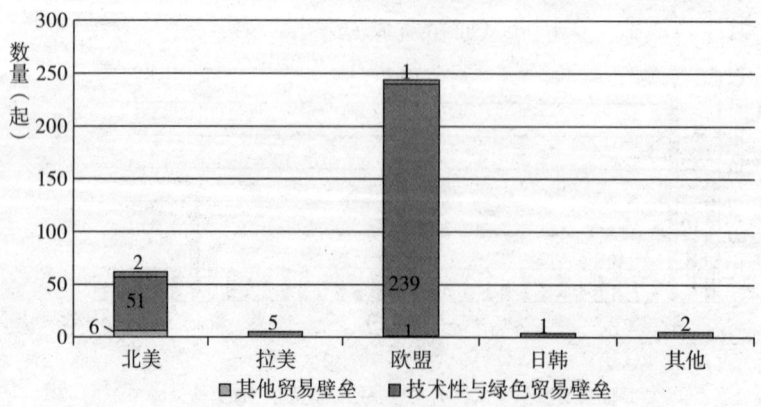

图9-24　2015年其他产品出口贸易壁垒区域分析（三）

第九章 其他产品出口贸易壁垒

4. 产品分析

从产品方面来看，2015年其他产品出口技术性贸易壁垒和绿色贸易壁垒事件主要涉及玩具、灯具、自行车及配件、儿童产品设备、座椅、桌椅、婴儿床、婴儿推车、烧烤用具、厨具、餐具、婴儿座垫、浴垫、游泳设备、儿童手表、摇篮、家具、运动设备等产品。其中，涉及玩具的事件有201起，占总数的65%。涉及产品种类的集中度较高。

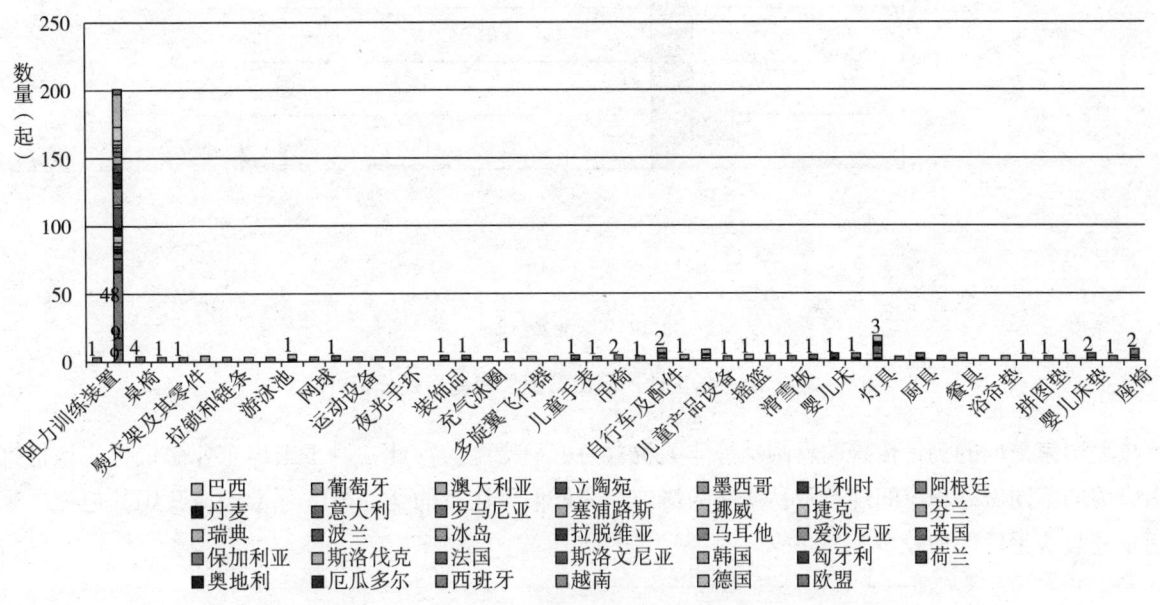

图9-25 2015年其他产品出口贸易壁垒产品分析

5. 贸易壁垒形式分析

2015年其他产品出口贸易壁垒事件涉及的贸易壁垒形式有贸易救济、技术性贸易壁垒与绿色贸易壁垒及其他贸易壁垒。其中技术性贸易壁垒与绿色贸易壁最多，为291起，占94%；贸易救济次之，为10起，占3%。

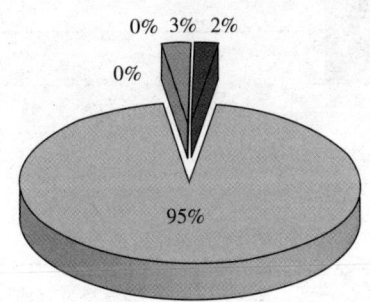

图9-26 2015年其他产品出口贸易壁垒形式分析（一）

与2014年相比，技术性和绿色贸易壁垒以及反倾销仍为最主要的2种贸易壁垒形式。

同时应该注意的是，贸易壁垒事件所采取的形式与国家和地区有很大的相关性。如图9-24所示，欧盟、美国、加拿大等发达国家均采取以技术性贸易壁垒和绿色贸易壁垒为主的贸易壁垒措施，反倾销、反补贴事件所占的比例很低。而这一点在发展中国家则不同，墨西哥、巴西、阿根廷

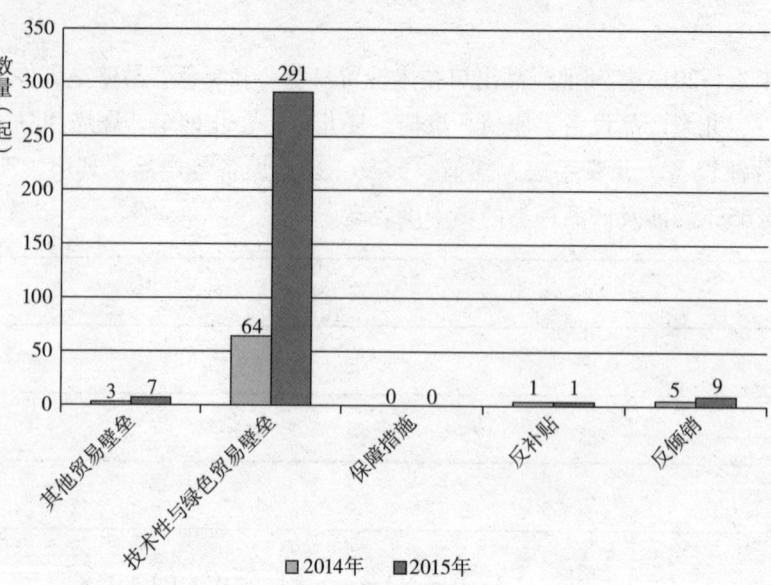

图 9-27 2014 年其他产品出口贸易壁垒形式分析（二）

等拉美国家采取的仍是传统的反倾销等非关税贸易壁垒措施。因此，对于出口企业来说，应该根据出口国的不同做好相应的规避贸易壁垒的措施。另外值得注意的是，2015 年欧盟对我国其他产品采用贸易救济手段增加较多。

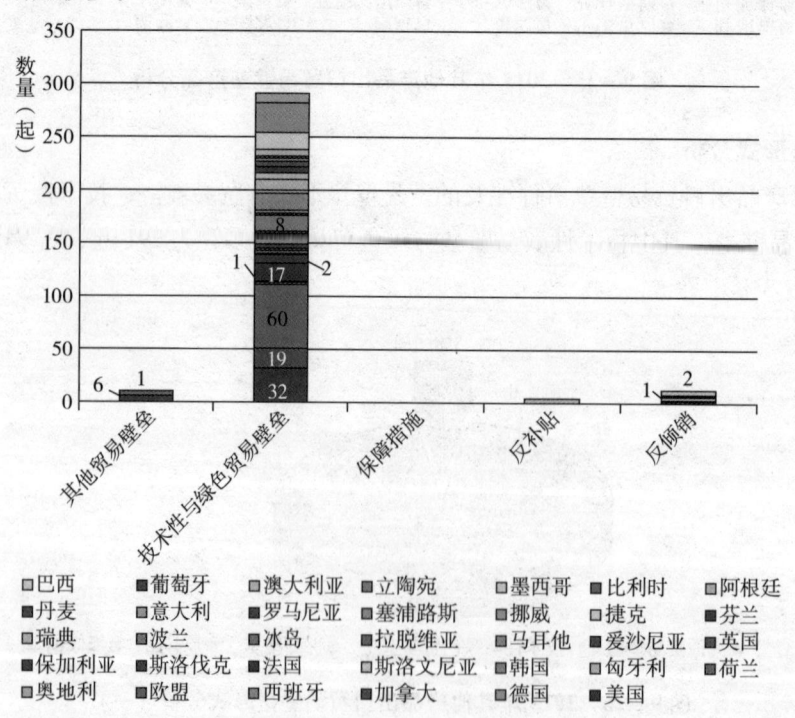

图 9-28 2015 年其他产品出口贸易壁垒形式分析（三）

总的来说，2015 年技术性贸易壁垒和绿色贸易壁垒还是其他产品出口贸易所遇到的最主要形式。

五、其他产品出口贸易壁垒预警

对其他产品所遇贸易壁垒法律法规进行分析,提醒国内相关企业注意。

(一)法律法规

其他产品出口所遇贸易壁垒的法规包括 2015 年颁布实施的、颁布尚未实施的和存在颁布意向的法律法规 111 条。其中颁布实施的法律法规 51 条、颁布未实施的法律法规 4 条、存在颁布意向的法律法规 56 条。

1. 颁布实施的法律法规

2015 年其他产品出口所遇贸易壁垒的法律法规中,已颁布实施的法律法规共 51 条。

(1)法律法规

1 月
缅甸发布标准化法的通报
厄瓜多尔发布不干胶带的通报
厄瓜多尔发布绝缘电工胶带的通报
乌拉圭发布清洁用品的通报
乌拉圭发布卫生清洁用品的通报
乌拉圭发布卫生清洁公司的通报
乌拉圭发布家庭卫生用品的通报

2 月
韩国发布关于儿童产品的通报
韩国发布关于儿童产品的通报
厄瓜多尔发布关于笔的通报
韩国发布关于儿童产品的通报
韩国发布关于儿童产品的通报

3 月
韩国发布关于食品药品测试实验室评估的通报
埃及发布关于儿童玩具的通报
泰国发布关于质量管理系统认证的通报
泰国发布关于外国生产商的通报
泰国关于进口工业产品标准的通报
泰国发布关于合格评定的通报
多米尼加发布关于计量和测量的通报
多米尼加发布关于计量和测量的通报

4 月
墨西哥发布过境商品检验资质企业的通报

5月
斯洛文尼亚发布关于"精选品质"的通报
美国更新"能源之星"灯具标准
6月
越南发布关于认可机构的通报
7月
以色列发布关于铰链接合梯的通报
肯尼亚实施进口货物标准化新标志
8月
韩国发布兽医医疗器械技术评估法规通报
韩国发布关于兽医设备的通报
巴拉圭发布关于卫生用品的通报
格鲁尼亚关于防火防爆的通报
格鲁尼亚发布关于废物填埋场的通报
埃及发布关于家具的通报
9月
秘鲁发布疾病风险管理决议通报
美国更新填充床上用品和家具用品法律标签法案
美国取消特别综合许可证出口授权书
10月
沙特阿拉伯发布关于灯具的通报
沙特阿拉伯发布关于LED灯具的通报
沙特阿拉伯发布关于LED灯具的通报
美国发布关于儿童医疗设备的通报
泰国发布关于电灯的通报
巴西发布关于弹簧床垫的通报
巴西发布关于个人卫生用品等的通报
沙特阿拉伯发布关于灯具的通报
美国发布关于儿童产品的通报
美国发布关于儿童产品的通报
阿根廷发布关于认证产品的通报
11月
肯尼亚发布关于进口商品的通报
12月
巴西发布GMP认证费的通报
尼日利亚发布关于合格评定的通报
尼日利亚发布关于质量管理的通报

尼日利亚发布关于质量管理的通报

（2）分析

2015年其他产品颁布实施的法律法规分析包括国别分析和产品分析。

① 国别分析

2015年其他产品颁布实施的法律法规共51条，涉及的国家或地区共20个。最多的是韩国，为7条。美国居第2位，为6条。泰国居第3位，为5条。其他国家均为5条以下。

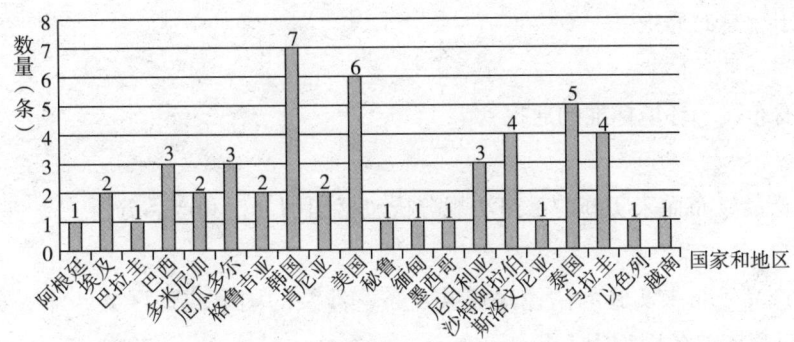

图9-29　2015年其他产品颁布实施的法律法规国别分析

② 产品分析

2015年其他产品颁布实施的法律法规涉及的具体产品共32种。其中最多的是灯具和儿童产品，为6条；其次是卫生用品和合格评定标准，为3条；其余都在3条以下。

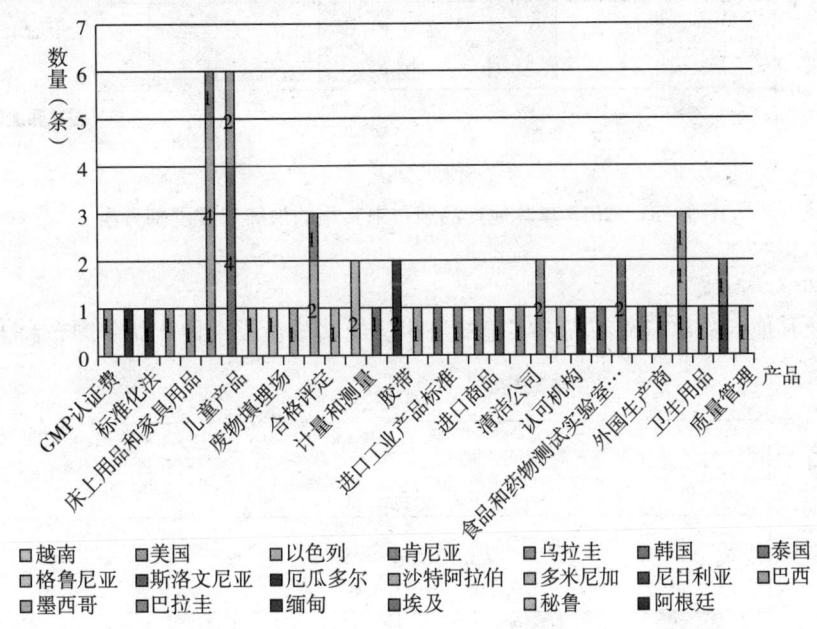

图9-30　2015年其他产品颁布实施的法律法规产品分析

2. 颁布尚未实施的法律法规

2015年其他产品出口所遇贸易壁垒的法律法规中，已颁布未实施的法律法规共4条。

(1) 法律法规

1月

越南发布背包式喷雾器的通报

5月

日本发布关于劳动安全卫生的通报

8月

瑞士发布关于玩具的通报

11月

阿尔巴尼亚发布关于环境标准的通报

(2) 分析

2015年其他产品颁布而未实施的法律法规分析包括国别分析和产品分析。

①国别分析

2015年其他产品颁布未实施的法律法规共4条，涉及的国家或地区共4个，分别为越南、日本、瑞士和阿尔巴尼亚，各国均为1起。

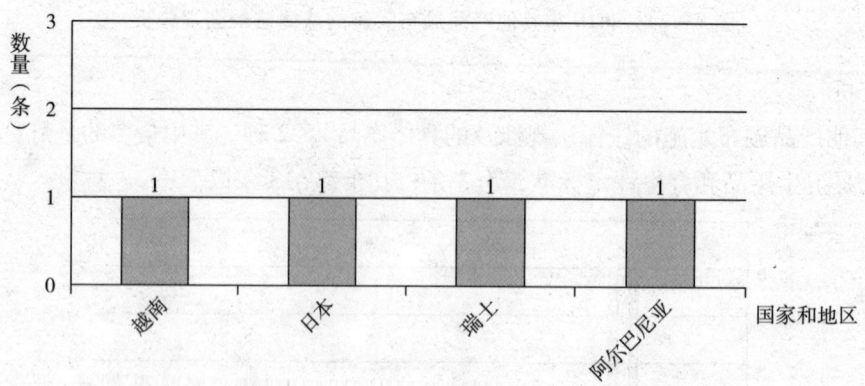

图9-31　2015年其他产品颁布未实施的法律法规国别分析

② 产品分析

2015年涉及其他产品出口颁布尚未实施的法律法规共覆盖了4种产品。颁布尚未实施的法律法规较少。

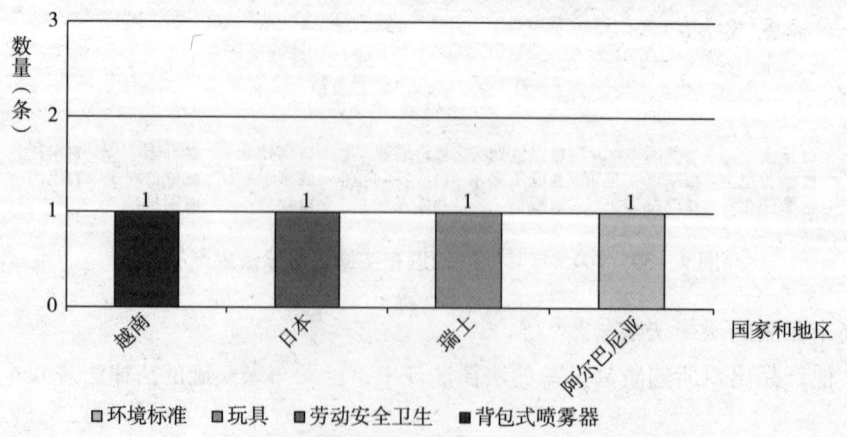

图9-32　2015年其他产品颁布未实施的法律法规产品分析

3. 存在颁布意向的法律法规

2015 年其他产品存在颁布意向的法律法规共 56 条。

(1) 法律法规

1 月

沙特阿拉伯关于食堂卫生的通报

阿曼发布关于果蔬包装箱的通报

巴基斯坦关于预包装产品的通报

2 月

巴西发布关于卫生监督产品的通报

美国发布关于儿童约束系统的通报

3 月

巴西发布发布关于卫生影像诊断的通报

菲律宾发布关于产品安全认证规则的通报

牙买加发布关于臭氧标签的通告

美国发布环保标签的通报

4 月

尼加拉瓜发布关于城镇住宅的通报

摩尔多瓦关于技术法规活动的通报

5 月

韩国发布《海外输韩生产企业卫生检查标准》部分修订公告

美国发布关于修订摩托车头盔安全标准的提案

美国发布关于食品设施注册的通报

美国发布关于摩托车头盔的通报

7 月

欧盟撤回某儿童用品及户外活动用品的安全标准

澳大利亚发布农业出口法规审核的通报

阿拉伯联合酋长国发布关于儿童座椅的通报

以色列发布关于儿童座椅的通报

俄罗斯发布关于民用防护用品的通报

俄罗斯发布关于民用防护用品的通报

俄罗斯发布关于玩具的通报

以色列发布关于家用婴儿床及摇篮的通报

美国发布关于儿童座椅的通报

菲律宾发布有关产品认证的通报

8 月

越南发布关于废料处理的通报

美国发布关于荧光灯的通报

科威特发布关于预包装食品标签的通报
牙买加发布关于建筑的通报
越南发布关于废料处理的通报
美国发布关于儿童浴缸的通报
智利发布关于城市规划的通报
埃及发布关于铅笔的通报
喀麦隆将实行进口商品装船前合规性检验制度
9月
欧洲标准化委员会拟修订儿童高脚椅安全标准
俄罗斯发布兽医检验产品通报
俄罗斯发布兽医检验产品通报
俄罗斯发布兽医诊断试剂盒通报
欧盟发布关于能源标签的通报
巴西发布关于婴儿床的通报
10月
哥伦比亚发布基因材料的通报
韩国发布关于老人拐杖的通报
美国发布关于危险废物的通报
11月
布鲁塞尔公布REACH注册流程变动的概要
欧盟公布最新玩具安全标准清单并引入新标准
巴西发布关于儿童产品等的通报
美国发布关于高脚椅的通报
马来西亚发布关于玩具的通报
欧盟发布关于危险物质的通报
12月
阿拉伯联合酋长国发布关于环境的通报
日本拟修订工业安全与健康法案
欧盟拟建立产品能源标签体系
日本拟实施竞争商品不当标识罚款制度
韩国发布儿童用品安全管理特殊法案
摩尔多瓦发布关于市场监督的通报
摩尔多瓦发布关于市场监督的通报

(2) 分析

2015年其他产品存在颁布意向的法律法规分析包括国别分析和产品分析。

① 国别分析

2015年其他产品存在颁布意向的法律法规共56条，涉及的国家共25个。其中，美国最多，为

10条。其次为俄罗斯,有6条。欧盟排在第3位,为5条。其他国家相对较少,均少于5条。在此提醒各相关出口企业注意。

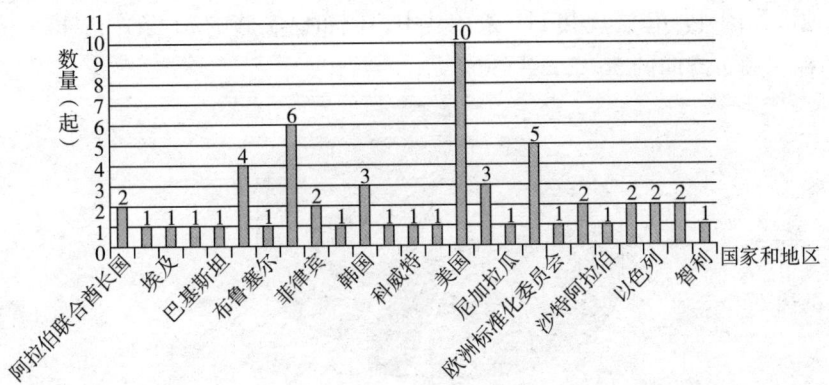

图9-33　2015年其他产品存在颁布意向的法律法规国别分析

总的来说,存在颁布意向法律法规的国家比较集中。

②产品分析

2015年其他产品存在颁布意向的法律法规涉及的产品共42种。其中,最多的是关于座椅的法律法规,为5条;其次是关于包装、儿童产品、防护用品、废料处理、能源标签、食堂卫生、兽医检验产品和婴儿床的法律法规,各2条;其他产品均为1条。

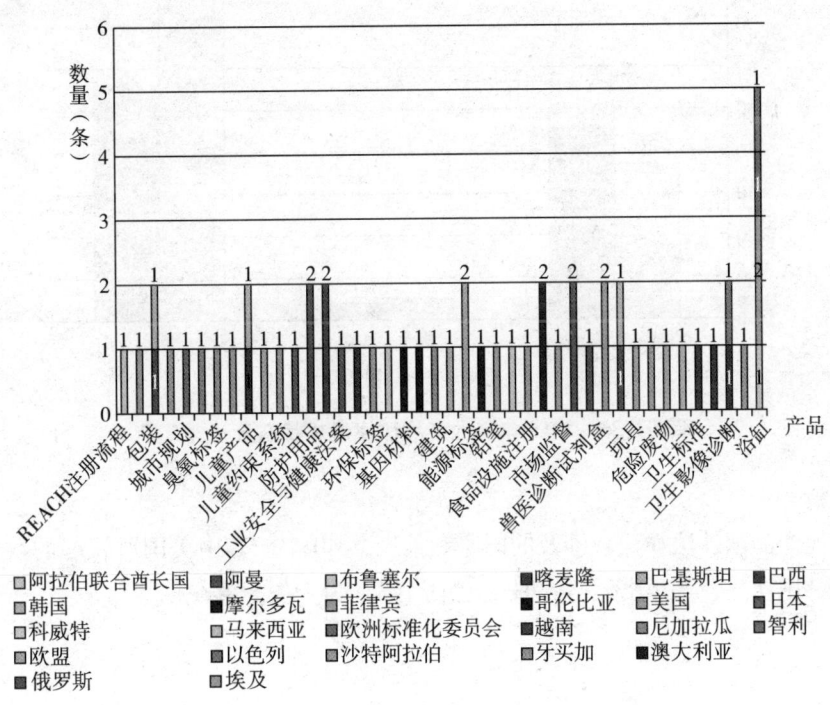

图9-34　2015年其他产品存在颁布意向的法律法规产品分析

(二) 法律法规综合分析

对其他产品出口所遇贸易壁垒法律法规进行综合分析,提出预警。该分析包括状态分析、国别分析、区域分析、产品分析和壁垒形式分析。

1. 状态分析

2015年其他产品国外法律法规共111条。其中，颁布已实施的51条，占46%；颁布未实施的4条，占4%；存在颁布意向的56条，占50%。

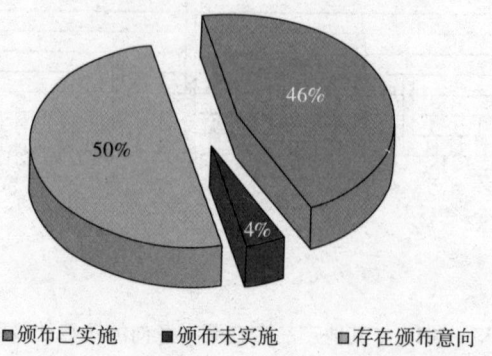

图9-35 2015年其他产品法律法规状态分析（一）

与2014年的120条相比，2015年总体减少了9条。其中，主要是颁布未实施和存在颁布意向的法律法规有所减少，分别减少了1条和22条，颁布已实施的法律法规则增加了14条。

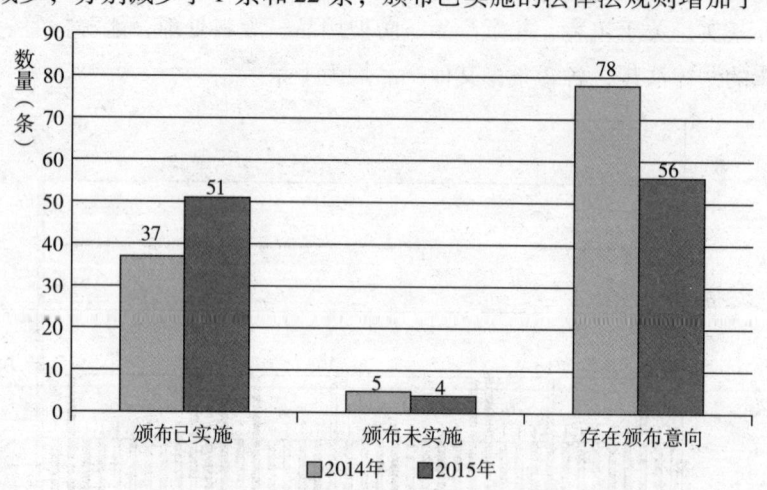

图9-36 2015年其他产品法律法规状态分析（二）

2. 国别分析

2015年其他产品国外法律法规涉及的国家和地区共40个。其中美国所发起的数量最多，为16条，占14%。韩国次之，为10条，占9%；巴西第3，为7条，占6%。

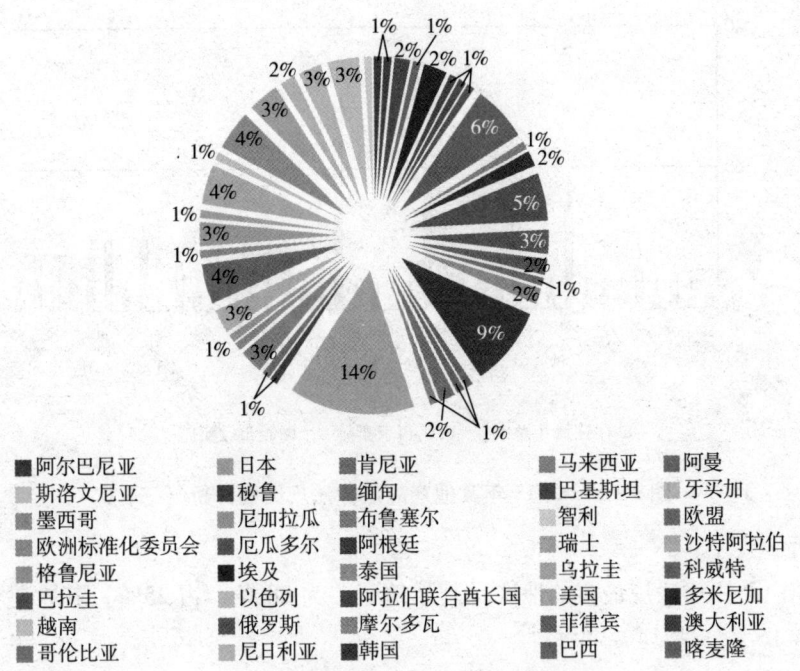

图 9-37　2015 年其他产品法律法规国别分析（一）

与 2014 年涉及的 44 个国家相比，2015 年减少了 4 个。2014 年主要国家发布的法规数量都有所减少，其中，欧盟减少最多。2015 年新增缅甸、尼日利亚、瑞士、乌拉圭等国家法规。

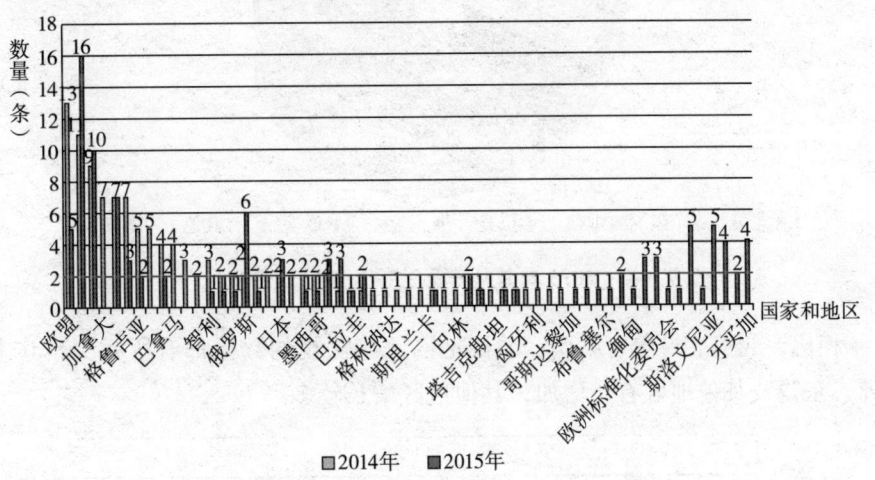

图 9-38　2015 年其他产品法律法规国别分析（二）

从图 9-39 中可以看出，只有越南是有颁布未实施、颁布已实施和存在颁布意向的 3 种状态。埃及、巴西、韩国、美国、沙特阿拉伯有 2 种形态，其他国家多以存在颁布意向的为主。

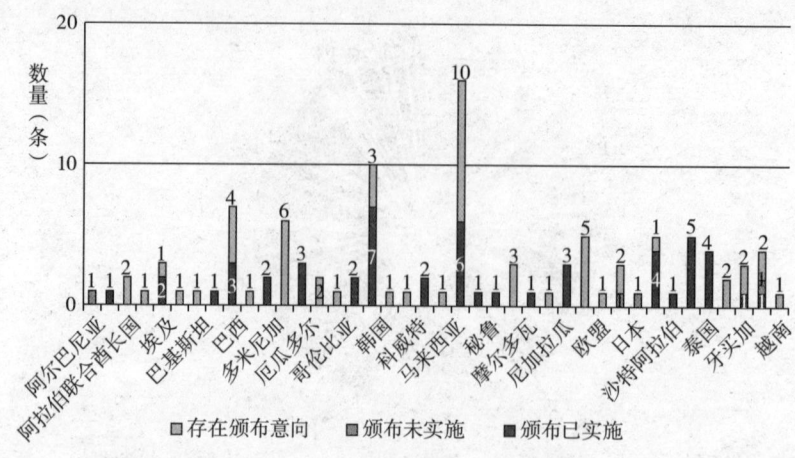

图9-39 2015年其他产品法律法规国别分析(三)

3. 区域分析

2015年其他产品法律法规最多的地区是其他地区,为28条,占25%;其次是拉美,为24条,占22%。北美有16条,占14%。

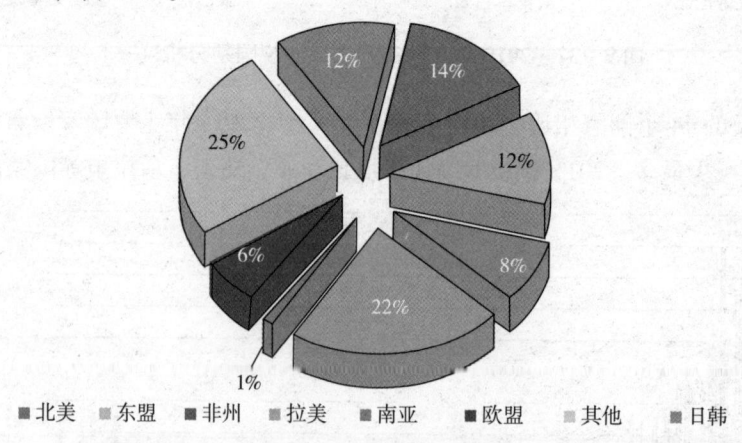

图9-40 2015年其他产品法律法规区域分析(一)

与2014年相比,北美、拉美、欧盟、非洲地区法律法规的数量都有所减少,其中拉美地区减少较多。日韩、东盟及其他地区有所增加,其他地区增长较多。

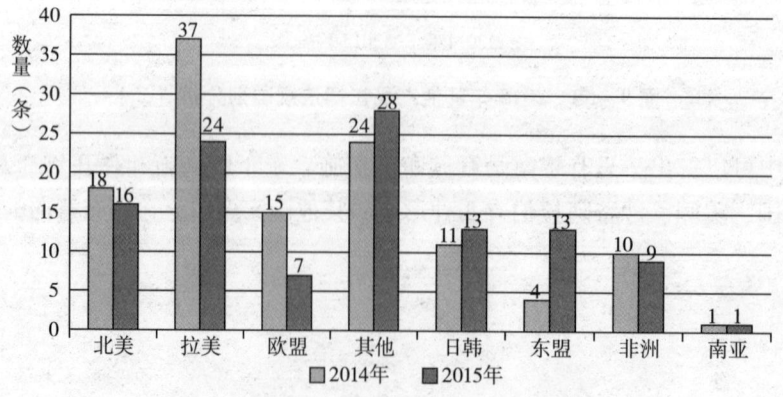

图9-41 2015年其他产品法律法规区域分析(二)

第九章 其他产品出口贸易壁垒

从 9-42 中可以看出，东盟、其他和日韩 3 个区域 3 种法律法规状态均有，南亚只有存在颁布意向状态，其他地区以颁布实施和存在颁布意向为主。各地区主要以存在颁布意向为主。

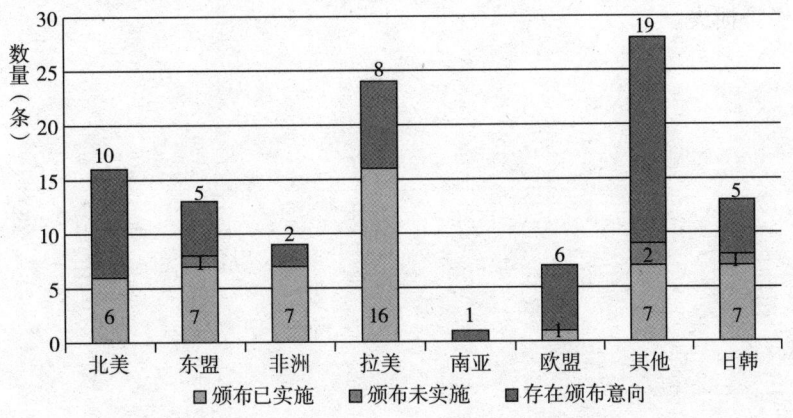

图 9-42 2015 年其他产品法律法规区域分析（三）

总的来说，2015 年的其他产品法律法规主要分布在其他地区、拉美和北美，并且主要是存在颁布意向的类型。

4. 产品分析

2015 年涉及其他产品出口的法律法规涉及的产品种类繁多，涉及主要种类的产品共有 74 种。其中，法律法规数量最多的为儿童产品，为 8 条；其次是灯具，为 18 条；再次是玩具，为 7 条；再次是座椅，为 5 条；其余产品均不足 5 条。为了图 9-44 的可观性，没有在图中列示。政府相关部门和企业应该仔细研究所涉及的法律法规的具体要求，力求满足国外新的技术安全标准，以减少出口中由于法律法规风险所带来的不必要损失。

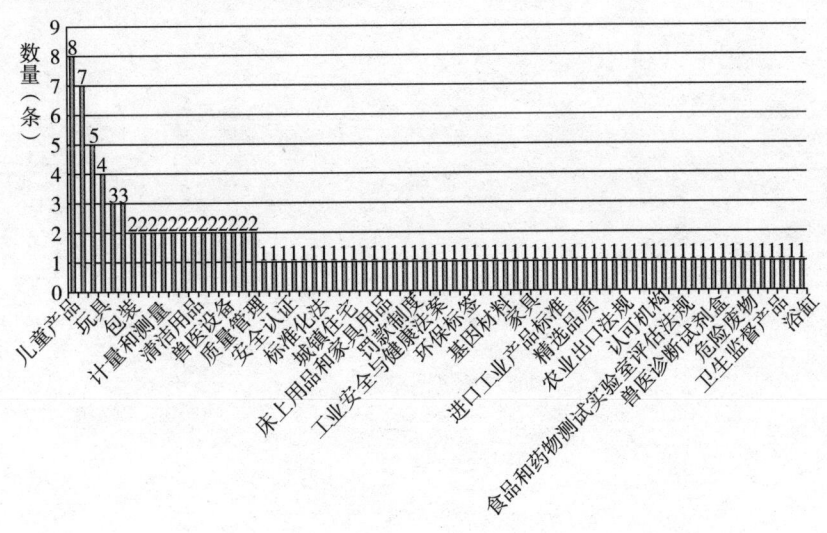

图 9-43 2015 年其他类产品法律法规产品分析

5. 贸易壁垒形式分析

2015 年涉及其他产品的法律法规主要是各种标准、技术法规要求等，涉及较多的产品主要集中在婴儿及儿童用品和玩具，所涉及的贸易壁垒形式仍以技术性贸易壁垒、绿色贸易壁垒为主，与

2014年相比并没有实质性变化。我国出口企业应该对相关法律法规的细则和具体要求进行深入分析，并提高出口产品的技术标准、安全标准，尽量减少产品出口过程中因技术性贸易壁垒和绿色贸易壁垒而遭受的经济损失。

第十章 中国出口贸易壁垒综合分析与预警

本章首先是对 2015 年中国出口贸易壁垒进行综合分析,其次是对贸易救济措施、技术性贸易壁垒与绿色贸易壁垒 2 个专题进行综合分析,再次是对主要国家对华贸易壁垒的分析,最后是对国外法律法规进行综合分析,并提出预警依据及应对策略。

一、中国出口贸易壁垒综合分析

中国出口贸易壁垒综合分析包括月份分析、国别分析、区域分析、行业分析、产品分析和贸易壁垒形式分析。

(一) 月份分析

2015 年中国出口贸易壁垒事件共 1645 起,比 2014 年的 1370 起增加了 275 起,增加较多。从月份来看,9 月最多,为 211 起;12 月次之,为 182 起;10 月和 11 月也较多,均超过了 150 起;而 1 月、2 月、3 月相对较少,数量都在 100 起以下。

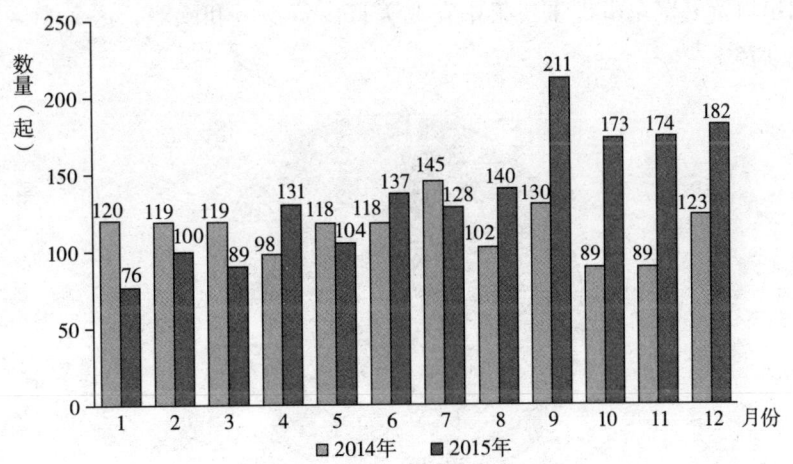

图 10-1 2015 年中国出口贸易壁垒月份分析

总的来说,2015 年中国出口贸易壁垒事件随月份呈现出前半年较少,后半年较多的趋势。

(二) 国别分析

2015 年中国出口贸易壁垒事件涉及的国家共 66 个,比 2014 年的 36 个多了 30 个。为了图标的观赏性,图中仅标出贸易壁垒事件较多的国家。从国别来看,欧盟、美国对华的贸易壁垒事件最多,分别为419起、388起;加拿大、印度和澳大利亚对华贸易壁垒事件较多,分别为114起、91起和72起;其他国家则相对较少,均在50起以下。

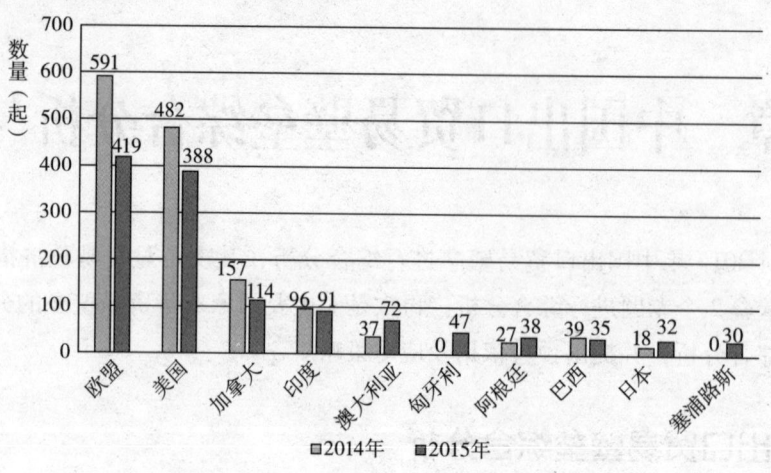

图10-2 2015年中国出口贸易壁垒国别分析

与2014年相比,2015年欧盟、美国对华贸易壁垒事件数量略有下降。总的来说,2015年中国出口贸易壁垒事件依然集中在欧盟、美国、加拿大3个发达国家(地区)以及印度、阿根廷、巴西3个发展中国家,与前两年的情况基本保持一致。但与此同时,贸易壁垒事件来源国呈现出分散化态势,这一点值得注意。

（三）区域分析

2015年中国出口贸易壁垒事件主要集中在北美自由贸易区和欧盟,这2个区域共计1205起,占全部事件数量的75%。

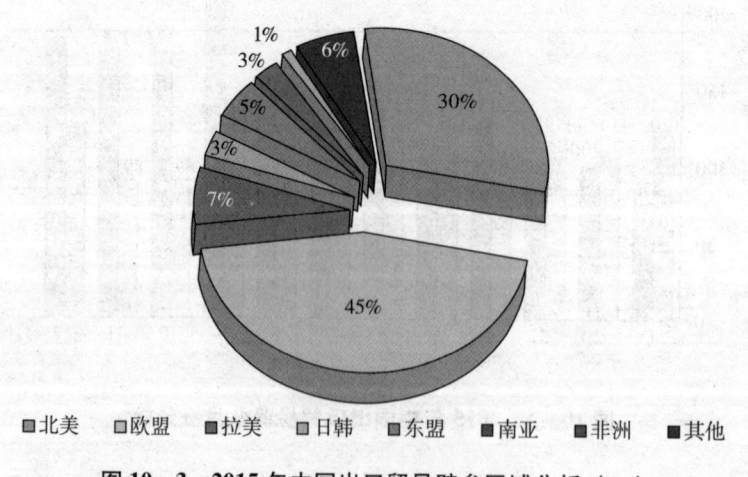

图10-3 2015年中国出口贸易壁垒区域分析（一）

与2014年相比,2015年各区域对华贸易壁垒事件有增有减,但总体上仍比2014年有所增长。

总的来说,2015年北美自由贸易区和欧盟仍然是中国遭遇出口贸易壁垒事件最多的2个区域,其中北美地区稍有下降,欧盟地区大幅增长。它们一方面是为了保护国内消费者的安全和达到既定

第十章 中国出口贸易壁垒综合分析与预警

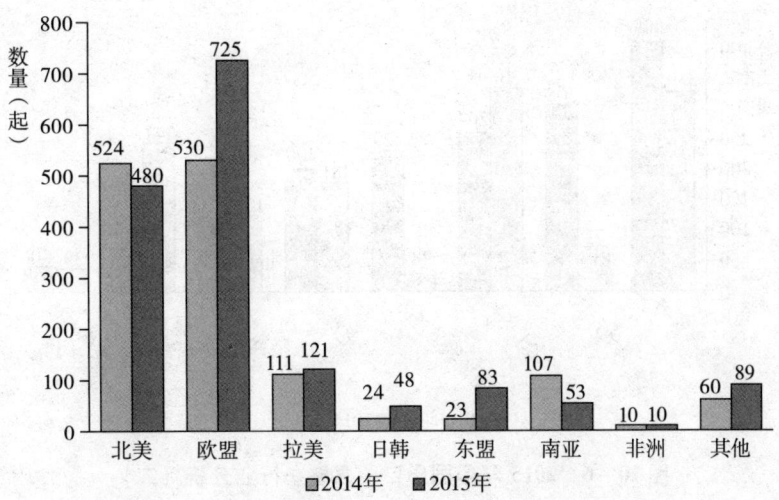

图 10-4　2015 年中国出口贸易壁垒区域分析（二）

的社会目标，另一方面也是为了在一定程度上保护本国产业，减少国外低价格产品对于本国生产者的冲击，获得更多的政治选票。同时，日韩及东盟地区针对我国的贸易壁垒数量也出现了大幅上升，值得出口企业注意。

（四）行业分析

2015 年中国出口贸易壁垒事件最多的行业是金属、陶瓷及玻璃产品，为 409 起，占 25%；其他类产品也较多，共 308 起，占 19%；矿产化工产品紧随其后，共 264 起，占总数的 16%。动植物类产品数量大幅上升，共 229 起，占 14%，其次为占总数 12% 的机电产品。其他 3 类产品占比均未超过 10%。

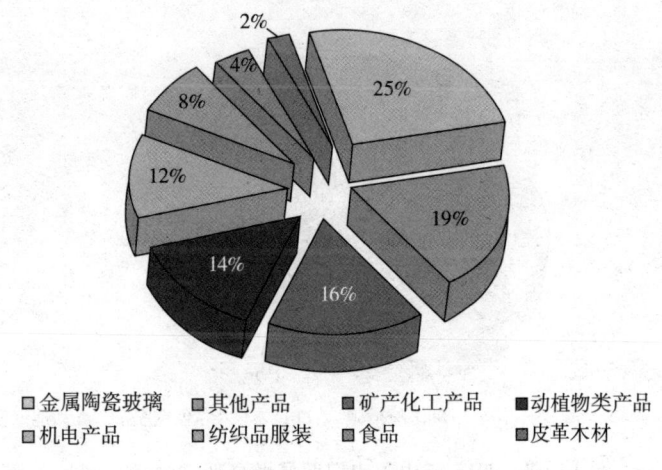

图 10-5　2015 年中国出口贸易壁垒行业分析（一）

2015 年食品类产品数量比 2014 年大幅减少，矿产化工产品略有下降，纺织品服装产品及皮革木材产品与上年基本持平，其他行业均有所增加。增加比例最高的是其他类产品和动植物类产品。

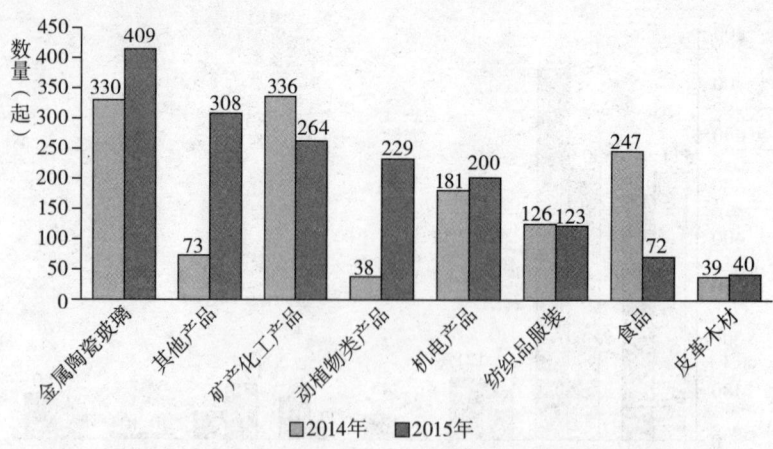

图10-6　2015年中国出口贸易壁垒行业分析（二）

总的来说，较上年而言，2015年其他类产品和动植物类产品所遭受的贸易壁垒措施发生了巨幅增长，这点值得注意。

（五）贸易壁垒形式分析

2015年中国出口贸易涉及的壁垒形式有反倾销、反补贴、保障措施、技术性贸易壁垒、绿色贸易壁垒和其他形式的贸易壁垒。贸易壁垒事件主要由反倾销、技术性贸易壁垒与绿色贸易壁垒引起．由于技术性贸易措施的复杂性、隐蔽性，并且大部分技术性贸易措施都具有一定的科学合理性，美国、欧盟、日本凭借自身的技术优势、标准体系优势、消费者诉求等多方面的有利特征来设置各种各样的技术法规、标准和合格评定程序，在实质层面上负面影响了我国产品的出口。采取反倾销措施是由于其方便性强，对特定产业的保护针对性更强，并可获得一定的国家财政收入，因此多被印度、巴西、墨西哥、阿根廷等发展中国家采取并作为最主要的壁垒形式。

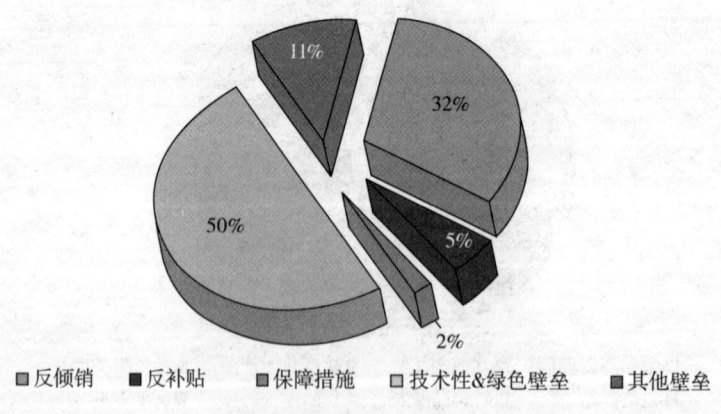

图10-7　2015年中国出口贸易壁垒形式分析（一）

技术性壁垒和绿色贸易壁垒以及反倾销仍然是贸易壁垒的最重要表现形式，与2014年相比整体呈现出上升趋势。与2014年相比，两者都有所增加，反补贴和保障措施数目基本持平，其他贸易壁垒数目大幅上升。就2015年来说，技术性贸易壁垒与绿色贸易壁垒仍然是最主要的贸易壁垒形式。在此提醒政府主管部门和相关企业注意。

第十章 中国出口贸易壁垒综合分析与预警

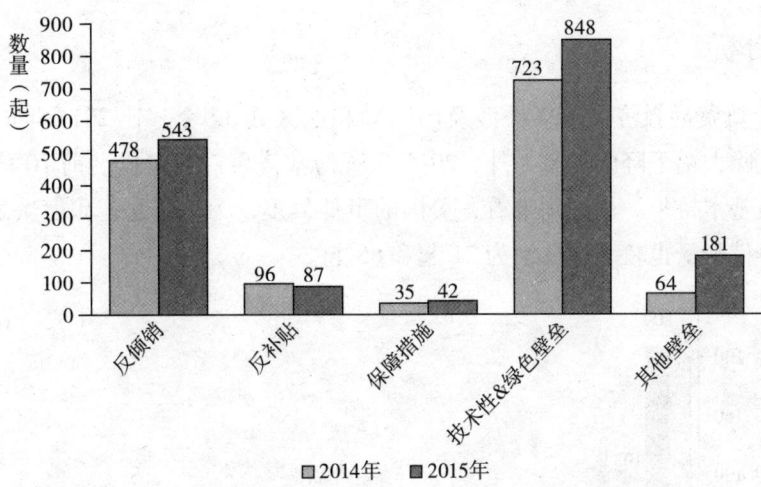

图 10-8　2015 年中国出口贸易壁垒形式分析（二）

总的来说，同前几年一样，2015 年反倾销、技术性贸易壁垒与绿色贸易壁垒仍然是最重要的贸易壁垒形式，是我国出口贸易应该重点跨越的壁垒形式。

二、贸易救济措施综合分析

中国出口产品所遇贸易救济措施综合分析包括月份分析、国别分析、区域分析、行业分析、产品分析和形式分析。从国别来看，事件主要集中在美国、欧盟和澳大利亚 3 个经济发达国家（地区）和印度、巴西、阿根廷 3 个发展中国家。从区域来看，北美地区、南亚和拉美 3 个地区是事件最多的区域。从形式上看，反倾销和反补贴事件占了绝大多数，保障措施事件相对较少。

（一）月份分析

2015 年中国出口贸易救济措施事件共 674 起，比 2014 年的 606 起增加了 68 起。从月份来看，8 月最多，为 70 起；5 月、7 月和 12 月也较多，均多于 60 起；其余月份则相对较少，均不足 60 起。

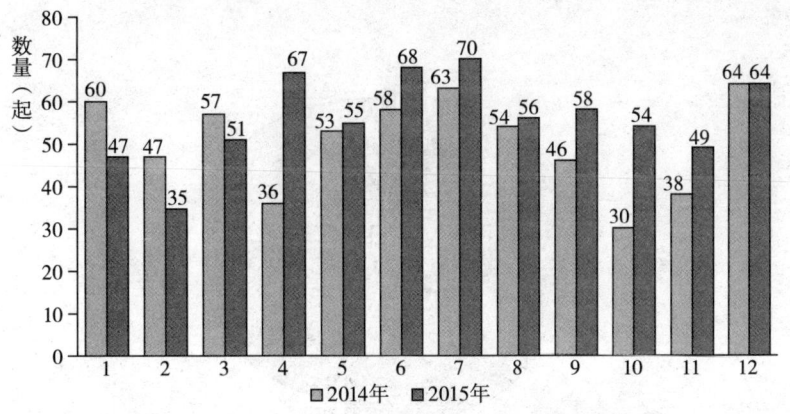

图 10-9　2015 年中国出口贸易救济措施月份分析

总的来说，2015 年各月份贸易救济措施事件分布较为均匀，没有明显的季节特征。

（二）国别分析

2015年中国出口贸易救济措施事件涉及的国家和地区共32个，比2014年的26个多了6个。从图中可以看出，除大幅下降的加拿大外，2015年贸易救济事件数量排名前10的国家和地区事件数量都有所上升或基本持平。从国别来看，美国的事件最多，为209起；印度次之，为107起；澳大利亚和欧盟的事件数量也较多，分别为71起和65起。

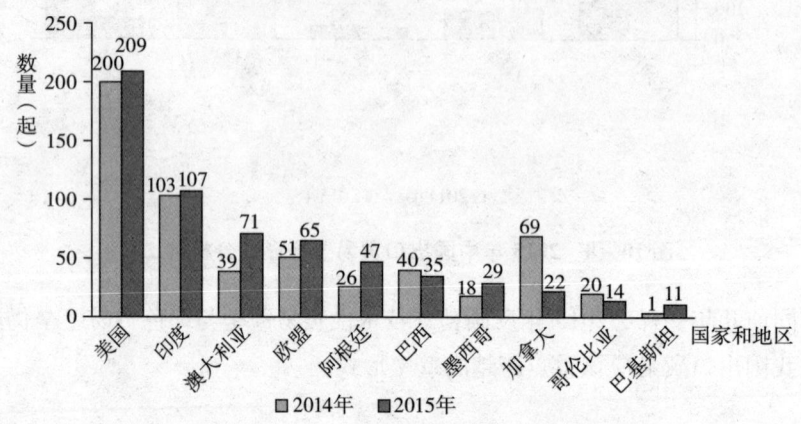

图10-10　2015年中国出口贸易救济措施国别分析

总的来说，美国、欧盟、印度、阿根廷、澳大利亚和巴西仍是对华发起贸易救济措施事件最多的国家和地区。上述几个国家或地区之所以一直以来对我国贸易采取过多的救济措施，一方面是因为这些国家是我国的主要贸易伙伴，贸易量大并且贸易商品的种类齐全，另一方面是因为这些国家不承认我国的市场经济地位，高估了我国出口产品的生产成本。另外，也是由于这些国家国内特定利益集团的经济利益诉求的表现。

（三）区域分析

2015年中国出口贸易救济措施事件主要集中在北美、拉美和南亚区域。上述4个区域占全部贸易救济措施的67%。

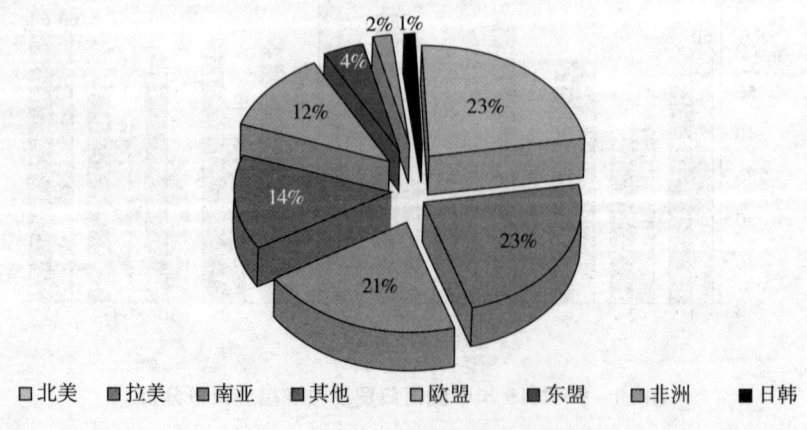

图10-11　2015年中国出口贸易救济措施区域分析（一）

第十章 中国出口贸易壁垒综合分析与预警

与 2014 年相比，2015 年各地区贸易救济措施有升有降。北美自由贸易区的事件多由美国发起；南亚的事件多由印度发起；拉美地区的事件多由巴西、阿根廷发起。各区域的发起国家比较集中。

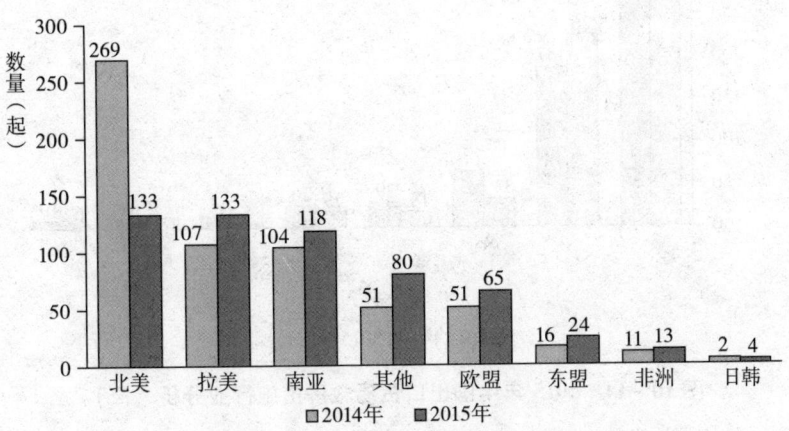

图 10-12　2015 年中国出口贸易救济措施区域分析（二）

总的来说，除其他地区外，北美地区仍是对中国出口贸易实施救济措施事件较多的地区，但相比 2014 年数量大幅下滑，与拉美地区贸易救济事件数目相同，与南亚地区数目也相差无几。美国、印度、阿根廷与巴西和 2014 年一样，出于保护本国产业的目的，在 2015 年对中国出口的产品实施了大量的贸易救济措施。在此，继续提醒政府主管部门和相关出口企业密切关注这些区域中的重点国家所实施的反倾销、反补贴和保障措施，尤其是反倾销措施。

（四）行业分析

和 2014 年类似，2015 年中国出口贸易救济措施事件中占比最多的为金属陶瓷玻璃制品，约占 49%，其次为占比 28% 的矿产化工产品和占比 10% 的机电类产品。其余各类产品占比都未达到 10%。

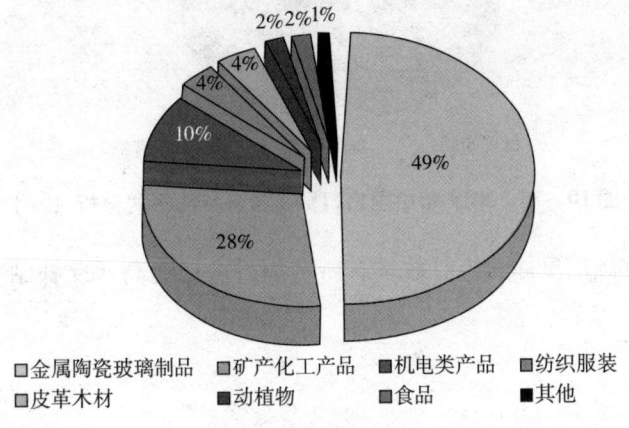

图 10-13　2015 年中国出口贸易救济措施行业分析（一）

与 2014 年相比，除矿产化工类产品和食品外，各产品贸易救济措施事件数量都有所上升，其中机电类产品、动植物类产品和其他产品涨幅较大。金属陶瓷玻璃类产品仍旧是贸易救济事件数量最多的一类产品。

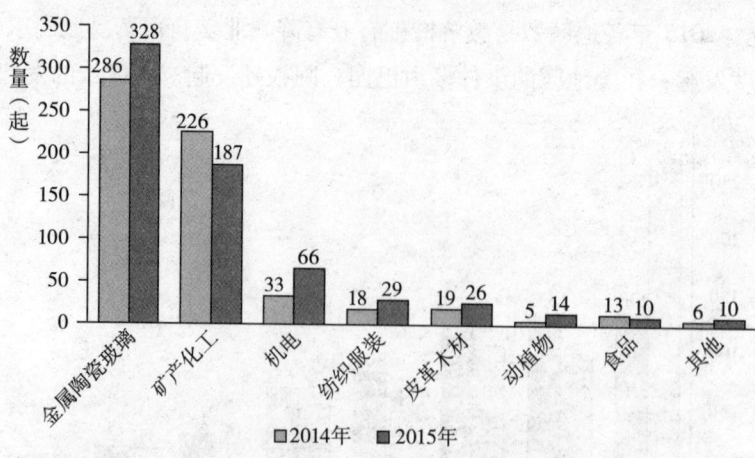

图10-14 2015年中国出口贸易救济措施行业分析（二）

总的来说，矿产化工和金属陶瓷玻璃连续7年成为中国产品出口贸易遭受国外贸易救济措施最多的2个行业。与2014年一样，机电行业救济措施数量仍排第3位。这些行业的出口企业应寻求有效的应对策略，以最大限度地减少经济损失。

（五）形式分析

2015年中国出口贸易救济措施事件涉及的形式有反倾销、反补贴和保障措施。其中，最多的是反倾销事件，占81%；其次是反补贴事件，占13%；最少的是保障措施事件，占6%。

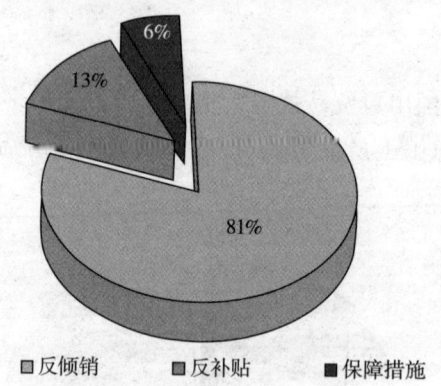

图10-15 2015年中国出口贸易救济措施形式分析（一）

与2014年相比，反倾销事件的绝对数量有所增加，占比更高，反补贴数量略有下降，保障措施数量稍有增加。

第十章 中国出口贸易壁垒综合分析与预警

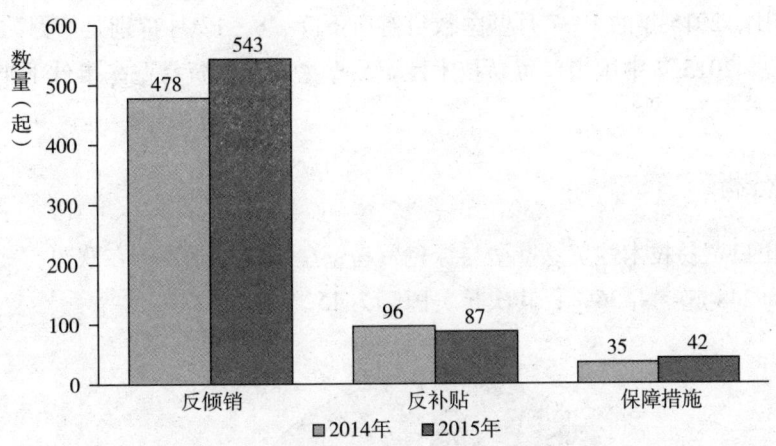

图 10-16 2015 年中国出口贸易救济措施形式分析（二）

总的来看，反倾销仍是中国出口贸易救济措施中最重要的形式。这与反补贴调查难于反倾销调查，也没有反倾销调查那么容易操作和保障措施的实施需要一国特定产品的短时间内进口数量剧增的前提有关。

三、技术性贸易壁垒与绿色贸易壁垒综合分析

中国出口产品所遇技术性贸易壁垒与绿色贸易壁垒综合分析包括月份分析、国别分析、行业分析和产品分析。从月份来看，2015 年中国出口贸易技术性贸易壁垒与绿色贸易壁垒事件各月份较为平均，其中 9 月事件数量最多。从国别来看，壁垒事件主要集中在美国、欧盟和加拿大，涉及的其他国家相对较少。从行业来看，机电产品、纺织品服装和其他类产品是受技术性贸易壁垒与绿色贸易壁垒影响最严重的行业。

（一）月份分析

2015 年中国出口贸易技术性贸易壁垒与绿色贸易壁垒事件共 849 起，比 2014 年的 754 起多了 95 起，略有增加。从月份来看，9 月、10 月、11 月和 12 月较多，都超过了 100 起，呈现出较强的季节性特征。

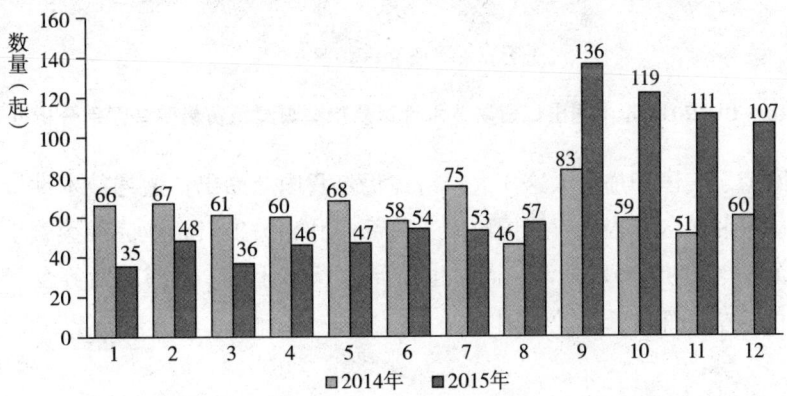

图 10-17 2015 年中国出口贸易技术性贸易壁垒与绿色贸易壁垒月份分析

与2014年相比，2015年的1—7月壁垒数目有所下降，8—12月特别是9月之后的壁垒数目大幅上升。总的来说，2015年中国出口贸易技术性贸易壁垒与绿色贸易壁垒事件下半年增加较多，上半年有所减少。

（二）国别分析

2015年中国出口贸易技术性贸易壁垒与绿色贸易壁垒事件主要集中在欧盟、美国和加拿大。其中，欧盟最多，为248起，占36%；其次是美国，为152起，占22%。

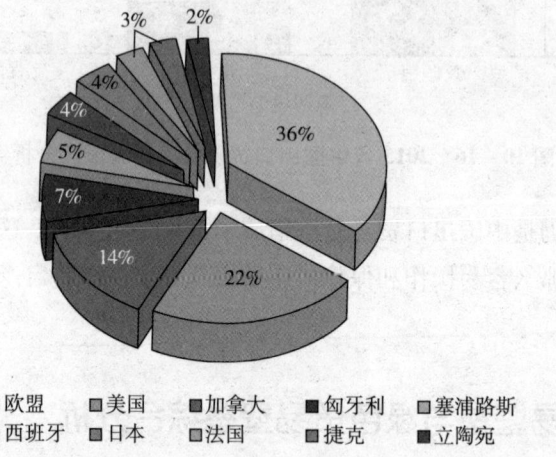

图10-18　2015年中国出口贸易技术性贸易壁垒与绿色贸易壁垒国别分析（一）

与2014年相比，2015年欧盟技术性与绿色贸易壁垒事件减少较多，减少了225起，其他国家增减不一（此处仅选取了2015年事件数量前10的国家或地区）。

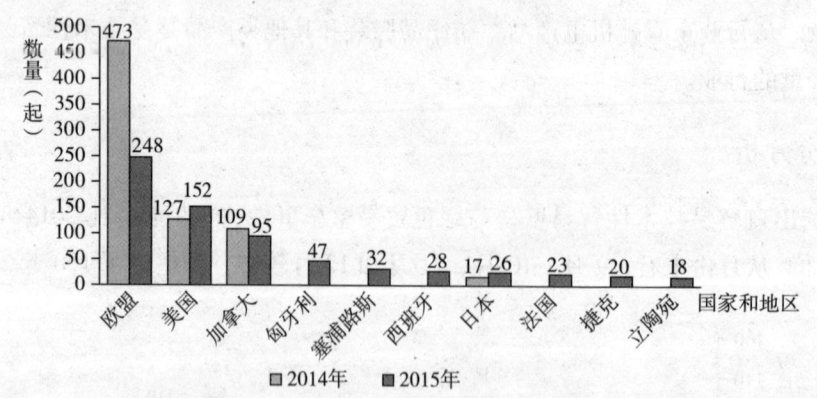

图10-19　2015年中国出口贸易技术性贸易壁垒与绿色贸易壁垒国别分析（二）

总的来说，欧盟、美国和加拿大这3大经济体仍是我国产品出口遭遇技术性贸易壁垒与绿色贸易壁垒最主要的国家和地区。因此，我国政府主管部门和相关出口企业应继续着重关注这几个国家（地区）技术性贸易措施的颁布和修改。同时也需要注意匈牙利、塞浦路斯等今年对我国设立技术性贸易壁垒与绿色壁垒事件增长迅速的国家。

第十章 中国出口贸易壁垒综合分析与预警

（三）行业分析

2015年中国出口贸易技术性贸易壁垒与绿色贸易壁垒事件主要集中在机电产品、其他产品和纺织品服装类。其中，其他类产品最多，为291起，占34%；其次是机电产品，为176起，占21%；纺织品服装类占比11%。剩余的产品种类所占比例相对较小。

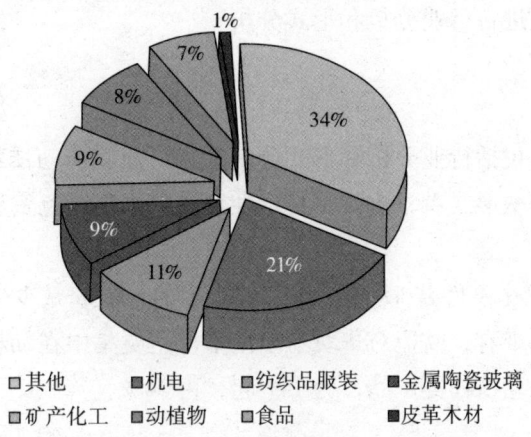

图10-20　2015年中国出口贸易技术性贸易壁垒与绿色贸易壁垒行业分析（一）

与2014年相比，2015年各行业增减情况不一。其中食品行业发生了大幅下滑，其他类产品和动植物产品数目发生了大幅增长。

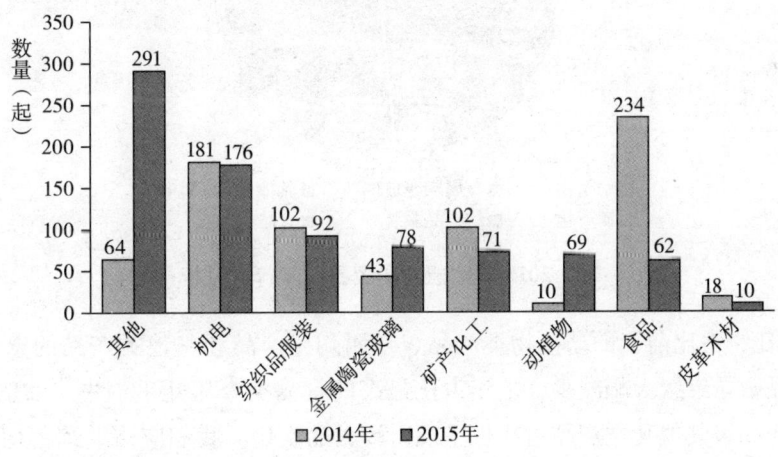

图10-21　2015年中国出口贸易技术性贸易壁垒与绿色贸易壁垒行业分析（二）

一般来说，食品、纺织服装、金属陶瓷、机电产品和其他产品是受到技术性贸易壁垒与绿色贸易壁垒影响最大的5个行业。一方面是因为这5个行业是我国具有比较优势的行业，出口量较大，出口地区主要集中在欧盟、美国和加拿大等经济发达国家（地区）；另一方面是因为这些行业的产品多为最终消费品而非生产的中间投入品，而欧盟、美国、加拿大的消费者对于消费品的安全要求和环保要求较中国高。因此，我国出口企业应着重于提高产品的安全标准和环保标准，政府应为企业的技术引进和技术革新提供必要和有效的政策支持。技术性贸易壁垒与绿色贸易壁垒事件涉及的具体产品较为广泛，但集中度较高。但今年动植物产品数目增长显著，需要相关出口企业提高警惕。

四、主要国家对华贸易壁垒分析

对华贸易壁垒事件共计1633起,其中最多的是欧盟,为4199起;其次是美国,为388起;加拿大、印度分别居第3、4位,为132起和103起。为以点带面地更深入分析,本节对欧盟、美国、加拿大和印度对华贸易壁垒进行行业分析和形式分析。

(一)欧盟

欧盟对华贸易壁垒分析包括行业分析和形式分析。从行业看,动植物类贸易壁垒事件较多,其他各类分布较为平均;从壁垒形式看,主要是技术性贸易壁垒与绿色贸易壁垒事件。

1. 行业分析

2015年欧盟对华贸易壁垒事件共419起,比2014年的591起减少了172起,但仍是贸易壁垒事件最大的来源国。从行业来看,欧盟对华贸易壁垒事件主要集中在动植物产品、金属陶瓷玻璃产品和其他类产品。最多的是动植物类产品,为141起,占34%。

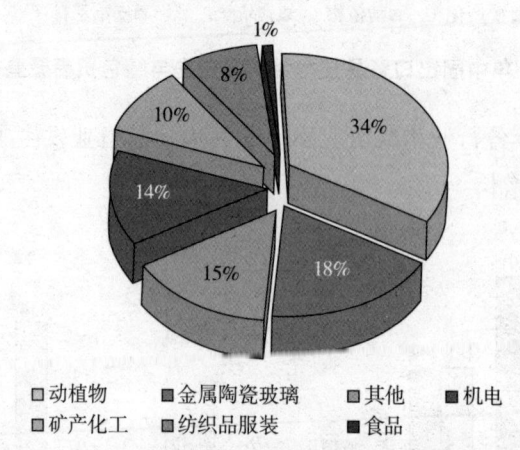

图10-22 2015年欧盟对华贸易壁垒行业分析(一)

与2014年相比,占比前三的动植物类产品、金属陶瓷产品和其他类产品的壁垒事件数量均有所上升,机电产品数量继续大幅减少,上年占比最高的食品类今年几乎消失。欧盟壁垒"重灾区"转移到了动植物产品,其他几类产品占比也呈现出较大的变化。我们应该继续密切关注这种变化趋势,以确定是偶然的剧增还是持续的增加。

总的来说,欧盟对华贸易壁垒事件主要集中在动植物、金属陶瓷玻璃和其他类产品3个行业。

第十章 中国出口贸易壁垒综合分析与预警

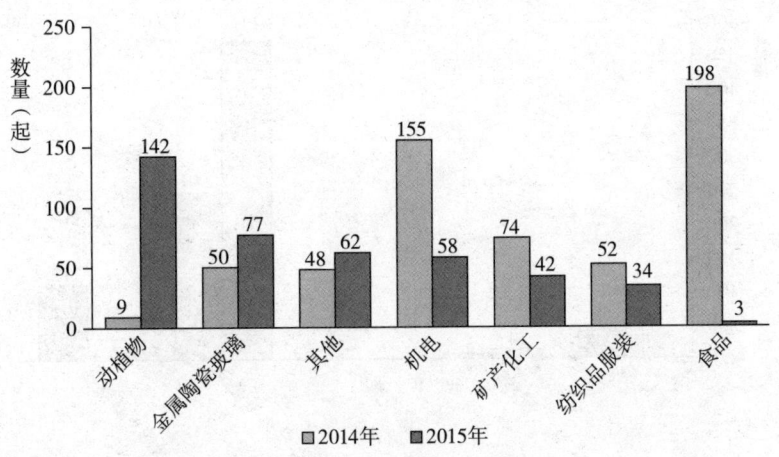

图 10-23　2015 年欧盟对华贸易壁垒行业分析（二）

2. 形式分析

2015 年欧盟对华贸易壁垒事件涉及的壁垒形式有反倾销、反补贴、技术性贸易壁垒与绿色贸易壁垒、知识产权和保障措施。技术性贸易壁垒与绿色贸易壁垒事件最多，为 248 起，占 60%；其次是其他贸易壁垒，为 112 起，占 27%。

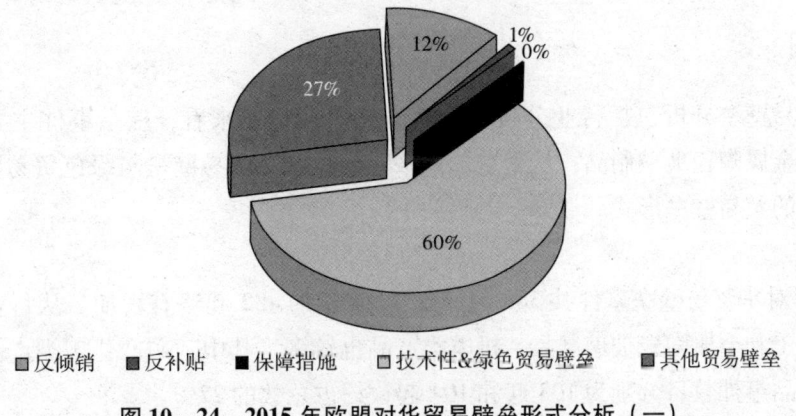

图 10-24　2015 年欧盟对华贸易壁垒形式分析（一）

与 2014 年相比，2015 年欧盟对华技术性贸易壁垒与绿色贸易壁垒事件数量仍然处于最高，这主要是由于它们相对于中国来说较高的食品卫生标准和安全要求。但其数量的大幅下降说明了相关部门和企业已经出台应对措施。反倾销的壁垒形式，从 2014 年的 33 起陡增为 2015 年的 50 起，但与技术性贸易壁垒相比，数量仍较少。这说明，发达国家对反倾销这一壁垒形式的应用有所降低。但同时应该注意欧盟地区对其他形式贸易壁垒的运用大幅增加。我国出口企业在最大限度克服自身缺陷的同时，也要积极应诉，相关部门应提供有效的信息帮助企业，尽量避免损失。

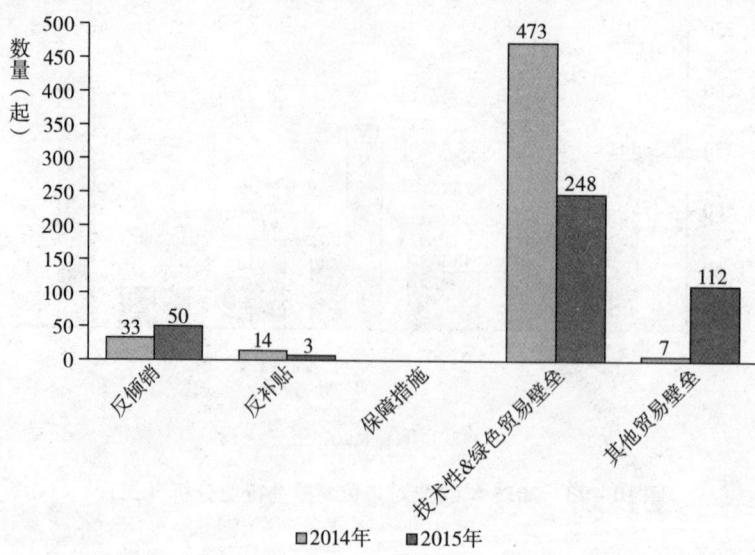

图 10-25　2015 年欧盟对华贸易壁垒形式分析（二）

总的来说，欧盟对华贸易壁垒事件仍旧以技术性贸易壁垒与绿色贸易壁垒为主，辅以反倾销和其他种类贸易壁垒，反补贴措施也会有所涉及。

（二）美国

美国对华贸易壁垒分析包括行业分析和形式分析。从行业来看，壁垒事件主要集中在机电产品、其他产品和金属陶瓷玻璃制品；从壁垒形式来看，技术性贸易壁垒与绿色贸易壁垒、反倾销是美国对华最主要的贸易壁垒形式。

1. 行业分析

2015 年美国对华贸易壁垒事件共 388 起，比 2014 年的 482 起略有增加。从行业来看，事件主要集中在矿产化工和金属陶瓷玻璃制品，机电类产品也较多。其中，矿产化工类产品事件数目和金属陶瓷玻璃类产品事件数目分别为 103 起和 104 起，约占总数的 27%。

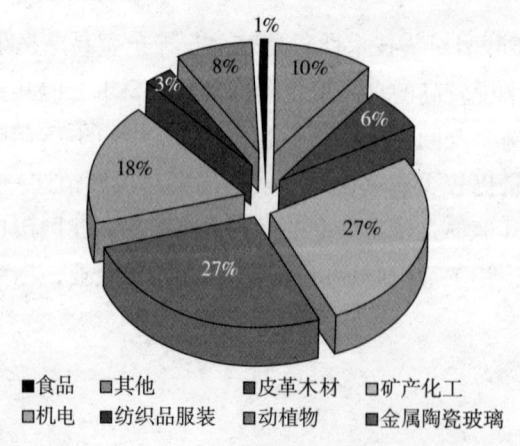

图 10-26　2015 年美国对华贸易壁垒行业分析（一）

第十章 中国出口贸易壁垒综合分析与预警

与 2014 年相比，不同行业的贸易壁垒数目有升有降，其他类产品和动植物类产品壁垒事件数目增幅巨大，而机电产品和纺织品服装类则减少一半多。

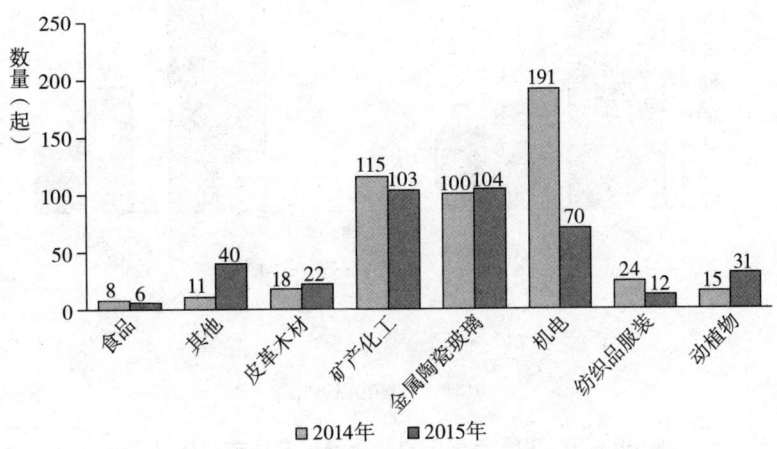

图 10-27　2015 年美国对华贸易壁垒行业分析（二）

总的来说，机电行业仍是受美国对华贸易壁垒影响较大的行业，但 2015 年矿产化工和金属陶瓷玻璃类制品的占比也出现了大幅提升，这一点值得相关企业注意。

2. 形式分析

2015 年美国对华贸易壁垒事件涉及的壁垒形式有反倾销、反补贴、技术性贸易壁垒与绿色贸易壁垒和知识产权。反倾销和技术性贸易壁垒与绿色贸易壁垒仍旧是美国对华最主要的壁垒形式。其中，反倾销事件最多，为 160 起，占 39%；其次是技术性贸易壁垒和绿色贸易壁垒，为 152 起，占 37%。其他壁垒形式的事件数量相对较少。

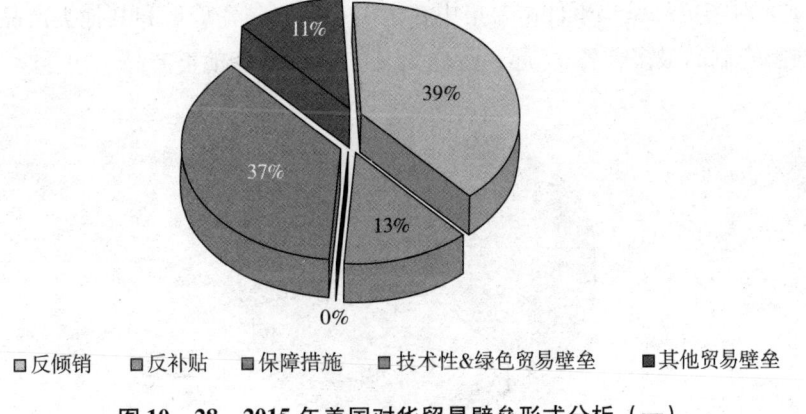

图 10-28　2015 年美国对华贸易壁垒形式分析（一）

与 2014 年相比，除保障措施形式仍未发生外，其他 5 种壁垒形式的事件数量有升有降。其中，其他贸易壁垒下降幅度较大。同时我们也要注意到，我国仍然是美国反倾销的主要针对国，绝对数量仍然达到了 160 起。

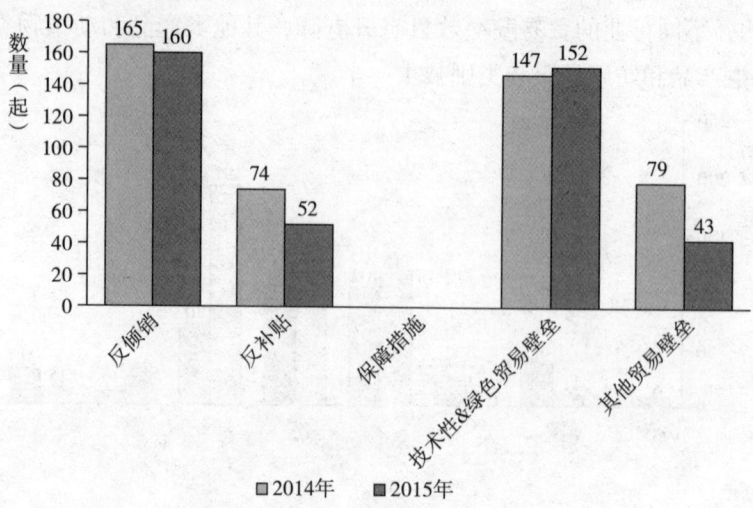

图 10-29　2015 年美国对华贸易壁垒形式分析（二）

总的来说，技术性贸易壁垒与绿色贸易壁垒和反补贴仍旧是美国对华最重要的壁垒形式，且数量一直保持相对稳定或增长，因此，我们对这两种壁垒形式都要给予充分的关注和重视。

（三）加拿大

加拿大对华贸易壁垒分析包括行业分析和形式分析。从行业来看，壁垒事件主要集中在机电产品、金属陶瓷玻璃和其他产品行业；从壁垒形式来看，技术性贸易壁垒与绿色贸易壁垒是最为主要的贸易壁垒形式。

1. 行业分析

2015 年加拿大对华贸易壁垒事件主要集中在机电、金属陶瓷玻璃和其他类产品 3 个行业。其中机电产品和金属陶瓷制品最多，各 37 起，占比 32%；其次是其他类产品，19 起，占 17%。

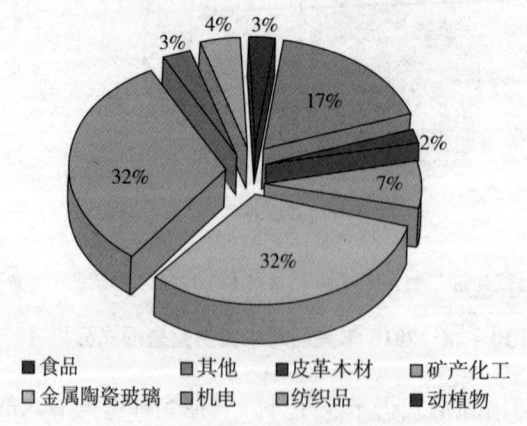

图 10-30　2015 年加拿大对华贸易壁垒行业分析（一）

同 2014 年相比，金属陶瓷玻璃类和机电类产品贸易壁垒数目仍较多，我们还需要进一步观察其走势和规律。当务之急是需要相关部门抓紧时间研究对策，相关企业应尽快适应其对安全性和环保技术的要求，以免遭受不必要的损失。

总的来说，由于加拿大为发达国家，对于产品的安全标准要求较高，尽管其对华贸易壁垒事件

第十章 中国出口贸易壁垒综合分析与预警

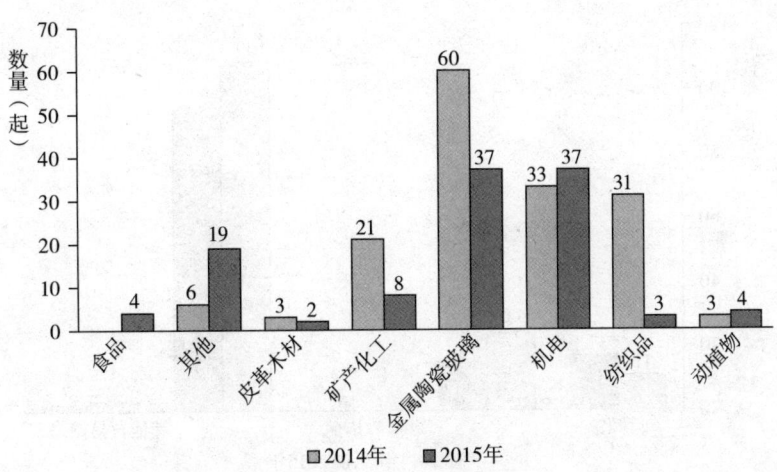

图 10-31 2015 年加拿大对华贸易壁垒行业分析（二）

涉及行业较为广泛，但主要集中在金属陶瓷制品和机电行业中相关产品上。因此，对于相关产品的安全标准应该引起我国相关部门和企业的足够重视。

2. 形式分析

2015 年加拿大对华贸易壁垒事件涉及的壁垒形式有技术性贸易壁垒与绿色贸易壁垒、反倾销、反补贴和其他贸易壁垒 4 种。其中最多的是技术性贸易壁垒与绿色贸易壁垒事件，为 95 起，占事件总数的 74%；其次是反倾销事件，为 17 起，占事件总数的 13%；反补贴事件为 15 起，占事件总数的 12%。从某种角度来讲，加拿大对华实施贸易壁垒的形式与欧盟较为相似。由于都是发达国家，因此对于产品的安全性等要求较高，值得中国出口企业加以关注。

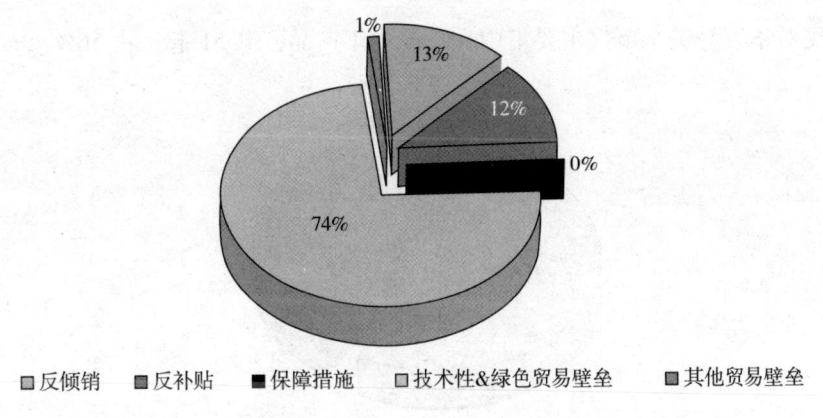

图 10-32 2015 年加拿大对华贸易壁垒形式分析（一）

与 2014 年相比，4 种壁垒形式数量变化不大。这说明我国对加拿大的出口相对平稳。

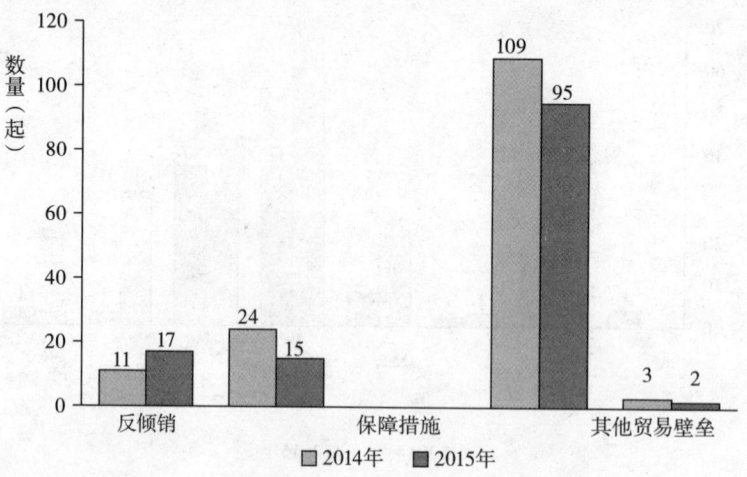

图 10-33　2015 年加拿大对华贸易壁垒形式分析（二）

总体来说，加拿大对华贸易壁垒事件涉及技术性贸易壁垒与绿色贸易壁垒、反倾销和反补贴 3 种壁垒形式，并且以技术性贸易壁垒与绿色贸易壁垒为主。

（四）印度

经历了 2008 年的全球金融危机后，越来越多的发展中国家对华实施更为严格的贸易壁垒措施。其中，以赶超中国为目标的印度是最有代表性的，其涉及的行业和形式都是最多的。印度对华贸易壁垒分析包括行业分析和形式分析。从行业来看，壁垒事件主要集中在矿产化工产品；从壁垒形式来看，反倾销仍是最为主要的贸易壁垒形式。

1. 行业分析

2015 年印度对华贸易壁垒事件主要集中在矿产化工产品，共 51 起，占 56%。

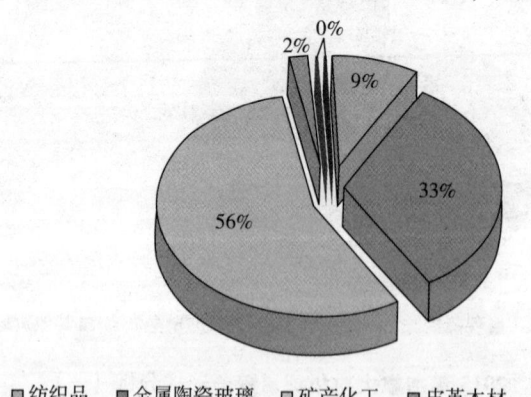

图 10-34　2015 年印度对华贸易壁垒形式分析（一）

2015 年贸易壁垒数量与 2014 年基本持平，其中矿产化工类产品数量有所下降，但金属陶瓷玻璃类产品数量大幅上升，这说明我们应该更加注重发展中国家对中国出口贸易的影响。

第十章 中国出口贸易壁垒综合分析与预警

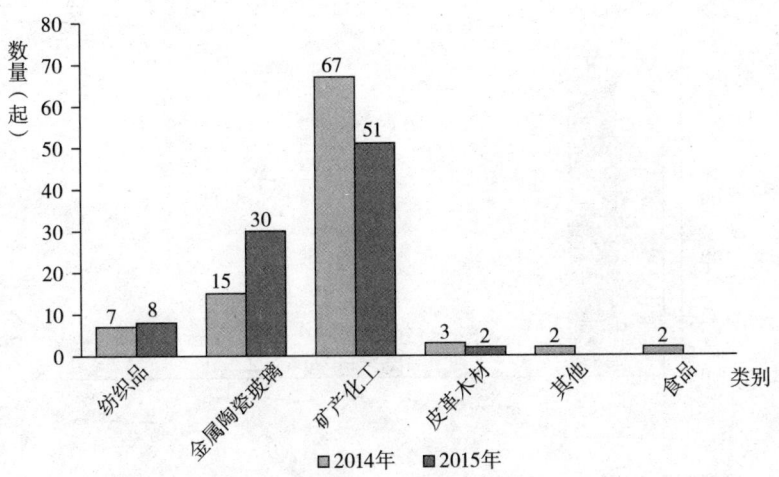

图 10-35　2015 年印度对华贸易壁垒形式分析（二）

总的来说，矿产化工仍是受印度贸易壁垒影响最大的行业。

2. 形式分析

2015 年印度对华贸易壁垒事件涉及的壁垒形式有反倾销、反补贴和保障措施 3 种。其中反倾销事件 101 起，占总数的 94%；保障措施事件 5 起，仅占总数的 5%。中国和印度都是劳动力资源充足的国家，劳动力价格同西方发达国家相比一直处于低位，因此两国的出口结构类似，出口市场多为美国、欧盟等经济发达国家（地区）。双边贸易多为资源禀赋存在差异的矿产化工产品。在技术发展水平上，两国又处于大体相同的阶段。因此，中国出口贸易受印度技术性贸易措施的影响很小，受贸易救济措施的影响较大。

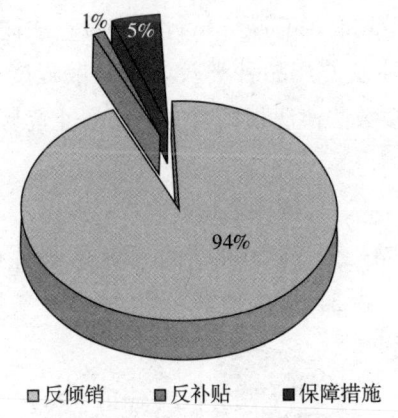

图 10-36　2015 年印度对华贸易壁垒行业形式（一）

与 2014 年相比，印度对中国的贸易壁垒中反倾销增加较多，保障措施数量有所下降，其余变化不大。

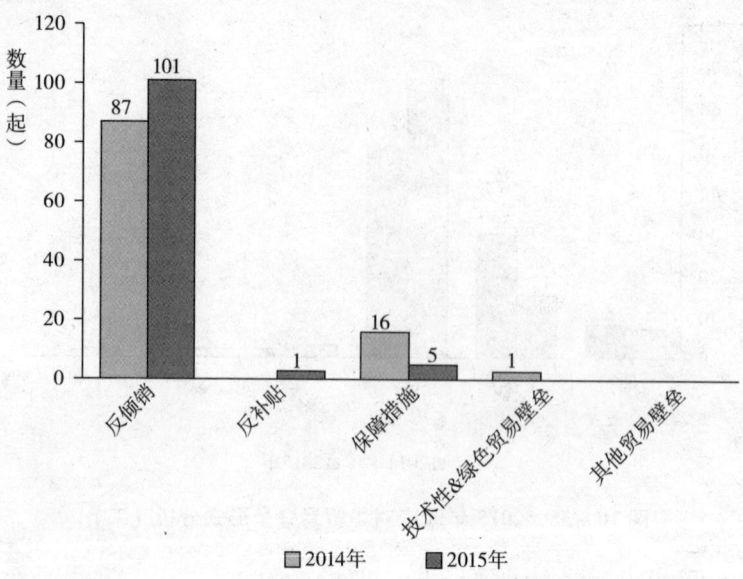

图 10-37 2015 年印度对华贸易壁垒行业形式（二）

五、中国出口贸易壁垒预警

本节对 2015 年国外法律法规进行分析，并提出预警。该分析包括状态分析、国别分析、区域分析、行业分析、产品分析和贸易壁垒形式分析。从状态来看，3 种状态的法律法规数量增减不一。从国别来看，美国、韩国、欧盟和加拿大是颁布法律法规最多的 4 个国家和地区。从区域来看，法律法规涉及了所有区域，所有区域均有增有减。从行业来看，法律法规主要集中在矿产化工和食品类产品。从产品来看，法律法规涉及的产品种类较多，分散程度也较高，其中矿产化工类数量最多。从贸易壁垒形式来看，绝大多数法律法规涉及的是技术性贸易壁垒与绿色贸易壁垒。

（一）状态分析

2015 年贸易壁垒法律法规共 1743 条，较 2014 年的 1658 条增加了 85 条。其中，颁布已实施的 584 条，占 33%；颁布未实施的 579 条，占 34%；存在颁布意向的 580 条，占 33%。三者数目基本相当。

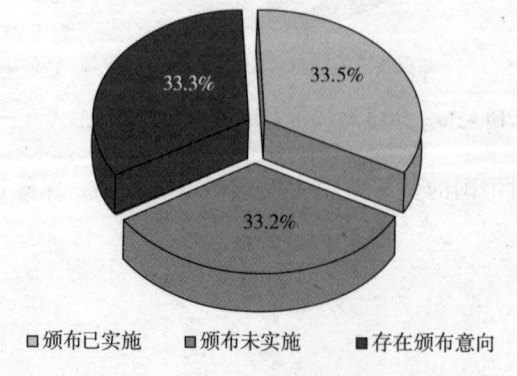

图 10-38 2015 年贸易壁垒法律法规状态分析（一）

第十章 中国出口贸易壁垒综合分析与预警

与2014年相比，存在颁布意向的法律法规数量有明显减少，但另一方面颁布未实施的法律法规数量也大幅增加，因此特别提请出口企业在未来几年注意。

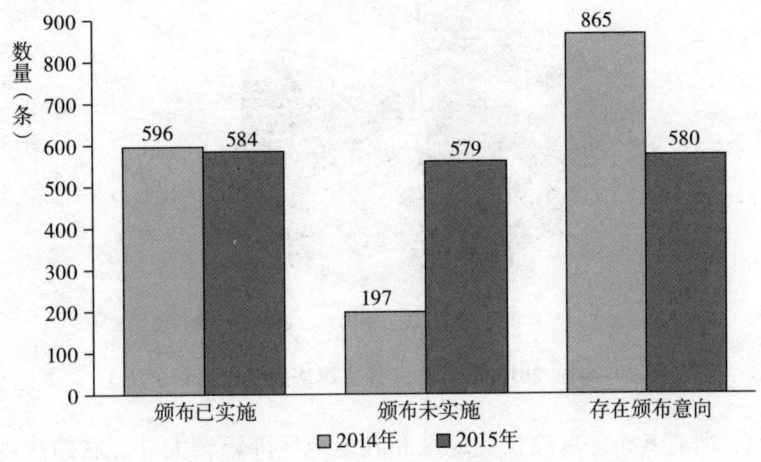

图10-39　2015年贸易壁垒法律法规状态分析（二）

总的来说，较2014年法律法规总数略有下降。由于各种状态的法律法规绝对数量较多，覆盖面较广，因此我国出口企业需要做好这些法律法规的分析和应对工作，避免较大的出口波动。

（二）国别分析

2015年国外法律法规涉及的国家共82个，较2014年增加3个。与上年相比，在贸易壁垒法律法规数目排名前10的国家中，乌干达与埃及事件数目增幅较大，其他国家则基本保持了数目稳定或稍有下降。

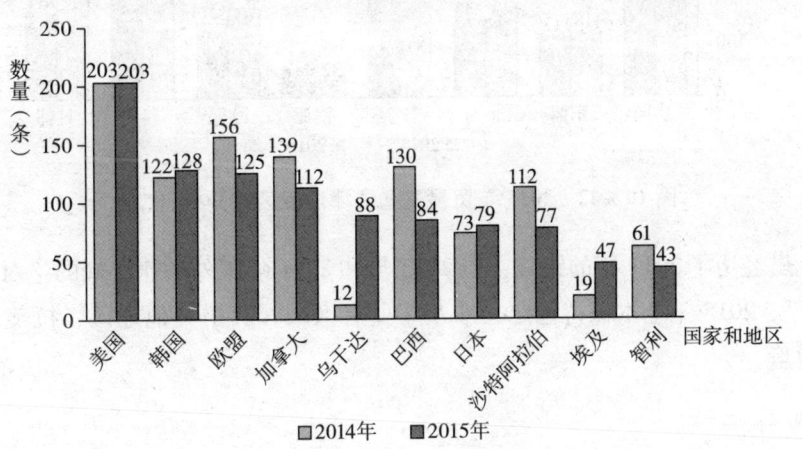

图10-40　2015年贸易壁垒法律法规国别分析

总的来说，发达国家中事件数目较多的国家是美国、韩国、欧盟和加拿大，而乌干达、巴西等仍是对华贸易壁垒法律法规较多的发展中国家。

（三）区域分析

2015年国外法律法规最多的区域依然是北美地区、拉美地区和其他地区。其中，北美地区最多，为285条，占20%；其次为拉美地区的271条，占19%；再次为其他地区，为242条，占

17%；剩余其他地区相对较少。

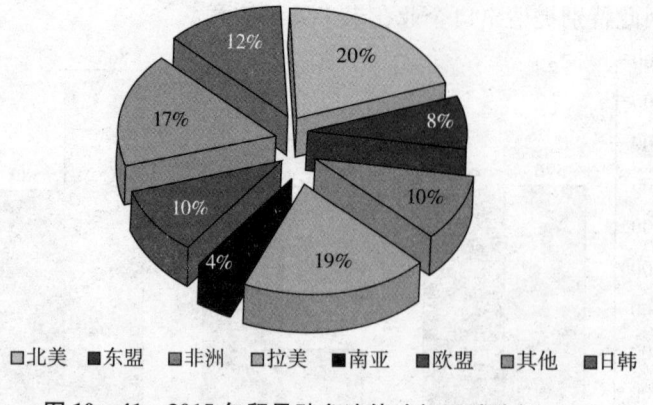

图10-41　2015年贸易壁垒法律法规区域分析（一）

与2014年相比，所有8个地区除拉美地区和其他地区降幅较大外，法律法规数目变化都不是太大。

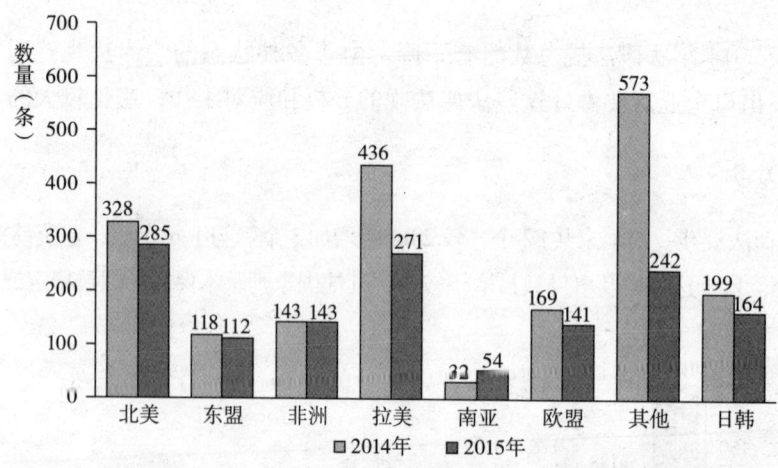

图10-42　2015年贸易壁垒法律法规区域分析（二）

总的来说，虽经历了2011年的锐减，但2013年和2014年国外法律法规的绝对数量恢复并超过了2010年的水平，2015年基本保持稳定，涉及了所有区域，其中其他地区、拉美地区以及北美地区仍处于较高数量。

（四）行业分析

2015年国外法律法规以矿产化工和食品2类产品最多。其中矿产化工类为512条，占比29%；其次是食品行业，为447条，占26%；再次是占比17%的机电产品和占比16%的动植物类产品，剩余其他行业涉及数目相对较少。

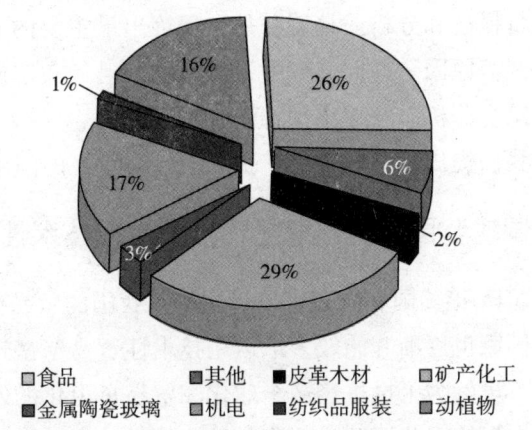

图 10-43　2015 年贸易壁垒法律法规行业分析（一）

与 2014 年相比，2015 年各行业国外法律法规数量有升有降。其中，食品类产品增幅较大，动植物类产品数目减少较多。其他类基本不变。

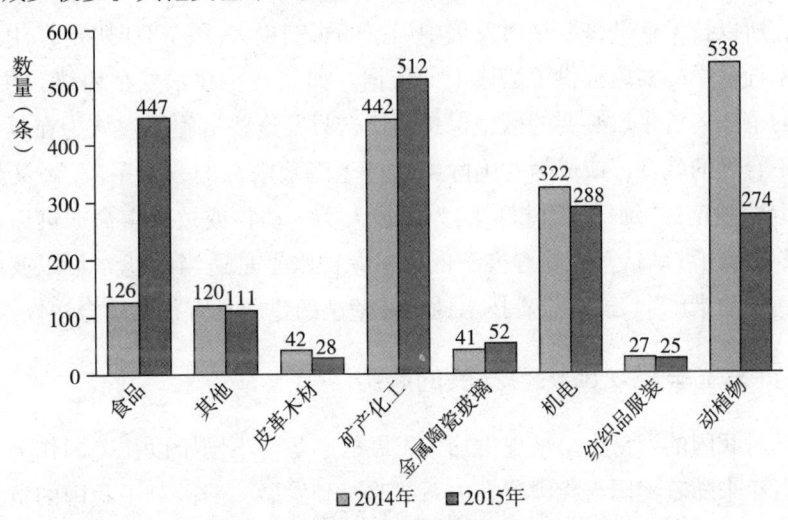

图 10-44　2015 年贸易壁垒法律法规行业分析（二）

（五）贸易壁垒形式分析

2015 年国外法律法规主要是技术性贸易壁垒与绿色贸易壁垒方面的，也有少量的进口限制和进口禁令。法律法规的内容主要为各种技术标准、计量标准和方法要求、合格评定程序、安全标准和要求、环保标准和要求、能效标准和节能要求、检验检疫措施和农药残留限量标准等。这与前 5 年相比，并没有实质性的变化。

六、需要关注的问题

本章首先按照月份、国别、区域、行业、产品以及壁垒形式这 6 个维度对 2015 年中国出口贸易壁垒事件进行了系统地刻画和综合分析。然后，更加细致地分为贸易救济措施、技术性贸易壁垒与绿色贸易壁垒2个专题进行描述和分析。接着，从中提炼出最主要的4个国家的贸易行为，分析其对华实施的贸易壁垒事件及其原因。在此基础上，综合国外已颁布实施的、颁布未实施的以及存在颁布意向的法律法规进行综合分析，并提出预警。

根据以上各节的分析，我们提出以下几个应该引起关注和重视的问题和趋势：

（一）美国、欧盟等国对我国的贸易壁垒仍然集中在技术性贸易壁垒

延续了前几年的趋势，2015年美国和欧盟等发达国家对我国的贸易壁垒仍主要集中在技术性贸易壁垒方面。但是，发展中国家也逐渐开始较多地运用技术性贸易壁垒这一手段。维护本国的利益是一切国际关系的根本目的。虽然为了推进经济全球化和贸易自由化的发展，各国在乌拉圭回合谈判中承诺进一步降低关税和在保持现状下逐步消除各种非关税壁垒。但现在国际竞争日益激烈，各国为了维护本国的贸易利益，在逐步取消明显有违WTO精神的一些传统的非关税壁垒的同时又不断推出更为隐蔽的技术性贸易壁垒，而且名目繁多，要求越来越苛刻。在发达国家之间、发达国家与发展中国家之间、发展中国家之间都存在技术性贸易壁垒。只是由于在技术水平上，发展中国家远低于发达国家，所以技术性贸易壁垒对发展中国家的影响更大。《WTO协定》中的许多例外条文和漏洞，也为技术性壁垒的实施提供了法律上的依据。如《贸易技术壁垒协议》中规定："任何国家在其认为适当的范围内可采取必要的措施保护环境，只要这些措施不致认为在具有同等条件的国家之间造成任何不合理的歧视，或成为对国际贸易产生隐蔽限制的一种手段。"又如《实施卫生与植物卫生措施协定》规定："缔约方有权采纳为保护人类、动物或植物生命或健康的卫生和植物卫生措施"，而且只要缔约方确认其措施有科学依据和保护水平是适当的就"可以实施或维持高于国际标准、指南和建议的措施"。这意味着技术性贸易壁垒的建立具有很大的合法性。

（二）全球贸易壁垒呈现出均匀发展的趋势

近年来，全球对我国的贸易壁垒呈现出均匀发展的趋势，不同于以往美国作为主要的对华贸易壁垒发起国家，近年来随着美国与我国贸易关系的改善和发展，美国对于我国的贸易壁垒数量基本稳定，但是其他地区在比重上却有所增加。这是由于全球经济发展的重心分散化所造成的，金融危机之后美国经济复苏缓慢，全球经济发展的增长动力来自各个发展中国家和新兴市场，所以相应的贸易壁垒的重点也都在这些地方。这也表明我国企业的发展中开始注重其他地区的市场，在这些市场中的发展也遇到了一定的阻碍，需要引起重视。

（三）法律法规成为关注重点

通过对于法律法规的统计可以看到，世界各国和地区，尤其是发达国家颁布的法规数量有明显的增加，这表明了发达国家更多地利用其技术和标准优势，采用法律法规的手段来限制我国企业。可以看到，在一些以往我国面对比较严重的贸易壁垒的国家和地区，虽然贸易壁垒的数量有所减少，但是相应的法律法规却更加严格，相关企业需要在进入市场之前密切关注该国家和地区相应的法律法规，并且实时调整自身的战略及时应对。